처음 시작하는 CSS&워드프레스
: 워드프레스 기반 웹 표준 사이트 제작까지

처음 시작하는 CSS&워드프레스

: 워드프레스 기반 웹 표준 사이트 제작까지

지은이 양용석
1판 1쇄 발행일 2012년 12월 21일

펴낸이 장미경
펴낸곳 로드북
편집 임성춘
디자인 이호용(표지), 박진희(본문)

주소 서울시 관악구 신림동 1451-15 101호
출판 등록 제 2011-21호(2011년 3월 22일)
전화 02)874-7883
팩스 02)6280-6901
정가 25,000원
ISBN 978-89-97924-02-8   93560

ⓒ 양용석 & 로드북, 2012
책 내용에 대한 의견이나 문의는 출판사 이메일이나 블로그로 연락해 주십시오.
잘못 만들어진 책은 서점에서 교환해 드립니다.

이메일 chief@roadbook.co.kr
블로그 www.roadbook.co.kr

학습하기 전에 미리 알아두세요!

- 예제 소스를 미리 다운 받고 학습하세요.
  http://www.roadbook.co.kr/92

- 학습하다 막히면 아래 사이트에서 질문해주세요.
  http://roadbook.zerois.net/QnA

- 오탈자 및 오류가 발견되면 꼭 신고해주세요.
  http://www.roadbook.co.kr/93

머리말

이 책의 목적은 초보자도 쉽게 CSS와 CMS^{Contents Management System}만을 이용하여 기본적인 기업용(개인용) 웹사이트를 만들 수 있도록 하는 데 있습니다. 이 책에서 다룰 CMS는 전세계에서 가장 유명한 블로그 개발 툴인 워드프레스^{Wordpress}입니다. 워드프레스는 블로그 개발 도구로도 유명하지만, 기업용 또는 개인용 웹사이트를 만들 때도 사용할 수 있습니다. 매우 뛰어난 기능과 많은 플러그 인이 존재하며, 확장성이 대단히 좋은 개발 도구이다 보니 전세계적으로 가장 많이 사용하는 CMS가 되었습니다.

이 책에서 다룰 워드프레스는 완전한 웹 표준(현재는 HTML5 구조로 이루어짐)을 준수하여 개발되었으며, PHP와 MySQL 기반에서 동작합니다. 하지만 이 책에서는 PHP 및 SQL과 관련된 코드는 거의 다루지 않으며, 기본적으로 CSS와 기초적인 HTML 문법만으로 웹사이트를 만드는 것을 목표로 하고 있습니다. 특히 웹 표준에서 가장 중요한 도구인 CSS를 전반부에서 아주 세밀하고 많은 예제를 곁들여서 어떻게 작동하는지 알려드립니다. CSS는 버전 1부터 최신 버전인 3까지 모든 내용을 다루고 있습니다. CSS는 HTML 코드가 있어야 작동하며, 단독으로는 동작하지 않습니다. 따라서 HTML 코드에 대해서도 다루긴 하지만, 최대한 간략하게 설명하도록 하겠습니다. HTML을 간단하게 설명하는 이유는 워드프레스에는 내장된 코드(HTML)가 있기 때문에, HTML 또는 PHP 문법에 대해 몰라도 CSS만으로 디자인을 제어할 수 있기 때문입니다. 따라서 워드프레스로 사이트를 개발할 때는 CSS는 반드시 필수적으로 알아야 사이트를 개발할 수 있습니다.

현재 CSS3 버전에서 몇 가지 기능들은 마이크로소프트웨어(이하 MS)의 인터넷 익스플로러(이하 IE) 9에서도 동작하지 않는 기능들이 있습니다(하지만 IE10에서는 거의 모든 기능이 동작합니다). 따라서 몇 가지 기능들을 테스트 하기 위해서는 구글의 크롬이나 파이어폭스, 애플의 사파리 또는 오페라 브라우저가 필요합니다. 개인적으로는 크롬을 설치해서 테스트할 것을 선호합니다. 빠르고 가볍기 때문이죠. 하지만 IE를 제외한 다른 브라우저 또한 나름대로 많은 장점을 가지고 있기 때문에 본인에게 맞는 브라우저를 하나 선택하셔도 됩니다.

또한 이 책의 모든 예제는 윈도우에서는 WAMP(Windows + Apache + MySQL + PHP) 서버, 맥에서는 MAMP(Macintosh + Apache + MySQL + PHP)가 필요하기 때문에, 부록에 있는 서버 설치 방법을 반드시 확인하고 설치해 주기 바랍니다. 맥에서는 자체 서버 기능이 있습니다만, 필자는 MAMP 서버를 설치할 것을 강력하게 권장합니다. MAMP가 맥 OSX에 내장된 서버보다 훨씬 간편하고 많은 기능이 포함되어 있기 때문입니다.

이 책은 총 5장으로 구성되어 있습니다.

1장에서는 CSS 소개 및 사용 방법에 대해서 설명합니다. CSS에서 가장 많이 듣는 선택자에 대해서 집중적으로 설명합니다. 그리고 CSS의 핵심 중 하나인 박스 모델과 백그라운드 속성 및 텍스트 속성 등 CSS를 이용하여 사이트를 디자인 할 때 필요한 내용을 학습하게 됩니다.

2장에서는 CSS를 이용한 예제 학습을 합니다. CSS를 이용하여 다양한 메뉴를 만들어 보고, 하나의 메뉴를 가지고 CSS를 이용하여 어떻게 디자인과 레이아웃을 변경하는지 살펴봅니다. 또한 간단하게나마 CSS를 이용하여 사이트의 레이아웃을 디자인해 보는 시간 또한 갖게 됩니다.

3장에서는 실제 가상 사이트를 만들어 봅니다. 1장과 2장의 내용을 기본으로 3장에서는 실제 가상 사이트를 하나 만들어 봅니다. 이 가상 사이트를 기본으로 하여 5장에서 워드프레스 기반으로 포팅하는 방법을 배우게 됩니다. 따라서 3장의 사이트 개발 방식에 대해서는 확실하게 학습할 필요가 있습니다.

4장에서는 워드프레스 설치 방법에 대해서 알아봅니다. 워드프레스 설치 방법은 너무 간단합니다. 하지만 개인 PC에서 워드프레스를 설치하기 위해서는 부록에서 설명한 WAMP 또는 MAMP 서버가 설치되어 있어야만 합니다. 따라서 그와 관련한 내용까지 포함하여 4장에서 워드프레스 설치 방법에 대해서 설명합니다.

5장에서는 3장에서 만들었던 사이트를 기본으로 워드프레스로 사이트를 포팅하는 작업을 하며, 또한 기본적인 워드프레스 기반의 사이트 개발 방식에 대해서 배우게 됩니다. 워드프레스는 기본적으로 PHP 기반으로 구성된 CMS이지만, 기초적인 프로그래밍 개념인 조건문에 대한 기초지식만 익혀도 어렵지 않게 사이트를 개발할 수 있습니다. 5장에서 설명한 내용들은 전부 http://codex.wordpress.org에도 기본적인 설명이 나와 있습니다. 하지만 필자가 중요한 부분을 따로 정리하여 사이트 개발 시 어떻게 응용하는지 설명해 두었습니다. 그래도 여러분이 사이트 개발하다 더 많은 확장 기능과 문법에 대한 자세한 학습을 원하시면 해당 사이트에 직접 접속하여 참조하는 것도 괜찮은 방법입니다. 참고로 해당 사이트는 거의 영문으로 되어 있으며, 한글로 번역된 부분이 일부 존재합니다.

이 책의 내용을 하나씩 살펴 보면서 학습을 하시면, 분명히 여러분들에게 좋은 결과가 있으리라 기대합니다.

마지막으로 이 책을 내기까지 뒤에서 성원해 주신 로드북의 임성춘 편집장님에게 감사드립니다. 또한 항상 저를 응원해 주시는 저의 부모님에게 사랑과 감사를, 저의 큰딸 유지 그리고 둘째 연수, 막내 혁준에게 무한한 애정을 표하며, 특히 제 아내에게 너무 많은 고마움과 사랑을 전합니다.

2012년 12월

양용석

목차

1장 CSS 소개 및 사용 방법

1.1 CSS 기초, 선택자의 종류 및 사용 방법 … 11
1.2 박스 모델 … 44
1.3 박스 모델의 float 및 position 속성 알아보기 … 58
1.4 백그라운드 속성 … 66
1.5 텍스트 속성 … 76
1.6 기타 속성 … 96

- **여기서 잠깐** 블록 태그와 인라인 태그란?
- **여기서 잠깐** 웹사이트에서 사용하는 길이 단위 알아보기
- **여기서 잠깐** padding 값에 따른 width와 height의 상관 관계
- **여기서 잠깐** 웹에서 사용하는 색상을 정의할 때의 방법 다섯 가지
- **저자 인터뷰** 저자에게 묻는다!

2장 CSS를 이용한 다양한 예제 학습

2.1 다양한 메뉴 디자인 … 109
2.2 웹 표준 방식으로 텍스트 메뉴를 이미지로 변환하고 효과 적용하기 … 130
2.3 CSS를 이용한 사이트 레이아웃 디자인 … 144

- **여기서 잠깐** CSS Reset이란?

3장 예제 사이트 개발하기

3.1 사이트 디자인과 프론트 페이지 레이아웃 작업 … 159
3.2 서브 페이지 – 회사 소개 페이지 작업하기 … 183
3.3 서브 페이지 – 제품 소개 페이지 작업하기 … 192
3.4 서브 페이지 – 뉴스 및 블로그 페이지 작업하기 … 204
3.5 웹사이트에 jQuery 적용하기 … 213

- **여기서 잠깐** 폼 양식의 수직 정렬
- **여기서 잠깐** CSS 코드 압축

4장 워드프레스 설치 및 기타 사항 알아보기

4.1 워드프레스 다운로드 및 설치하기 … 225
4.2 워드프레스 폴더 구조 및 테마 설치 … 243
4.3 글(post)과 페이지(page) 그리고 고유주소(permalink) 알아보기 … 249
4.4 워드프레스 테마 파일 알아보기 … 256

- 여기서 잠깐 localhost/wordpress를 localhost/식으로 변경하기
- 여기서 잠깐 모더나이즈란
- 여기서 잠깐 the_excerpt()의 글자 길이 조정
- 여기서 잠깐 댓글에 아바타를 넣자
- 여기서 잠깐 태그 클라우드란

5장 워드프레스를 이용하여 기업 사이트 만들기

5.1 워드프레스를 이용한 사이트 만들기 전 준비 작업 … 263
5.2 index, header, footer, sidebar 파일 분석 … 272
5.3 header, footer 파일 수정하여 index.php 변경하기 … 285
5.4 회사 소개 페이지 제작 … 296
5.5 제품 소개 페이지 제작 … 318
5.6 뉴스 페이지 제작 … 356
5.7 블로그 페이지 제작 … 373
5.8 프론트 페이지 제작 … 398
5.9 기타 페이지 작업하기 … 411

부록A 워드프레스 설정이 잘못된 경우의 해결책 … 426
부록B 로컬에서 작업한 사이트를 서버로 이전하기 … 431
부록C 워드프레스 사용자를 위한 유용한 플러그인 모음 … 443
부록D 개인 웹 서버 설치하기 … 453

Q&A 리스트

- Q. 아이디 선택자와 클래스 선택자를 구분할 수 있는 대표적인 사례를 좀 들어주세요. ··· p.17
- Q. div와 span이 아무런 의미가 없는 태그라는 게 이해가 안 됩니다. ··· p19
- Q. 하위 선택자도 있는데, 왜 상위 선택자는 없죠? ··· p20
- Q. 그룹 선택자를 사용하는 특별한 이유가 있나요? ··· p22
- Q. 인접 선택자와 하위 선택자의 차이점, 각각의 필요성을 잘 모르겠습니다. ··· p26
- Q. 아직도 형제자매가 무슨 의미인지 잘 모르겠습니다. ··· p29
- Q. CSS3에서 소개하는 자료는 일부 IE 버전에서는 동작하지 않는데, 웹 접근성을 고려하면 사용하면 안 되지 않나요? ··· p36
- Q. 왜 한글에선 "돋움" 이런 식으로 쌍따옴표를 붙이나요? ··· p79
- Q. 지금 사용하고 있는 한글 윈도우에서는 맑은 고딕, 굴림, 돋움, 궁서, 바탕 이외에 다양한 폰트가 설치되어 있는데, 왜 그 폰트를 웹 페이지에서 사용하면 안 되나요? ··· p86
- Q. visible이나 inherit는 콘텐츠가 넘치면 박스의 범위를 넘어서는데, 굳이 이런 경우가 필요하나요? ··· p97
- Q. 기존에 하던 방법과 CSS로 디자인을 하는 게 어떤 차이가 있는지 어떤 점이 더 나은지요? 그리고 더 단순한 방법은 없을까요? ··· p129
- Q. 사이트 레이아웃을 잡을 때, 꼭 그래픽 편집용 소프트웨어를 사용해야 하나요? ··· p161
- Q. 제품 상세 페이지는 디자인시에 DB는 고려할 필요가 없지요? ··· p197
- Q. CSS로 작업할 때 백지 상태에서 CSS 코드를 하나하나 타이핑해야 하나요? 현업에서는 어떻게 하는지요? ··· p212
- Q. jQuery를 하려면 자바스크립트를 어느 정도 알아야 하지 않나요? ··· p213
- Q. 테마를 설치해서 웹사이트를 만드는 것과 이 책에서 제시하는 것처럼 웹사이트를 만들어놓고 워드프레스로 포팅하는 방식의 차이점이나 장단점은 무엇일까요? ··· p247
- Q. 지금까지 잘 따라왔는데요. 이렇게 하면 기존 사이트를 쉽게 워드프레스로 포팅할 수 있는 건가요? ··· p292
- Q. 처음부터 home.php를 만들고 지울 것 지우고 하면 될 것 같은데, 빙 돌아온 느낌인데요? ··· p295
- Q. 현재 하고 있는 작업은 기존에 만들어져 있는 사이트를 워드프레스로 포팅하는 것인데, 다른 유형의 사이트 포팅도 이와 유사한가요? ··· p311
- Q. "출간제품 안내"의 경우 DB에서 자동으로 관리하는 경우가 있지 않나요? 그럴 때는 어떻게 디자인을 해야 하나요? ··· p325
- Q. placeholder가 뭐죠? ··· p386

1장

CSS 소개 및 사용 방법

1장에서는 CSS에 대해서 설명합니다. 1장이 조금 지루할 수도 있습니다. CSS를 어떻게 적용하고, 어떤 속성들이 있으며, 선택자^{Selector}들은 어떤 것이 있는지, 기타 여러 가지 재미없는 말들만 나오기 때문입니다. 하지만 1장은 가장 중요한 장입니다. 1장에 있는 내용을 전부 학습하지 못하면, 2장의 내용도 학습할 수 없을뿐더러 나머지 장에서 다루는 내용도 무슨 말을 하는지 알 수 없기 때문입니다. 따라서 1장의 내용이 조금 지루하더라도, 반드시 무슨 말을 하는지 이해하고 넘어가야 됩니다.

1장은 크게 4개의 절(섹션)로 구성되어 있습니다. 1.1절은 CSS의 기초로 선택자 및 사용 방법에 대해서 설명을 하며, 1.2절은 CSS의 박스 모델에 대해서 설명합니다. 즉 레이아웃을 잡는 방법을 설명합니다. 1.3절은 CSS 스타일, 즉 비유하자면 얼굴에 화장하는 방법을 설명합니다. 마지막으로 1.4절에서는 CSS를 이용한 애니메이션 효과를 설명하는데, 마지막 절의 내용은 IE에서는 몇몇 속성들이 작동하지 않기 때문에, IE 이외의 다른 브라우저를 이용해서 예제들을 테스트해야 합니다.

CSS는 웹을 만드는 요소 중 가장 익히기 쉽고 가장 간단한 언어입니다. 아마 HTML 사용법보다 쉬울 것입니다. 하지만 이미 만들어져 있는 웹 문서에 있는 CSS 구문을 보면 엄청나게 많은 코드가 있어, 이걸 어떻게 익히지, 라는 생각이 들 수도 있습니다. 그러나 이 책을 학습하고나서 하나씩 구분해서 보면 전체 구조가 눈에 쏙쏙 들어오게 되며 정말 사용법이 쉽다는 것을 알 수 있을 겁니다.

그럼 이제부터 CSS의 가장 기초가 되는 선택자의 종류 및 기초 사용 방법에 대해서 학습해 보도록 하겠습니다.

1.1 CSS 기초, 선택자의 종류 및 사용 방법

CSS에서 가장 중요한 요소는 선택자입니다. 영어로는 Selector라고 하는데, 선택자라고 하는 이유는 HTML 요소에서 원하는 스타일을 적용해 줄 곳을 CSS에서 선택한다고 해서 '선택자'라고 부릅니다. 즉 HTML에서 선택자로 지정해 주면 CSS에서는 해당 선택자에 속성을 부여하는 식을 말하는 것입니다.

선택자는 다음과 같이 크게 3가지로 분류됩니다.

태그 선택자 · 클래스 선택자 · 아이디 선택자

태그 선택자

태그 선택자^{Tag Selector}는 일반적으로 HTML에서 많이 사용하는 〈p〉 〈table〉 〈td〉 〈img〉 〈h1〉 〈header〉 〈footer〉 〈article〉 등을 말합니다. 이렇게 HTML 문서에서 사용되는 태그를 태그 선택자라고 합니다. 따라서 CSS 속성을 적용할 때는 다음과 같이 적용합니다.

속성을 적용할 태그 선택자에 폰트 사이즈를 20px을 적용한다, 라는 의미입니다. 여기에 속성을 추가해 줄 때는 세미콜론(;)을 추가하고 추가되는 속성을 뒤에 추가해 줍니다.

```
p {font-size:20px; color:red}
```

이렇게 CSS를 정의하게 되면 HTML 문서에서 p가 들어가 있는 모든 태그는 폰트 사이즈가 20px이며, 색상은 전부 빨간색으로 처리됩니다.

속성을 정의할 때는 다음과 같은 방법으로 각 속성을 분리해서 처리해 주기도 합니다.

```
p {
    font-size:20px;
    color:red
}
```

이렇게 분리해 주는 이유는 CSS를 사용하다 보면 하나의 선택자에 많은 속성이 추가되는 경우가 있습니다. 이럴 경우 한 줄로 속성을 입력하다 보면, 나중에 유지보수할 때 무슨 내용인지 알 수 없게 됩니다. 따라서 각각의 속성을 한 줄에 적용하고 주석을 달아 주면 나중에 이 속성이 무엇을 하는지 알기 편합니다. 주석을 추가할 때는 /*로 시작하고 */로 닫아 줍니다.

```
p {
    font-size:20px;   /* 전체 폰트 사이즈를 20px로 */
    color:red         /* 색상은 전부 빨간색 */
}
```

이제 여기까지 알면, CSS의 가장 기초적인 사용 방법은 익힌 것입니다. 다시 복습하면, CSS는 선택자를 정의해 주고 { 와 } 사이에 속성을 입력하고 그에 따른 값을 정의하며, 속성끼리는 세미콜론(;)으로 구분해 준다. 아주 쉽죠? 정말 쉽습니다. 이게 CSS의 전부입니다.

이제 클래스 선택자에 대해서 알아 보겠습니다.

클래스 선택자

클래스 선택자Class Selector는 점(.)으로 시작되는 선택자를 말합니다. 선택자의 이름은 개발자 또는 디자이너가 임의로 지정할 수 있습니다. 선택자들은 대·소문자를 구분하기 때문에 다음과 같은 경우에는 .SelectorName과 .selectorname은 다른 선택자로 인식됩니다.

사용 방법은 다음과 같습니다. 태그 선택자와는 달리, 클래스 선택자는 다음과 같이 HTML 문서에서 사용됩니다.

```
<div class="sample"> 텍스트 문서 </div>
<span class="sample"> 텍스트 문서 </span>
<p class="sample"> 텍스트 문서 </p>
```

이렇게 3가지 방법으로 사용됩니다.

여기서 div, span 또한 HTML 태그이긴 합니다만, div와 span은 별도의 속성을 갖고 있는 태그는 아닙니다. 참고로 div 태그는 블록 태그이고 span 태그는 인라인 태그입니다. 참고로 div는 영어권에서 대체로 "디브"로 발음합니다. Division의 약어로 "나누기" "분할" 등의 뜻을 갖고 있습니다.

여기서 잠깐

블록(Block) 태그와 인라인(Inline) 태그란?

HTML 태그는 기본적으로 블록 태그와 인라인 태그, 이렇게 두 가지로 크게 나눌 수 있습니다.

블록 태그는 말 그대로 블록(구역)을 잡는 것을 말하며, 인라인(한 줄) 태그는 HTML 문서의 줄에만 영향을 주는 것을 말합니다. 문서를 강조하기 위해 사용하는 〈strong〉이나 〈em〉, 〈span〉 등이 대표적인 인라인 태그입니다.

다음과 같은 HTML 태그는 블록 태그입니다. 웹 문서의 블록을 지정해 줍니다.

```
<blockquote></blockquote>
<body></body>
<button></button>
<div></div>
<dl></dl>
<fieldset></fieldset>
<form></form>
<frameset></frameset>
<h1></h1>  <h2></h2>  <h3></h3>  <h4></h4>  <h5></h5>  <h6></h6>
<head></head>
<html></html>
<iframe></iframe>
<img></img>
<layer></layer>
<legend></legend>
<object></object>
<ol></ol>
<p></p>
<select></select>
<table></table>
<ul></ul>
```

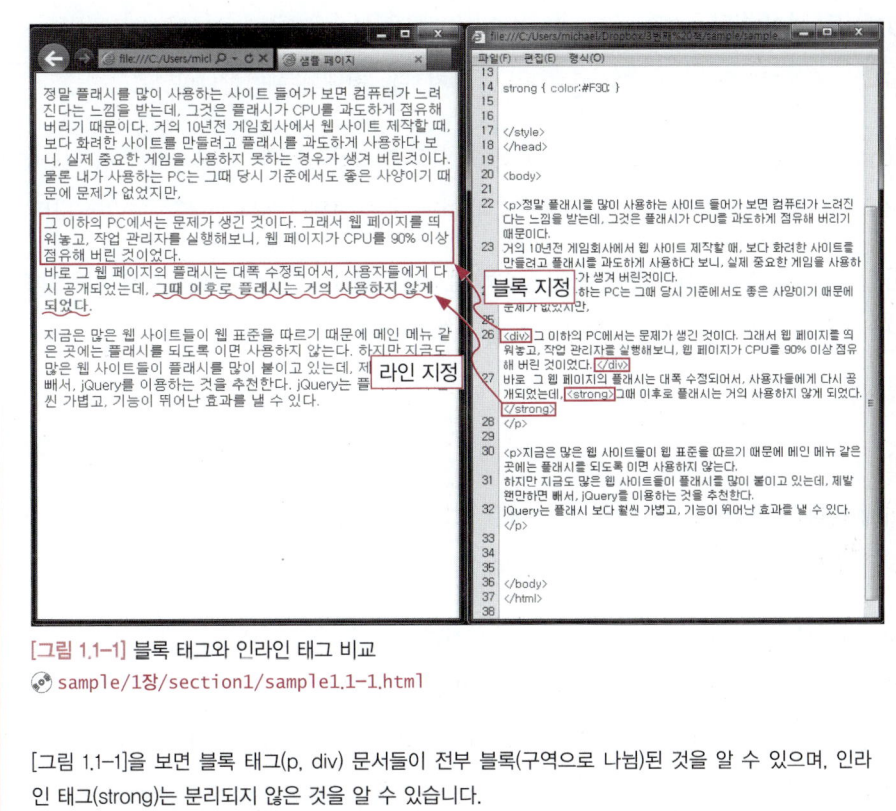

[그림 1.1-1] 블록 태그와 인라인 태그 비교
sample/1장/section1/sample1.1-1.html

[그림 1.1-1]을 보면 블록 태그(p, div) 문서들이 전부 블록(구역으로 나뉨)된 것을 알 수 있으며, 인라인 태그(strong)는 분리되지 않은 것을 알 수 있습니다.

클래스 태그는 .(점)으로 시작된다고 설명을 드렸는데, HTML 문서에 적용할 때는 앞 부분에 class=라고 정의를 해 주기 때문에 점(.)은 생략하고 선택자 이름만 적용합니다. 점이 필요할 때는 CSS 부분에서 속성을 적용할 때입니다.

클래스 선택자는 CSS에서 가장 흔하게 사용하는 선택자입니다. 사용 방법은 태그 선택자와 동일합니다. CSS에서 아래와 같이 정의해 주면 됩니다.

```
.ClassSelectorName { background-color:#0CF }
```

아이디 선택자

아이디 선택자^{ID Selector}는 CSS에서 #으로 시작하는 선택자를 말합니다.

`<div id="idName">` 텍스트 내용 `</div>` 형식으로 사용됩니다. 클래스 선택자 사용법에서도 설명했다시피 아이디 선택자 또한 `span`과 태그 선택자에도 적용할 수 있습니다.

아이디 선택자도 클래스 선택자와 동일하게 HTML 문서 내에서는 #은 사용하지 않습니다. 아이디 선택자는 다음과 같이 CSS에서 정의합니다.

```
#idSelectorName { float:left }
```

이제 하나의 궁금증이 생길 수 있습니다. 클래스 선택자와 아이디 선택자는 각각 어떤 경우에 사용할까요? 또 클래스 선택자와 아이디 선택자의 차이점은 무얼까요?

"#"으로 시작하면 아이디 선택자, "."으로 시작하면 클래스 선택자입니다. 따라서 HTML 문서에서 `id="idName" class="className"`의 차이점만 존재합니다. 그렇다면 왜 굳이 아이디 선택자와 클래스 선택자로 나눴을까요? 일반적으로 아이디 선택자는 문서의 레이아웃을 잡을 경우 사용됩니다. 즉 웹 문서에서 아주 큰 구역을 정의할 때 사용한다고 보면 됩니다. 클래스 선택자는 아이디 선택자 이외에 웹 문서를 꾸밀 때 사용한다고 보면 됩니다.

집으로 비유했을 때, HTML 문서가 집의 기둥이라고 하면 아이디 선택자들은 벽(파티션)이라고 생각하면 되고 클래스 선택자는 인테리어를 담당하는 것이라고 보면 됩니다.

보통 여러 책에서 "웹 페이지에서 한 번의 속성을 적용할 경우에는 아이디 선택자를 사용하고, 반복적인 속성을 적용할 경우에는 클래스 선택자를 사용한다."라고 말합니다. 이 말이 바로 이전에 말한 비유와 같습니다. 거실 벽과 안방 벽은 한 번밖에 사용할 수 없습니다. 안방 벽을 거실 벽에 넣을 수 없으니까요. 하지만 안방에도 인테리어 소품을 넣을 수 있지만, 거실에도 동일한 인테리어 소품을 넣을 수 있습니다.

비유에서도 알 수 있지만 벽은 많이 사용되지 않습니다만, 인테리어 소품은 많이 사용되는 부분입니다. 웹 문서에서도 아이디 선택자는 큰 레이아웃을 잡을 경우 사용하고 클래스 선택자는 세밀한 디자인 작업을 할 때 사용되기 때문에 클래스 선택자의 사용 빈도가 더 높습니다.

Q&A

Q. 그래도 아이디 선택자와 클래스 선택자를 구분하기가 애매한데요. 대표적인 사례를 좀 들어주실 수 있나요?

A. 솔직히 아이디 선택자와 클래스 선택자는 사용자 맘대로 사용해도 됩니다. 굳이 누가 이렇게 사용해라, 라고 강요할 수도 없습니다. 필자 또한 많은 곳을 참조해서 이렇게 정의를 내리긴 했지만, 정답은 없습니다. 개발자가 아이디 선택자만 사용해서 사이트를 개발한다? 그렇게 해도 됩니다. 난 클래스 선택자만 사용할 거야? 그렇게 사용해도 전혀 문제가 없습니다. 하지만, 웹 개발을 많이 하다 보면, 이럴 경우 아이디 선택자를 사용하는 것이 좋고, 이런 경우에는 클래스 선택자를 사용하는 것이 좋지 않을까, 하는 생각이 들게 됩니다. 이것은 강요를 해서 되는 것이 아니고, 경험을 통해서 체험하는 것입니다. 따라서 이런 경험을 통해 얻은 지식이 아이디 선택자와 클래스 선택자의 사용법에 대해서 정의를 내린 것이 아닐까, 라는 생각이 듭니다.

필자 또한 많은 사이트를 개발했고, 지금도 사이트를 개발하면서 상황에 따라 아이디 선택자와 클래스 선택자를 복합적으로 사용하고 있습니다.

이제 종속 선택자와 하위 선택자에 대해서 알아보도록 하겠습니다.

잠시 전엔 3가지 선택자에 대해서만 알아 본다고 했는데, 왜 여기서 종속 선택자와 하위 선택자란 단어가 나오는지 조금은 의아하시죠?

종속 선택자와 하위 선택자는 아이디 선택자와 클래스 선택자가 태그 선택자와 만나서 작동하는 선택자이기 때문입니다. 태그 선택자, 아이디 선택자 그리고 클래스 선택자만으로 웹 페이지를 만들게 되면 코드가 아주 커지게 되는데, 이런 종속 또는 하위 선택자와 같이 사용하게 되면, 코드의 길이도 짧아지며 보다 정교한 웹 문서를 만들 수 있습니다.

종속 선택자

종속 선택자Dependent Selector는 태그에 속한 선택자를 말합니다. 벌써 여러분은 종속 선택자를 봤습니다.

⟨div class="sample"⟩과 ⟨p class="sample"⟩은 종속 선택자입니다. 일단 모든 선택자는 종속 선택자라고 보셔도 됩니다.

앞서도 얘기했지만, div와 span은 아무런 의미가 없는 태그라고 했습니다. 따라서 ⟨div class="sample"⟩일 경우에는 .sample { CSS 속성 }이라고 정의를 해주면 됩니다.

종속 선택자이기 때문에 원래는 div.sample { CSS 속성 } 이렇게 정의해 줘야 하는 것이지만, div는 생략해도 무방합니다.

여기서 중요한 것은 다음과 같이 태그 선택자와 같이 있을 경우입니다. ⟨p class="sample"⟩ 이런 경우에는 반드시 p.sample { CSS 속성 }이라고 정의를 해 줘야만 합니다. 여기서 p는 절대 생략해선 안 됩니다. 종속이라고 하는 것은 태그 선택자에 포함(종속)되어 있다고 해서 종속 선택자라고 불립니다. 영어로는 Dependent Selector라고 합니다. 즉 비 독립적인 선택자를 종속 선택자라고 합니다. 사용법은 반드시 태그 선택자와 붙여서 정의해줘야 합니다. 이것은 클래스 선택자, 아이디 선택자 모두 동일합니다. CSS에서는 다음과 같이 정의합니다.

```
p.className { font-size:20px }
table#idName { background-image:none }
```

HTML 문서에서는 다음과 같이 정의해주면 됩니다.

```
<p class="className"> 내용 </p> <table id="idName"> 내용 </table>
```

종속 선택자는 태그 선택자와 같이 사용하는 것입니다. 이것을 잊지 마시기 바랍니다.

> **Q.** div와 span이 아무런 의미가 없는 태그라는 게 이해가 안 됩니다. div는 블록 지정할 때 쓰고 span은 인라인을 지정할 때 쓰이는 것인데, 이게 의미가 있는 것 아닌가요? 그리고 div와 span은 종속 선택자일 때 왜 생략이 가능하죠?
>
> **A.** div와 span은 다른 HTML 태그와 달리 자체적으로 내장되어 있는 속성이 없습니다. 단지 블록 선택자를 지정할 경우에는 div를, 인라인 선택자일 경우에는 span을 사용하는 것 그 이상의 의미를 지니지 않고 있습니다. 다른 일반적인 HTML 태그와 달리 div와 span은 자체 속성이 없기 때문에 종속 선택자일 경우 생략이 가능한 것입니다.
>
> 따라서 <div id="idName">이라고 지정할 경우 CSS에서는 #idName으로만 사용해도 무방합니다. 뭐 굳이 div#idName과 같은 방식을 사용해도 무방합니다만, HTML과 CSS 코드는 짧을수록 웹 페이지 로딩 시간이 짧아진다는 것을 기억하세요.

하위 선택자

이제 하위 선택자Descendent Selector에 대해서 알아보겠습니다.

보통 웹 문서에는 하나의 태그 내부에 여러 개의 태그가 있을 수 있습니다. 대표적으로 a 태그의 경우 하이퍼링크를 만들어 줄 때에는 p 태그 내부에 있거나 다른 여러 태그의 내부에 있을 수 있습니다. 이렇게 하나의 태그 선택자 내부에 있는 선택자에 대한 속성을 지정할 때 하위 선택자로 지정합니다.

CSS에서는 다음과 같이 속성을 적용합니다.

```
p a { text-decoration:none;}
```

선택자와 선택자 사이에는 여백이 있습니다. 약 한 칸 정도의 여백을 주는 것이 좋습니다.

또한 하위 선택자는 클래스 선택자와 아이디 선택자도 사용할 수 있습니다. 다음과 같이 여러 방법으로 하위 선택자를 구성할 수 있습니다.

```
#idName .className { CSS 속성 }
#idName table { CSS 속성 } 또는 .className ul { CSS 속성 }
p .className { CSS 속성 } 또는 p #idName { CSS 속성 }
```

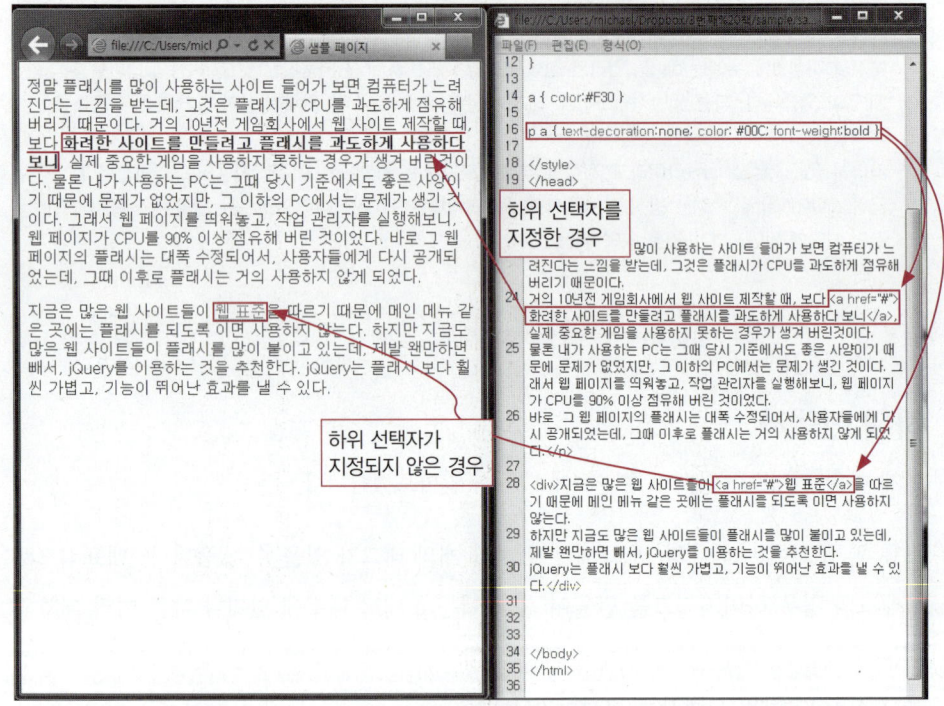

[그림 1.1-2] 하위 선택자 예제
sample/1장/section1/sample1.1-2.html

[그림 1.1-2]에서 〈p〉 태그 내부에 있는 〈a href="#"〉과 〈div〉 태그 내부에 있는 〈a href="#"〉의 결과는 다르게 보이는 것을 확인할 수 있습니다.

Q&A

Q. 하위 선택자도 있는데, 왜 상위 선택자는 없죠?
A. 상위 선택자라는 명칭이 없는 것일 뿐, 부모 선택자가 상위 선택자 개념입니다.

그룹 선택자

이제 그룹 선택자Group Selector에 대해서 설명하겠습니다.

그룹 선택자는 선택자들을 그룹으로 묶는 것을 말합니다. 즉 CSS의 속성이 동일한 선택자를 하나의 그룹으로 묶어서 선택자의 속성을 적용하는 것을 말합니다.

예를 들어 p, table, #idName이란 선택자가 있는데, 3개의 선택자에서 동일한 속성이 있는 경우 하나의 그룹으로 묶어 다음과 같이 속성을 부여합니다. 그룹으로 묶을 때는 콤마(,)로 구분합니다.

```
p, table, #idName { CSS 속성 }
```

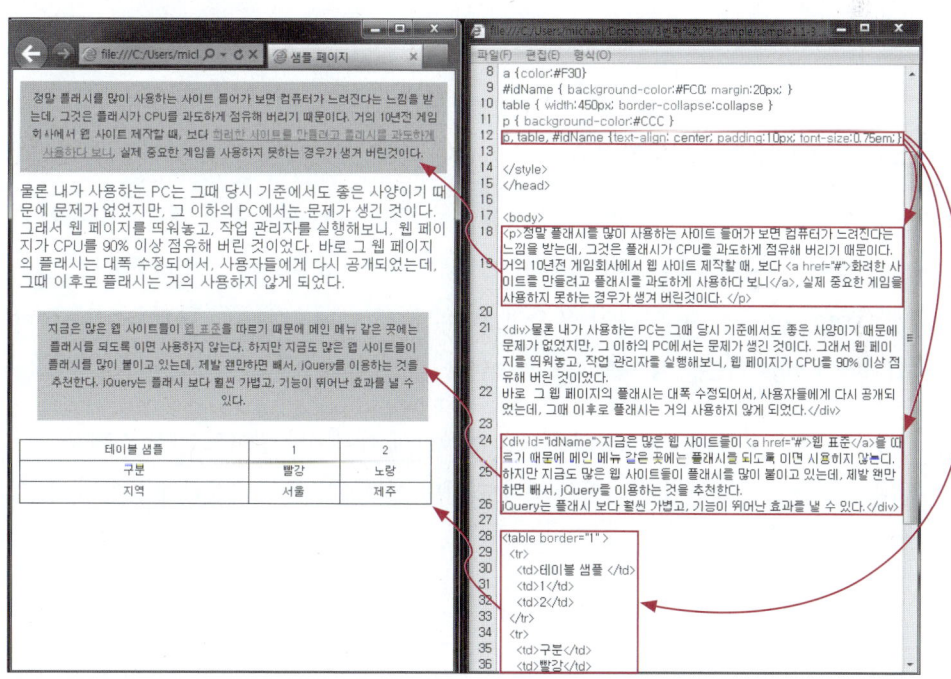

[그림 1.1-3] 하위 선택자 예제
sample/1장/section1/sample1.1-3.html

[그림 1.1-3]에서 그룹 선택자로 묶인 부분은 텍스트가 중앙 정렬되어 있고, 폰트 사이즈가 작아진 것을 확인할 수 있습니다.

그룹 선택자는 아주 적은 노력으로 큰 효과를 볼 수 있기 때문에 그룹 선택자를 이용하는 방법은 익혀 두시면 편리하게 사용할 수 있습니다.

Q&A

Q. 그룹 선택자를 사용하는 특별한 이유가 있나요? 속성 중복을 줄여 코드를 가볍게 해줄 것 같기도 한데요.
A. 최대한 중복되는 코드를 줄이는 것이 목적입니다. 나중에 실무에서 동일한 선택자를 묶어 놓으면, 한꺼번에 속성을 수정할 때 빠르게 수정 가능하고 웹사이트도 가벼워집니다.

수도 선택자(가상 선택자)

수도 선택자Pseudo Selector는 단독으로 사용할 수 없습니다. 보통 특정 태그 선택자와 같이 사용하게 됩니다. 가장 많이 사용하는 가상 선택자는 a 태그와 같이 사용하는 `:link :visited :hover :active`가 있으며, 이외에 `:focus :first-letter :before :after :lang`이라는 가상 선택자도 있습니다.

가장 흔하게 사용하는 `:link :visited :hover`에 대해서만 알아도 가상 선택자는 큰 문제가 없습니다. 하지만 이외의 선택자도 알면 실무에서 아주 유용하게 사용할 수 있습니다.

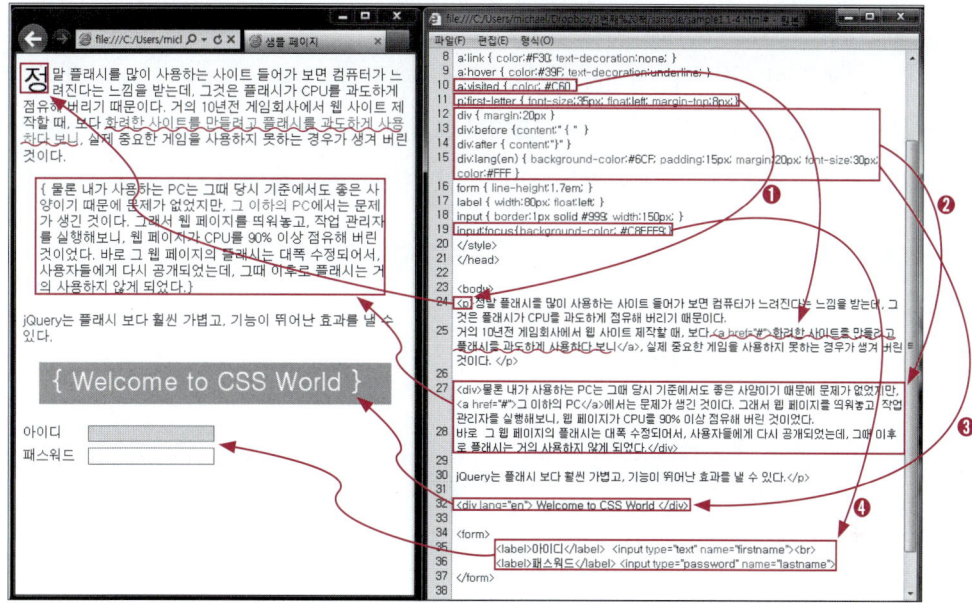

[그림 1.1-4] 가상 선택자 예제
🌐 sample/1장/section1/sample1.1-4.html

[그림 1.1-4]에는 가상 선택자에 대한 모든 예제가 들어 있습니다.

❶ p 태그 선택자에는 :first-letter를 적용하여 p 태그 선택자의 맨 처음 글자의 크기를 조정하였습니다.

❷ div 선택자에는 :before와 :after를 적용하여 :before일 때는 {가 들어가고 :after일 때는 }기 자동으로 추가되게 치리히였습니다. ❸ 또한 :lang(en)에 띠로 속성을 적용하여 〈div lang="en"〉이 적용된 영어 문장인 경우 배경색과 폰트 사이즈를 변경하였습니다.

❹ 또한 input에는 :focus를 적용하여, 해당 입력란에 값이 입력될 때 배경 색상이 변경됩니다.

1.1 CSS 기초, 선택자의 종류 및 사용 방법 23

자식 선택자

자식 선택자Child Selector는 선택자 내부에 있는 바로 아래 자식 선택자를 지정할 때 사용합니다. 바로 아래 자식이라고 하는 표현이 조금은 이상합니다만, 보통 CSS를 설명할 때 가장 많이 사용하는 것이 가계도Family Tree입니다. 가계도(족보)는 다 아시죠?

보통 가계도는 조부모 → 부모 → 자식 간으로 연결되어 있습니다.

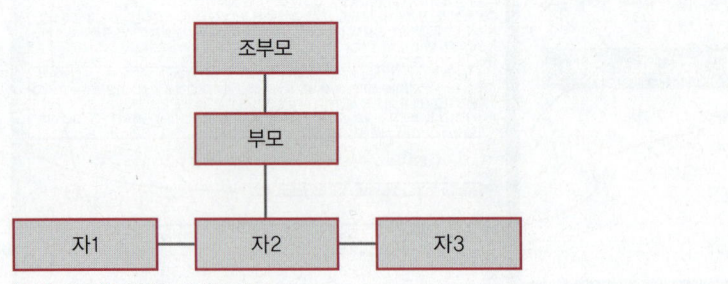

[도식 1.1-1] 간단한 가계도 예시

[도식 1.1-1]을 보면 자1, 자2, 자3은 부모에게 연결되어 있습니다. 조부모와 연결된 곳은 부모입니다. 그렇다면 부모의 영향을 직접 받는 것은 자1, 자2, 자3입니다. 하지만 자1, 자2, 자3 또한 조부모로부터 간접적인 영향을 받습니다. 신체적인 요건, 생김새 등과 같은 여러 가지 요소를 물려 받게 되는 것입니다.

예를 들어 CSS에서 전체 선택자 *에 속성을 적용해 버리면 모든 속성에 영향을 미치게 됩니다. 이때 부모의 바로 자1에게만 속성을 부여하고 싶을 때 자식 선택자를 사용하게 됩니다.

자식 선택자를 적용할 때는 >을 사용합니다. 다음의 예를 확인하시기 바랍니다.

```
div > p { font-size:1.2em}
```

위의 예가 의미하는 바는 div 태그 내부에 포함되어 있는 p 태그에 폰트 사이즈를 1.2em 크기로 적용하라는 의미입니다.

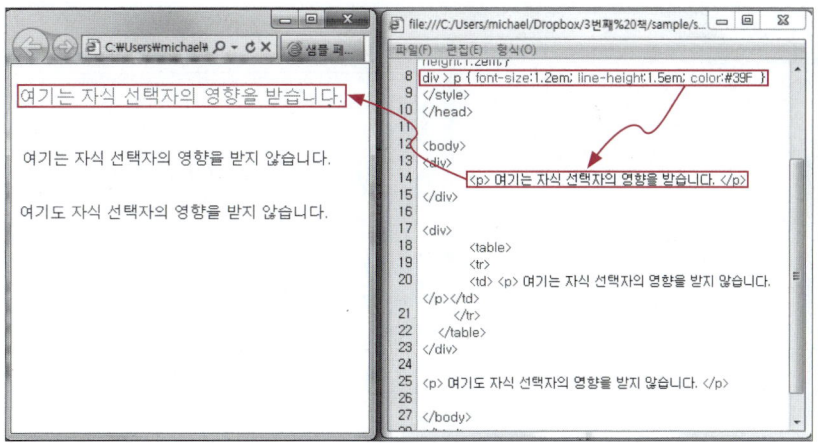

[그림 1.1-5] 자식 선택자 예제
sample/1장/section1/sample1.1-5.html

[그림 1.1-5]를 보면 〈p〉 태그가 적용된 곳은 총 3군데지만, div 태그 내부에 있는 p 태그에만 값이 적용된 것을 알 수 있습니다. 자식 선택자는 실제로는 많이 사용되진 않습니다만, 어떻게 적용되는지는 확실하게 알아두는 것이 실무에 도움이 됩니다.

인접 선택자

인접 선택자Adjacent Selector는 서로 인접한 선택자에 속성을 적용할 때 사용합니다.

다시 말하면, 어떤 선택자 바로 다음에 오는 선택자가 인접 선택자가 되는 것입니다.

인접 선택자는 + 기호를 사용하며 사용법은 다음과 같습니다.

```
div + p { CSS 속성 }
```

실제 예제를 통해 어떻게 사용하는지 알아보겠습니다.

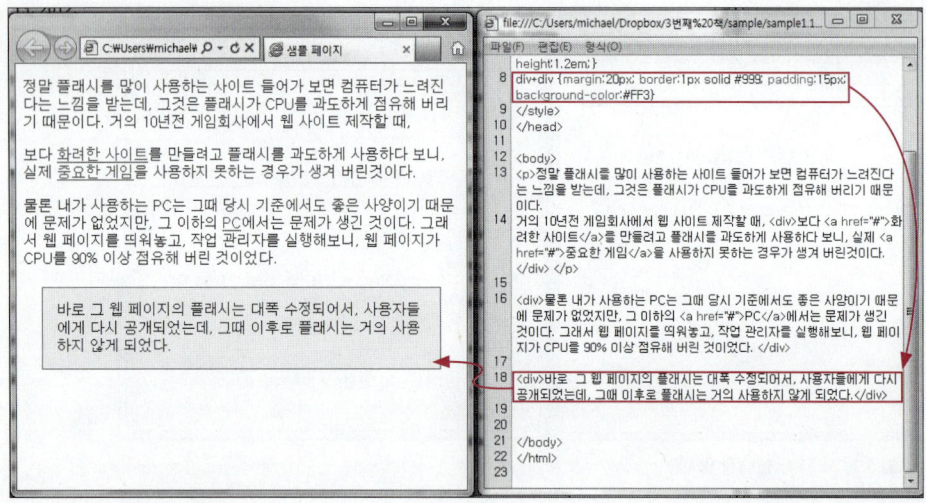

[그림 1.1-6] 인접 선택자 예제
sample/1장/section1/sample1.1-6.html

[그림 1.1-6]을 보면 인접 선택자의 예가 있습니다.

소스를 보면 현재 문서에는 div 태그가 총 3개가 있는데, 첫 번째 div는 p 태그 내부에 있으며, 나머지 두 개의 div는 서로 인접해 있습니다. 이때 div+div { CSS 속성 }을 적용해 주면 p 태그 내부에 있는 div가 아닌 div 다음에 오는 div 부분에 CSS 속성이 적용된 것을 알 수 있습니다.

Q&A

Q. 인접 선택자와 하위 선택자의 차이점, 각각의 필요성을 잘 모르겠습니다.
A. 이렇게 많은 선택자가 만들어진 것은 최대한 HTML 코드를 단순하게 만들려는 목적입니다. 이전처럼 인접 선택자와 하위 선택자가 없었다면, HTML 코드 내부에 클래스 선택자 또는 아이디 선택자를 지정해 주고 해당 CSS 속성을 적용해야만 했습니다. 하지만 인접 선택자 및 하위 선택자 등을 사용하면, CSS만으로 속성을 제어할 수 있습니다.
인접 선택자는 형제 관계에 있는 선택자를 묶어 주는 것을 의미하며, 하위 선택자는 선택자 내부에 다른 선택자들을 지정하는 것을 의미합니다.

전체 선택자

전체 선택자Universal Selector는 말 그대로 HTML 문서 전체에 영향을 주기 때문에 전체 선택자라고 합니다. 전체 선택자는 별표(*)로 표시합니다.

사용법은 다음과 같습니다.

```
* { CSS 속성 }
```

이렇게 지정해 주면 HTML 문서 전체의 모든 선택자에 CSS 속성이 적용됩니다.

전체 선택자를 사용하는 또 하나의 방법은 다음과 같습니다. 하위 선택자를 이용하는 것인데요. 사용법은 다음과 같습니다.

```
p * { CSS 속성 }
```

이렇게 적용하면 p 태그 내부에 있는 모든 선택자에 CSS 속성이 적용되는 것입니다.

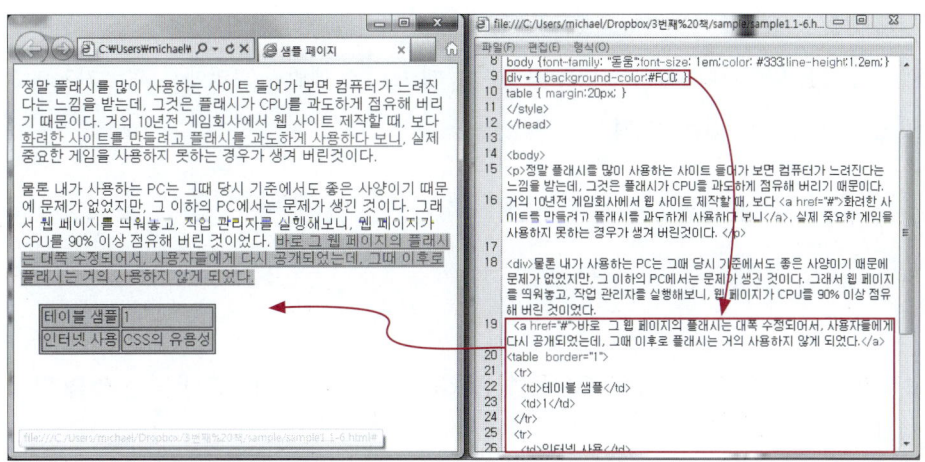

[그림 1.1-7] 전체 선택자 예제
💿 sample/1장/section1/sample1.1-7.html

[그림 1.1-6]을 보면 `div * { background-color:#FC0 }` 이렇게 전체 선택자를 하위 선택자를 이용해서 적용한 결과를 볼 수 있습니다.

결과는 div 내부에 있는 모든 선택자에 배경 색상이 적용된 것을 알 수 있습니다.

전체 선택자는 HTML 문서 전체 또는 다른 선택자의 하부 전체에 영향을 미치기 때문에 사이트 전체 혹은 일부에 속성을 적용할 때 편리하게 사용할 수 있습니다. 필자는 전체 선택자를 이용해서 문서 전체의 마진과 패딩을 0으로 만들 때 주로 사용하곤 합니다(이 부분에 대한 설명은 나중에 하겠습니다).

지금까지 선택자들은 CSS1과 CSS2에서 적용되는 선택자들입니다. CSS에서 가장 흔하게 사용되고, 실무에서 많이 사용하는 선택자들입니다. 따라서 여기까지의 내용은 반드시 익히시기 바랍니다. 아주 중요합니다.

이제부터 설명하는 선택자들은 CSS3에서 처음 도입되는 선택자들입니다. 따라서 일부 브라우저(IE9 이하 버전)에서는 작동되지 않을 수도 있기 때문에 반드시 IE9 이상의 환경 또는 크롬, 파이어폭스 그리고 사파리 등에서 테스트 해주시기 바랍니다.

형제자매 선택자 `CSS3`

형제자매 선택자Sibling Selector는 자식 선택자와는 다르게 형제자매 관계에 있는 선택자에게 영향을 미칩니다. 자식 선택자를 설명할 때 보여준 패밀리 트리에서 자1, 자2, 자3가 형제 또는 자매 관계입니다.

형재자매 선택자는 ~ 로 묶습니다. 실제 사용 방법은 다음과 같습니다.

```
div~table { CSS 속성 }
```

div 다음에 나오는 형제자매 관계에 있는 table에 CSS 속성이 적용되는 것을 말합니다.

[그림 1.1-8]을 보면 5개의 테이블이 있는데, div 다음에 나오는 형제자매 관계에 있는 테이블 3개에만 CSS 속성이 적용된 것을 볼 수 있습니다.

Q&A

Q. 아직도 형제자매가 무슨 의미인지 잘 모르겠습니다. div와 table은 형제자매라는건지, 아니면 div~table 이렇게 해주면 형재자매가 되는 건지요?

A. 형제자매 선택자는 선택자들의 관계가 형제자매 관계에 있는 선택자를 묶은 것을 말합니다. 즉 div~table이라고 하면 형제자매 선택자로 묶여 있는데, 소스 sample1.1-8.html을 보면 처음 나오는 table은 p의 하위 선택자이고, 두 번째 테이블은 처음 나오는 p 그리고 div와 형제자매 관계입니다. 그리고 4번째 나오는 테이블은 ul의 하위 선택자이기 때문에 속성이 적용되지 않습니다.

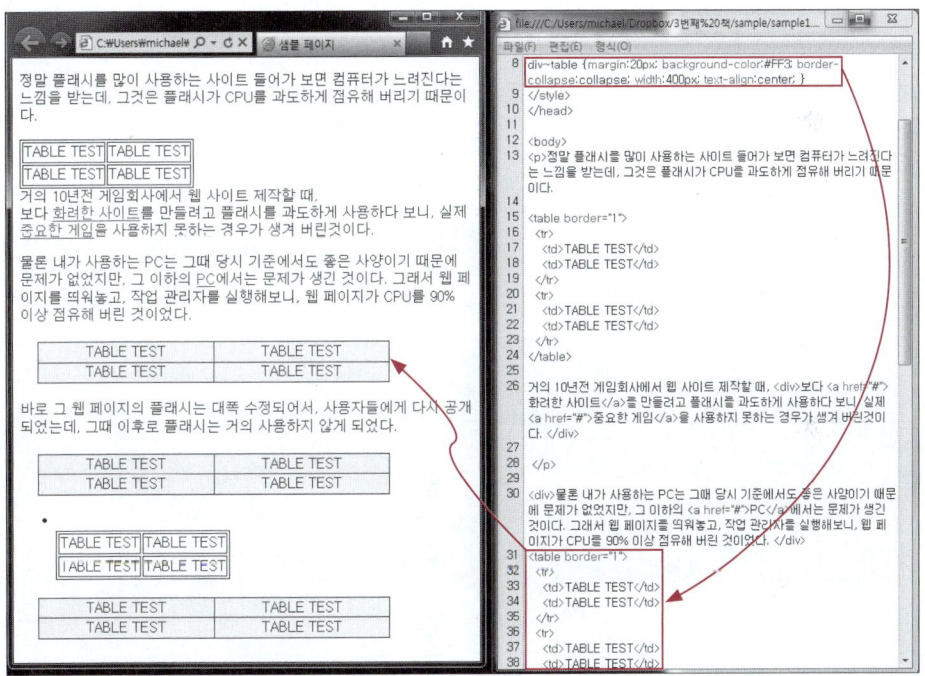

[그림 1.1-8] 형제자매 선택자 예제
sample/1장/section1/sample1.1-8.html

화면에는 소스 내용이 보이지는 않지만 소스 아래 부분을 보면, 〈ul〉〈li〉 내부에 있는 테이블에는 CSS 속성이 적용되지 않았습니다. 즉 div와 동등한(형제 자매) 관계에 있는 table에만 속성이 적용되는 것을 알 수 있습니다.

실무에서 많이 사용되진 않지만, 아주 유용하게 사용할 수 있는 선택자 중 하나입니다.

속성 선택자 CSS3

속성 선택자Attribute Selector는 HTML 태그의 특정 속성에 대해서 효과를 줄 수 있습니다.

다양한 속성을 지정할 수 있기 때문에, CSS2에서 복잡하게 적용하던 선택자를 매우 쉽게 적용할 수 있는 장점이 있습니다. 속성 선택자는 하나가 아니라 속성에 따라 여러 개로 나뉠 수 있습니다.

속성 선택자는 [ ] 안에 특정 조건을 넣는 선택자를 말합니다. 예를 들어 [id]라고 하면 아이디 선택자 전체를 말하는 것입니다. 이 경우 [id] { CSS 속성값}을 적용해 주면 id로 정의된 부분에 CSS 속성값이 적용되는 것을 알 수 있습니다.

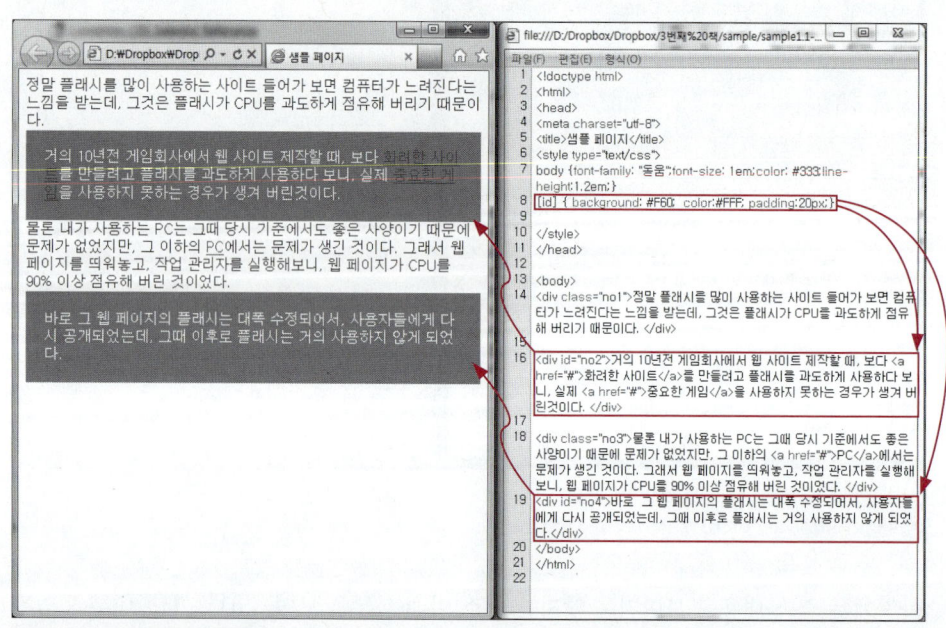

[그림 1.1-9] 속성 선택자 예제
sample/1장/section1/sample1.1-9.html

[그림 1.1-9]를 보면 예제 문장에는 class 선택자와 id 선택자를 적용했는데, 속성 선택자를 이용하여 id 선택자가 적용된 부분에만 특정 값을 적용한 것을 알 수 있습니다.

속성 선택자는 또한 조건을 줄 수 있습니다. [attribute='value']를 주면 특정 부분만 속성 적용이 가능합니다.

[그림 1.1-10]을 보면 [class='no3']라고 특정한 값에만 속성을 적용한 결과를 볼 수 있습니다.

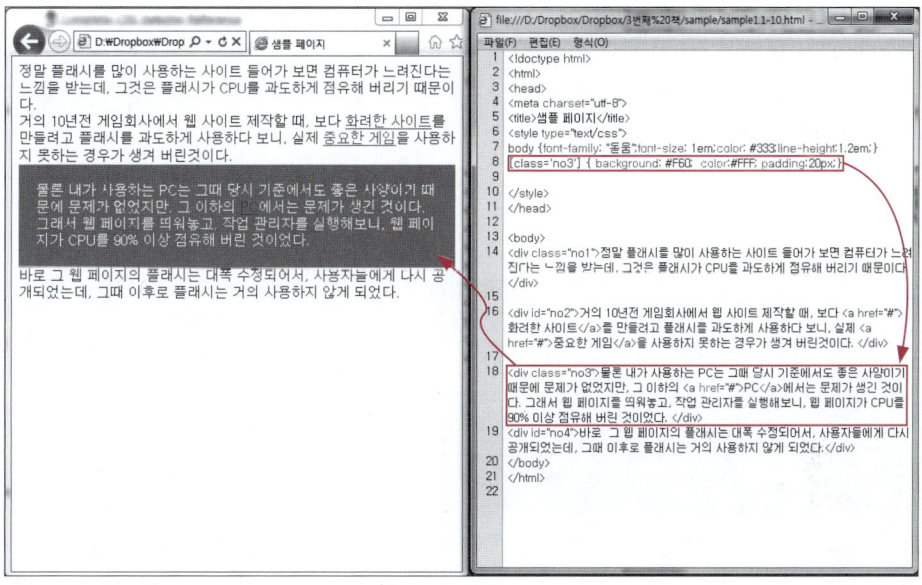

[그림 1.1-10] 속성 신택자 예제
sample/1장/section1/sample1.1-10.html

또한 [attribute^='value']는 특정 문자열로 시작되는 속성을 정의해 줄 수 있습니다.

[그림 1.1-11]을 보면 [id^='no1'] 이렇게 정의했는데, 이것은 id 선택자에서 no1으로 시작하는 선택자에 CSS 값을 적용하라, 라는 의미입니다.

따라서 [그림 1.1.-11]에서 보면 전체 문서 구성이 아래와 같이 되어 있는데, 여기서 `div id="no1"`이라고 되어 있는 부분에만 CSS 속성이 적용되는 것입니다.

```
<div id="no11"> ...</div>   <div id="no12"> ... </div> <div id="no21"> ...</div>
<div id="no22">... </div>
```

즉 특정 문자열로 시작되는 속성 선택자는 `[attribute^='value']`입니다.

그렇다면 특정 문자열로 시작되는 속성 선택자가 있다면 특정 문자열로 끝나는 속성 선택자도 있지 않을까, 라는 의문이 들 것입니다. 네, 있습니다. 특정 문자열로 끝나는 속성 선택자는 `[attribute$='value']`입니다. [그림 1.1-12]의 오른쪽 소스 파일을 보면 `[id$='1']`이라고 되어 있는 부분을 볼 수 있는데, `id` 선택자 중 값이 1로 끝나는 선택자에 적용됩니다.

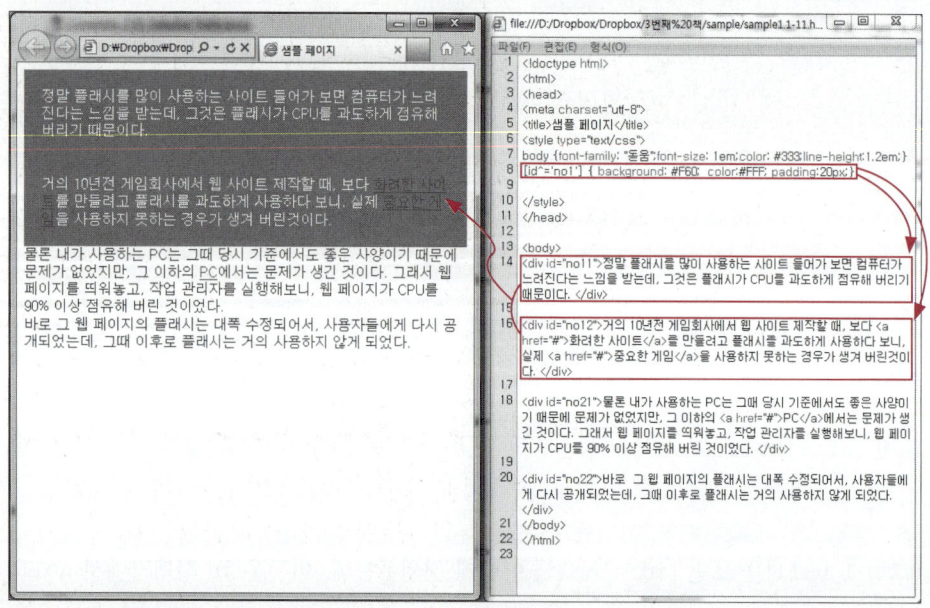

[그림 1.1-11] 속성 선택자 예제
sample/1장/section1/sample1.1-11.html

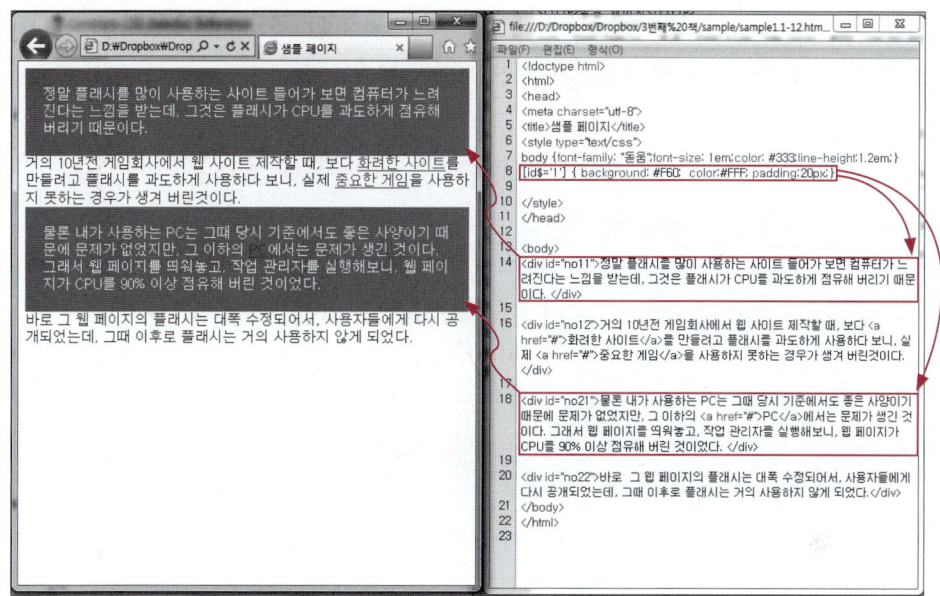

[그림 1.1-12] 속성 선택자 예제
sample/1장/section1/sample1.1-12.html

또한 특정 문자열을 포함한 부분에만 속성을 지정할 수 있습니다. [attribute*='value']라고 하면 특정 문자열이 포함된 부분에 CSS 값을 적용해 줄 수 있습니다.

[그림 1.1-13]을 보면 [id*='1']에 CSS 값을 적용했는데, 결과는 1이 포함된 모든 id 선택자에 CSS 값이 적용된 것을 알 수 있습니다.

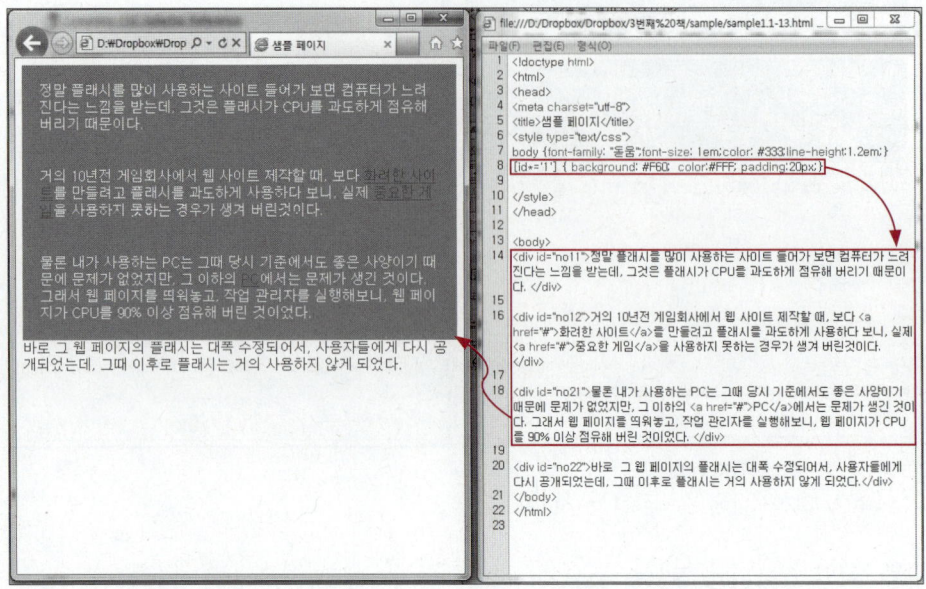

[그림 1.1-13] 속성 선택자 예제
sample/1장/section1/sample1.1-13.html

또한, 복수로 값을 적용해 줄 수도 있습니다. 이 경우에는 아래와 같이 정의해 주면 됩니다.

[attribute필터값1] [attribute필터값2] { CSS 속성 값 }

[그림 1.1-14]를 보면 [id^='n'][id$='2']란 속성을 적용했습니다. 이것은 id 선택자에서 n으로 시작하고 2로 끝나는 선택자에 CSS 속성값이 적용된다는 의미입니다.

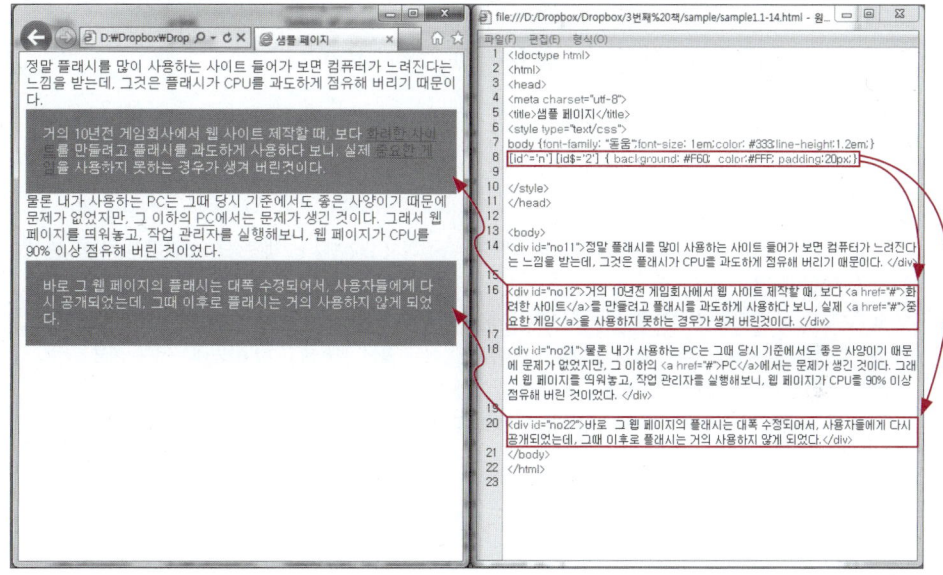

[그림 1.1-14] 속성 선택자 예제
sample/1장/section1/sample1.1-14.html

속성 선택자는 선택자를 다양하게 적용하게 해주는 아주 편리한 선택자입니다. 또한 매우 정교하게 선택자를 지정해 줄 수 있기 때문에, 사용법을 손에 익히면 편리하게 특정 부분에만 CSS 값을 적용할 수 있게 됩니다.

이제 선택자의 마지막으로 CSS3에서 사용되는 수도 선택자에 대해서 알아보고 1.1절은 마치도록 하겠습니다.

CSS3에서 추가된 수도 선택자

CSS1과 CSS2에서 사용되는 수도pseudo 선택자는 앞 부분에서 학습하였습니다. CSS3에서는 좀 더 많은 수도 선택자가 추가되어 편리하게 다양한 효과를 줄 수 있게 되었습니다.

CSS3에서 추가된 수도 선택자는 다음 [표 1.1-1]과 같습니다.

Q&A

Q. CSS3에서 소개하는 자료는 일부 IE 버전에서는 동작하지 않는데, 웹 접근성을 고려하면 사용하면 안 되지 않나요?

A. CSS3에서 추가된 선택자를 사용하더라도, 하위 버전의 IE에서는 작동이 안 될 뿐이지, 웹 접근성을 해치진 않습니다. 그리고 웹사이트를 만들 때도 최신 기술을 적용하고 하위 브라우저에 적용할 수 있는 다른 방법들이 존재하기 때문에, 최대한 최신의 CSS를 적용하고 최신 브라우저에 맞춰 개발하는 것이 좋습니다. 나중에 다시 수정하는 것보다는 브라우저의 발전에 따라 하위 버전에 맞춘 기법만 제거하면 되기 때문입니다.

수도 선택자	사용 예제	설명
:first-of-type	div:first-of-type	웹 페이지에서 div 선택자 중 맨 처음에 나오는 div 선택자에 속성을 부여
:last-of-type	div:last-of-type	웹 페이지에서 div 선택자 중 맨 마지막에 나오는 div 선택자에 속성을 부여
:only-of-type	em:only-of-type	웹 페이지에서 em 태그 선택자로만 구성된 하나의 선택자에 속성을 부여
:only-child	em:only-child	웹 페이지에서 em 태그 선택자에서 오직 자식 선택자에게만 속성 부여
:nth-child(n)	p:nth-child(n)	웹 페이지에서 n번째 자식 선택자, p 태그 선택자에 속성 부여. 이 가상 선택자는 :nth-child(odd)와 :nth-child(even)으로 사용 가능
:nth-last-child(n)	td:nth-last-child(n)	웹 페이지에서 td 태그 선택자의 마지막 n번째 자식 선택자에 속성 부여

수도 선택자	사용 예제	설명
:nth-of-type(n)	p:nth-of-type(n)	n번째 p 태그 선택자에 속성 부여. 이 가상 선택자 또한 :nth-of-type(odd)와 :nth-of-type(even)으로 사용 가능
:nth-last-of-type(n)	p:nth-last-of-type(n)	마지막 n번째 p 태그 선택자에 속성 부여
:last-child	p:last-child	마지막 p 태그 자식 선택자에 속성 부여
:root	:root	웹 페이지의 root 선택자에 속성 부여
:empty	p:empty	p 태그 선택자에 아무런 내용이 없을 경우 속성 부여. <p></p> 이런 경우를 말함
:target	:target	웹 페이지 내부에서 링크를 이용하여 문서의 특정 부분으로 이동할 때 사용하며, target된 부분에 이미지 등을 추가할 수 있음
:enabled	input:enabled	<input> 태그를 활성화한 부분에 속성 부여
:disabled	input:disabled	<input> 태그를 비활성화한 부분에 속성 부여
:checked	input:checked	체크 버튼 부분에 속성 부여. (주의) 오페라 브라우저에서만 작동함
:not(selector)	:not(em)	em 선택자를 제외한 부분에만 속성을 부여할 때 사용
::selection	::selection	웹 페이지에서 마우스를 이용하여 텍스트 등을 선택하면 속성을 지정할 수 있음

[표 1.1-1] CSS3에서 사용되는 수도 선택자

[표 1.1-1]을 보면 상당히 많은 수노 선택사가 CSS3에서 추가된 것을 알 수 있습니다. 하지만 여기서 사용되는 선택자는 그렇게 많지는 않습니다. 따라서 이런 선택자가 있다는 사실만 알고, 여기에서 설명하는 예제를 보면서 하나씩 적용해보기 바랍니다. 외울 필요는 없습니다.

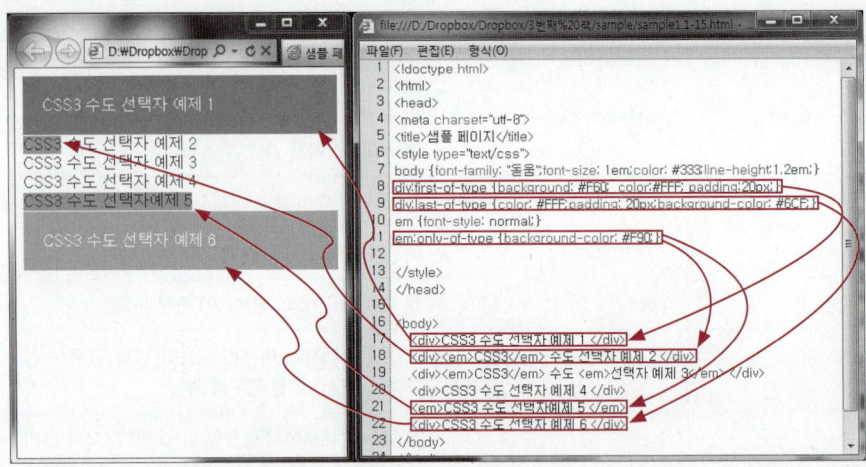

[그림 1.1-15] CSS3 가상 선택자 예제
sample/1장/section1/sample1.1-15.html

[그림 1.1-15]를 보면 "CSS3 수도 선택자 예제 1"이라고 되어 있는 부분은 `div:first-of-type`이 적용되었으며, "CSS3 수도 선택자 예제 6"이라고 되어 있는 부분은 `div:last-of-type`이 적용되었습니다. 그리고 `em:only-of-type` 부분은 "CSS3 수도 선택자 예제 2"의 CSS3 부분과 "CSS3 수도 선택자 예제 5" 부분 두 군데 적용되었는데, "CSS3 수도 선택자 예제 3"에는 〈em〉이 두 번 적용되어 `em:only-of-type`이 적용되지 않는 것을 알 수 있습니다.

[그림 1.1-16]을 보면 "CSS3 수도 선택자 예제 2"에서 "CSS3 수도 선택자" 부분에만 CSS 속성이 적용된 것을 볼 수 있습니다. 이것은 em 태그가 div의 자식 선택자이기 때문입니다. "CSS3 수도 선택자 예제 3"에서는 em이 두 번 적용되어 있고, "CSS3 수도 선택자 예제 5"는 em이 부모 선택자이기 때문에 CSS 속성이 적용되지 않는 것입니다.

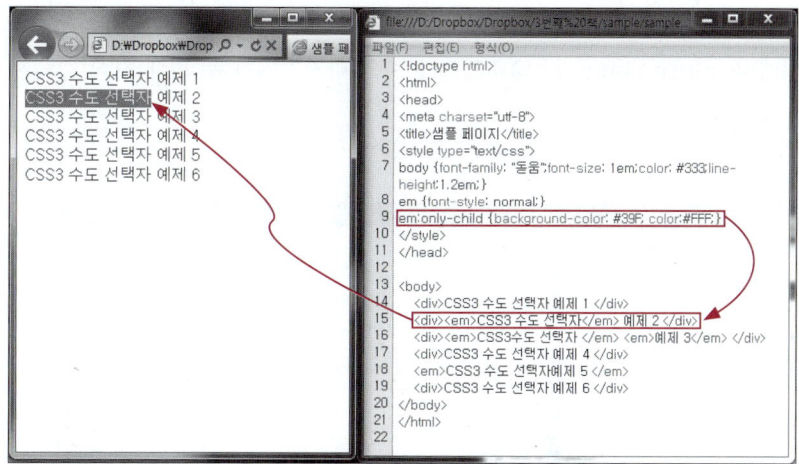

[그림 1.1-16] CSS3 수도 선택자 예제
sample/1장/section1/sample1.1-16.html

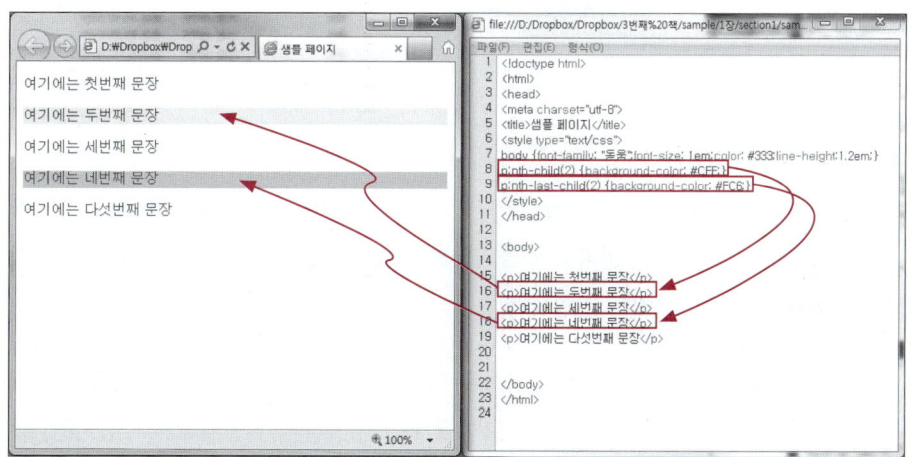

[그림 1.1-17] CSS3 수도 선택자 예제
sample/1장/section1/sample1.1-17.html

[그림 1.1-17]을 보면 p:nth-child(2)와 p:nth-last-child(2)가 적용된 모습을 볼 수 있습니다.

1.1 CSS 기초, 선택자의 종류 및 사용 방법 **39**

p:nth-child(2)의 의미는 자식 선택자에서 2번째에 있는 p 선택자에 속성을 부여하라, 라는 의미이며, p:nth-last-child(2)는 문서의 마지막에서 두 번째 자식 선택자 p에 속성을 부여하라, 라는 의미입니다.

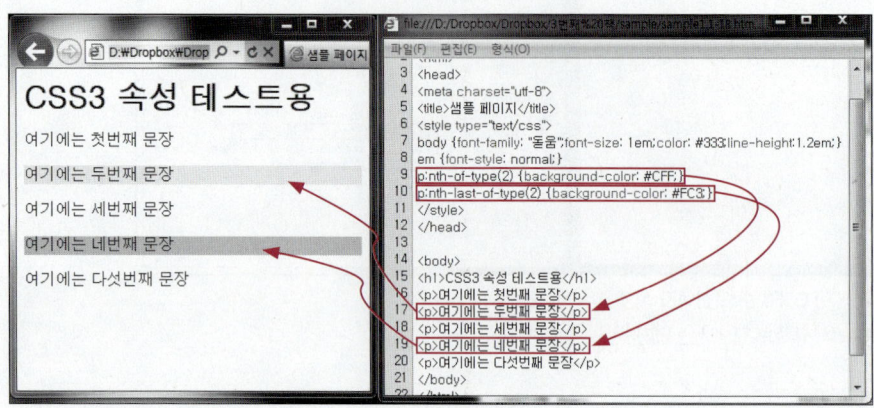

[그림 1.1-18] CSS3 수도 선택자 예제
sample/1장/section1/sample1.1-18.html

[그림 1.1-18]과 [그림 1.1-17]을 비교해 보면 p:nth-child(2)와 p:nth-of-type(2)가 적용된 부분이 다른 것을 알 수 있습니다. p:nth-of-type(2)는 p 선택자의 2번째 선택자에 속성을 부여하는 것을 말하는 것입니다. 즉 자식 선택자가 아닌 p 선택자의 2번째 선택자를 말하는 것입니다.

p:nth-last-of-type(2) 또한 p 선택자의 마지막에서 두 번째 선택자에 속성을 부여하는 것을 말합니다. [그림 1.1-17]과 [그림 1.1-18]은 결과가 동일하게 나왔지만, 복잡한 문서에서는 결과가 달라지니 차이점을 아셔야 합니다.

:nth-of-type(n)과 :nth-child(n)의 경우 odd(홀수)와 even(짝수)을 이용하여 테이블을 꾸밀 수 있습니다. 이전에는 조금 복잡한 방법으로 테이블의 각 셀마다 색상을 입력한 반면 nth-of-type(n)을 이용하면 간단하게 색상 적용이 가능합니다.

[그림 1.1-18_1]을 보면 tr:nth-of-type(odd) 부분과 tr:nth-of-type(even) 부분에 따로 색상을 지정한 것을 볼 수 있습니다. 하지만 이 속성은 IE9 이하의 브라우저에서는 지원하지 않기 때문에 사용시 약간의 주의가 필요합니다.

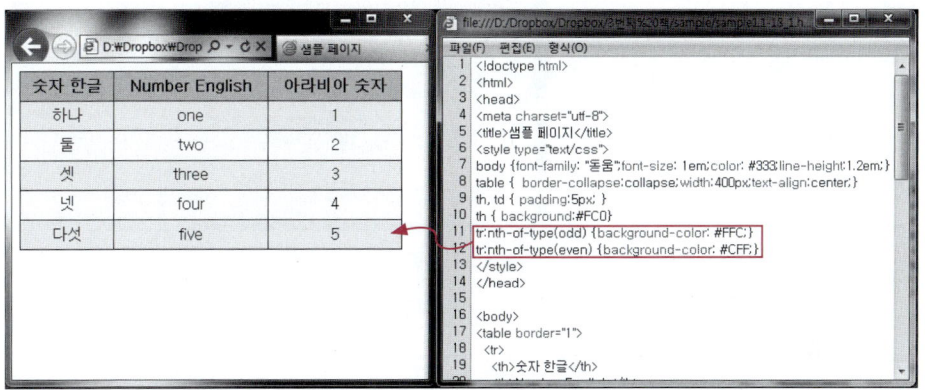

[그림 1.1-18_1] CSS3 가상 선택자 예제
sample/1장/section1/sample1.1-18_1.html

[그림 1.1-19]를 보면 크롬 브라우저에서 CSS3의 가상 선택자를 적용한 것을 보실 수 있습니다. :target 선택자가 IE에서는 작동하지 않기 때문에 그림에서는 크롬을 사용한 것입니다.

먼저 p:last-child는 "여기에는 다섯번째 문장" 부분에 적용된 것을 알 수 있습니다. 그리고 p:empty는 "여기는 첫번째 문장" 바로 앞 부분에 <p></p> 부분 내용이 아무것도 없는 부분에 적용된 것을 알 수 있습니다. 그리고 :root를 이용하여 문서의 배경 색상을 지정했습니다. 이건 body 태그에 적용해도 동일한 효과를 줄 수 있습니다.

마지막으로 target:before라는 속성을 적용하게 되면 "문서내부 링크1"을 클릭했을 때 "여기에는 첫번째 문장" 부분 앞에 별 이미지가 추가된 것을 알 수 있습니다. 이 부분은 링크를 클릭할 때마다 바뀌게 됩니다.

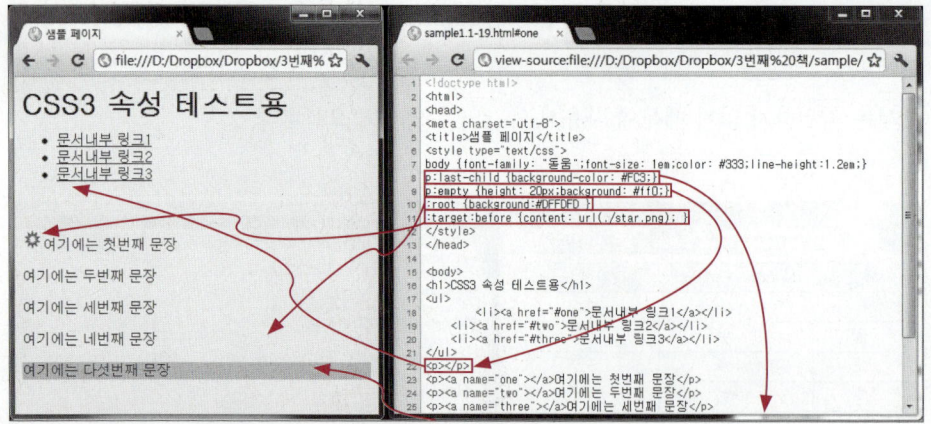

[그림 1.1-19] CSS3 가상 선택자 예제
sample/1장/section1/sample1.1-19.html

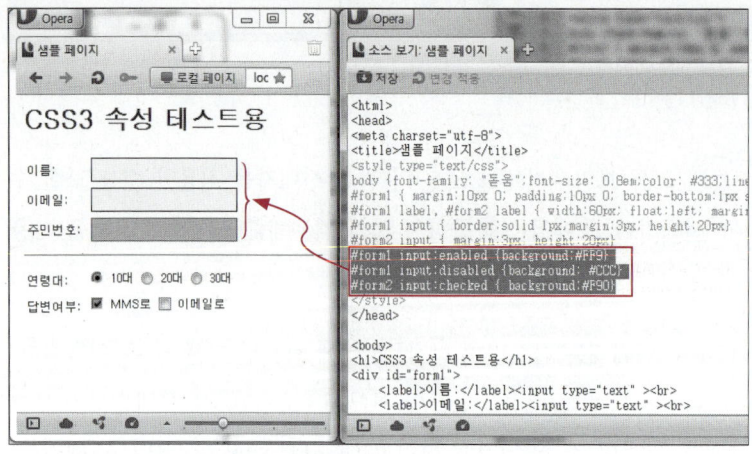

[그림 1.1-20] CSS3 가상 선택자 예제
sample/1장/section1/sample1.1-20.html

[그림 1.1-20]에서 오른쪽에 있는 소스 파일 중 선택된 부분을 보면 `input:enabled`와 `input:disabled`에 각각의 배경색을 지정한 것을 알 수 있습니다. `input` 부분에 `disabled`가 되어 있으면 `input:disabled`에 지정한 속성이 적용되고 `input` 부분에 아무것도 없으면 `input:enabled`로 지정한 값이 적용된 것을 알 수 있습니다.

[그림 1.1-20]은 오페라 브라우저에서 실행한 모습인데, 그 이유는 `input:checked`가 유일하게 오페라 브라우저에서 작동하기 때문입니다. [그림 1.1-20]에서 `input:`

checked된 곳에만 배경 색상이 적용된 것을 알 수 있습니다.

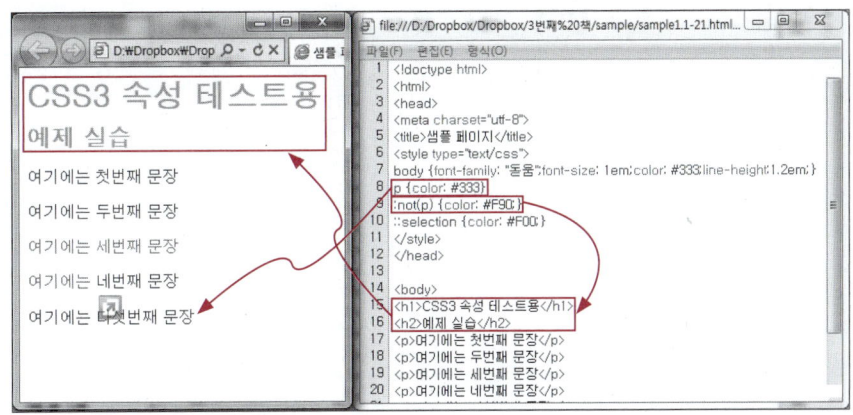

[그림 1.1-21] CSS3 가상 선택자 예제
sample/1장/section1/sample1.1-21.html

마지막으로 [그림 1.1-21]을 보면 p에는 color: #333을 적용했으며, p 선택자가 아닌 부분 :not(p)에는 color: #F90;이 적용된 것을 알 수 있습니다. 또한 "여기에는 세번째 문장" 부분과 "여기에는 네번째 문장" 중 "여기에는"까지를 마우스를 이용해서 선택한 부분에 color: #F00;가 적용된 것을 확인할 수 있습니다.

CSS3에 오면서 많은 선택자가 추가되었습니다. 하지만 CSS3에서 사용되는 선택자는 실무에서 현재까지는 많이 사용되지 않고 있습니다. 특히 IE9 이하의 브라우저들이 현재까지도 사용되는 실정이기 때문에 IE9 이하에서 작동되지 않는 선택자의 사용은 약간 위험할 수도 있습니다.

따라서 실제로 가장 많이 사용되는 선택자인 태그 선택자, 아이디 선택자, 클래스 선택자, 하위 선택자, 자식 선택자, 그룹 선택자와 CSS3 이외의 수도 선택자는 반드시 사용법을 익히시기 바랍니다. 실제로 실무에서 가장 많이 사용되는 선택자입니다. "CSS3에서 추가된 선택자는 여러분의 판단 하에 IE9 이하의 브라우저를 포기하겠다" 하면 사용해도 무방합니다. 특히 CSS3에 추가된 선택자는 코드 한 줄로 많은 효과를 줄 수 있기 때문에 웹사이트를 디자인 할 때 많은 도움을 받을 수 있습니다.

1.2 박스 모델

1.2절에서는 CSS의 박스 모델Box Model에 대해서 알아보도록 하겠습니다.

박스 모델은 CSS를 이용하여 웹사이트의 레이아웃을 만들 때 결정적으로 작동하는 아주 중요한 요소입니다. 따라서 이 절의 내용은 반드시 손에 익을 때까지 연습을 해야 합니다.

CSS의 박스 모델은 브라우저 호환성에서 약간의 차이가 있을 수 있습니다. 특히 IE6에서 문제가 많이 발생하는데, 여기서는 IE6에서 어떻게 문제가 생기는지에 대한 내용은 이 절의 마지막 부분에서 간단하게 언급을 하고 해결 방법 또한 알려드리도록 하겠습니다.

CSS의 박스 모델은 사실 별거 없습니다. 몇 가지 사항만 익히면 쉽게 적용 가능합니다. CSS의 박스 모델에서 사용하는 CSS의 속성은 다음과 같습니다.

CSS 속성	내용	추가 속성
width	박스의 길이를 설정	min-width, max-width
height	박스의 높이를 설정	min-height, max-height
border	박스의 테두리를 설정	border-radius
margin	박스 테두리 기준으로 바깥 공간 설정	margin-top, margin-left, margin-bottom, margin-right
padding	박스 테두리 기준으로 내부 공간 설정	padding-top, padding-left, padding-bottom, padding-right
outline	박스의 테두리 바깥쪽 테두리 설정	outline-color, outline-style, outline-width

[표 1.2-1] 박스 모델에서 사용하는 CSS

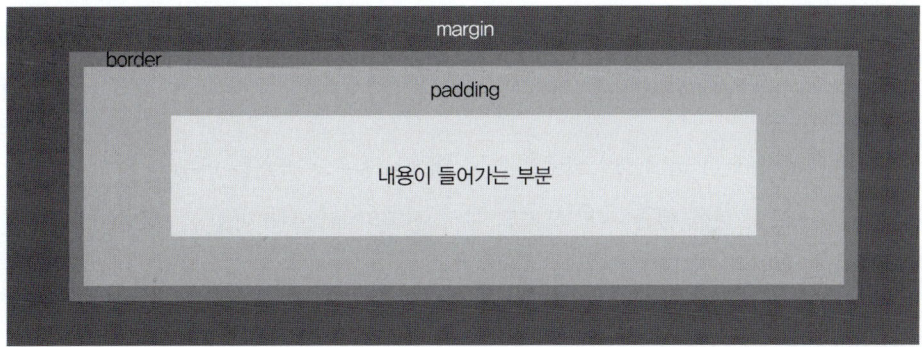

[그림 1.2-1] CSS 박스 모델의 기본 이해

[그림 1.2-1]은 가장 기본적인 CSS의 박스 모델입니다. 그림에서 margin과 padding 부분에는 이해를 돕기 위해 색이 들어가 있지만, 실제 CSS에서는 색이 없이 빈 공간입니다.

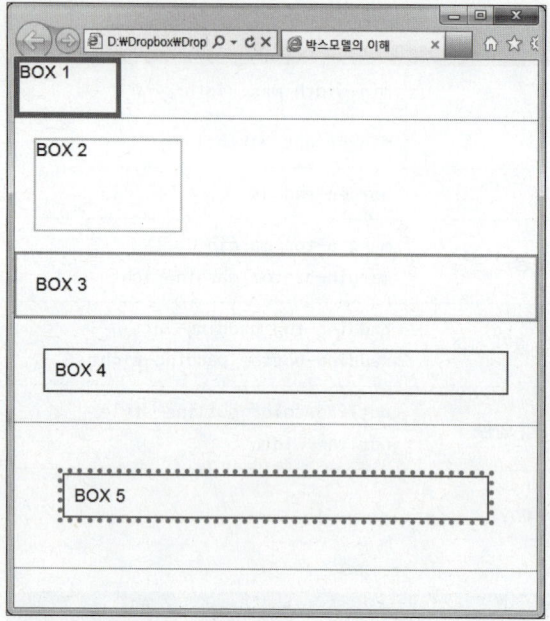

[그림 1.2-2] CSS 박스 모델 예제
🔘 sample/1장/section2/sample1.2-1.html

[그림 1.2-2]를 보면 여러분의 이해를 돕기 위해서 5개의 박스를 만들어 놓고 각 박스에는 점선으로 구분을 했습니다. 그리고 문서 전체의 margin(마진)과 padding(패딩) 값을 0으로 세팅한 상태입니다.

```
* {margin:0; padding:0}
```

이제 BOX 1의 속성을 살펴보겠습니다.

```
.box1 {
    border:5px solid #F00; /* 테두리 두께는 5픽셀, 단일선 그리고 색상을 적용했습니다. */
    width:100px; /* 넓이는 100픽셀 */
    height:50px; /* 높이는 50픽셀 */
}
```

BOX 1에는 마진과 패딩을 적용하지 않았기 때문에 [그림 1.2-2]에 있는 BOX 1이란 문자도 테두리에 붙어 있는 것을 알 수 있습니다. 또한 마진 또한 값이 없기 때문에 브라우저의 테두리와 구분선(점선)에 붙어 있습니다.

[그림 1.2-2]에 있는 BOX 2의 속성을 보면 다음과 같습니다.

```
.box2 {
    border:2px solid #FC0; /* 테두리 2픽셀, 단일선, #FC0 색 적용 */
    margin:20px; /* 마진 20픽셀 */
    width:150px; /* 넓이는 150픽셀 */
    height:90px; /* 높이 90픽셀 */
}
```

BOX 2는 마진이 적용된 상태입니다. 따라서 내부에 있는 텍스트는 테두리에 붙어 있지만, 구분선(점선)을 기준으로 보면 상하좌우로 20픽셀의 여백이 있는 것을 알 수 있습니다.

BOX 3은 BOX 2와는 달리 패딩만 30px이 적용된 상태입니다. 그림에서 보면 구분선(점선)에 박스는 붙어 있지만, 내부에 있는 BOX 3이라는 텍스트가 상하좌우로 20픽셀의 여백을 가집니다.

BOX 4는 마진과 패딩이 전부 적용되어 있어 테두리를 기준으로 바깥 여백margin과 안쪽에 여백padding이 적용된 것을 알 수 있습니다.

BOX 5는 마진과 패딩뿐만 아니라 outline이 적용되어 테두리 둘레에 따로 점선이 둘러진 모습을 볼 수 있습니다.

여기까지가 가장 기본적인 박스 모델에 대한 설명입니다. 가장 기초적이지만 아주 많이 사용되는 기법이 소개된 것입니다. 이제는 마진과 패딩이 적용되는 순서에 대해서 설명해 드리겠습니다.

기본적으로 margin:20px 그리고 padding:20px과 같이 상하좌우로 동일한 값을 적용하는 방법 이외에도 다음과 같이 4가지 방향으로 각각의 값을 적용해 줄 수도 있습니다.

```
margin-top:20px;
margin-right:10px;
margin-bottom:5px;
margin-left:5px
```

"마진 값을 상 20px 우 10px 하 5px 좌 5px 적용한다"라는 의미인데, 이것은 다음과 같이 축약형으로 사용 가능합니다. 하지만 이렇게 사용하는 것은 방향성이 있습니다. 순서가 정해져 있다는 의미입니다.

```
margin:20px 10px 5px 5px;
```

이렇게 표현하면 각각 4가지 방향으로 값을 지정한 것과 동일한 효과를 얻을 수 있습니다. 축약형으로 사용하게 되면 좀 더 편리하게 사용 가능합니다. [그림 1.2-3]을 보면 방향이 상우하좌 순으로 되어 있는 것을 알 수 있습니다. 아주 중요한 순서이기 때문에 반드시 잘 익혀 두어야 합니다. 시계 방향을 생각하면 쉽습니다.

그리고 마진과 패딩을 상하 또는 좌우 값이 동일할 경우 다음과 같이 표현 가능합니다.

```
margin:20px 10px;
```

이렇게 상하 / 좌우 값을 지정할 수 있기 때문에 코드의 길이가 더 많이 줄어들게 됩니다.

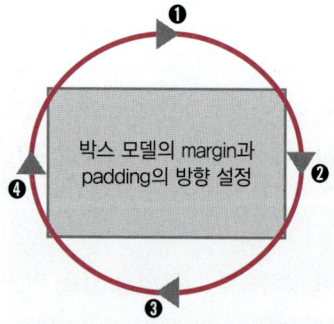

[그림 1.2-3] 박스 모델의 마진과 패딩의 방향 순서는 top(상) right(우) bottom(하) left(좌) 순

 **여기서 잠깐**

웹사이트에서 사용하는 길이 단위 알아보기

웹사이트에서 사용하는 단위는 9개의 다양한 단위를 사용합니다. 하지만 실제 웹사이트 개발에서 사용하는 단위는 3개(%, em ,px) 정도의 단위를 사용합니다.

[표 1.2-1]을 보면 웹사이트에서 사용하는 단위를 표를 통해 설명하고 있습니다.

단위	발음	설명
% *	퍼센트	일반적으로 사용하는 퍼센트와 동일함. 웹사이트에서는 레이아웃을 잡을 때 많이 사용됨
px ***	픽셀	PC 모니터상의 점 하나를 픽셀이라고 함. PC 상에서 가장 흔하게 사용하는 단위. 예를 들어 모니터 해상도가 1024x768이라고 하면 가로 1024개의 픽셀과 세로 768개의 픽셀이 있는 것임. 그래서 모니터 상에는 786,432개의 픽셀이 존재함.
em **	이엠(엠)	em이라는 단위는 웹(CSS)에서만 사용하는 단위인데, 특히 폰트(글씨) 크기를 지정할 때 자주 사용하는 단위임. 1em은 브라우저의 기본 폰트 크기를 나타내는데, 일반적으로 웹 브라우저의 기본 폰트 크기는 16픽셀임. 픽셀 단위는 소수점 이하를 표현하지 못하지만 em은 0.75em과 같이 보다 정교하게 폰트 크기를 조절할 수 있음.
pt	포인트	1포인트의 크기는 1/72인치 크기를 말함.
pc	피카	1피카의 크기는 12포인트의 크기와 동일함.
in	인치	인치는 실생활에서 사용하는 인치 크기와 동일
cm	센티미터	센티미터는 실생활에서 사용하는 센티미터 크기와 동일
mm	밀리미터	밀리미터는 실생활에서 사용하는 밀리미터 크기와 동일
ex	이엑스(엑스)	1엑스는 폰트의 x-height 크기를 말함(x-height는 웹 브라우저의 기본 폰트 크기의 절반 정도, 즉 8px 정도의 크기를 말함).

[표 1.2-1] 웹사이트에서 사용하는 단위
주) *의 숫자는 중요도를 말하며, * 표시는 웹사이트에서 아주 많이 사용하는 단위임

[그림 1.2-2]를 보면 네 개의 박스에서 상단에 있는 두 개의 박스는 크기가 지정되어 있지만 나머지 세 개의 박스는 `width`가 지정되어 있지 않습니다.

width에 크기가 지정되지 않는 경우, width의 크기는 자동으로 100%의 속성을 가지게 됩니다. 하지만, height는 100%의 속성을 가지지 않습니다.

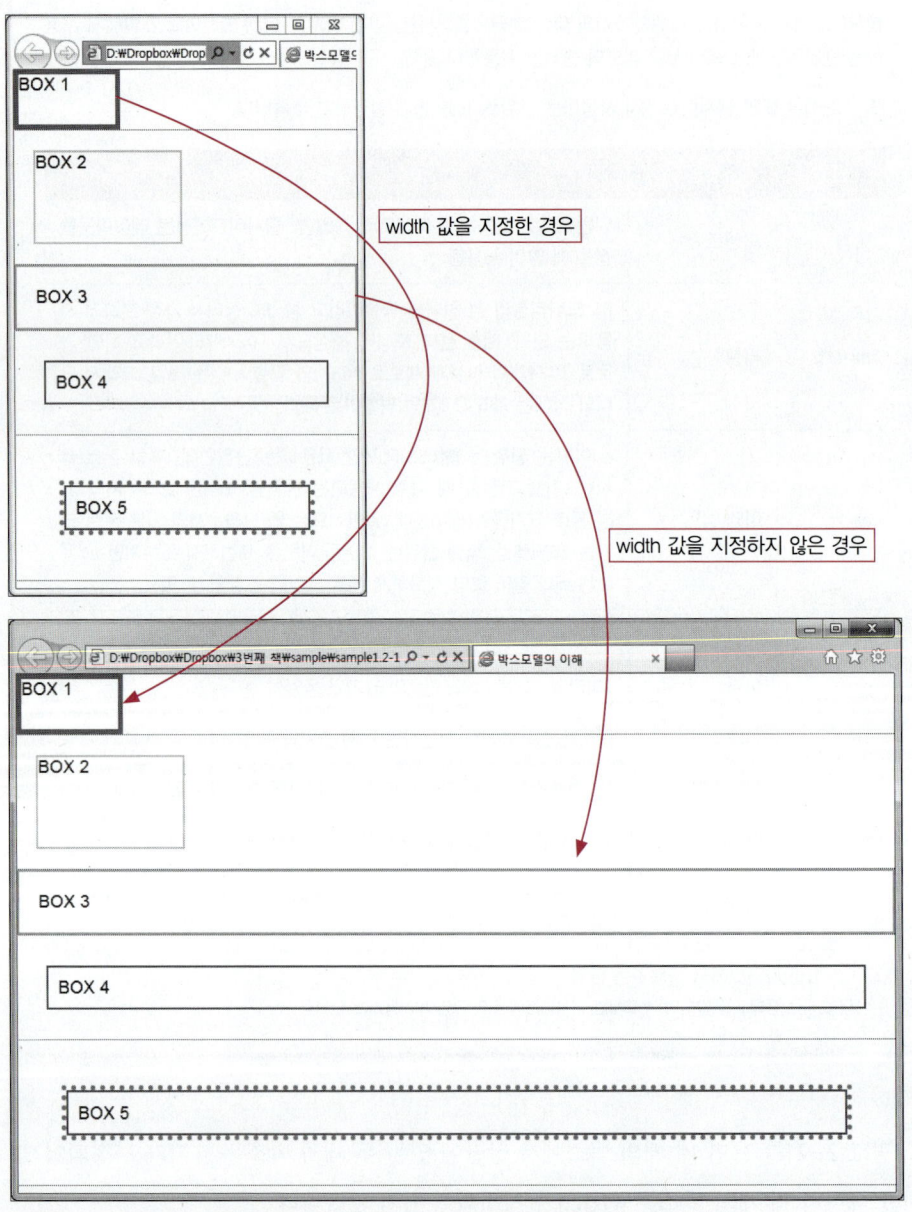

[그림 1.2-4] width 값을 지정한 경우와 지정하지 않은 경우 브라우저의 크기에 따른 변화

[그림 1.2-4]를 보면 width 값을 지정한 경우 브라우저의 크기가 변하더라도, 박스의 크기에는 변화가 없지만, width 값을 지정하지 않는 경우 브라우저의 크기가 커지면 박스의 크기도 변하게 됩니다. 하지만 때에 따라서 width 또는 height를 일정 크기 이하 또는 이상 크기가 변하지 말아야 하는 경우가 있습니다. 이 경우 박스 모델에서 width는 min-width 또는 max-width와 height는 min-height 또는 max-height와 같이 최고 넓이 또는 최대 넓이 그리고 최소 높이와 최대 높이를 지정해 줄 수 있습니다.

[그림 1.2-5]를 보면 왼쪽에 있는 BOX 1은 브라우저 크기를 줄이니, 브라우저 아래쪽으로 스크롤 바가 생기는 것을 확인할 수 있습니다. 오른쪽 그림에는 브라우저 크기를 늘려도 박스가 일정 크기 이상으로는 커지지 않는 것을 알 수 있습니다. 또한 BOX 2와 BOX 3에 있는 CSS 속성은 동일합니다. 하지만 BOX 2 내부에 있는 내용이 적기 때문에 최소 높이가 지정되어 있으며, BOX 3에는 박스의 크기보다 많은 내용이 들어 있음에도, max-height가 지정되어 있어서, 박스의 크기가 일정 크기 이상으로 늘어나지 않는 것을 알 수 있습니다.

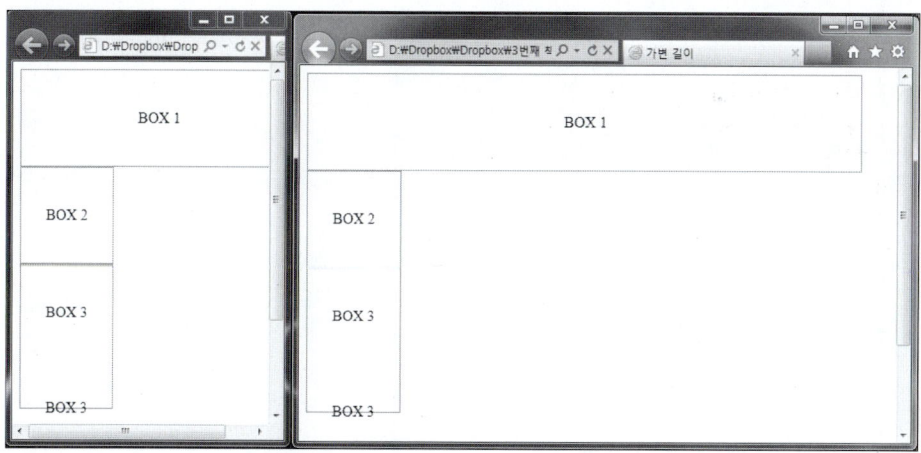

[그림 1.2-5] min-width, max-width 및 min-height, max-height 예제
sample/1장/section2/sample1.2-5.html

 **여기서 잠깐**

padding 값에 따른 width와 height의 상관 관계

실제 웹사이트 개발에서 흔하게 일어나는 현상은 width 또는 height 값을 정확하게 지정했음에도 크기가 약간 더 커지는 문제가 발생할 수 있습니다. 대표적으로 박스 모델 내부에서 padding 값이 적용될 경우 이런 현상이 발생하게 됩니다.

[그림 1.2-6]을 보면 padding 값이 0일 때는 박스의 width는 200px, 높이는 80px이었는데, 패딩을 적용하게 되면 방향에 따라 20px씩 더해줘야 합니다. 따라서 두 번째 박스에는 상하좌우 모두 20px씩 적용해야 하며, 세 번째는 상하에만 20px씩, 네 번째 박스에는 좌우로 20px씩 적용해야 합니다.

그렇기 때문에 두 번째 박스를 첫 번째 박스와 동일한 사이즈로 만들고 싶은 경우에는 마지막 박스와 같이 width 값을 160px, height는 40px로 적용하고 padding 값을 20픽셀로 적용하면 됩니다.

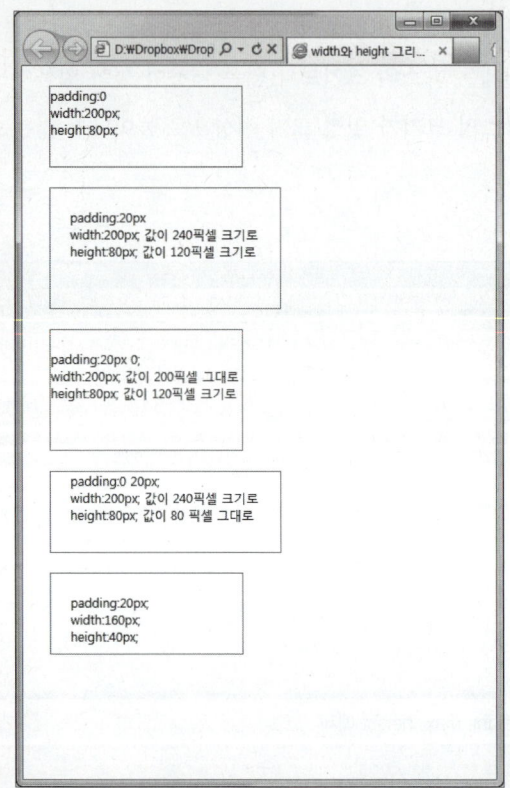

[그림 1.2-6] padding 값에 따른 width와 height의 상관 관계 예제
sample/1장/section2/sample1.2-6.html

border는 많은 속성을 가지고 있으며, CSS에서 유용성이 큰 속성 중 하나입니다. boder의 세부 속성은 다음 [표 1.2-2]와 같습니다.

속성	설명	세부 속성
border	테두리 속성 지정	border-width, border-style, border-color, inherit
border-width	테두리 두께 지정	thin, medium, thick, 단위값, inherit
border-color	테두리 색상 지정	색상값, transparent(투명 처리), inherit
border-style	테두리에 스타일 적용	none, hidden, dotted, dashed, solid, double, groove, ridge, inset, outset, inherit
border-collapse	table 태그의 테두리 두께 지정	collapse, separate, inherit
border-radius *	둥근 테두리 생성	단위값, %
border-image *	테두리에 배경 이미지 적용	border-image-source, border-image-slice, border-image-width, border-image-outset, border-image-repeat
border-spacing	table 태그의 외부 테두리와 내부 테두리 사이의 공간 값 설정	단위값, inherit
border-bottom border-top border-left border-right	테두리에 대해 각 방향 별로 속성을 부여할 수 있음. 이 속성은 border-bottom-color와 같이 세부적으로 속성 지정이 가능함.	border-width, border-style, border-color, inherit

[표 1.2-2] border에 대한 다양한 속성
주) "단위값"이란 "여기서 잠깐"에서 설명한 웹사이트에서 사용하는 단위를 말함
* 표시는 CSS3에서 추가된 속성. border-image는 IE9에서도 지원하지 않음.

border는 많은 경우 다음과 같이 축약형을 이용하여 border의 속성을 지정합니다.

```
border:1px solid #F30;
```

위의 CSS 속성은 테두리는 1px이며, 색상은 #F30이고, 단일선으로 이루어진 박스를 의미합니다. 속성에 따른 순서는 상관없습니다. 또는 다음과 같이 특정한 방향에만 값을 적용할 수도 있습니다.

```
border-top:1px solid #F30;
```

박스 모델의 상단 부분에만 테두리 1px, 색상 #F30 단일선 적용 또는 복합적으로도 가능합니다.

```
border:1px solid #F30;
border-bottom:3px dotted #333;
```

테두리는 1px 단일선 #F30 색상을 적용하는데, 하단부 테두리는 3px 점선으로 색상은 #333으로 지정합니다.

[그림 1.2-7]에서 border 축약형 사용에 대한 간략한 예를 볼 수 있습니다.

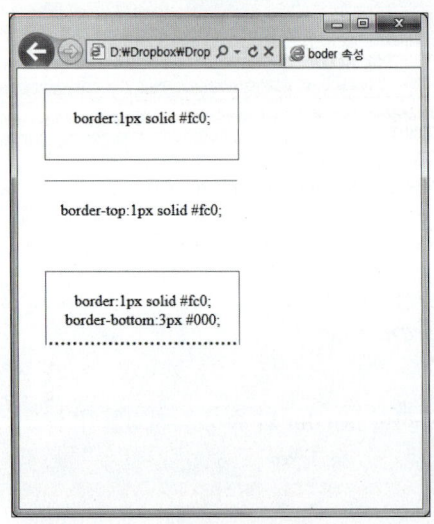

[그림 1.2-7] border 축약형 적용 예제
sample/1장/section2/sample1.2-7.html

[그림 1.2-8]은 boder-style에 대한 속성을 표시한 그림입니다. 그림에서 border-style:solid; 다음 속성들은 border-width:1px일 경우 차이를 알 수 없기 때문에 문서 전체에 border-width:10px;을 적용했습니다.

그림에선 IE9과 크롬 버전 19를 비교했지만, 브라우저 별로 스타일에 따른 효과가 조금씩 차이가 나는 것을 알 수 있습니다. 따라서 boder-style을 웹사이트에 적용할 경우 조금은 유의해서 사용할 필요가 있습니다.

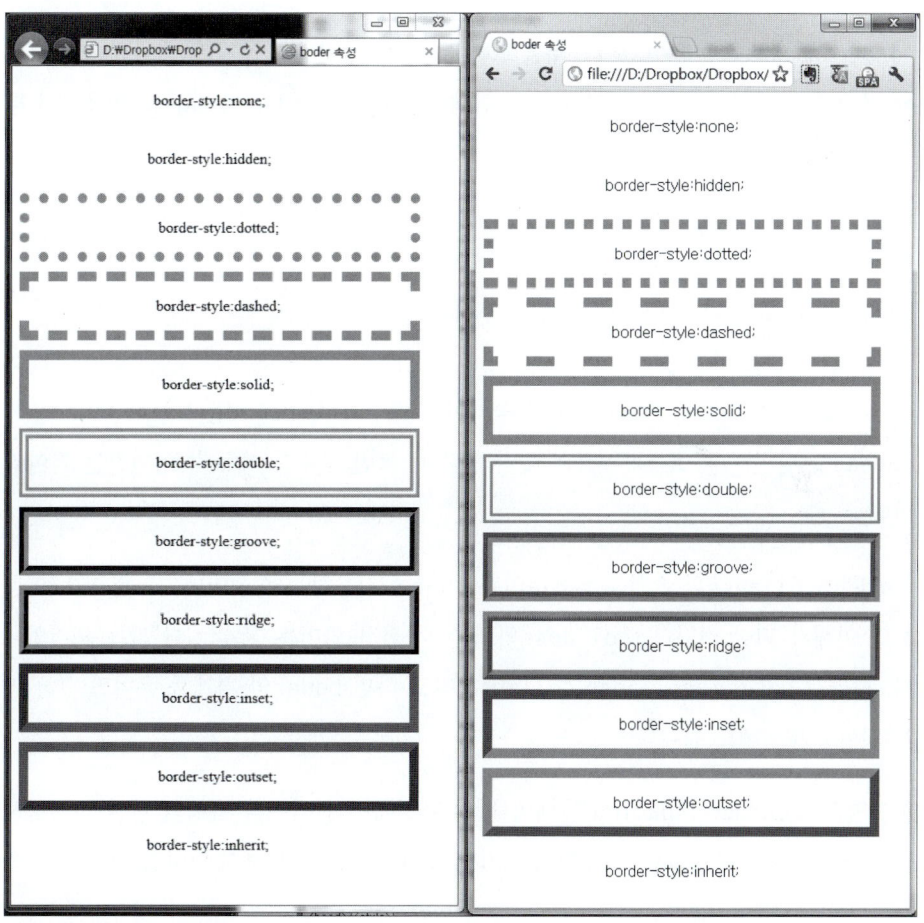

[그림 1.2-8] border 스타일 속성 예제
sample/1장/section2/sample1.2-8.html

[그림 1.2-9]를 보면 border-radius 및 border-image에 대한 속성 결과를 알 수 있습니다.

또한 table 태그에서 사용할 수 있는 border-collapse 속성과 border-spacing에 대한 속성도 볼 수 있습니다. border-radius는 CSS3에서 처음 도입되었는데, border-radius가 도입되기 전에는 박스 모델을 둥근 사각형으로 만들려는 아주 많은 편법이 도입되곤 했습니다. 하지만 CSS3에서 border-radius의 도입으로 이런 편법이 모두 사라졌습니다.

border-image 속성은 비록 IE 계열 브라우저에서 지원되지 않지만, 매우 효과적으로 border를 꾸밀 수 있는 속성입니다. 그림에서 보이는 border-image를 이용하여 테두리를 효과적으로 장식할 수 있습니다.

사용법은 다음과 같습니다.

```
border-image: url("이미지 경로") 20 20 round;
```

여기서 20 20은 X축과 Y축의 이미지 슬라이스 개수이며, round는 border-image-repeat를 말합니다. X축과 Y축의 숫자 크기가 크면 클수록 테두리 이미지는 작아집니다.

border-collapse의 속성은 table의 border에 사용하는 속성인데, [그림 1.2-9]를 보면 이해가 되실 겁니다. collapse의 영어 사전적 의미는 "무너지다"라는 의미입니다. 따라서 border-collapse:collapse;라고 하면 boder의 경계를 무너뜨린다, 라는 의미로 해석해도 됩니다.

마지막으로 border-spacing은 테이블 외부와 내부의 테두리 사이의 간격을 설정해 주는 역할을 합니다. [그림 1.2-9]의 마지막 테이블을 확인해 보시기 바랍니다.

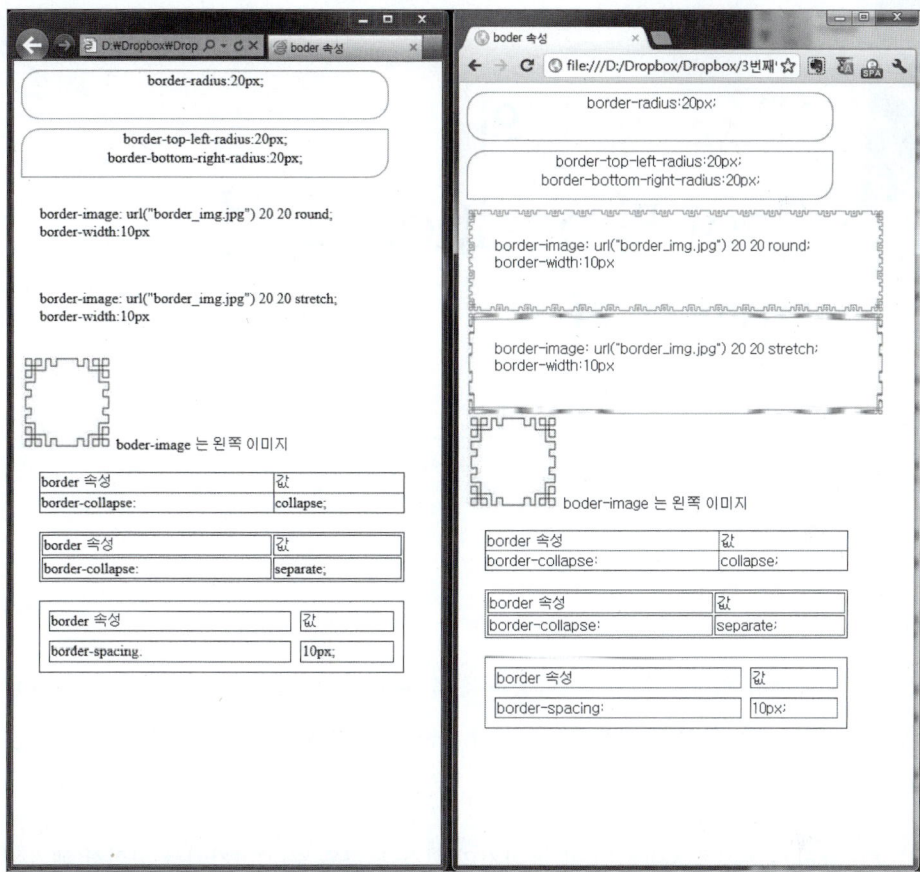

[그림 1.2-9] border-radius 및 기타 속성 예제
sample/1장/section2/sample1.2-9.html

1.3 박스 모델의 float 및 position 속성 알아보기

CSS를 이용해서 웹사이트의 레이아웃을 잡을 때 보통 float라는 속성을 많이 사용합니다. float는 한자로 하면 "부유(浮游): 물 위나 물속, 또는 공기 중에 떠다님"을 의미합니다.

즉 float라는 속성을 사용하면 웹 페이지의 박스 모델을 웹 페이지에서 띄워서 배치할 수 있게 되는 것입니다. float와는 다른 속성이지만 웹 페이지의 레이아웃을 배치할 때, position이라는 속성 또한 사용됩니다. float와 position 둘은 비슷한 역할을 하지만, 사용 방법은 차이가 있습니다.

float는 이차원적인 공간에서 레이아웃을 배치하지만, position은 3차원적으로도 배치가 가능하며, 그때 사용하는 position 속성이 z-index라는 속성입니다.

그렇다면 먼저 float에 대한 사용법을 익힌 후 position에 대한 사용법도 알아보겠습니다. float의 속성은 다음 [표 1.3-1]과 같습니다.

속성 값	설명
left	요소들을 왼쪽으로 float
right	요소들을 오른쪽으로 float
none	요소들을 float 하지 않음(CSS에서 기본값: 모든 요소는 float 속성을 가지고 있지 않음)
inherit	부모 요소로부터 속성을 물려 받음

[표 1.3-1] float 속성

float 속성과 더불어 사용되는 것이 clear란 속성입니다. clear란 속성은 float로 인해 엉뚱한 곳에 요소가 배치된 것을 방지해 주는 역할을 합니다. float와 더불어 많이 사용되는 속성 중 하나입니다. 특히 이 clear란 속성은 다음과 같이 CSS 내부에 하나 만들어서 사용하면 지속적으로 사용 가능하고, 많은 웹 표준 사이트에서 이런 방법을 사용합니다.

```
.clear { clear:both }
```

clear의 속성은 다음 [표 1.3-2]와 같습니다.

속성 값	설명
left	요소가 왼쪽으로 floating 되는 것을 방지
right	요소가 오른쪽으로 floating 되는 것을 방지
both	요소가 양쪽으로 floating 되는 것을 방지
none	기본값으로 양쪽으로 floating 가능하게 함
inherit	부모 요소로부터 속성을 물려 받음

[표 1.3-2] clear 속성

[그림 1.3-1]을 보면 왼쪽 그림은 float가 적용되지 않은 박스이고, 오른쪽 그림은 각각의 박스에 float 속성이 적용되어 있습니다.

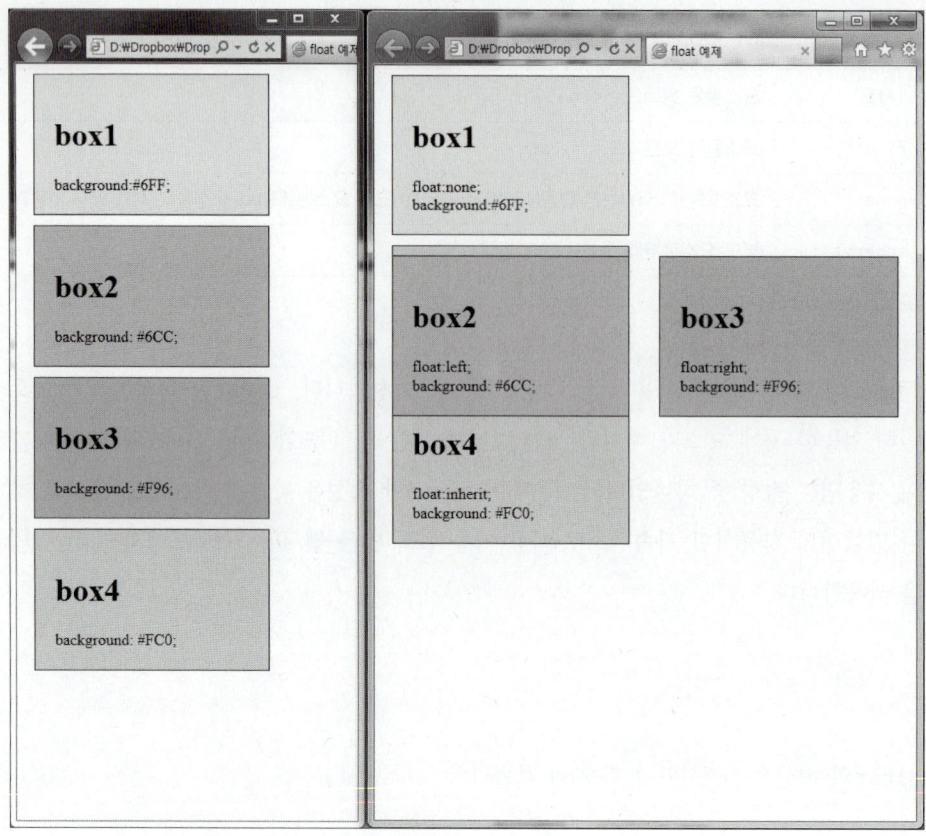

[그림 1.3-1] float 적용 전(왼쪽), float 적용 후(오른쪽)
💿 sample/1장/section3/sample1.3-1_1.html(왼쪽)
💿 sample/1장/section3/sample1.3-1.html(오른쪽)

[그림 1.3-1]의 오른쪽 그림을 보면 box2와 box4가 겹쳐져 있는데, 이게 `float` 적용 시 흔히 일어나는 현상 중 하나입니다. 이럴 경우 `clear:both`를 적용해 박스가 겹치는 에러를 잡아 줄 수 있습니다.

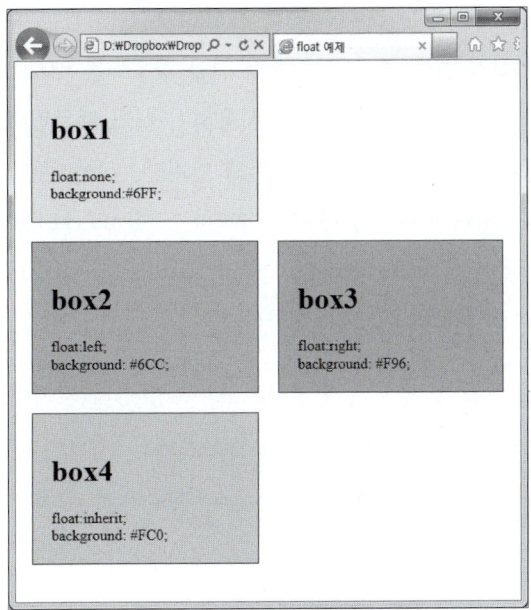

[그림 1.3-2] clear:both를 box4 전에 적용한 후의 모습
sample/1장/section3/sample1.3-2.html

float는 박스 모델뿐만 아니라 모든 요소에 적용 가능합니다. 예를 들어 이미지 태그, 텍스트용 p 태그 등등 모든 HTML 요소에 적재적소에 사용 가능하기 때문에 상당히 유용한 속성이라고 할 수 있습니다.

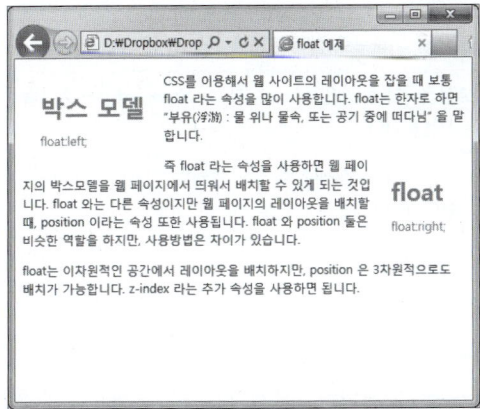

[그림 1.3-3] 텍스트 문서 내부에서 box1과 box2에 float 속성 적용 후 모습
sample/1장/section3/sample1.3-3.html

1.3 박스 모델의 float 및 position 속성 알아보기 **61**

박스 모델의 레이아웃을 잡는 것은 float만 있는 것이 아닙니다. position이라는 속성 또한 자주 사용되곤 합니다. 하지만 실제 웹사이트 레이아웃을 잡을 경우에는 float가 더 많이 사용되는데, 그 이유는 float가 속성이 단순하여 사용하기 쉽기 때문입니다. 그에 반해서 position은 float보다 더 많은 속성을 가지고 있지만, float보다 사용법이 약간 복잡하며, 특수한 경우가 아니면 잘 사용하지 않습니다. 또한 position의 가장 큰 장점은 z-index라는 속성을 이용하여 박스와 박스끼리 겹치게 할 수 있으며, 또는 박스 모델을 웹 페이지에서 고정시키는 역할도 가능합니다.

그렇다면 position과 연관된 속성은 어떤 것이 있는지 알아보고, 속성에 따른 차이점을 살펴보도록 하겠습니다. position의 속성은 top, left, bottom, right의 부가 속성과 z-index라는 3차원을 담당하는 속성이 있습니다. z-index는 반드시 position 속성이 있어야만 동작합니다.

top, left, bottom, right의 속성은 단위를 나타내는 속성과 같이 사용하여, 박스의 위치를 결정해 주게 됩니다.

[표 1.3-3]은 position의 속성입니다.

속성	설명
static	position 속성을 적용하지 않으면, 박스 모델은 이 값을 가지게 됩니다. 따라서 이 속성을 굳이 적용하지 않아도 기본값으로 적용됩니다.
absolute	처음에 위치한 박스 또는 다른 부모 요소를 기준으로 절대 위치를 가지게 됩니다.
fixed	다른 부모 요소를 기준으로 위치가 고정됩니다. 하지만 top, left, bottom, right 속성을 적용하면 절대 위치에 배치되어 완전 고정됩니다.
relative	기본 위치에서부터 top, left, bottom, right 속성에 의해서 위치가 결정됩니다. top, left, bottom, right 속성이 없을 경우 static과 동일한 속성이 됩니다.
inherit	부모 요소로부터 위치 속성을 물려 받습니다.

[표 1.3-3] position 속성

[표 1.3-3]을 보면 무슨 말인지 잘 이해하기 힘들 겁니다. 실제 예제를 통해서 차이점을 알아보도록 하겠습니다.

[그림 1.3-4]를 보면 position 속성을 적용한 박스들이 있습니다. wrap1과 wrap2에 있는 4개의 박스는 각각의 속성에 따라 정의가 되어 있습니다. wrap1에 있는 position 속성에는 top과 left 속성이 적용되지 않았지만, wrap2에는 top:100px; left:100px의 속성이 적용되었습니다.

wrap1과 wrap2에 있는 4개의 박스 중 fixed와 absolute 그리고 fixed2와 absolute2는 겹쳐져 있습니다. 이 두 개의 속성은 유사한 점이 많습니다. wrap1에는 fixed, absolute, relative 3개의 속성을 가진 박스가 겹쳐있지만, wrap2에 있는 relative2는 상단으로는 static2에서부터 100px 그리고 wrap2 박스로부터 왼쪽으로 100px이 적용되어 있습니다. 그리고 fixed2와 absolute2는 wrap2의 박스에서 벗어나 있습니다. 즉 두 개의 박스는 브라우저를 기준으로 상단 100px, 하단 100px의 위치에 있습니다.

여기서 [그림 1.3-5]를 보면 브라우저의 크기를 약간 작게 만들어 브라우저에 스크롤 바가 생기게 만들고 스크롤을 아래로 내려 보면 absolute 속성은 스크롤 바에 따라 위로 올라가 있지만 fixed는 항상 그 자리에 고정되어 있는 것을 알 수 있습니다. 그리고 static 속성은 top과 left 값에 의해 영향을 받지 않음을 알 수 있습니다. 즉 position에서 absolute, relative만이 top, left, bottom, right의 속성에 영향을 받음을 알 수 있습니다. inherit는 부모 속성을 물려 받기 때문에 영향을 받지 않을 수도 또는 받을 수도 있습니다.

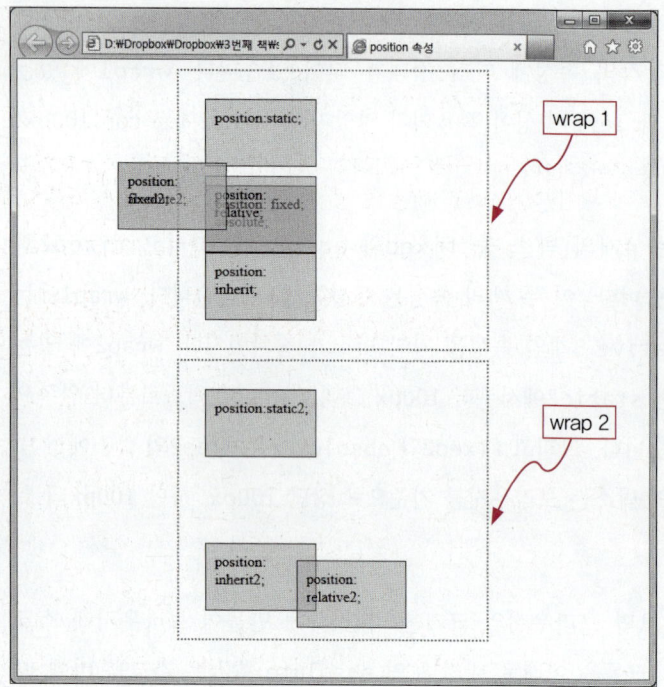

[그림 1.3-4] position 속성 알아보기
sample/1장/section3/sample1.3-4.html

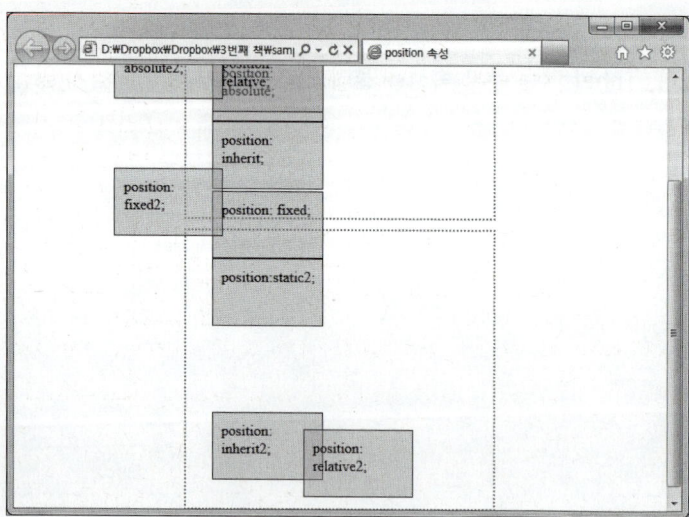

[그림 1.3-5] position 속성 알아보기. 브라우저를 스크롤 했을 때
sample/1장/section3/sample1.3-4.html

position의 속성 중 z-index를 다른 박스 위에 배치하거나 밑으로 보낼 수 있습니다.

[그림 1.3-6]을 보면 이미지가 있는 박스 위에 파란색 박스가 위치해 있는 것을 알 수 있습니다. 즉 파란 박스는 z-index가 적용되어 있으며, 이미지가 들어가 있는 부분은 position 속성이 없는 부분입니다. 그리고 [그림 1.3-6]에서 오른쪽 이미지는 스크롤을 하더라도 파란색 부분은 항상 고정되어 있는 것을 알 수 있습니다.

[그림 1.3-6] z-index 및 fixed 속성 알아보기. 브라우저를 스크롤 하기 전과 스크롤 후의 이지미 비교
sample/1장/section3/sample1.3-6.html

이렇듯이 position 속성은 float에 비해 많은 속성을 가지고 있지만, 예제에서와 같은 경우에 사용되며, 단순하게 웹사이트의 레이아웃을 잡을 경우에는 float를 이용하는 편이 간단하고 편리합니다. 하지만 position을 이용하여 웹사이트를 화려하게 또는 기능적으로 많은 효과를 줄 수 있기 때문에 position의 속성에 대해서는 확실하게 익히는 것이 실무에 많은 도움이 됩니다.

1.4 백그라운드 속성

웹 표준, 즉 CSS를 이용하여 웹사이트를 만들 경우 가장 많이 사용하는 속성 중 하나가 background 속성입니다. 배경 이미지를 바꿔 주는 것만으로도 웹사이트의 모습이 달라 보이기 때문입니다.

background 속성은 사용법이 간단하지만, 많은 효과를 줄 수 있습니다. 또한 CSS3에서는 다중 백그라운드 이미지를 적용할 수 있으며, 백그라운드 이미지의 크기 또한 조절할 수 있습니다.

그럼 간단하게 background의 속성을 [표 1.4-1]을 통해 살펴보겠습니다.

속성	설명
background-color	배경 색상 지정
background-position	배경 이미지의 위치 선정 - left, top, center, bottom, right 및 %, px 등의 단위 속성 적용
background-size *	배경 이미지 크기 조절

속성	설명
background-repeat	배경 이미지 반복, repeat, repeat-x, repeat-y
background-origin *	배경 이미지가 시작되는 기준점: padding-box, border-box, content-box
background-clip *	배경 이미지가 들어가는 곳 설정
background-attachment	배경 이미지를 고정하거나 다른 부분과 같이 움직이는 것을 설정
background-image	배경 이미지 URL

[표 1.4-1] background 속성
*표는 CSS3의 속성임

간단한 예제를 통해서 실제 background 사용법을 알아보도록 하겠습니다. [그림 1.4-1]을 보면 다양한 background의 속성을 볼 수 있습니다.

먼저 가장 큰 .back이라는 속성을 가지는 박스에는 다음과 같은 속성을 적용했습니다.

```
background:url(back1.jpg) top repeat-x;
```

이것은 "back1.jpg 이미지를 상단에서부터 시작하여 x축으로 반복하라."라는 의미입니다. 그리고 내부에 있는 6개의 박스에는 동일한 background 이미지를 적용하고 각각의 박스에 약간씩 다른 속성을 적용했습니다.

background-origin 속성은 상단에 있는 3개의 박스에 각기 다른 속성을 부여했는데, 육안으로 그 차이를 알 수 있습니다. 그리고 4번째 위치한 박스는 background-size를 조정하여 동일한 background image의 크기를 약간 키웠습니다. 그리고 나머지 두 개의 박스는 background-clip 속성을 적용했는데, 그 차이 또한 육안으로 확인 가능합니다. 책에서는 컬러가 적용되지 않았기 때문에 실제 예제를 실행해보면 그 차이점을 확실히 파악해보기 바랍니다.

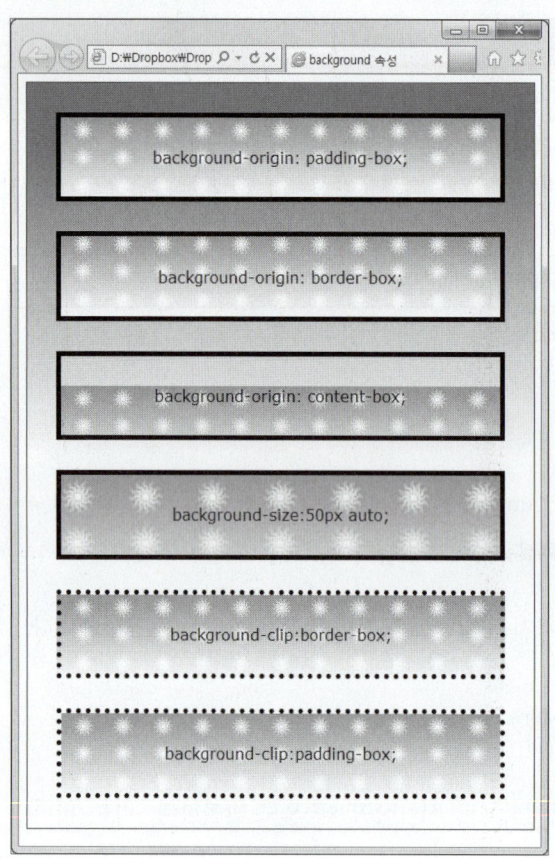

[그림 1.4-1] background 속성 예제 이미지
 sample/1장/section4/sample1.4-1.html

[그림 1.4-2]를 보면 다중 배경이 적용된 것을 볼 수 있습니다.

상단 박스에는 별 모양의 패턴이, 하단 박스에는 음계 모양의 패턴이 back1.jpg란 background image 상단에 위치해 있는 것을 확인할 수 있는데, 아쉬운 것은 이것은 CSS3에서만 적용되기 때문에 IE9 이하의 브라우저에서는 하나의 배경이미지만 설정 가능합니다.

그리고 상세한 속성을 적용하기 어렵다는 단점도 있습니다.

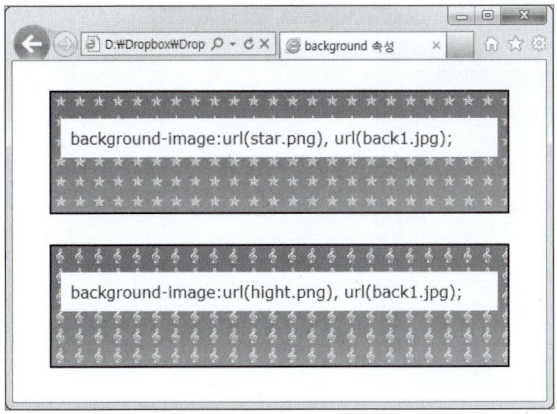

[그림 1.4-2] background 속성 예제 이미지
💿 sample/1장/section4/sample1.4-2.html

`background-attachment`라는 속성은 배경 이미지를 고정해 주는 역할을 합니다. 속성은 `scroll`, `fixed` 그리고 `inherit`가 있습니다.

사용 방법은 단순합니다. `scroll`이 기본값이며, `fixed`를 적용해 주면 웹 페이지의 콘텐츠가 많아져 브라우저에 스크롤 바가 생겨 스크롤 바를 이동하더라도 배경 이미지는 고정되는 것입니다. [그림 1.4-3]을 보면 box1에는 `scroll` 속성이, box2에는 `fixed` 속성이 적용되어 있습니다.

스크롤 바가 맨 위쪽에 있을 때는 동일한 결과를 보여주지만, 스크롤 바를 하단으로 내리게 되면 box2에 있는 배경은 고정되어 있고, box1에 있는 배경은 스크롤과 동시에 위로 올라가 버린 것을 알 수 있습니다.

1.4 백그라운드 속성 **69**

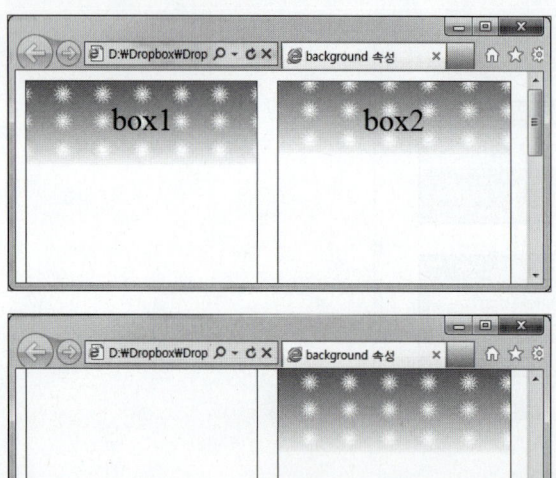

[그림 1.4-3] background 속성 예제 이미지
sample/1장/section4/sample1.4-3.html

또한 background의 속성을 사용하게 되면, 기본적으로 웹 페이지를 프린트할 때는 보이지 않습니다. 물론 브라우저에서 설정을 해주면 background 이미지도 출력해 주지만, 기본 설정에서는 background 이미지는 출력되질 않습니다. 따라서 background 이미지를 이용하여 웹 페이지를 화려하게 꾸미더라도, 인쇄할 때 문제가 되지 않습니다.

background 속성에는 단순한 하나의 색뿐만 아니라 그라데이션gradation을 적용해 줄 수 있습니다. 그라데이션 속성은 CSS3에서 추가된 속성 중 하나입니다. 그라데이션 속성은 현재 IE 계열 브라우저에서는 IE9에서조차 지원하지 않고 있습니다만, IE10에서는 지원할 것으로 예상됩니다. 또한 단일 색상에 alpha 값 즉 투명도를 지정해 줄 수도 있습니다.

단일 색상에 alpha 값을 지정해 주는 것은 백그라운드 속성에만 지원하는 것이 아니라, color가 들어가는 모든 곳에 투명도를 지정해 줄 수 있습니다.

 **여기서 잠깐**

웹에서 사용하는 색상(color table)을 정의할 때의 방법 다섯 가지
: 16진수(Hexadecimal), RGB , RGBA, HSL, HSLA

16진수는 #RRGGBB라고 표현을 하는데, 적색(RR) 녹색(GG) 청색(BB)을 의미합니다.

따라서 #000000은 검정색이고, #ffffff는 흰색입니다. 즉 0부터 시작해서 f까지 값이 들어가는 것입니다. #ff0000은 적색, #00ff00은 녹색, #0000ff는 청색이 됩니다. 그래서 0, 1, 2, 3, 4, 5, 6, 7, 8, 9, a, b, c, d, e, f 값이 어떻게 조합되는지에 따라서 색상이 바뀝니다.

그리고 16진수 표현은 축약형으로도 사용 가능합니다. 단 축약형은 #RRGGBB에서 RR, GG, BB 값이 동일한 경우 축약형으로 표현 가능합니다. 이 말은 #ff0000일 때 #f00과 같다는 것입니다. 하지만 #f12345 이런 경우에는 축약형으로 표현할 수 없습니다.

16진수 표현은 모든 브라우저에서 사용 가능합니다.

RGB 색상 값은 말 그대로 RGB 색상을 표현해 줍니다. rgb(255,255,255) 이런 방식으로 표현합니다. rgb(255,255,255)는 흰색을 의미하며, rgb(0,0,0)은 검정을 의미합니다. 즉 rgb 각각의 값을 0에서부터 255까지 이용하여 색을 혼합하는 것이라고 보면 됩니다.

그리고 CSS3에서 포함된 rgba는 rgb 색상에 alpha 값이 더해진 것으로 a 값은 0(완전 투명)에서부터 1(불투명)까지 지정할 수 있는데, 투명도를 반으로 조절하는 것은 0.5라고 표시합니다.

rgba 값은 IE9+, Firefox 3+, Chrome, Safari, Opera 10+의 브라우저에서 사용 가능합니다.

HSL 색상은 Hue, Saturation, Lightness의 약자로 색상, 채도, 대비를 의미합니다. HSL 색상을 표현할 때는 hsl(360,10%,10%)로 표현하는데, hue 값은 0에서부터 360까지, 나머지는 0% 부터 100%까지 퍼센트로 표시한다는 것이 특징입니다. hue는 [그림 1.4-4]와 같은 색상 표로서 0부터 360까지 값을 가집니다.

saturation은 채도로서 0은 hue 컬러를 상쇄해 버려 흑백 이미지로 만들고 100%는 원래 색상을 표현해 줍니다. 마지막으로 lightness는 대비를 말하며, saturation과 마찬가지로 퍼센트로 표시하며 0%는 검정, 100%는 흰색을 만들게 됩니다.

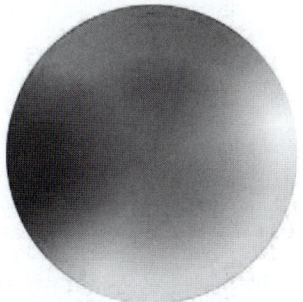

[그림 1.4-4] hue color

HSL 컬러는 IE9+, Firefox, Chrome, Safari, Opera 10+ 브라우저에서 지원합니다. HSLA는 RGBA와 동일하게 HSL + alpha 값을 지정하는 것을 말합니다.

이런 색상 값을 이해하기 쉬운 방법은 어도비 포토샵을 사용해 보는 것입니다.

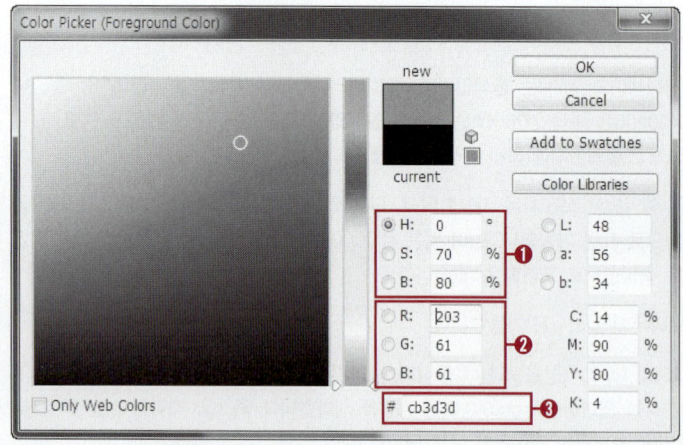

[그림 1.4-5] 포토샵에 내장되어 있는 color-picker

[그림 1.4-5]를 보면 포토샵에 내장되어 있는 color-picker를 볼 수 있는데 ❶번이 HSL과 동일합니다. 포토샵에서는 HSL 대신에 HSB라고 표현되어 있는데, B는 blackness 즉 lightness와 동일한 표현입니다. ❷번 부분은 RGB 컬러를 나타내는 부분이고 ❸번 부분은 16진수 컬러가 표시되는 곳입니다.

그라데이션gradation은 그래픽에서 사용하는 용어로서 두 개 이상의 색상이 점진적으로, 그리고 매끄럽게 단계적으로 변화되는 것을 의미합니다. 보통 그래픽용 소프트웨어에는 그라데이션 툴이 내장되어 있습니다. CSS3에서 적용 가능한 그라데이션은 선형linear과 원형radial이 있습니다.

사용 방법은 다음과 같습니다.

```
linear-gradient(top, #7abcff 0%,#60abf8 44%,#4096ee 100%);
```

top은 위쪽에서 아래쪽으로 색상을 적용하고 처음 시작점 0%부터 색상은 #7abcff, 44%까지 색상은 #60abf8 그리고 100%까지 색상은 #4096ee를 적용한다, 라는 의미입니다.

```
linear-gradient(left, #7abcff 0%,#60abf8 44%,#4096ee 100%)
```

이렇게 적용하면 색상이 왼쪽에서 오른쪽으로 그라데이션이 적용됩니다.

```
radial-gradient(center, ellipse cover, #7abcff 0%,#60abf8 44%,#4096ee 100%)
```

이건 원형 그라데이션을 뜻하는 것입니다.

```
linear-gradient(-45deg, #7abcff 0%,#60abf8 44%,#4096ee 100%)
```

이건 -45도 각도로 그라데이션을 적용하는 것을 의미합니다.

그라데이션은 IE9까지도 지원하지 않습니다. 그리고 일부 브라우저에서도 prefix를 적용해 줘야 작동하는 경우도 있습니다. 그리고 사용법이 다른 CSS 속성과 달리 시각적으로 완벽한 색상을 찾는 것이 조금은 힘들 수도 있습니다. 그래서 직접 그라데이션을 적용하는 것보다 웹 상에서 제공되는 서비스를 이용하면 쉽게 적용할 수 있습니다.

[그림 1.4-6]은 웹 상에서 그라데이션을 속성을 적용해 주는 Ultimate CSS Gradient Generator입니다. Preset 되어 있는 그라데이션을 적용해도 되고, 또는 Preset 바로 아래 부분에 있는 generator를 이용해서 직접 만들 수도 있습니다. 그리고 이 사이트의 장점은 SVG^{Scalable Vector Graphic}를 이용하여 IE9에서도 그라데이션을 적용할 수 있는 방법을 소개해 줍니다. IE6부터 IE8까지는 필터값을 이용하여 유사한 색상을 만들어 주기도 합니다.

여기서 잠깐

브라우저 별 prefix

CSS3 속성 중에는 최신형 브라우저가 아닌 경우에 CSS3 값이 제대로 동작하지 않는 경우가 있습니다. 즉 각각의 브라우저에는 해당 속성을 적용할 수 있지만, 현재 W3C에서 확정되기 전에 만들어진 브라우저는 CSS 속성을 적용할 때 브라우저 별로 Prefix를 적용해야 하는 경우가 있습니다. 파이어폭스는 ?moz-, 사파리와 크롬 계열은 ?webkit-, 오페라 계열은 ?o-, MS에서 만든 IE 계열은 ?ms-란 prefix가 적용됩니다.

이러한 Prefix는 웹 표준 속성 앞쪽에 위치해야 합니다.

즉 .box { border-radius:10px; }이라는 속성이 있다면 다음과 같이 속성을 적용합니다.

```
.box(-moz-border-radius:10px; -webkit-border-radius:10px;
border-radius:10px;)
```

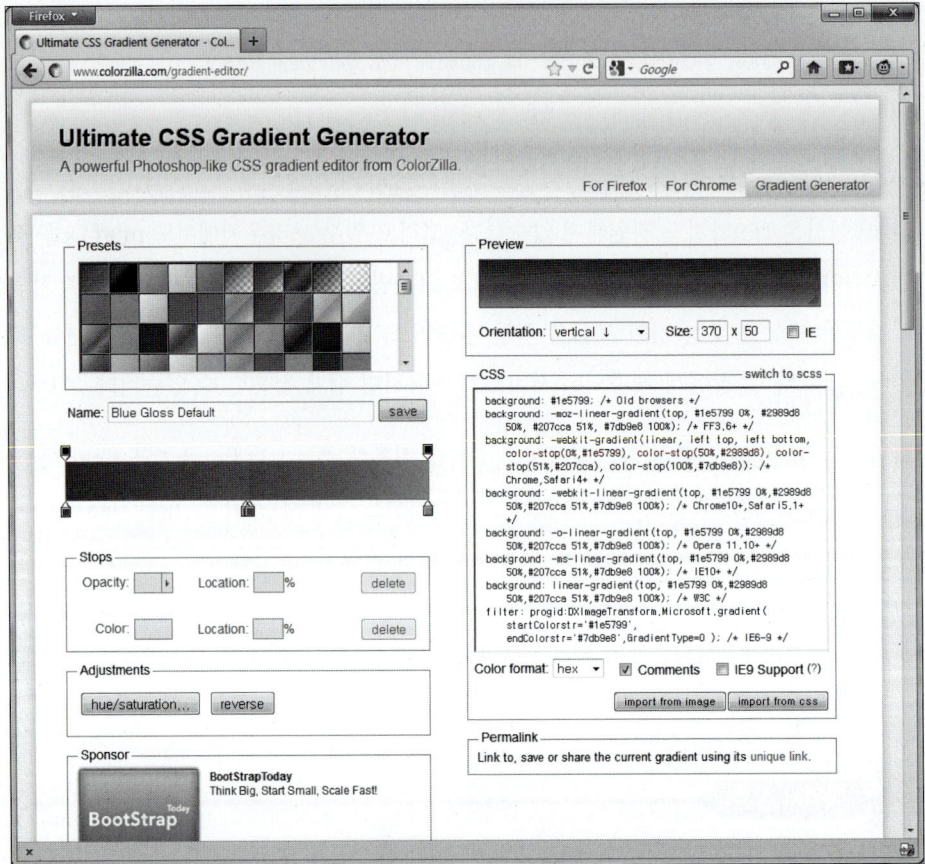

[그림 1.4-6] Ultimate CSS Gradient Generator (http://www.colorzilla.com/gradient-editor/)

[그림 1.4-7]에서는 [그림 1.4-6]의 Ultimate CSS Gradient Generator를 이용하여 CSS3의 그라데이션 속성을 적용하여 그래픽 이미지를 전혀 사용하지 않고 웹사이트에서 사용하는 메뉴 바를 만들어 보았습니다. 단 이 예제는 IE 계열은 IE9 이상에서 제대로 동작합니다.

이렇듯이 CSS의 백그라운드의 그라데이션 속성을 잘 이용하면 이미지 파일이 없어도 아주 멋있는 디자인을 웹사이트에 적용할 수 있습니다.

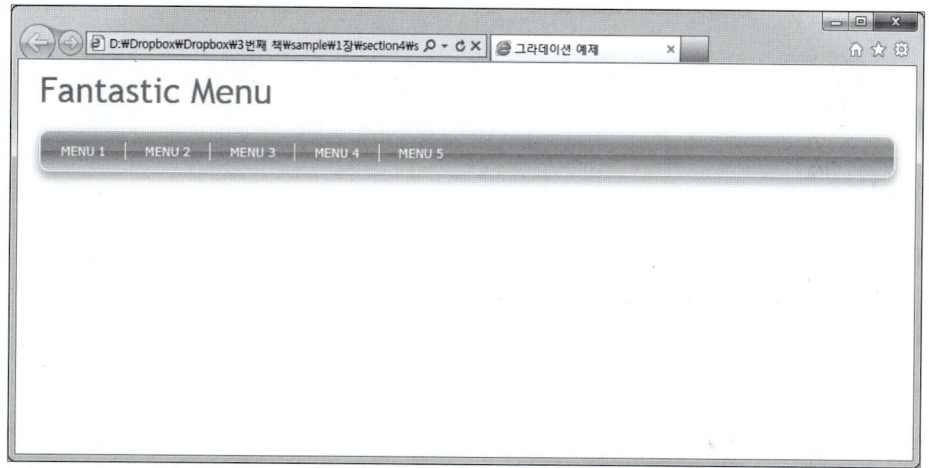

[그림 1.4-7] 그라데이션 속성을 이용해서 만든 메뉴
sample/1장/section4/sample1.4-4.html

1.5 텍스트 속성

1.5절에서는 웹 페이지에서 가장 많이 사용하는 텍스트 속성에 대해서 살펴보겠습니다.

사실 웹 페이지의 목적은 정보를 전달하는 데 있습니다. 웹 페이지를 이용해서 정보를 전달하는 방법은 동영상을 통하는 방법, 소리를 통하는 방법 등이 있지만, 가장 보편적인 것은 문서 즉 텍스트를 이용해서 정보를 전달하는 것입니다.

따라서 정보를 전달하는 텍스트 속성이 웹 페이지에서 가장 중요합니다. CSS에서도 텍스트와 관련된 속성이 많이 있습니다. [표 1.5-1]은 CSS에서 사용하는 텍스트와 관련된 속성을 정리하였습니다.

속성	설명	비고
font-family	어떤 폰트를 사용할지 설정하는 부분	따로 설명
font-size	폰트의 크기를 정함	웹 단위 설정 *
font-style	폰트의 모양, normal 또는 italic	normal, italic, oblique
font-weight	폰트의 두께 설정	웹 단위 설정 *

속성	설명	비고
font-variant	영문 폰트 모양 조절	normal, small-caps
line-height	텍스트와 텍스트 사이 간격 설정	웹 단위 설정 *
text-transform	영문자를 대문자, 소문자 등으로 변경	capitalize, uppercase, lowercase, none
text-decoration	폰트의 밑줄 등 꾸밈을 설정할 때 사용	underline, overline, line-through, blink, none
word-spacing	단어 간의 간격 설정	웹 단위 설정 *
letter-spacing	글자 간의 간격 설정	웹 단위 설정 *
vertical-align	세로 정렬 설정	baseline, sub, super, top, text-top, middle, bottom, text-bottom, inherit
text-align	왼쪽, 중앙, 오른쪽 정렬 설정	left, right, center, justify
tex-indent	들여쓰기 또는 내어쓰기 설정	음수 값 조절 가능

[표 1.5-1] 텍스트 관련 속성 정리
*는 1.2절의 〈여기서 잠깐〉 참조

여기서 font-family라는 속성은 웹 페이지의 전체에 많은 영향을 끼칠 수 있는 폰트의 모양을 설정하는 속성입니다. font-family에서 사용할 수 있는 폰트는 한정되어 있습니다. 사용하는 PC 또는 맥에 기본으로 설치되어 있는 폰트 이외에는 사용 불가능합니다만, CSS3에서는 IE4에서부터 사용되어 오던 @font-face 속성이 추가되어 모든 브라우저에서 CSS의 속성을 설정해 주면, 기본적인 시스템 폰트 외에도 다양한 폰트를 웹 문서에 적용할 수 있게 되었습니다.

먼저 기본적인 시스템 폰트에 대해서 설명해 드리겠습니다.

[그림 1.5-1]과 [그림 1.5-2]는 기본적인 영문 시스템 폰트 조합입니다.

먼저 [그림 1.5-1]에서 가장 상단에 보이는 font-family: Verdana, Geneva, sans-serif;가 의미하는 것은 "기본 폰트로 Verdana를 사용하는데, 시스템에 Verdana가 없으면 Geneva를 사용하고 Geneva까지 없을 경우 sans-serif 계열의 폰트를 사용해라"라는 의미입니다. CSS에서 또한 동일하게 적용되어 있습니다. 반드시 예제 파일을 확인해 주시기 바랍니다.

그렇다면 여기서 sans-serif와 serif 폰트가 무엇인지 알고 넘어가도록 하겠습니다. 아래의 폰트를 보시면 이해가 빠를 겁니다.

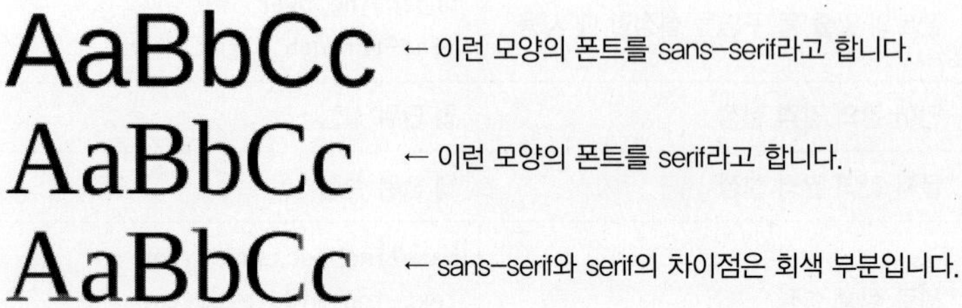

AaBbCc ← 이런 모양의 폰트를 sans-serif라고 합니다.
AaBbCc ← 이런 모양의 폰트를 serif라고 합니다.
AaBbCc ← sans-serif와 serif의 차이점은 회색 부분입니다.

즉 sans-serif는 고딕 계열이고 serif는 명조 계열의 폰트를 말합니다.

PC에서 흔히 사용하는 굴림, 돋움은 sans-serif 계열 폰트이고, 바탕과 궁서체는 serif 계열이라고 보면 됩니다. 맥에서 기본적으로 사용하는 애플고딕은 sans-serif 계열, 애플 명조는 serif 계열이 되겠습니다.

[그림 1.5-1]과 [그림 1.5-2]를 비교해서 보면 영문 폰트 시스템인 Comic sans MS 폰트를 제외하고는 거의 모든 폰트가 동일한 모습으로 보이는 것을 알 수 있습니다.

하지만 [그림 1.5-3]과 [그림 1.5-4]를 비교해 보면 한글 폰트는 윈도우와 맥의 경우 거의 공통점을 찾을 수 없습니다. 즉 윈도우에서 웹 페이지와 맥에서 보이는 웹 페이지의 모습이 아주 다르게 보일 수밖에 없는 것입니다. 영문 웹사이트는 폰트의 모양도 다양하고, 특이한 폰트, Comic sans MS를 사용하지 않을 경우 윈도우에서 보이는 것과 맥에서 보이는 페이지가 거의 동일한 반면, 한글 폰트는 맥과 윈도우에서 사용하는 기본 폰트가 다르기 때문에 아무리 노력을 하더라도, 동일한 웹 페이지처럼 보일 수 없습니다.

하지만 맥과 윈도우에 동일한 폰트가 없다 하더라도 전체적으로 비슷하게 보이게 할 수 있는 방법이 있습니다. 윈도우에 기본 탑재된 폰트 중 굴림과 돋움은 sans-serif 계열이고 바탕과 궁서는 serif 계열입니다.

맥킨토시는 애플고딕은 sans-serif 계열이며, 애플명조는 serif 계열입니다. 그래서 한글 웹 페이지를 만들 때 윈도우에서 보이는 웹 페이지와 맥에서 보이는 웹 페이지가 동일한 폰트가 없기 때문에 완벽하게 똑 같은 모습으로 보이진 않지만, 다음과 같이 CSS를 적용하면 조금이나마 비슷한 모양을 낼 수 있습니다.

```
font-family: "돋움", dotum, AppleGothic, sans-serif;
```

"웹 페이지에서 해당 선택자에 폰트는 돋움을 기본 폰트로 적용하는데, 시스템에 없을 경우 AppleGothic을 사용하고, AppleGothic마저 없을 경우 시스템에 있는 sans-serif 폰트를 사용하라"라는 의미입니다.

여기서 "돋움"과 dotum을 두 번 적용했는데, 그 이유는 한글 윈도우 시스템은 "돋움"을 인식하지만, 영문 시스템은 한글을 인식하지 못하기 때문에 dotum이라고 추가해 주는 것입니다.

[그림 1.5-4]와 [그림 1.5-5]를 보면 윈도우와 맥에 한글 폰트를 적용한 결과를 볼 수 있습니다. 또한 [그림 1.5-6]과 [그림 1.5-7]은 한글 폰트를 지정하지 않은 경우에 대한 결과를 확인할 수 있는데, 폰트를 지정해 주지 않을 경우 윈도우와 맥에서는 완전 다른 문서처럼 보이는 것을 알 수 있습니다.

Q. 왜 한글에선 "돋움" 이런 식으로 쌍따옴표를 붙이나요?
A. 한글뿐만 아니라 영문에서도 폰트 이름 중간에 띄어쓰기가 적용된 폰트인 경우 쌍따옴표를 붙입니다. 마찬가지로 한글에서도 돋움과 같이 단어가 하나인 경우 쌍따옴표를 제거해도 상관은 없습니다.

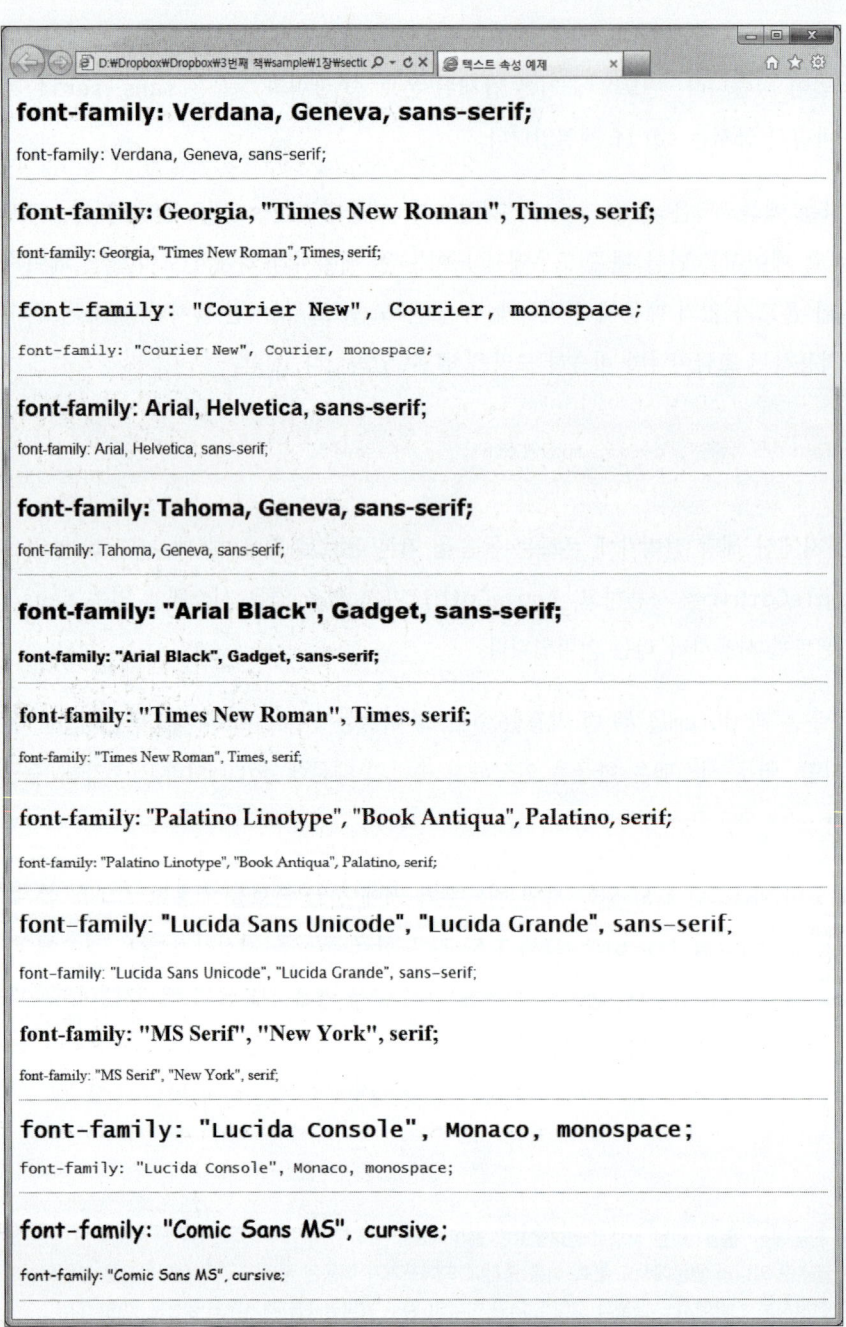

[그림 1.5-1] 윈도우에서 보여지는 영문 시스템 기본 폰트 패밀리
sample/1장/section5/sample1.5-1.html

[그림 1.5-2] 맥에서 보여지는 영문 시스템 기본 폰트 패밀리
sample/1장/section5/sample1.5-1.html

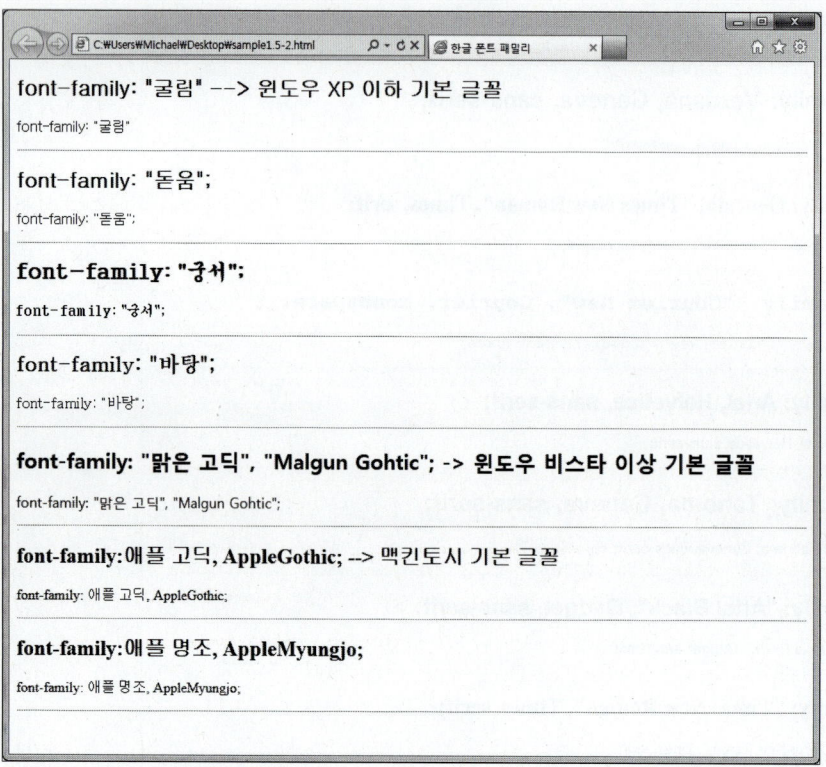

[그림 1.5-3] 윈도우에서 보여지는 한글 시스템 기본 폰트 패밀리
sample/1장/section5/sample1.5-2.html

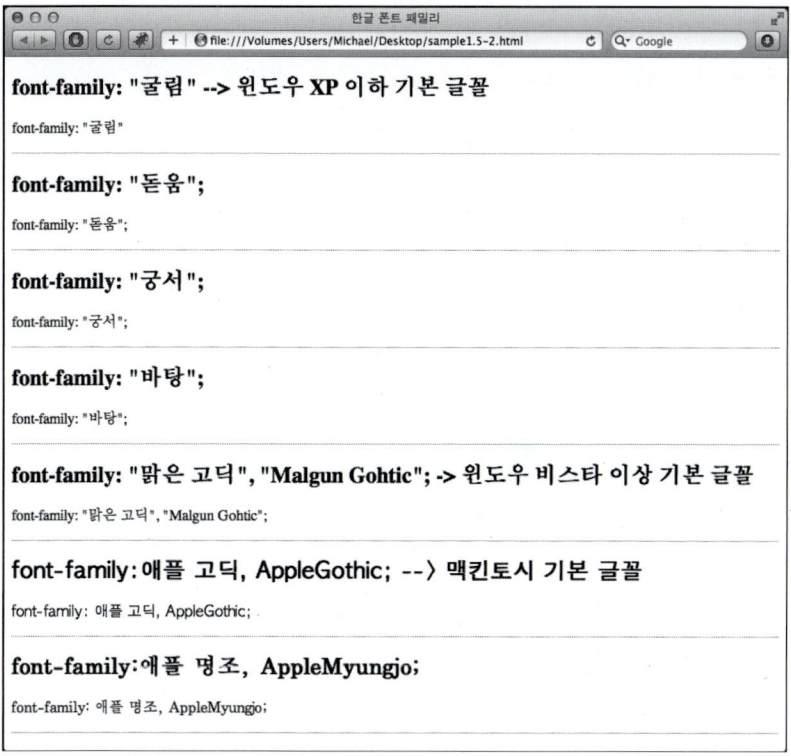

[그림 1.5-3] 맥에서 보여지는 한글 시스템 기본 폰트 패밀리
🔵 sample/1장/section5/sample1.5-2.html

[그림 1.5-4] PC 윈도우 7에서 보여지는 sans-serif 계열로 처리한 한글 웹 페이지
🔵 sample/1장/section5/sample1.5-3.html

1.5 텍스트 속성 **83**

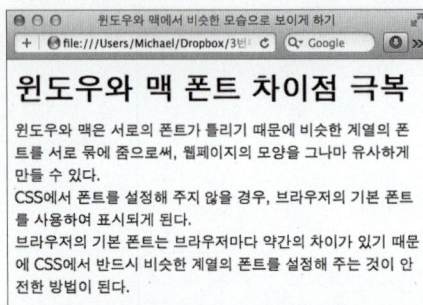

[그림 1.5-5] 맥에서 보여지는 sans-serif 계열로 처리한 한글 웹 페이지
💿 sample/1장/section5/sample1.5-3.html

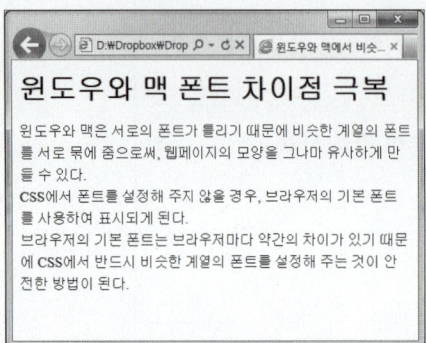

[그림 1.5-6] PC 윈도우 7에서 보여지는 브라우저 기본 폰트 한글 웹 페이지
💿 sample/1장/section5/sample1.5-3.1.html

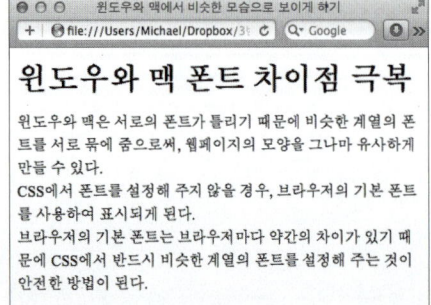

[그림 1.5-7] 맥에서 보여지는 브라우저 기본 폰트 한글 웹 페이지
💿 sample/1장/section5/sample1.5-3.1.html

[그림 1.5-3]을 보면 "맑은 고딕"이라는 폰트를 적용한 그림을 볼 수 있습니다.

한글 윈도우에서 비스타부터 적용된 맑은 고딕은 이전 굴림과 돋움체보다 가독성 측면에서 훨씬 진보된 폰트입니다. 기존에 사용하던 굴림, 돋움, 궁서 그리고 바탕체 또한 트루 타입 폰트로서, 글자를 인쇄할 경우 어떤 크기를 사용하든 아주 미려하게 출력되는 반면, 글자의 크기를 화면에서 크게 할 경우 PC의 모니터 상에서는 그다지 미려한 모습을 보여주지 않습니다.

그래서 MS에서 윈도우 비스타부터 맑은 고딕이라는 새로운 폰트를 도입하여 시스템의 기본 폰트로 사용하고 있습니다. 또한 맑은 고딕은 클리어 타입이라는 기술이 들어가 있어 폰트의 크기를 크게 하더라도, 모니터 상에서 아주 미려한 모습을 보여 주는 폰트입니다. 그래서 마이크로소프트 한글 웹사이트에서도 기본 폰트로 맑은 고딕을 사용하고 있습니다. 하지만 많은 웹사이트들이 지금도 굴림 아니면 돋움을 기본 폰트로 사용하고 있는데, 그 이유는 폰트의 크기가 12px에서 13px까지는 굴림과 돋움 폰트의 가독성이 맑은 고딕보다 좋기 때문입니다. 12px에서 13px일 경우 폰트가 비트맵 방식으로 처리되기 때문입니다. 즉 웹 페이지에서 가장 많이 사용되는 폰트 사이즈에서는 굴림과 돋움을 사용하는 것이 더 나을 수 있다는 것입니다. 하지만 12px 이하, 13px 이상의 폰트를 사용할 경우 맑은 고딕이 훨씬 더 나은 결과물을 보여 줍니다.

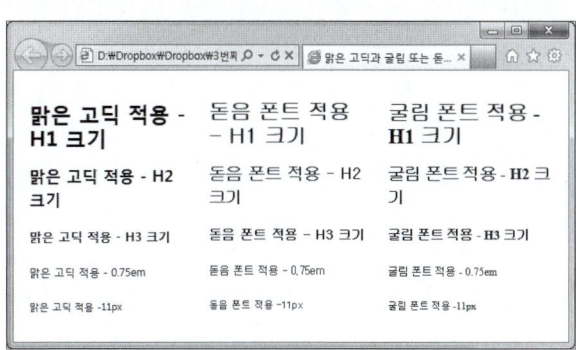

[그림 1.5-8] 한글 폰트 별 크기에 따른 가독성 비교
sample/1장/section5/sample1.5-4.html

따라서 기본적인 시스템에 있는 폰트만을 이용해서 웹 페이지를 꾸민다면, 제목이 들어가는 곳은 "맑은 고딕"을 사용하는 것이 좋고 본문은 "돋음" 또는 "굴림"을 사용하는 것이 좋습니다. 그리고 윈도우 XP만 사용하는 시스템에서는 "맑은 고딕"만 적용할 경우 폰트가 굴림으로 대체되기 때문에 XP 사용자에 대한 배려 또한 잊지 말아야 합니다.

Q&A

Q. 지금 사용하고 있는 한글 윈도우에서는 맑은 고딕, 굴림, 돋움, 궁서, 바탕 이외에 다양한 폰트가 설치되어 있는데, 왜 그 폰트를 웹 페이지에서 사용하면 안 되나요?

A. 사용자의 시스템에는 다양한 폰트가 설치될 수 있습니다. 예를 들어 아래아한글을 설치하게 되면 폰트 전문 제작회사인 한양시스템에서 개발한 많은 다양한 폰트가 윈도우에 설치가 되며, 또한 MS 오피스를 설치하면 그에 따른 다양한 폰트들이 설치됩니다. 하지만 어떤 PC에는 아래아한글이 설치되지 않을 수도 있고, 또 다른 PC에는 MS 오피스가 설치되지 않을 경우도 있습니다. 즉 사용자의 다양한 PC에 각각 다른 폰트들이 존재하기 때문에, 윈도우가 설치되면 기본적으로 설치되는 "맑은 고딕, 굴림, 돋움, 궁서, 바탕" 이외의 폰트를 웹 페이지에서 사용하게 되면 다른 사용자(해당 폰트가 없는 PC를 사용하는 사용자)들은 해당 폰트가 없기 때문에 폰트 모양이 제각각 보여지게 되는 것입니다.
이런 문제는 CSS3에서 도입된 @font-face를 통해 해결이 가능합니다.

이제 CSS3에서 도입된 `@font-face`에 대한 내용을 학습해 보도록 하겠습니다.

`@font-face` 속성은 사실 IE에서는 IE4에서부터 적용된 속성입니다. 하지만 이 속성이 CSS3에서 웹 표준으로 채택이 되면서 모든 브라우저에서 이제 `@font-face` 속성을 적용해 줄 수 있습니다.

하지만 `@font-face`를 사용함에 있어 각각의 브라우저에서는 다른 폰트 포맷을 사용하기 때문에 그에 따른 폰트로 변경해 주는 것이 반드시 필요합니다.

영어의 경우 글자의 수가 많지 않기 때문에 영문 폰트를 제작하기는 쉽습니다. 무료 영문 폰트도 다양하게 존재합니다. 하지만 한글은 폰트가 영문에 비해서 제작하기가 어려운데, 그 이유는 한글은 완성형 폰트를 사용하기 때문에 글자 모양에 따른 모든 폰트를 만들어야 하기 때문입니다. 그렇다 보니, 폰트의 파일 크기도 영문에 비해 상대적으로 클 수밖에 없습니다.

@font-face를 적용하는 방법은 다음과 같습니다.

```
@font-face { font-family:'NanumGothic'; /* 여기서 폰트의 이름을 지정합니다. */
src:url(PATH/nanum.eot); /* 여기는 IE에서 사용하는 eot 파일의 경로를 지정합니다. */
src:local('☺'), url(PATH /nanum.woff) format("woff"), url(PATH/nanum.ttf)
format("truetype"); /* 여기서는 woff 파일 포맷과 ttf 파일 포맷을 지정해 줍니다. */
}
```

@font-face를 적용해 주기 위해서는 최소한 두 가지의 폰트 포맷을 지정해 줘야 합니다. 그 두 가지는 eot 파일 포맷과 ttf 파일 포맷입니다.

또한 woff 파일 포맷은 Web Open Font Format의 약자로 2009년 개발되었으며, W3C에서 권장하는 폰트 포맷입니다. 제일 먼저 파이어폭스 3.6 버전에서 채택되었으며, IE9 또한 woff 파일 포맷을 지원하고 있습니다. 향후 웹 표준으로 폰트 포맷으로는 woff가 유력시 됩니다.

그렇다면 eot 파일과 woff 파일은 어디서 구할 수 있을까요?

eot 파일과 woff 파일은 구하는 것이 아니고 시스템에서 사용하는 폰트 파일인 ttf 파일 또는 otf 파일을 변환해 주면 됩니다. 변환하는 방법은 여러 가지가 있을 수 있지만, 여기서는 두 가지 방법을 소개해 드리겠습니다.

가장 쉬운 방법은 http://www.fontsquirrel.com/fontface/generator 여기서 변환하는 것입니다.

[그림 1.5-9]의 Font Squirrel 사이트에 들어가서서 @font-face generator를 이용하면 손쉽게 원하는 폰트를 변환할 수 있습니다. 하지만 Font Squirrel 사이트를 이용하게 되면 파일 사이즈가 큰 폰트인 경우 변환할 수 없는 문제가 발생합니다. 특히 한글 폰트 파일들은 Font Squirrel 사이트를 사용할 수 없습니다.

Font Squirrel 사이트를 사용하지 못할 경우에는 다른 방법을 사용해야 합니다.

[그림 1.5-10]과 [그림 1.5-11]은 eot 파일과 woff 파일로 폰트를 변환해 주는 소프트웨어를 제공하는 사이트입니다. 해당 사이트에 접속하셔서 해당 소프트웨어를 다운로드 합니다.

[그림 1.5-9] ttf 또는 otf 폰트를 웹 폰트로 변환해 주는 Font Squirrel 사이트

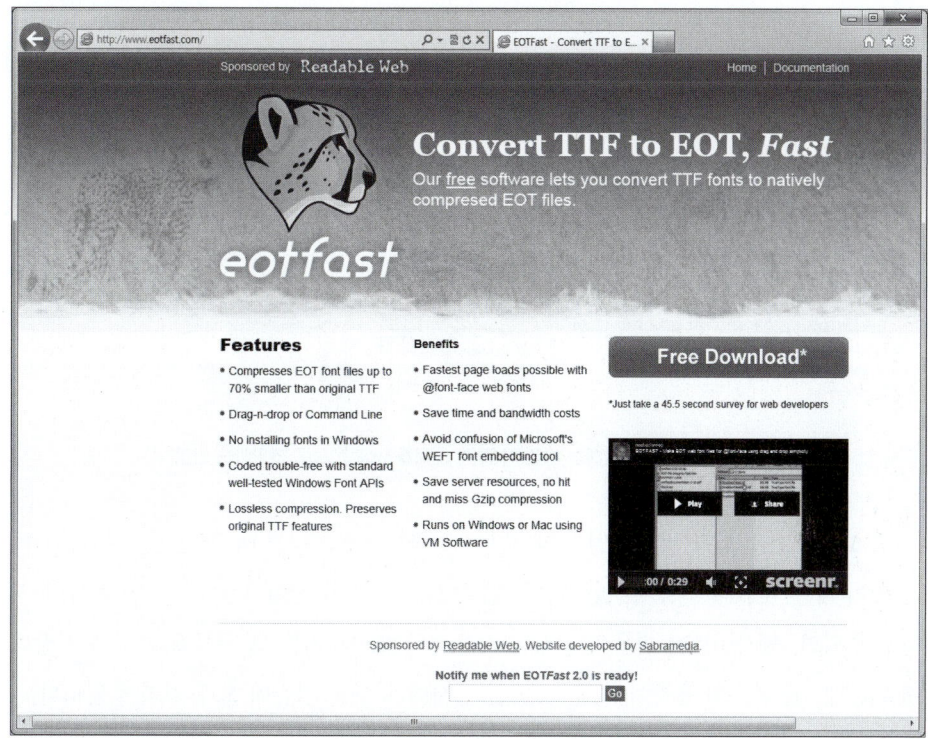

[그림 1.5-10] ttf 파일을 eot 파일로 변환해 주는 툴을 제공해 주는 http://www.eotfast.com/

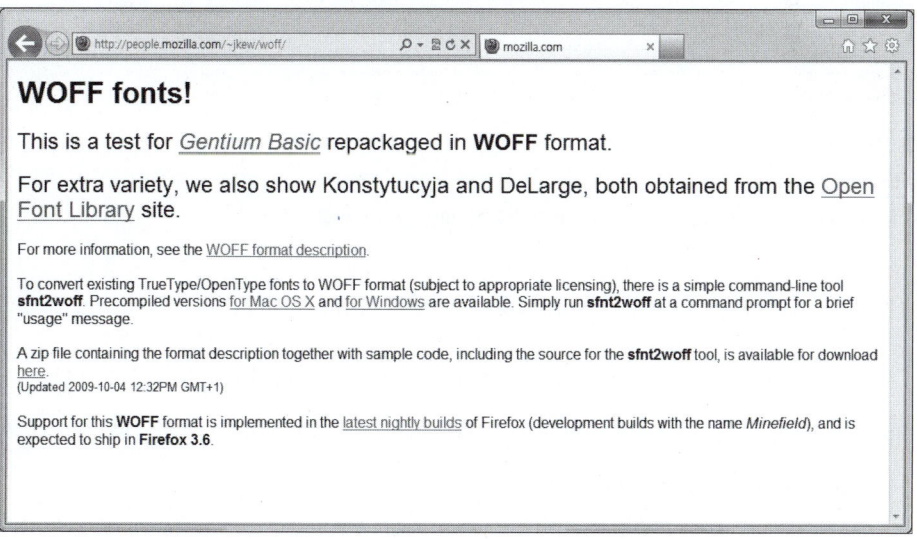

[그림 1.5-11] ttf 파일을 woff 파일로 변환해 주는 툴을 제공해 주는 http://people.mozilla.com/~jkew/woff/

1.5 텍스트 속성 **89**

그 후 변환을 원하는 폰트를 다운로드 받은 소프트웨어에 드래그 & 드롭 해주면 eot와 woff 폰트로 변환됩니다. 굉장히 간단하고 쉽습니다. [그림 1.5-12]와 [그림 1.5-13]을 참조하세요.

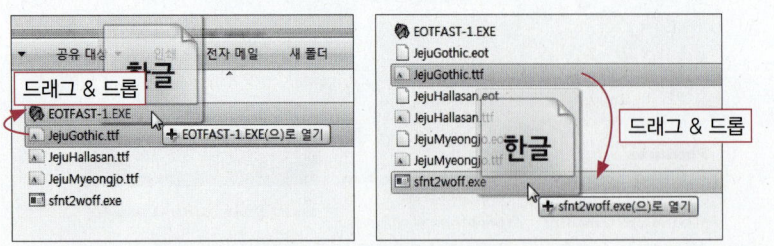

[그림 1.5-12] ttf 폰트를 eot 폰트로 변환하는 방법(좌)과 ttf 폰트를 woff 폰트로 변환하는 방법(우)

[그림 1.5-13]을 보면 ttf 파일일 때 폰트 크기와 eot 그리고 woff 폰트 크기의 차이가 많이 나는 것을 확인할 수 있습니다. 웹 폰트는 크기가 작아야 합니다. 웹 폰트를 지정하게 되면, 웹사이트를 처음 방문하는 사용자의 브라우저는 웹 폰트를 캐시에 저장하게 되는데, 웹 폰트의 용량이 크면, 그만큼 웹사이트 구동 시간이 오래 걸리게 됩니다.

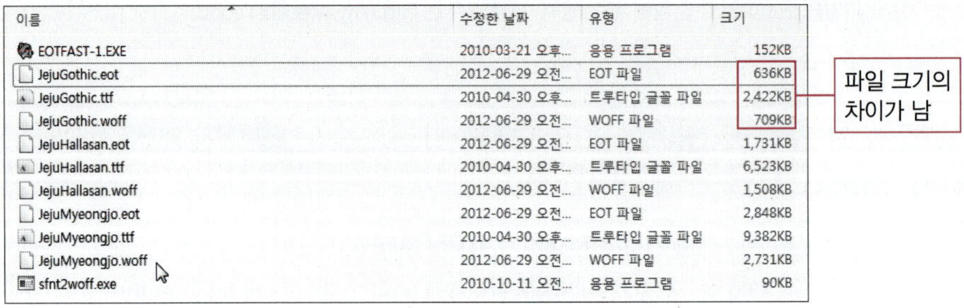

[그림 1.5-13] ttf 폰트를 eot 폰트와 woff 폰트로 변환 후 파일 크기의 변화

이제 이렇게 변환된 웹 폰트를 직접 적용해 보도록 하겠습니다.

[그림 1.5-14]는 윈도우 7에 설치된 IE9에서 보여지는 화면이며, [그림 1.5-15]는 맥 OSX에서 사파리 5.17 버전에서 보여지는 화면입니다. 두 화면을 비교했을 때 결과가 거의 동일한 것을 확인할 수 있습니다.

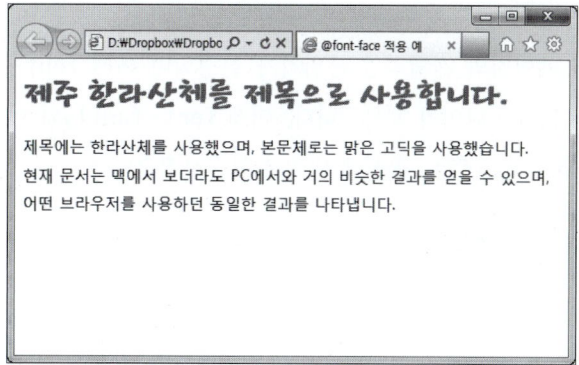

[그림 1.5-14] 윈도우7, IE9에서 보여지는 @font-face 결과 값
sample/1장/section5/sample1.5-5.html

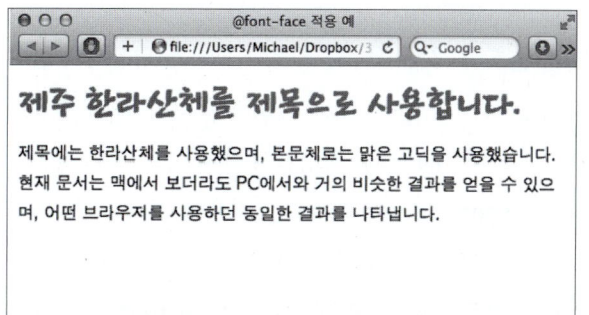

[그림 1.5-15] 맥 OSX lion , 사파리 5.17 버전에서 보여지는 @font-face 결과 값
sample/1장/section5/sample1.5-5.html

CSS3에서 웹 표준으로 도입된 @font-face를 이용하게 되면 이전에는 포토샵에서 일일이 그래픽 파일로 하던 작업을 이제는 단순히 CSS에 적용해 줌으로써 아주 편리하게 웹 페이지의 폰트를 변경해 줄 수 있게 되었습니다.

하지만 이렇게 웹 폰트로 변환을 할 때 유의해야 하는 점은 폰트는 유료 폰트도 상당히 많이 존재하고, 무료 폰트라고 할지라도 웹 페이지에서는 사용할 수 없는 폰트들이 많기 때문에 반드시 폰트의 재가공이 가능한지 확인해야 한다. 그리고 유료 폰트라면 반드시 구입하고 사용 범위를 확인하기 바랍니다.

텍스트 속성 중 `font-family`에 대해서 많은 지면을 할애하여 설명 드린 이유는 어떤 폰트를 사용하는가에 따라 웹 페이지의 전체적인 분위기가 결정되며 이때 `font-family`는 아주 중요한 CSS의 속성 중 하나이기 때문입니다. 이제 `font-family`와 더불어 중요한 `line-height` 속성과 `font-size` 속성에 대해서 학습하겠습니다.

[그림 1.5-16]을 보면 BOX1에서는 기본 폰트 크기와 `line-height`를 지정하였습니다.

`line-height`는 행간이라는 의미입니다. 즉 행과 행 사이 간격을 말하는 것입니다. 거의 모든 브라우저에서 기본 폰트의 크기는 16px입니다. BOX2에서는 기본 폰트 크기와 `line-height`를 0.75em으로 지정했습니다. 0.75em은 기본 폰트의 크기가 16px일 경우 16 × 0.75 = 12px이 되는 것입니다.

폰트 크기는 em으로 하게 되면 기본 폰트의 크기에 따라서 전체 크기가 변동되게 됩니다. em 단위는 퍼센트와 속성이 유사합니다. 단 em은 1em이 100%를 의미하므로 0.5em은 50%를 나타냅니다. 그리고 BOX2를 보면 〈h1〉으로 지정한 부분의 폰트 또한 작아진 것을 보실 수 있습니다. BOX2 부분에 `font-size:0.75em;`을 적용해서 h1 또한 기본 크기에서 변경된 것입니다. BOX3은 폰트 크기를 12px로 지정했습니다. 폰트의 크기가 BOX2와 동일하지만, `line-height`는 서로 다른데, BOX2의 `line-height`가 0.75em은 행과 행 사이를 75% 간격으로 설정하는 것이기 때문에 붙어 버리는 반면, BOX3는 12px 정도 공간적 여유가 있기 때문입니다. BOX4에는 폰트 크기를 0.8em으로 지정했는데 이것은 픽셀로 12.8 정도 됩니다. 즉 픽셀은 소수점 단위를 사용할 수 없습니다만, em으로 지정하게 되면 아주 세밀하게 조정할 수 있습니다. BOX5는 1em을 지정했는데, 이것은 BOX1의 폰트 크기와 동일하다는 것을 알 수 있습니다.

폰트의 크기를 em으로 지정하게 되면 또 하나의 장점이 있는데, 그것은 시력이 안 좋은 사용자들을 위해 폰트 크기를 크게 할 경우, px로 지정하게 되면 텍스트의 크기를 크게 하더라도 폰트의 크기가 고정되는 반면, em은 텍스트의 크기를 크게 하게 되면 그에 비례하여 폰트의 크기도 변하게 되는 것입니다.

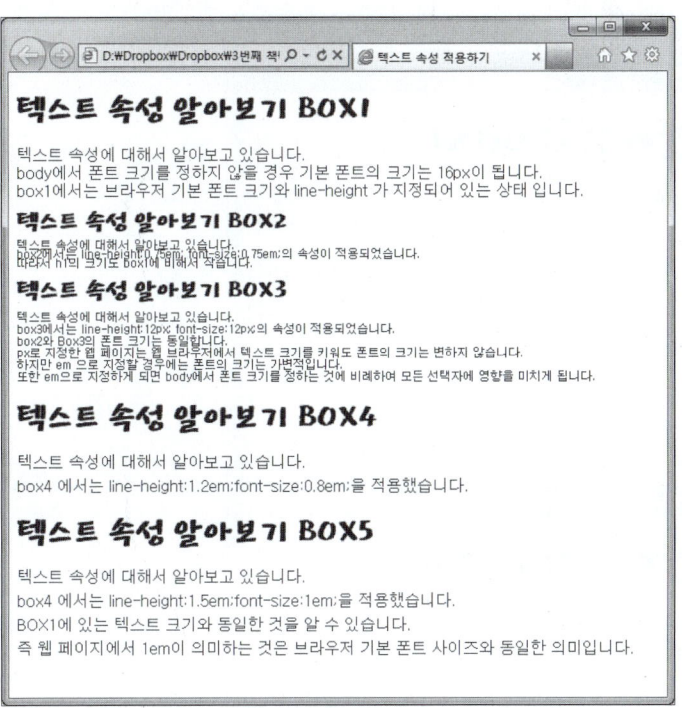

[그림 1.5-16] font-size와 line-height 속성 알아보기
sample/1장/section5/sample1.5-6.html

[그림 1.5-17]에서는 브라우저에서 "보기 > 텍스트 크기 > 가장 크게"로 설정 후 화면을 볼 수 있습니다. [그림 1.5-16]과 [그림 1.5-17]을 비교해 보면 px로 설정된 부분은 크기가 고정되어 있는 반면 em으로 설정된 부분은 폰트의 크기가 커진 것을 확인할 수 있습니다. 이렇듯 웹 표준 사이트에서는 폰트의 크기를 설정할 때 em이라는 단위를 사용하면 여러 장점(폰트 크기의 가변화, 폰트 크기의 정밀화 등)을 가질 수 있다는 것을 알 수 있습니다.

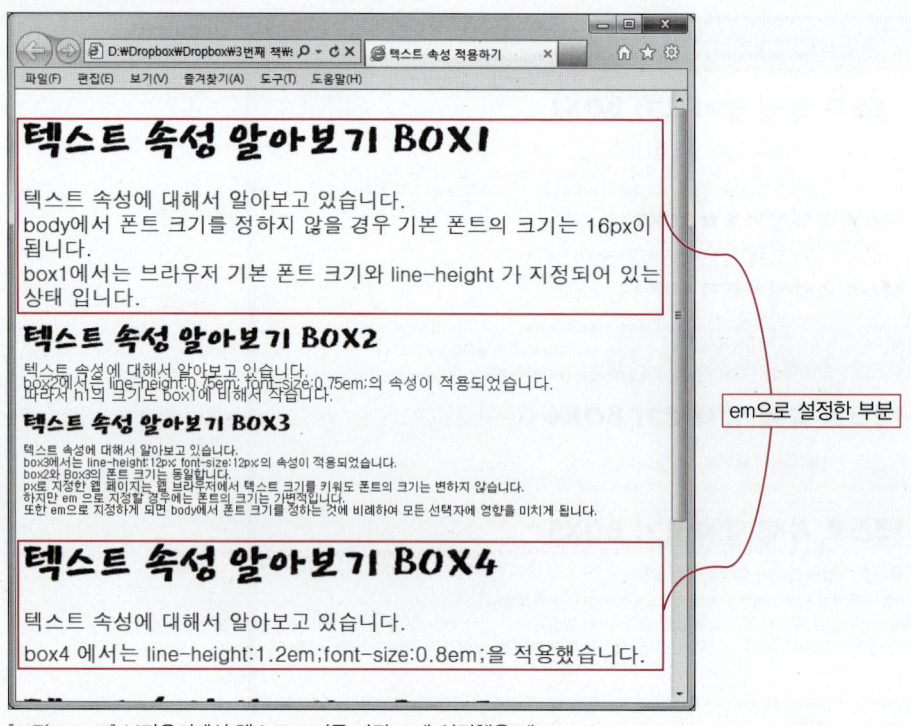

[그림 1.5-17] 브라우저에서 텍스트 크기를 가장 크게 설정했을 때
sample/1장/section5/sample1.5-6.html

[그림 1.5-18]에서는 텍스트와 관련된 여러 속성을 볼 수 있습니다.

그림 또는 소스 파일을 확인해 보면 충분히 이해가 되는 부분이기 때문에 별 다른 설명은 하지 않겠습니다.

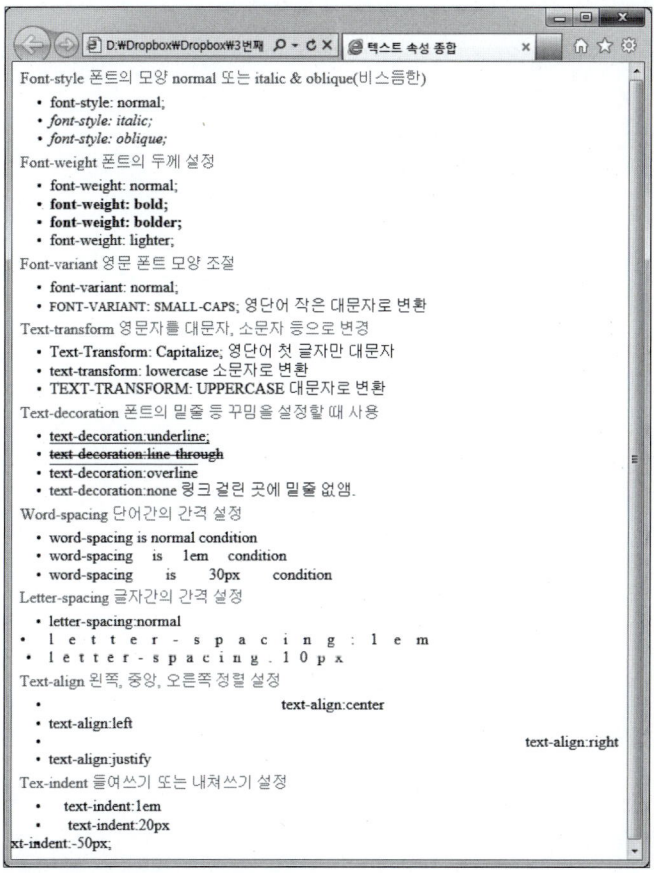

[그림 1.5-18] 기타 여러 텍스트 속성
sample/1장/section5/sample1.5-7.html

이렇게 1.5절에서는 텍스트와 관련된 여러 속성에 대해 살펴보았습니다. 사실 웹 페이지의 전체적인 디자인은 디자인 요소에 의해서도 결정되지만, 텍스트에 의해서도 많이 좌우됩니다.

따라서 웹사이트를 설계하거나 디자인할 때 CSS의 텍스트 요소를 잘 파악해서 디자인을 해주면 적은 노력으로 아주 세련된 웹사이트를 만들 수 있습니다.

1.6 기타 속성

1.1절부터 1.5절까지 설명한 속성 외의 것들을 다룹니다. 이들은 하나의 개념으로 묶기가 모호하고 범위가 적기 때문에 이번 절에서 따로 속성 별로 하나씩 설명하도록 하겠습니다.

overflow

overflow 속성은 박스 모델에서 설정한 길이^{width} 또는 높이^{height} 이상으로 내부에 콘텐츠가 들어 있을 경우 박스 길이 또는 높이 이상 설정된 콘텐츠를 감추거나^{hidden} 내부 박스 내부에 스크롤^{scroll} 등 여러 속성을 적용해 줄 수 있습니다.

속성	설명
visible	오버플로우 된 항목을 잘라내지 않습니다(기본값).
hidden	오버플로우 된 부분을 감춰버립니다.
scroll	오버플로우 속성에 강제로 스크롤 바를 생성합니다.

속성	설명
auto	오버플로우가 되면 자동적으로 스크롤 바가 생성됩니다.
inherit	속성이 상속됩니다.

[표 1.6-1] overflow 속성

[그림 1.6-1]을 보면 5개의 박스에 동일하게 width는 500px, height는 100px을 적용했으며, [표 1.6-1] 의 순서대로 각 박스에 값을 적용했습니다.

[그림 1.6-1]에서 " .box1, .box2, .box3, .box4, .box5 { "가 있는 부분이 시작점입니다.

overflow:visible;일 때는 박스 범위를 벗어나더라도 콘텐츠가 표시되고 있는 것을 볼 수 있습니다. overflow:hidden;일 때는 박스 범위가 벗어난 부분은 감춰져 있는 것을 알 수 있습니다. 3번째 박스에서는 강제적으로 스크롤 바가 좌우 상하로 생성되었으며, overflow:auto;인 경우 가로로 길 때는 가로 스크롤 바가, 세로로 길 때는 세로 스크롤 바가 생성된 것을 알 수 있습니다. 좌우 상하로 컨텐츠의 크기가 크면 overflow:scroll;과 동일한 효과를 얻게 되는 것입니다. inherit인 경우 부모 선택자가 없기 때문에 기본 값인 visible 속성이 적용되었습니다.

Q&A

Q. visible이나 inherit는 콘텐츠가 넘치면 박스의 범위를 넘어서는데, 굳이 이런 경우가 필요하나요? 그리고 auto 하나면 모든 게 해결되는데, 다른 속성이 필요한 이유가 있나요?
A. 기본값 즉 visible 속성은 CSS에 속성을 적용해 주지 않아도 자동으로 부여되는 값입니다. 따라서 visible이란 속성은 CSS에 일부러 적용하진 않습니다. 하지만 CSS는 상속을 받기 때문에 하나의 속성, 예를 들어 처음 속성에 hidden 값을 적용한 후 다음 박스에 hidden 속성이 필요 없을 경우 반드시 그 경우에는 visible 속성을 적용해 줘야 하는 것입니다.

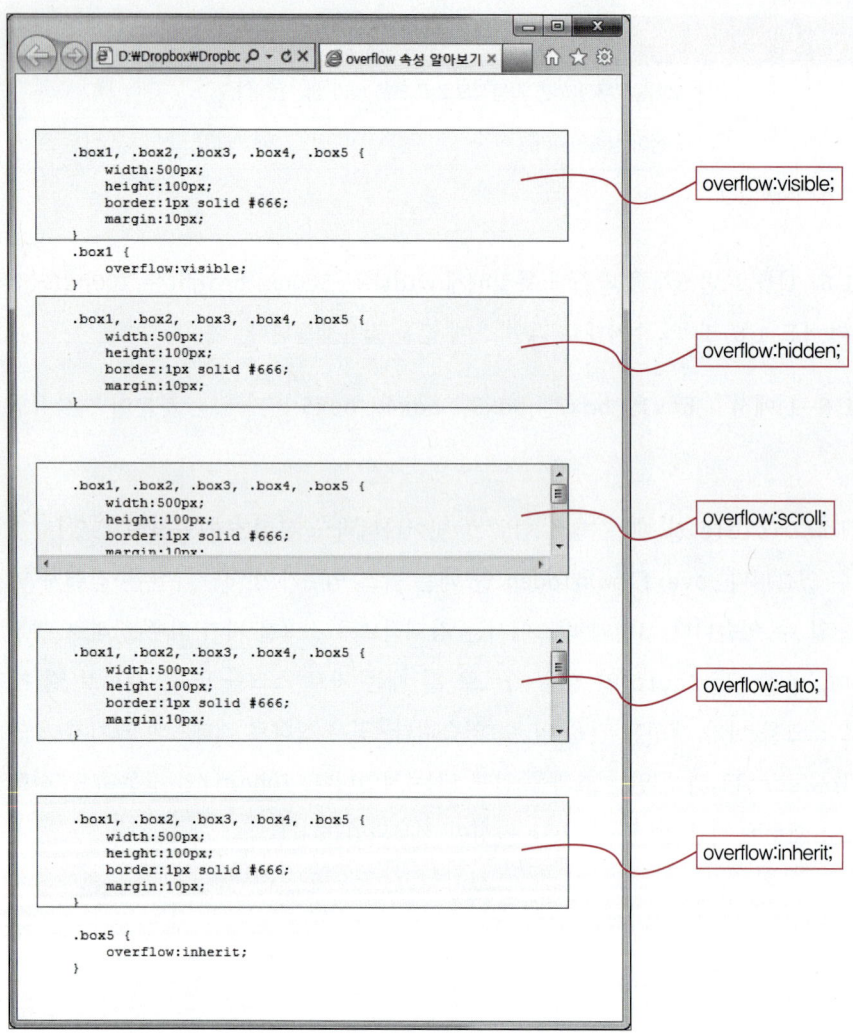

[그림 1.6-1] overflow 속성 예제
💿 sample/1장/section6/sample1.6-1.html

word-wrap

word-wrap은 단어 하나의 길이가 긴 경우 크기가 정해진 박스에서 단어 길이 때문에 텍스트 정렬을 제대로 하지 못할 경우 강제적으로 단어를 쪼개 다음 행으로 보내는 역할을 하는 속성입니다.

속성	설명
normal	단어를 쪼개지 않습니다.
break-word	길이가 긴 단어를 강제로 다음 행으로 보냅니다.

[표 1.6-2] word-wrap 속성

[그림 1.6-2]를 보면 box1에서는 word-wrap:normal;을 적용했으며, box2에서는 word-wrap: break-word;를 적용했습니다. 차이점은 한눈에 파악이 가능할 것입니다.

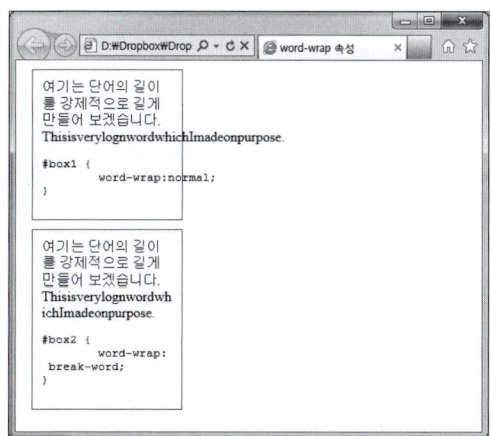

[그림 1.6-2] word-wrap 속성 예제
sample/1장/section6/sample1.6-2.html

opacity

opacity 속성은 투명도를 지정하는 속성입니다. 그림, 박스 모델, 텍스트 등 여러 가지 HTML 요소들의 투명도를 지정해 줄 수 있습니다.

사용법은 간단합니다. 다음과 같이 0.5는 50%의 투명도를, 1은 완전 불투명, 0은 완전 투명을 나타냅니다.

[그림 1.6-3]을 보면 상단 그림은 opacity:0.5;를, 하단 그림은 opacity:0.8;을 적용 했습니다.

그리고 a:hover img {opacity:1;}을 적용하여 마우스가 올라가면 그림의 투명도를 1 로 변환하였습니다. 직접 예제를 실행해 보시기 바랍니다.

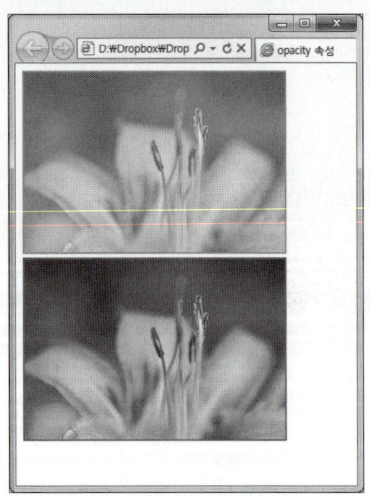

[그림 1.6-3] opacity 속성 예제
sample/1장/section6/sample1.6-3.html

visibility

visibility 속성은 HTML 요소들을 감출 수 있게 해 줍니다. 하지만 감춰진 부분에 대한 공간은 여전히 존재합니다. 이와 유사한 속성이 display:none이라는 속성인데, display:none은 공간 부분 또한 없어져 버립니다. visibility 바로 다음에 display 속성에 대해서 설명 드리겠습니다.

속성	설명
visible	기본적인 속성입니다. 요소를 보이게 해주는 것입니다.
hidden	요소들을 감춥니다. 다만 그 요소가 있는 공간은 비어 있습니다.
collapse	테이블 태그에만 적용할 수 있는 속성입니다. 테이블을 감추게 해줍니다.
inherit	부모로부터 속성을 상속합니다.

[표 1.6-3] visibility 속성

[그림 1.6-4]을 보면 box1, box2, box3에서 box2에만 visibility:hidden 속성을 적용했습니다. 결과는 box2는 안 보이지만 그 공간만은 남아있는 것을 알 수 있습니다. 하지만 display:none을 적용하면 그 공간도 사라지게 됩니다. 이게 바로 visibility:hidden과 display:none의 차이입니다.

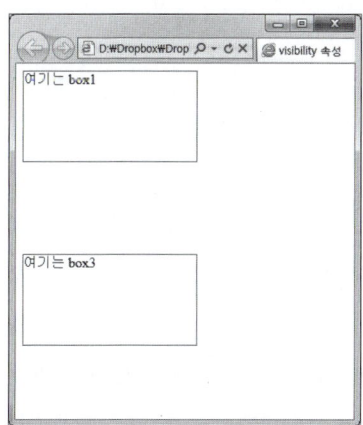

[그림 1.6-4] visibility 속성 예제
sample/1장/section6/sample1.6-4.html

display

`display` 속성은 요소들을 `inline`으로 배치하거나, `block` 처리하거나, 보이지 않게 (`none`) 하는 역할을 합니다.

속성	설명
none	HTML 요소를 감춥니다.
block	HTML 요소를 블록 처리해 버립니다.
inline	HTML 요소를 인라인 처리해 버립니다.
list-item	HTML 요소를 리스트와 동일하게 처리하여, 해당 요소 앞쪽에 불렛이 생깁니다.
inline-block	HTML 요소를 인라인 블록 처리해 버립니다.

[표 1.6-4] display 속성

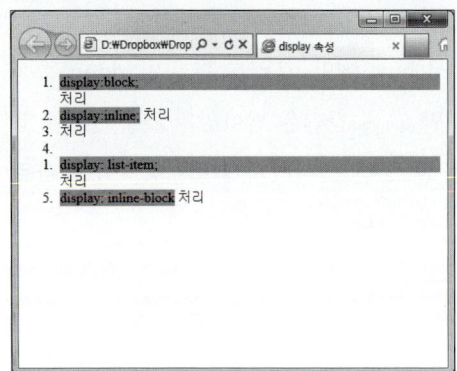

[그림 1.6-5] display 속성 예제
sample/1장/section6/sample1.6-4.html

[그림 1.6-5]에서 1번 항목은 `block` 처리가 되어 "처리"라는 글자가 다음 칸으로 이동하였고, 2번 항목은 인라인 처리되어 동일 행에 있습니다. 3번 항목은 없어져 버렸으며 (`visibility:hidden`과 달리 요소가 완전히 없어져 버리고 공간도 없어집니다), 4번 항목은 리스트 태그와 같이 사용하니, 4란 숫자 다음에 숫자 1이 생성되었습니다. 5번 항목은 인라인과 같은 속성이지만 블록 속성이 포함되어 있습니다.

display 속성은 [표 1.6-4]에서 설명한 속성 이외에도 많은 속성이 있지만, 실제 웹사이트 작업 시 잘 사용하진 않아, 여기서 설명한 속성 이외에는 생략하도록 하겠습니다.

1장에서는 다양한 CSS의 선택자와 속성들에 대해서 살펴봤습니다.

워드프레스의 테마를 이용하여 웹사이트를 만들 때, HTML의 구성요소는 아주 상세하게 몰라도 되지만, CSS는 엄청 중요합니다. 따라서 이 책의 1장에서 CSS의 선택자와 속성에 대한 학습을 진행한 것입니다. 2장에서는 CSS를 이용한 예제를 통해 CSS가 어떻게 사용되는지에 대해서 학습을 할 예정입니다.

주로 메뉴를 만드는 방법과 전체 화면 레이아웃을 잡는 방법 그리고 각각의 요소들에 대해 어떻게 선택자를 지정하는지 등을 설명하며, 3장에서는 실제 HTML5와 CSS3를 이용하여 워드프레스 테마를 만들기 위한 사이트를 제작해보도록 하겠습니다.

3장에서 만들어진 사이트를 5장에서는 워드프레스로 포팅을 하는데, 1장에서부터 3장까지 충분히 이해를 하게 되면, 5장은 문제없이 사이트를 제작할 수 있을 것입니다.

만약 1장에서부터 3장까지 내용이 어렵고 이해하기 어려우신 독자분께서는 저의 도서 〈처음부터 다시 배우는 HTML5&CSS3〉와 〈이제 실전이다 HTML5&CSS3〉를 학습하신 후 1장부터 3장까지 내용은 간단히 복습을 하시고, 바로 5장 실전편으로 가셔도 좋습니다.

저자에게 묻는다

1. **수많은 CSS 속성이 있는데요. 웹 디자인을 할 때 이 속성들을 일일이 하드코딩을 해주면서 디자인을 하나요? 특별한 디자인 노하우가 있는지요?**

   네, 일일이 하드코딩을 해줄 수밖에 없습니다. 하지만 숙련되면 작업 속도가 굉장히 빨라집니다. 특별한 노하우는 없고 선택자를 최대한 잘 활용하는 방법이 최선입니다.

2. **웹 디자인의 영역과 프로그래밍 영역에 대해 궁금합니다. 웹 디자이너가 프로그래밍을 어디까지 공부해야 할까요?**

   웹 디자이너인 경우 "나는 디자인만 할 줄 알면 된다."라는 생각을 갖고 있으면 안 됩니다. 웹이라는 생태계는 정말 하루가 다르게 초고속으로 기술 발전이 이루어지는 곳입니다. 따라서 웹 디자이너도 HTML과 CSS는 기본이고 간단한 웹 프로그래밍 언어에 대해서는 조금이라도 알 필요가 있습니다. 물론 웹 프로그래머만큼은 알지 않아도 되지만, 최소한 웹 프로그래머가 만든 코드가 어디서부터 어디까지인지 파악하는 것은 필수 역량입니다.

3. **기존의 많은 웹사이트는 웹 표준 디자인에 맞추어 설계가 되지 않았는데, 완전히 새로 디자인하는 게 좋을지 아니면 기존의 것을 웹 표준으로 변경하는 게 좋을지 궁금합니다.**

   웹 표준 디자인에 맞춰 설계가 되어 있지 않다고 전부 새로 만든다? 하는 것은 조금 무리라는 판단이 듭니다. 현재 잘 작동하는 웹사이트가 웹 표준 사이트가 아니라고 새롭게 웹 표준 형식으로 만드는 것보다는 사이트를 리뉴얼할 때, 설계 자체를 새롭게 웹 표준에 맞춰 만드는 것이 현실적으로나 비용적으로 유리합니다.

저자에게
묻는다

4. 웹 디자이너라면 HTML이나 CSS 외에도 많은 것을 알아야 할 것 같습니다. 웹 디자이너의 업무 범위와 포토샵이나 일러스트 등의 작업에 대해 얼마나 잘 알아야 하는지도 궁금합니다.

웹 디자이너의 경우에는 포토샵 또는 일러스트레이터를 이용해 사이트의 기본 레이아웃을 설계할 줄 알아야 합니다. 모든 사이트의 기초는 만들어진 레이아웃을 기반으로 작업하기 때문입니다. 따라서 포토샵과 일러스트레이터의 기능을 전부 알진 못하더라도, 웹사이트를 만들 때 필요한 도구 사용법에 대해서는 전부 알아야 합니다. 그리고 기본적으로 디자인 감각이 반드시 필요하겠지요.

5. 이 외에도 웹 디자이너가 되고자 하는 분들에게 하시고 싶은 얘기가 있는지요?

웹 디자인을 이제 막 시작하는 분은 대부분 디자이너이기 때문에 웹사이트 디자인을 할 줄 알아야 합니다. 그리고 웹사이트 설계도 할 줄 알아야 합니다. 물론 웹사이트 설계는 기획자가 하는 경우가 있지만, 대부분의 디자이너가 기획을 겸하기도 하기 때문입니다. 그리고 웹 디자이너라고 기술적인 내용은 몰라도 된다, 라는 마인드는 버리고 웹 서버가 뭔지, 현재 작동하는 웹 서버는 아파치 서버를 사용하는지, 윈도우 IIS 를 사용하는지, 그리고 HTML과 CSS의 기본기는 갖추어야 하고 조금 더 욕심을 바라면, 최근에 유행하는 jQuery의 기본 동작까지는 익히시는 것이 좋을 것 같습니다.

웹 디자이너가 사실 생각보다 많은 일을 처리해야 하기 때문에 알아야 하는 것도 남들보다 많습니다. 항상 시대의 조류에 맞는 기술과 정보를 익히는 것이 좋습니다.

처음 시작하는 CSS&워드프레스
: 워드프레스 기반 웹 표준 사이트 제작까지

2장

CSS를 이용한 다양한 예제 학습

2장에서는 1장에서 학습한 CSS 속성들을 이용하여 CSS가 실제로 어떻게 사용되는지, 그리고 웹 표준 문서는 어떤 구조를 지니고 있으며, 이때 CSS가 하는 역할은 무엇인지 알아봄으로써, 워드프레스와 같은 CMS에서 CSS를 어떻게 적용해야 하는지를 배울 수 있습니다.

2장에서는 실제 웹사이트는 만들지 않습니다. 다만, CSS를 이용하여 다양한 메뉴를 만들거나, 레이아웃 구성은 어떻게 하는지 같은, 사소하지만 웹사이트에선 반드시 필요한 요소들을 제작하는 내용만 다루게 됩니다. 사실 소소한 것 같지만, 이런 것들이 모여 웹사이트의 디자인을 완성하게 됩니다.

따라서 2장에 있는 내용들은 반드시 익혀야 할 필요가 있습니다. 만약 CSS에 자신이 있는 분이라면 2장은 넘어가셔도 좋습니다만, 내용 중에는 상당히 유용한 기법들도 소개되기 때문에 가능하면 모든 내용을 살펴보시기 바랍니다.

2.1 다양한 메뉴 디자인

이번 절에서는 다양한 메뉴들을 만들어 보도록 하겠습니다.

웹사이트에서 메뉴는 사이트의 길잡이 역할을 하는 아주 중요한 곳이며, 웹사이트를 방문한 사용자가 가장 눈 여겨 보는 곳도 웹사이트 메뉴입니다. 따라서 웹사이트의 메뉴는 웹 페이지에서 가장 중요한 요소 중 하나라고 볼 수 있는 것입니다.

웹사이트의 메뉴 디자인을 어떻게 하는가에 따라 웹사이트 전체의 인상이 변할 수 있습니다. HTML5에서는 메뉴를 위한 HTML 태그가 생겼습니다. nav라는 태그로 navigation의 약자입니다. HTML5 이하 버전에서는 ⟨div id="nav"⟩ ⟨/div⟩라고 명명해 주고, CSS에서 #nav { CSS 속성 적용 }을 해주면 됩니다. HTML5 문서에서는 CSS에서 nav { CSS 속성 적용} 방식으로 적용합니다. 2.1절에서는 HTML5 문서로 예제를 만들어 보겠으며, IE9 이하의 브라우저에서도 볼 수 있도록 html5.js 스크립트를 적용하겠습니다. XHTML 문서를 이용한 CSS 적용은 별도로 설명하진 않겠습니다.

보통 웹사이트에서 메뉴를 만들 때 사용하는 HTML 코드는 ul 태그와 li 태그를 사용하여 만들게 됩니다. ul 태그는 목차를 만들 때 사용하는 태그입니다. 일반적으로 모든 문서의 앞에는 목차가 있습니다. 현재 이 책에도 목차가 있습니다. 목차를 통해 원하는 항목으로 빨리 접근하는 것이 목차가 지닌 기능이고, 웹 문서에서도 목차를 통해 빠르게 해당 문서에 접근할 수 있는 것입니다. 특히 웹 문서는 하이퍼링크hyperlink라고 하는 〈a href="해당 웹 페이지"〉 목차 글 〈/a〉를 이용해 바로 해당 웹 페이지로 이동하는 것입니다.

그래서 웹 페이지에서도 메뉴를 만들 때와 목차를 만들 때 〈ul〉과 〈li〉 태그를 사용하는 것입니다. 다음은 간단한 사용법입니다.

[코드 2.1-1] 웹 표준의 일반적인 메뉴 구조

```
<ul>
        <li><a href="#">Menu 1</a></li>
        <li><a href="#">Menu 2</a></li>
        <li><a href="#">Menu 3</a></li>
        <li><a href="#">Menu 4</a></li>
        <li><a href="#">Menu 5</a></li>
</ul>
```

따라서 일반적으로 웹 페이지에서 메인 메뉴는 header에 들어가 있게 되며, header에는 사이트 제목 또는 로고나 메인 메뉴가 존재하게 됩니다.

[코드 2.1-1]을 기초로 가장 일반적인 메뉴 구조를 갖는 header 부분을 HTML5 문서로 만들면 다음과 같습니다.

[코드 2.1-2] header 부분에 존재하는 일반적인 메뉴 구조

```
<header>
<h1> 사이트 제목 </h1>
    <nav>
        <ul>
            <li><a href="#">Menu 1</a></li>
            <li><a href="#">Menu 2</a></li>
            <li><a href="#">Menu 3</a></li>
```

```
            <li><a href="#">Menu 4</a></li>
            <li><a href="#">Menu 5</a></li>
        </ul>
    </nav>
</header>
```

[코드 2.1-2]에 의한 결과 화면은 다음과 같습니다. 현재 이 문서에는 어떤 CSS도 적용하지 않은 상태입니다.

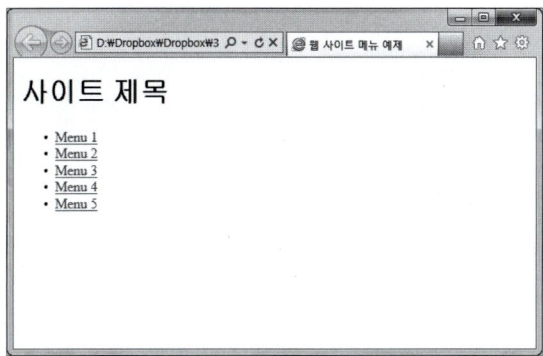

[그림 2.1-1] [코드 2.1-2]에 의한 일반적인 사이트의 header 구조
 sample/2장/section1/sample_2.1.0.html

여기서 잠깐

CSS Reset이란?

CSS Reset이란 서로 다른 브라우저에서 CSS의 값의 해석이 조금씩 다르기 때문에 가장 많이 사용하는 CSS 속성들을 초기화 해주는 것을 말합니다.

가장 유명한 CSS Reset 기법은 http://meyerweb.com에서 소개하는 방법입니다.

소스코드는 다음과 같습니다(sample/2장/section1/reset.css 참조). 간단하게 설명을 드리면, margin과 padding 그리고 border 값 등을 0으로 초기화 하는 것입니다. 또한 ol과 ul의 list-style 또한 none으로 처리하여 불필요한 불렛 등이 생성되지 않게 하는 것입니다.

```
/* http://meyerweb.com/eric/tools/css/reset/
   v2.0 | 20110126
   License: none (public domain)
```

```css
*/

html, body, div, span, applet, object, iframe,
h1, h2, h3, h4, h5, h6, p, blockquote, pre,
a, abbr, acronym, address, big, cite, code,
del, dfn, em, img, ins, kbd, q, s, samp,
small, strike, strong, sub, sup, tt, var,
b, u, i, center,
dl, dt, dd, ol, ul, li,
fieldset, form, label, legend,
table, caption, tbody, tfoot, thead, tr, th, td,
article, aside, canvas, details, embed,
figure, figcaption, footer, header, hgroup,
menu, nav, output, ruby, section, summary,
time, mark, audio, video {
    margin: 0;
    padding: 0;
    border: 0;
    font-size: 100%;
    font: inherit;
    vertical-align: baseline;
}
/* HTML5 display-role reset for older browsers */
article, aside, details, figcaption, figure,
footer, header, hgroup, menu, nav, section {
    display: block;
}
body {
    line-height: 1;
}
ol, ul {
    list-style: none;
}
blockquote, q {
    quotes: none;
}
blockquote:before, blockquote:after, q:before, q:after {
    content: '';
```

```
        content: none;
}
table {
    border-collapse: collapse;
    border-spacing: 0;
}
```

이 소스를 기반으로 CSS만으로 사이트의 메뉴 부분이 어떻게 변환되는지 살펴보겠습니다. [그림 2.1-2]를 보면 가장 기초적인 메뉴 구조를 볼 수 있습니다. 화면 왼쪽에 사이트의 제목 또는 로고가 위치해 있으며, 오른쪽으로 메뉴들이 위치해 있는 것을 알 수 있습니다.

[그림 2.1-1]에 있는 소스를 기반으로 [그림 2.1-2]와 같이 작업해 보겠습니다. 먼저 CSS 속성은 웹 문서 내부에 <style>과 </style> 사이에 적용하겠습니다.

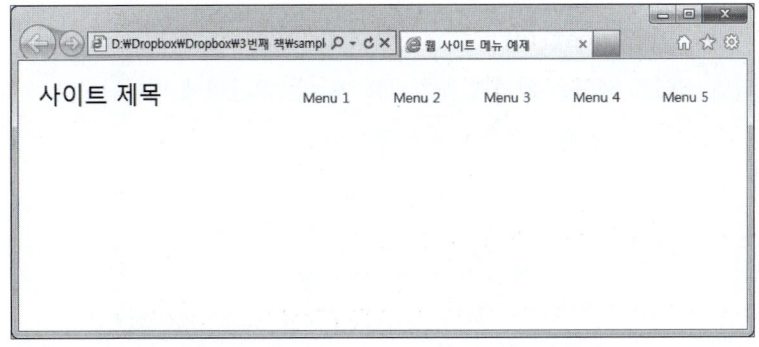

[그림 2.1-2] 가장 기본적인 메뉴 구조
sample/2장/section1/sample_2.1.1.html

제일 먼저 <여기서 잠깐>에 소개된 CSS RESET 부분을 웹 문서의 <style>에 적용하고 body 부분에 font-family를 지정합니다.

```
body {
    font-family:"맑은 고딕", "Malgun Gothic", "돋움", Dotum, AppleGothic, sans-serif;
    font-size:inherit;
    padding:10px;
}
```

CSS RESET을 적용해 주면 모든 HTML 요소가 브라우저 상단 왼쪽 부분으로 너무 붙어 버리기 때문에 예제에서는 패딩값을 10px로 지정했습니다.

그리고 header의 높이를 정해 줍니다. 132px의 값을 적용했습니다.

```
header {
    height:132px;
}
```

사이트 제목은 〈h1〉 사이트 제목 〈/h1〉 이 부분이고 메뉴가 있는 부분은 〈nav〉 … 〈/nav〉 부분입니다. 이 부분 전체는 〈header〉 … 〈/header〉로 감싸져 있습니다.

따라서 header h1 부분에는 float:left;를 적용하고 nav에는 float:right;를 적용합니다. 그렇게 되면 사이트 제목은 왼쪽에 배치되고 메뉴는 오른쪽에 배치됩니다. 기타 값들을 적용해 주면 다음과 같은 속성을 가지게 됩니다.

```
header h1 {
    float:left;             /* 제목이 들어가는 부분의 배치를 왼쪽으로 */
    width:auto;             /* 길이는 자동으로 설정 */
    font-size:24px;         /* 폰트 크기는 24픽셀로 */
}
nav {
    float:right;            /* 메뉴는 오른쪽으로 배치 */
    width:auto;             /* 길이는 자동으로 설정 */
    margin:0;               /* 마진은 전부 0으로 */
    padding:10px 0 0 0;     /* 패딩을 상단 10픽셀, 나머지는 0으로 */
    font-size:0.85em;       /* 폰트 사이즈는 기본 폰트를 기준으로 85% 정도 크기(13.6px 정도) */
}
```

[그림 2.1-3] 사이트 제목은 왼쪽, 메뉴는 오른쪽으로 배치한 후 결과 화면

[그림 2.1-3]을 보면 결과를 볼 수 있는데, 메뉴들은 지금도 상하로 배치되어 있는 것을 알 수 있습니다. 상하로 배치된 메뉴를 일자로 펼칠 때는 두 가지 방법이 사용됩니다. 첫 번째 방법은 li 부분에 display:inline을 적용하는 방법입니다. 두 번째 방법은 float:left를 적용해 주는 방법입니다. 언제 display:inline을 사용하고 언제 float:left를 적용해 줘야 하는지는 실제 예제를 통해 살펴 보도록 하겠습니다.

[그림 2.1-4]에서는 display:inline을 적용해 보도록 하겠습니다.

```
nav ul li {
    display:inline;      /* display:inline을 적용해 주면 메뉴가 가로로 펼쳐짐 */
    margin:0;
    padding:0 20px;      /* 각 메뉴 사이 간격 조정 */
    text-align:center;   /* 메뉴 텍스트들은 중간 정렬로. */
}
```

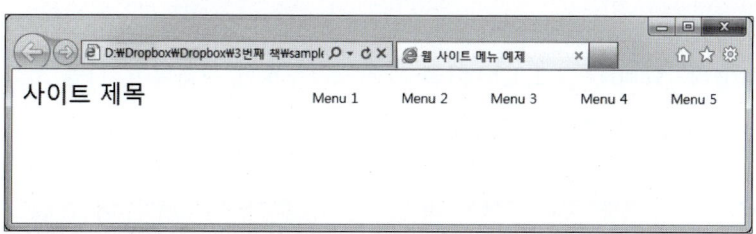

[그림 2.1-4] 완성된 기본적인 메뉴 배치
sample/2장/section1/sample_2.1.1.html

이제 여기서 조금씩 효과를 주도록 하겠습니다.

그전에 먼저 sample_2.1.1.html에는 reset.css에 해당하는 내용을 웹 문서 내부에 넣었습니다만, 이번 예제부터는 reset.css 파일을 외부 링크로 불러 오도록 하겠습니다. 즉 중복되는 부분은 웹 문서 내부에 넣는 것보단 외부에서 불러 오는 것이 편리하고, 또한 그 효과가 필요 없을 때 그 부분(보통 한 줄에 표현)만 제거해 주면 편리하기 때문입니다.

이제 기본 메뉴를 바탕으로 디자인을 점차 추가해 보도록 하겠습니다. [그림 2.1-5]를 보면 기본 메뉴에 테두리가 추가되어 있으며, 각각의 메뉴를 선을 이용해 구분했으며, 전체 메뉴에 아주 약한 그림자 효과를 주었습니다.

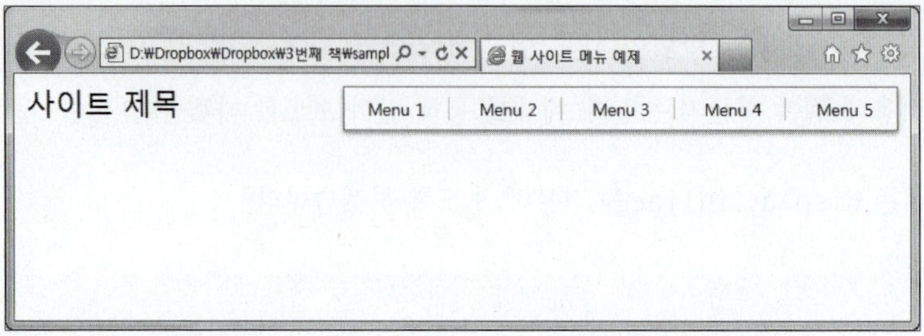

[그림 2.1-5] 기본 메뉴에 테두리 추가
sample/2장/section1/sample_2.1.2.html

먼저 웹 문서 상단에 다음과 같이 `reset.css`를 `link`를 이용해서 처리했습니다.

```
<link href="reset.css" rel="stylesheet" type="text/css">
```

sample_2.1.2.html은 sample_2.1.1.html을 기본으로 수정한 것입니다. 다음 소스를 보면 어떻게 수정되었는지 알 수 있습니다.

[소스 2.1-1] sample_2.1.2.html 파일과 sample_2.1.1.html에서 추가 설정 소스

```
<link href="reset.css" rel="stylesheet" type="text/css">
<style type="text/css">
body {
    ...중략...
```

```
nav {
    float:right;
    width:auto;
    margin:0;
    padding:10px 0 ; /*padding:10px 0 0 0을 수정 */
    font-size:0.85em;
    border:1px solid #999; /* 전체 테두리 설정 */
    box-shadow:0 2px 5px rgba(102,102,102,0.5); /* 메뉴 그림자 효과 적용 */
}

nav ul {
    list-style:none;
}
nav ul li {
    display:inline;
    margin:0;
    padding:0 20px;
    text-align:center;
    border-right:1px solid #CCC; /* 메뉴 왼쪽에만 border 적용 */
}
nav ul li:last-child {
    border-right:none; /* 마지막 메뉴 부분에는 border-right를 none으로 적용 */
}
```

[소스 2.1-1]을 보면 수도(가상) 선택자 nav ul li:last-child 부분은 IE9 이하의 브라우저에서는 작동하지 않습니다. CSS3의 속성 대부분은 IE9 이하의 브라우저에서는 작동하지 않기 때문에 주의해야 합니다.

이제 기본 메뉴 구조에 조금씩 복잡한 효과를 적용해 보도록 하겠습니다.

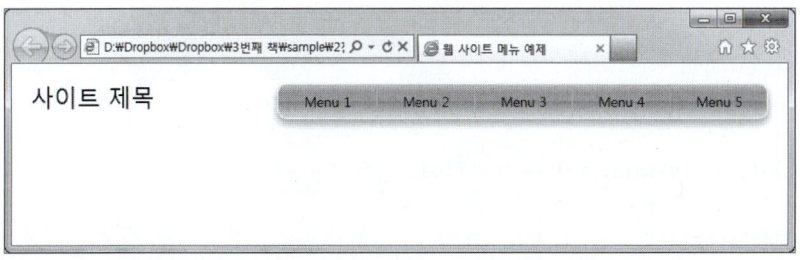

[그림 2.1-6] 메뉴 부분에 그라데이션 효과와 border-radius 적용 후 모습
sample/2장/section1/sample_2.1.3.html

결과는 [그림 2.1-7]과 같습니다. 메뉴에 hover 효과를 적용했습니다.

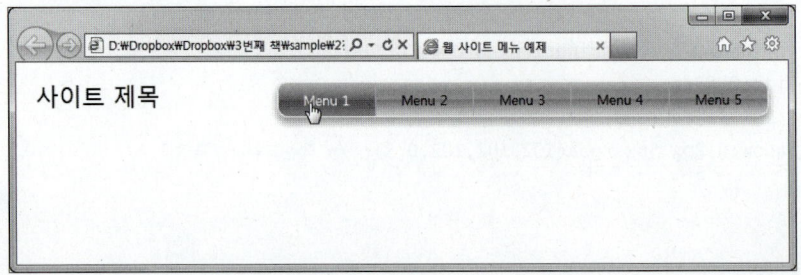

[그림 2.1-7] 메뉴 부분에 마우스 hover일 때 메뉴의 배경색이 변함

기본 메뉴(sample_2.1.1.html)에서 추가되거나 수정된 CSS 코드만 살펴 보겠습니다.

[소스 2.1-2] sample_2.1.3.html을 만들기 위한 소스 변환 과정 설명

sample/2장/section1/sample_2.1.3_step1.html

```
nav {
    float:right;
    width:auto;
    margin:0;
    padding:0 ; /*padding:0으로 설정 수정 */
    font-size:0.85em;
    border:1px solid #fff ; /* 전체 테두리 설정 테두리 색은 #fff로 */
    border-radius:10px;       /* 전체 테두리에 border-radius:10px 적용 */
    box-shadow:0 5px 10px rgba(0,153,255,0.5); /* x축으로 0, y축으로 10픽셀,
                                                  블러 효과는 10픽셀 적용   */
    background: #b8e1fc;    /* 배경 색상 적용 */

}
nav ul {
    list-style:none;
}
nav ul li {
    float:left; /* display:inline 대신 float:left 적용 */
    margin:0;
    text-align:center;
    border-right:1px solid #CCC;
```

```
}
nav ul li:last-child {
    border-right:none;
}

nav ul li a:link {
    display:block;         /* 메뉴 전체를 블록으로 설정 */
    padding:10px 25px;     /* 블록에 따른 패딩 설정 */
    color: #000;
    width:50px;
}
```

[소스 2.1-2]를 보면 nav ul li 부분에 display:inline 대신 float:left가 적용된 것을 알 수 있습니다. 그리고 nav ul li a:link가 설정되어 있으며, 이 부분에 display:block;이 적용되어 있습니다.

링크가 적용된 부분에 display:block;이 설정된 경우, nav ul li의 속성을 display:inline으로 적용하게 되면, 메뉴들이 가로로 펼쳐지는 것이 아니라 세로로 정렬되어 버립니다. 즉 메뉴의 링크 부분에 display:block;을 설정할 때는 float:left를 적용해야 합니다. 그렇다면 왜 메뉴의 링크 부분에 display:block;을 설정할까요? 그것은 마우스 오버 효과 때문입니다. [그림 2.1-7]에서 각 메뉴에 마우스 포인터를 갖다 대면, 메뉴의 배경 전체가 변경되는 것을 알 수 있는데, 이럴 경우 링크 전체를 block으로 설정해야 하기 때문입니다. 그냥 단순히 텍스트에만 링크를 걸 경우에는 a:link 부분에 display:block;을 설정할 필요가 없습니다. 하지만 이렇게 링크가 걸리는 메뉴 부분 전체에 효과를 적용하기 위해선 반드시 display:block;을 설정해 줘야 합니다.

현재 [소스 2.1-2]에서는 hover 효과를 적용해 주지 않았습니다.

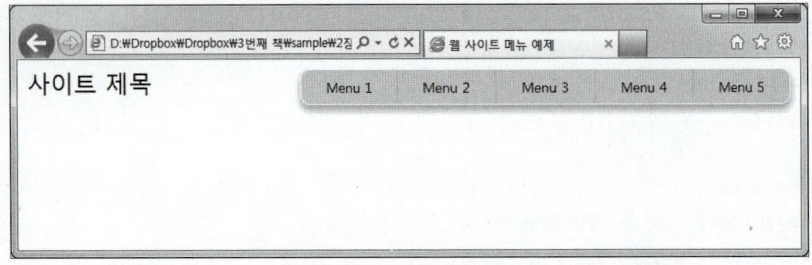

[그림 2.1-8] 그라데이션과 hover 효과를 적용하기 전 메뉴 모습
💿 sample/2장/section1/sample_2.1.3_step1.html

[그림 2.1-9]를 보면 메뉴 부분에 hover 효과를 준 후의 모습입니다.

```
nav ul li a:hover {
    color:#FFF;
    background: #feccb1; /* 배경 색상 적용 */
}
```

하지만 [그림 2.1-10]에서 보는 것과 같이 Menu1과 Menu5 부분을 hover를 적용한 후에 모습을 자세히 보면 박스 전체가 네모난 것을 알 수 있습니다. Menu1 부분은 상단 왼쪽top-left 부분과 하단 왼쪽bottom-left 부분 그리고 Menu5는 상단 오른쪽top-right 부분과 하단 오른쪽bottom-right 부분에 border-radius가 적용되어야 마우스 오버를 하더라도 제대로 효과가 적용될 수 있을 것입니다.

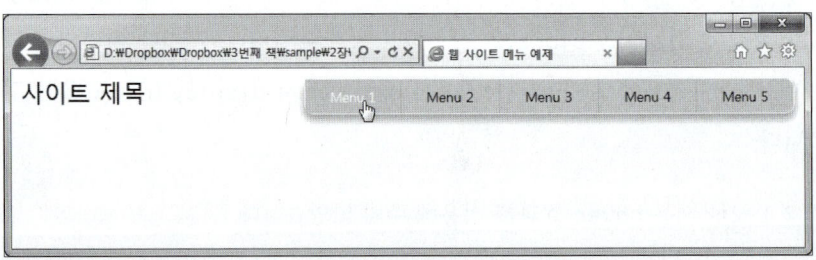

[그림 2.1-9] 메뉴 부분에 hover 효과를 준 후의 메뉴 모습
💿 sample/2장/section1/sample_2.1.3_step2.html

[그림 2.1-10] Menu1 부분 확대 모습

그렇다면 이 부분은 어떻게 처리해야 할까요? CSS3에서 사용하는 가상 선택자를 사용하면 문제는 간단합니다.

nav ul li 부분에 첫째 자식 선택자와 마지막 자식 선택자에만 해당 효과를 적용하면 됩니다. 다음과 같은 속성을 CSS에 추가해 줍니다.

```
nav ul li:first-child a:hover  {
    border-top-left-radius:10px;
    border-bottom-left-radius:10px;
    /* 이 부분은 다음과 같이 적용 가능함 */
    /* border-radius:10px 0 0 10px; */
}
nav ul li:last-child a:hover  {
    border-top-right-radius:10px;
    border-bottom-right-radius:10px;
}
```

결과는 [그림 2.1-11]과 같습니다.

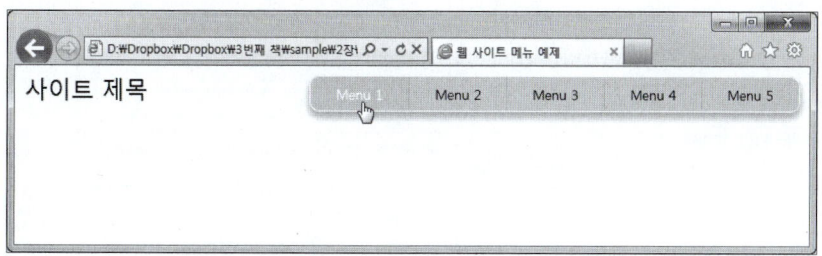

[그림 2.1-11] 가상 선택자 추가 후 메뉴의 모습
sample/2장/section1/sample_2.1.3_step3.html

이제 해당 메뉴 부분에 그라데이션 효과만 적용해 주면 됩니다. 그라데이션 효과를 줄때 직접 만드는 것보단 http://www.colorzilla.com/gradient-editor/를 이용하는 편이 제일 편리합니다.

이곳에 접속할 때는 IE 계열 브라우저로 접속하는 것보단 크롬이나 파이어폭스 또는 사파리를 사용하는 것이 좋습니다. IE 계열은 그라데이션 효과를 제대로 지원하지 않기 때문입니다. 따라서 필자는 크롬을 이용해서 해당 사이트에 접속하도록 하겠습니다.

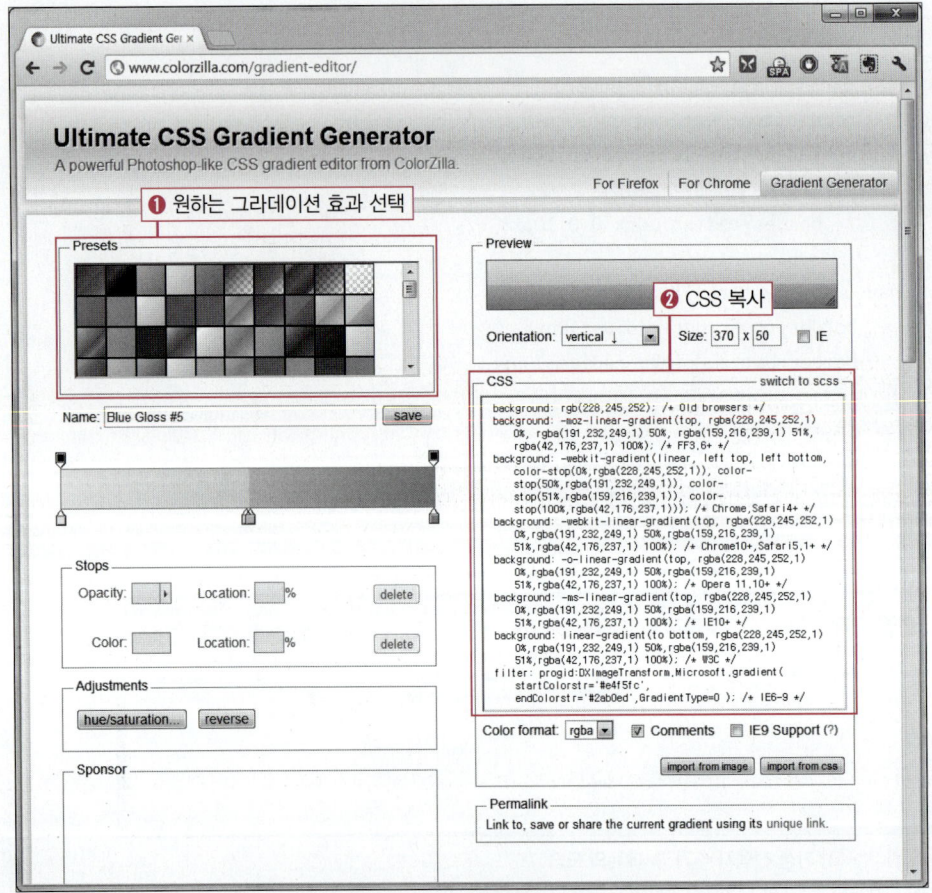

[그림 2.1-12] http://www.colorzilla.com/gradient-editor/ 사이트

❶ [그림 2.1-12]에서 화면 왼쪽에 있는 Presets 부분에서 원하는 그라데이션 효과를

선택한 후, ❷ 화면 오른쪽에 있는 CSS 부분을 복사하여 웹 문서의 해당 선택자 부분에 붙여 주기만 하면 됩니다.

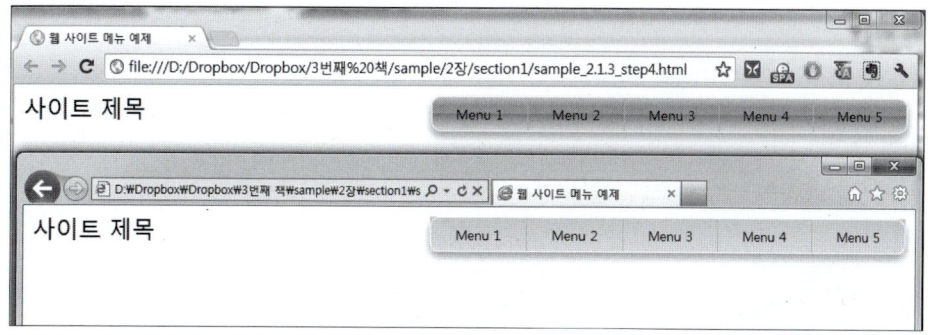

[그림 2.1-13] 크롬에서는 제대로 적용되었지만, IE9에서는 그라데이션 효과가 적용되지 않음
🔗 sample/2장/section1/sample_2.1.3_step4.html

[그림 2.1-14]를 보면 IE9에서는 border-radius 효과 부분을 넘어서 배경 색상이 적용되어 버린 것을 알 수 있습니다.

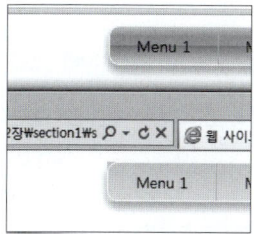

[그림 2.1-14] menu1 부분 확대 (상: 크롬, 하: IE9)

그렇다면, IE9에서는 그라데이션 효과를 포기해야 할까요?

아닙니다. colorzilla.com에서는 IE9을 위해서 SVG^{Scalable Vector Graphic} 방식을 지원합니다.

IE9에서 SVG 방식의 백그라운드를 적용해 주고, 부가적으로 [그림 2.1-15]의 하단 그림과 같이 부가적인 코드를 적용해 주면 IE9에서도 크롬과 동일한 그라데이션 효과를 줄 수 있습니다.

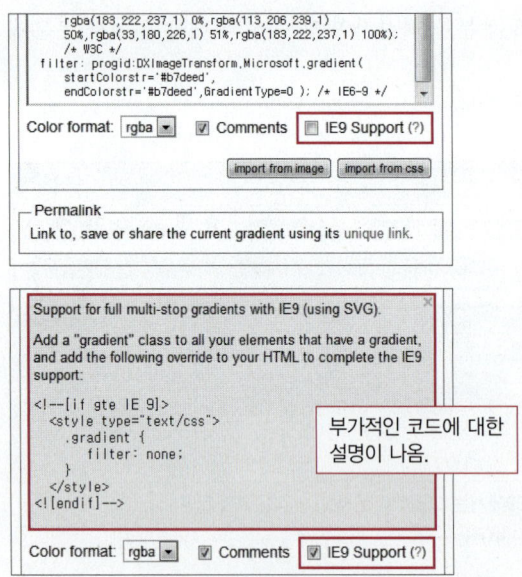

[그림 2.1-15] colorzilla.com에서 IE9 Support 부분으로 현재는 비활성화(상), 아래는 활성화(하) 상태

IE9 Support를 체크해 주면 CSS 코드 부분 또한 변경되기 때문에 변경된 CSS 코드를 복사해야 합니다.

[그림 2.1-16]을 보면 IE9 Support 체크 후 생성된 코드를 이용해 nav 선택자에 그라데이션 효과를 주었으며, sample_2.1.3_step5.html의 소스코드를 보면 다음과 같은 코드가 있을 것입니다.

```
<!--[if gte IE 9]>
  <style type="text/css">
    nav{
        filter: none;
    }
  </style>
<![endif]-->
```

great than equal이며, IE9보다 크거나 같음을 의미함.
반면, lte는 less than egual을 의미함.
gt는 greater than, lt는 less than을 의미함.
IE9 브라우저에만 적용할 경우 if IE 9이라고 처리함.

이 코드가 의미하는 것은 [그림 2.1-15]와 같이 IE9 이상의 브라우저에서 그라데이션이 적용되는 선택자 부분에만 filter 효과를 적용하지 말라는 의미입니다. IE6,7,8의 경우 그라데이션을 MS 자체 효과인 `filter`를 이용해 구현하지만, [그림 2.1-16]과 같은 섬세한 그라데이션은 나오지 않습니다.

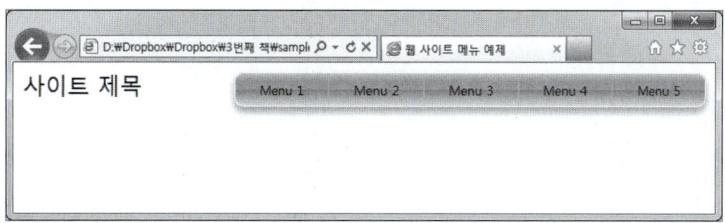

[그림 2.1-16] IE9 Support 체크 후 생성된 CSS 코드 적용 후 IE9에서 완벽하게 작동하는 그라데이션 모습
sample/2장/section1/sample_2.1.3_step5.html

마지막으로 `hover` 부분에 그라데이션 효과만 적용하게 되면 [그림 2.1-7]과 같은 메뉴 효과가 완성됩니다. sample/2장/section1/sample_2.1.3.html에서 확인하기 바랍니다.

이번에는 메뉴 전체를 사이트 제목과 같이 왼쪽으로 정렬해 보도록 하겠습니다. 왼쪽 정렬은 무척 쉽습니다. `nav` 선택자의 속성에서 `float:right`를 `float:left`로 변경해 주면 메뉴가 왼쪽으로 정렬됩니다(그림 2.1-17 참조).

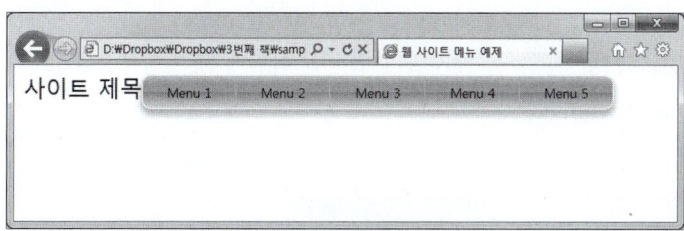

[그림 2.1-17] 메뉴를 왼쪽으로 정렬한 후의 모습
sample/2장/section1/ sample_2.1.3.left.html

그런데 메뉴를 제목 왼쪽으로 정렬하지 않고 사이트 제목 아래에 메뉴가 배치하려면 어떻게 해야 할까요?

일반적으로 메뉴의 길이가 전체 웹사이트의 고정 폭과 동일한 크기이거나 [그림 2.1-17]에서 보듯이 사이트 제목이 있는 부분과 브라우저의 폭보다 메뉴의 길이가 크면 아래에 배치됩니다.

[그림 2.1-18]을 보면 nav의 길이를 width:700px로 지정한 상태입니다. 브라우저의 크기는 약 771픽셀 정도 되는 상태입니다. 하지만 여기서 브라우저의 폭을 늘리면 메뉴는 다시 [그림 2.1-19]와 같이 제목 옆에 붙게 됩니다.

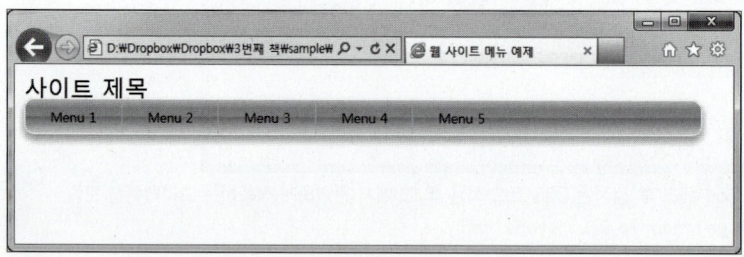

[그림 2.1-18] 브라우저의 폭이 771px일 때 메뉴의 배치
💿 sample/2장/section1/sample_2.1.3.left700px.html

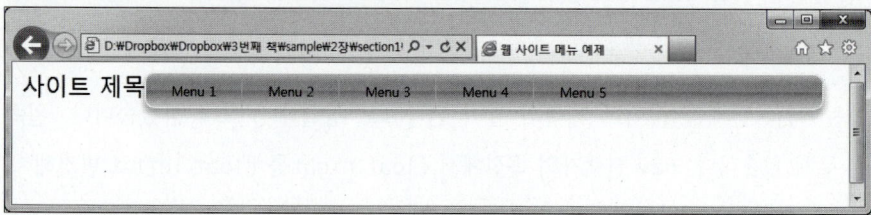

[그림 2.1-19] 브라우저의 폭을 906px 정도로 늘렸을 때 메뉴의 배치
💿 sample/2장/section1/sample_2.1.3.left700px.html

그렇다면 사이트 제목 밑으로 항상 메뉴를 배치하기 위해선 어떻게 해야 할까요? nav의 크기를 100%로 만들어 버리면 됩니다.

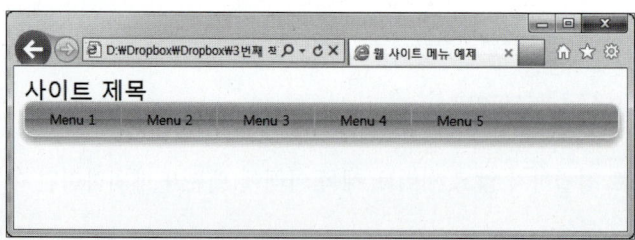

[그림 2.1-20] nav 속성을 width:100%로 할 때 브라우저의 크기에 상관 없이 메뉴는 사이트 제목 하단으로 배치된다.
💿 sample/2장/section1/sample_2.1.3.left100.html

width:100%로 하는 방법이 첫 번째 방법이고, 만약 메뉴가 들어 가는 부분의 크기가 고정된 크기를 지녀야 하면서 사이트 제목 밑에 배치하려면 어떻게 해야 할까요?

이 경우에는 .clear{clear:both;}라는 선택자를 CSS에서 정의해 주고 <div class="clear"></div>라는 태그를 HTML 문서에 제목과 메뉴가 있는 부분에 추가해 주면 됩니다. 이 방법이 두 번째 방법입니다(그림 2.1-21 참조).

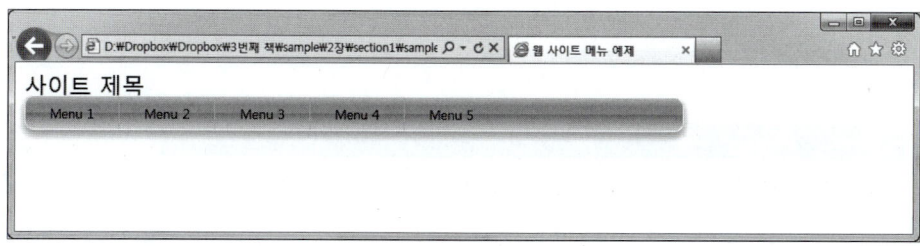

[그림 2.1-21] 메뉴의 길이를 700px로 고정하고, 제목과 메뉴 사이에 <div class="clear"></div>을 추가한 후 브라우저의 크기를 늘린 모습

sample/2장/section1/sample_2.1.3.left700pxClear.html

[그림 2.1-18]부터 [그림 2.1-21]까지는 사이트의 제목 부분과 메뉴 부분이 너무 붙어 있어 보기가 좋지 않습니다. 그래서 width:100% 속성을 지닌 nav 선택자에 margin 값을 적용해 약간의 간격을 줘서 마무리해 보겠습니다.

[그림 2.1-22]를 보면 nav 선택자에 margin을 상단으로만 20px을 적용하였습니다. 훨씬 정돈된 모습을 보여줍니다.

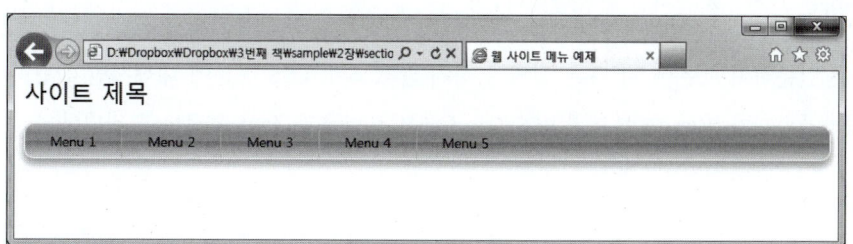

[그림 2.1-22] nav 선택자에 margin:20px 0 0 0; 적용 후 모습

sample/2장/section1/sample_2.1.4.html

2.1 다양한 메뉴 디자인 **127**

여기까지 학습한 내용을 완벽하게 이해하면, 기본적인 메뉴를 만들 때 부족함이 없을 것입니다. 지금까지의 학습을 통해서 살펴보면, HTML을 이용한 메뉴 구조는 동일하지만, CSS를 이용하여 메뉴의 배치와 디자인이 변경되는 것을 살펴보았습니다.

이제부터는 지금까지 만들어진 기본 메뉴를 조금 더 응용하는 방법을 살펴보겠습니다. 지금까지 작업한 내용을 기반으로 만드는 것이기 때문에 전혀 어려울 것이 없습니다.

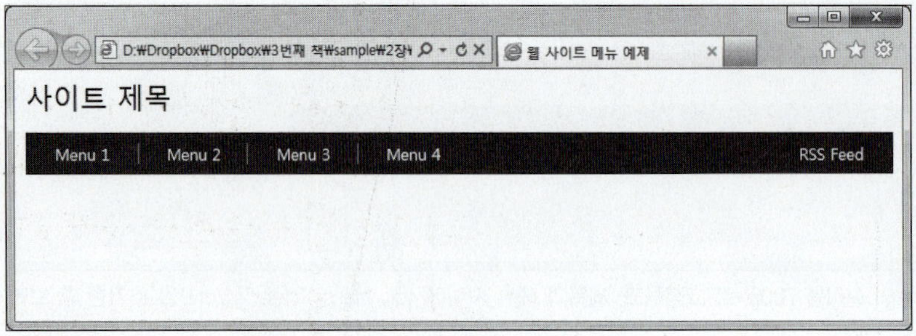

[그림 2.1-23] 메뉴의 마지막 부분에 RSS Feed란 메뉴 추가
sample/2장/section1/sample_2.1.5.html

[그림 2.1-23]을 보면 지금까지 작업했던 메뉴 구조와 동일하지만 Menu5 대신에 RSS Feed란 메뉴가 추가되었으며, RSS Feed는 화면 오른쪽으로 배치되어 있습니다. 그리고 메뉴들을 구분하는 구분선들이 Menu3과 Menu4 사이까지만 있는 것을 알 수 있습니다.

굉장히 단순한 메뉴지만 많이 사용되는 형식의 메뉴 디자인 중 하나입니다(주의: CSS3를 지원하는 브라우저에서만 작동합니다).

디자인은 단순하기 때문에 별 다른 설명은 하지 않겠으며, CSS 부분에 대해서만 간단하게 설명하겠습니다. Menu4 부분과 RSS Feed 부분은 다음과 같이 설정하면 됩니다.

```
nav ul li:nth-child(4) { /* li 선택자의 4번째 자식 선택자에 속성 부여 */
    border-right:none;      /* 오른쪽 테두리 없앰 */
}
nav ul li:last-child { /* li 선택자의 마지막 선택자에 속성 부여 */
    float:right;            /* 오른쪽으로 float */
    border-right:none;   /* 왼쪽 테두리 없앰 */
}
```

CSS3의 수도(가상) 선택자를 사용하게 되면 HTML 코드 내부에 추가적인 선택자를 부여하지 않더라도, 다양한 효과를 낼 수 있습니다. 간단하지만 강력한 선택자 중 하나가 가상 선택자입니다.

CSS3에서는 많은 가상 선택자가 도입되었으며, 이를 응용하면 HTML 코드는 단순해지지만, 디자인은 더욱 뛰어난 사이트를 만들 수 있습니다.

Q&A

Q. CSS로 디자인을 하면 편리하다고 하였는데, 실제로 학습해보면 많은 과정을 거쳐야 하는 것 같습니다. 배워야 할 것도 많고. 기존에 하던 방법과 CSS로 디자인을 하는 게 어떤 차이가 있는지 어떤 점이 더 나은지요? 그리고 더 단순한 방법은 없을까요?

A. 웹 표준 방식을 사용하기 전에는 이런 메뉴 부분도 테이블 태그를 이용해서 만들었으며, HTML 태그 자체에 디자인 요소를 적용시켰습니다. 따라서, HTML 코드가 복잡해지고 나중에 수정을 할 경우에도, 복잡한 HTML 코드를 일일이 수정해야 하는 수고가 많았습니다. 하지만 CSS를 이용하여 디자인할 경우 HTML 코드는 매우 단순해지며, 디자인 요소를 CSS로 분리하였기 때문에, 차후 디자인 요소를 수정하더라도, CSS에서만 처리해 주면 모든 HTML 페이지에 적용됩니다.
또한 단순해진 HTML 코드는 웹 브라우저의 속도를 높이는 역할까지 하여 일석이조의 효과를 얻을 수 있습니다.
웹 표준 방식을 처음부터 익혔다면, CSS를 이용한 디자인 작업이 매우 편리하다는 것을 알 수 있습니다. 하지만 웹 표준 이전 방식의 작업에 물들어 있는 개발자는 매우 생소하고 어려울 수도 있습니다. 그 어려움을 극복해 낸다면, 이전 방식으로는 절대 되돌아 갈 수 없을 것입니다.
그리고 공부에 왕도가 없듯이 웹 개발에도 왕도는 없습니다. 기본부터 천천히 시작하면, 현재 사용하는 방법이 가장 단순하다는 것을 깨우칠 것입니다.

2.2 웹 표준 방식으로 텍스트 메뉴를 이미지로 변환하고 효과 적용하기

2.2절에서는 모든 메뉴를 텍스트 기반으로 개발하였습니다. 텍스트 기반의 메뉴는 차후 수정하기 쉽고, 다양한 기기(스마트폰, 태블릿, 데스크탑)에서 다양한 해상도로 활용될 수 있습니다. 또한 사용자가 봤을 때 가독성이 뛰어나고 크기를 줄이거나 크게 만들 경우에도 비트맵과는 달리 이미지의 뭉개짐이 없습니다. 하지만, 디자인적인 요소 때문에 할 수 없이 메뉴 명을 이미지로 만들어야 할 경우가 있습니다. 여기서 말하는 디자인 요소는 메뉴 명에 특별한 폰트를 사용해야 하는데, 메뉴에만 사용하며, 다른 곳에는 사용하지 않을 예정이고, 한글 폰트와 같이 폰트 파일 사이즈가 너무 크거나 폰트 사용 범위(라이선스) 때문에 이미지로 변환할 수밖에는 방법이 없는 경우를 말합니다.

이런 경우 웹 표준에 부합되면서 메뉴를 이미지로 변환하는 방법에 대해서 살펴보도록 하겠습니다. 이미지를 사용한다고 웹 표준이 아니라는 것은 아닙니다. 하지만 해당 이미지가 서버의 이상 등으로 이미지 파일을 로드할 수 없을지라도, 웹사이트를 사용하는 데 전혀 불편함이 없어야 하는 것입니다. 따라서 이미지만 사용할 경우에는 alt 태그를 사용하여 해당 이미지가 무엇을 의미하는지 또는 어떤 내용이 포함되어 있는지 반드시 넣어 주는 것이 좋습니다.

웹 표준 기반의 웹사이트 제작에서 가장 흔하게 하는 오해가 테이블 사용하는 것, 이미지로만 웹사이트를 구성하는 것, 플래시 등을 사용하는 것을 웹 표준 사이트가 아니다, 라고 이해하는 분들이 있습니다. 그건 아니고, 테이블을 사용할 때는 반드시 테이블이 필요한 곳(예를 들어 표 데이터와 같은)에, 이미지로만 구성하더라도 alt 태그를 사용하여 해당 이미지가 보이지 않더라도 해당 이미지가 무엇인지 알 수 있게 처리하고, 플래시를 사용하더라도 메뉴 부분에 사용하지 않고 동영상을 만들거나 애니메이션 같은 콘텐츠의 일부분에만 사용하는 것을 말합니다. 플래시를 이용하여 메인 메뉴를 만드는 것이 웹 표준에 어긋나는 것입니다. 플래시가 작동하지 않으면, 해당 사이트를 사용할 수 없기 때문입니다. 따라서 플래시로 메인 메뉴를 만들더라도 플래시가 작동하지 않을 경우 해당 사이트를 사용할 수 있는 대체 메뉴를 만들어야 합니다.

이제 메인 메뉴를 텍스트로만 구성하지 않고 이미지로 대체하는 방법에 대해서 알아보도록 하겠습니다. 먼저 2.1절에서 만든 메뉴들과 동일하게 모든 메뉴들은 텍스트 기반으로 민저 직업을 하겠습니다.

[코드 2.2-1] 가장 기본적인 메뉴 구조

sample/2장/section2/hover1.htm

```html
<!doctype html>
<html>
<head>
<meta charset="utf-8">
<title>미우스 롤오버 효과</title>
<style>
    body { font-size:24px; font-family:"맑은 고딕", "Malgun Gothic", "돋움", Dotum, AppleGothic, sans-serif; text-transform:uppercase;}
    a { text-decoration:none; color:inherit}
    a:hover { color:#F90;}
    h1 {font-size:1em; margin:5px 0 20px 0; padding:0}
    nav { border:1px solid #333; height:30px; width:600px; padding:10px;}
    nav ul { list-style:none; margin:0;}
    nav li { float:left}
    nav li a { display:block; padding:0 20px; }
</style>
</head>
```

```html
<body>
<h1>마우스 오버 효과 | 텍스트로 구성 </h1>
<nav>
    <ul>
      <li><a href="#">menu1</a></li>
      <li><a href="#">menu2</a></li>
      <li><a href="#">menu3</a></li>
      <li><a href="#">menu4</a></li>
    </ul>
</nav>
</body>
</html>
```

```
마우스 오버 효과 | 텍스트로 구성

   MENU1    MENU2    MENU3    MENU4
```

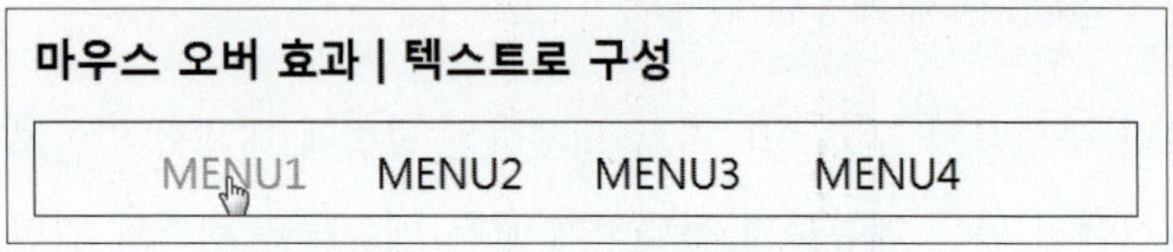

[그림 2.2-1] 해당 메뉴에 마우스 커서를 올리면 나타나는 효과

[코드 2.2-1]에 의한 결과는 [그림 2.2-1]에서 확인 가능합니다. 가장 기본적이고 초보 웹 개발자들도 만들 수 있는 코드입니다.

이제 이 부분을 하나씩 이미지를 이용하여 해당 메뉴를 변경해 보겠습니다. 먼저 메뉴들을 개별 이미지로 하나씩 분리한 경우를 살펴보겠습니다. [그림 2.2-2]에서 보면 각 메뉴들을 별도의 이미지로 분리하여 저장하였습니다.

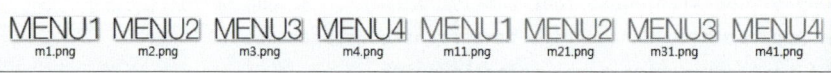

[그림 2.2-2] 메뉴들을 각각의 이미지 파일로 따로 저장

> **[코드 2.2-2]** 각 메뉴에 클래스 속성 지정 후 CSS에서 배경 이미지로 처리
>
> 💿 sample/2장/section2/hover2.htm
>
> ```
> … 상단 생략…
> nav li { float:left; text-indent:-9999px;}
> /* text-indent:-9999px로 인해 li에 있는 텍스트가 보이지 않음 */
> nav li a { display:block; padding:0 20px; width:94px; height:24px;}
> /* 링크 부분에 대해서 width와 height를 지정해 줌 */
> nav li.m1, nav li.m2, nav li.m3, nav li.m4, nav li.m1:hover, nav
> li.m2:hover, nav li.m3:hover, nav li.m4:hover { background-repeat:no-repeat;
> background-position:center;}
> /* 공통 부분은 그룹 선택자를 이용하여 묶어 속성을 설정함 */
> nav li.m1 {background-image:url(m1.png)}
> /* m1 선택자에 배경 이미지를 선정함 */
> …
> nav li.m1:hover {background-image:url(m11.png)}
> /* hover일 때 배경 이미지를 변경함 */
> …
> … 중간 생략…
>     <li class="m1"><a href="#">menu1</a></li>
>     …
>     <li class="m4"><a href="#">menu4</a></li>
> … 하단 생략…
> ```

[코드 2.2-2]를 보면 메뉴 텍스트를 안보이게 처리하는 부분(text-indent를 이용)과 텍스트 글자를 배경 이미지background-image로 대체하는 부분을 확인할 수 있습니다. 또한 hover일 경우 배경 이미지를 교체하여 마우스 오버 시 배경 이미지가 변경됨으로써 이미지를 이용한 hover 효과를 줄 수 있습니다.

```
마우스 오버 효과 | 개별 이미지
    MENU1  MENU2  MENU3  MENU4
```

[그림 2.2-3] 마우스 오버일 경우 배경 이미지가 변경됨

hover2.htm에서는 이미지 8개를 사용하였습니다. 하지만 이것을 4개의 이미지를 이용해서 처리하는 방법이 있습니다. [그림 2.2-4]를 보면 메뉴 명을 상하로 배치하여 4개의 이미지만 사용합니다.

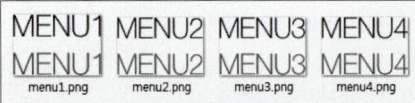

[그림 2.2-4] 메뉴 이미지를 상하로 배치하여 4개의 이미지만 사용

[코드 2.2-3] 4개의 이미지로만 처리하는 방법

sample/2장/section2/hover3.htm

```
…
nav li.m1 {background-image:url(menu1.png)}
nav li.m2 {background-image:url(menu2.png)}
nav li.m3 {background-image:url(menu3.png)}
nav li.m4 {background-image:url(menu4.png)}
nav li.m1, li.m2, li.m3, li.m4 { background-repeat:no-repeat; background-position:center 0px;}
nav li.m1:hover, li.m2:hover, li.m3:hover, li.m4:hover { background-position:center -40px;}
…
```

[코드 2.2-3]을 보면 4개의 이미지만을 이용하여 처리하는 방법을 알 수 있습니다.

nav li.m1부터 nav li.m4까지 배경 이미지를 설정하고 그룹 선택자를 이용하여 nav li.m1:hover … li.m4:hover 부분에 background-position:center -40px;이라고 처리해 주면 배경 이미지가 -40px으로 움직이는 것입니다.

이것은 어떤 원리일까요?

마우스 오버 효과 | 메뉴별 이미지

| MENU1 | MENU2 | MENU3 | MENU4 |
| MENU1 | MENU2 | MENU3 | MENU4 |

[그림 2.2-5] 그림에서 빨간 색 메뉴 부분은 감춰져 있는 상태임

[그림 2.2-5]를 보면 메뉴 중 빨간색 부분은 감춰져서 보여지지 않는 상태입니다. 이 상태에서 마우스 오버 시 빨간색 부분이 올라가서 빨간색이 보이고, 다시 검은색 부분은 감춰지는 것입니다. [그림 2.2-6]을 참조하세요.

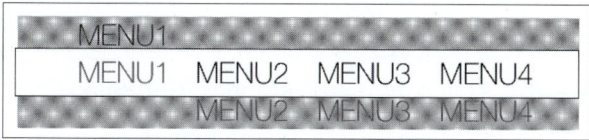

[그림 2.2-6] 해당 메뉴에 마우스 오버 시 작동 모습

원리를 알게 되면 별로 어렵지 않습니다. 그렇다면 이제 마지막으로 하나의 이미지를 가지고 동일한 효과를 내볼까요?

지금까지는 8개의 이미지(hover2.htm), 4개의 이미지(hover3.htm)로 메뉴가 동작하는 모습을 봤습니다. hover3.htm과 거의 동일한 효과를 주는 것이지만, 하나의 이미지를 사용한다는 것이 차이점입니다.

[코드 2.2-4] 1개의 이미지로만 처리하는 방법

sample/2장/section2/hover4.htm

```
…
nav li.m1, nav li.m2, nav li.m3, nav li.m4 { background-image:url(menu.png);
background-repeat: no-repeat;}
nav li.m1 {background-position:15px 0;}
nav li.m2 {background-position:-135px 0;}
nav li.m3 {background-position:-280px 0;}
nav li.m4 {background-position:-425px 0;}
nav li.m1:hover {background-position:15px -40px;}
nav li.m2:hover {background-position:-135px -40px;}
nav li.m3:hover {background-position:-280px -40px;}
nav li.m4:hover {background-position:-425px -40px;}
…
```

[코드 2.2-4]를 보면 배경 이미지 하나만 사용하고 나머지 부분은 배경 이미지의 위치 정보를 사용하여 마우스 오버 시 위치를 이동하게 처리하여 마치 배경 이미지가 변하는

것처럼 처리하는 것입니다. hover3.htm에 비하면 복잡할 수도 있지만, 단 하나의 이미지만 사용하기 때문에 hover2.htm과 hover3.htm과 비교했을 경우 이미지를 좀 더 빨리 로딩할 수 있다는 장점이 있습니다.

이렇게 단순하게 이미지를 이용하여 hover시 효과를 내는 방법을 살펴봤는데, 효과가 너무 단순합니다. 요즘 같이 화려한 효과가 난무하는 인터넷에서 단순하게 hover시 이미지 색상만 바뀌게 하면 사용자(또는 고객)들이 좋아하지 않을 수 있습니다. 그렇다면 이 부분을 jQuery를 이용하여 조금 효과를 추가해 보겠습니다. jQuery 효과는 hover3.htm과 hover4.htm 파일에만 적용하겠습니다.

먼저 hover3.htm 파일을 조금만 변형해 보겠습니다.

우선 jQuery를 적용하고, 해당 애니메이션을 위한 jquery.bgpos.js라는 스크립트 또한 추가하겠습니다. jQuery는 어떤 버전도 상관없습니다. 이 책을 쓰는 현재 최신 버전은 1.8.2이며, 여기선 1.7.1을 적용하겠습니다.

[코드 2.2-5] hover3.htm에 jQuery를 적용한 경우

sample/2장/section2/hover3-1.htm

```
...
<script type="text/javascript" src="jquery-1.7.1.min.js"></script>
<script type="text/javascript" src="jquery.bgpos.js"></script>
...
nav li.m1, li.m2, li.m3, li.m4 { background-repeat:no-repeat; background-position:center 0px;}
nav li.m1, nav li.m2, nav li.m3, nav li.m4 { background-repeat:no-repeat }
</style>
<script>
$(function(){
    $('.m1, .m2, .m3, .m4')
    .css( {backgroundPosition: "0 0"} )
    .mouseover(function(){
        $(this).stop().animate(
            {backgroundPosition:"(0 -40px)"},
            {duration:150})
    })
```

```
        .mouseout(function(){
                $(this).stop().animate(
                    {backgroundPosition:"(0 0)"},
                    {duration:150})
            })

    })
  </script>
</head>
...
```

[코드 2.2-5]에 포함된 jQuery는 마우스 오버 시 배경 이미지의 위치를 변경하는 역할을 합니다. 여기서 jquery.bgpos.js가 추가되어 애니메이션이 되는 것입니다.

마우스 오버 효과 | 메뉴별 이미지 with jQuery

MENU1 MENU2 MENU3 MENU4

[그림 2.2-7] hover3-1.htm에서 메뉴에 마우스 오버 시 애니메이션 효과가 나타남

[코드 2.2-5]의 코드와 내용이 비슷하지만 hover4.htm처럼 이미지가 하나만 있을 경우 자바스크립트로 처리하는 부분이 조금은 길어질 수 있습니다.

[코드 2.2-6] 하나의 이미지를 이용하여 jQuery를 적용할 경우

sample/2장/section2/hover4-1.htm

```
...
<script>
$(function(){
    $('.m1')
    .css( {backgroundPosition: "15px 0"} )
    .mouseover(function(){
            $(this).stop().animate(
                {backgroundPosition:"(15px -40px)"},
                {duration:150})
        })
    .mouseout(function(){
```

2.2 웹 표준 방식으로 텍스트 메뉴를 이미지로 변환하고 효과 적용하기

```
            $(this).stop().animate(
                {backgroundPosition:"(15px 0)"},
                {duration:150})
        })
    $('.m2')
        .css( {backgroundPosition: "-135px 0"} )
        .mouseover(function(){
            $(this).stop().animate(
                {backgroundPosition:"(-135px -40px)"},
                {duration:150})
        })
```

...하단 생략...

[코드 2.2-6]을 보면 각 선택자에 따른 배경 위치를 설정해 주는 것을 알 수 있습니다. 어떻게 보면 hover3-1.htm이 더 편리할 수도 있습니다. hover3-1.htm은 스크립트를 한 번만 적용했지만, 여기서는 스크립트를 무려 4개의 선택자에 따라 개별적으로 적용을 해줘야 하기 때문입니다. 하지만, 이런 방법도 있다는 것을 알아 두는 것이 아무래도 나중에 상황에 따라 적절하게 사용할 수 있기 때문에 알려드렸습니다.

이렇게 jQuery를 사용하게 되면, 단순한 애니메이션을 벗어나 좀 더 화려한 효과를 줄 수 있기 때문에 개발자도 별 부담 없이 조금은 역동적인 사이트를 만들 수 있습니다.

마지막으로 jQuery를 사용하지 않고 CSS3를 이용해서 동일한 효과를 적용하도록 하겠습니다.

하지만 CSS3를 사용한 애니메이션은 IE9까지는 작동하지 않습니다. jQuery를 먼저 소개한 이유가 jQuery를 사용하게 되면 어떤 브라우저를 사용하든 상관 없이 효과가 나타나는데 비해, CSS3 애니메이션은 IE6, 7, 8, 9을 제외한 다른 브라우저(사파리, 크롬, 파이어폭스, 오페라)에서만 동작하기 때문입니다. IE10에서는 작동하는 것으로 필자가 확인했습니다.

CSS3를 이용하여 애니메이션을 적용하는 것은 jQuery를 사용하는 것보다 상대적으로 쉽고, jQuery와 같은 외부 스크립트를 사용하지 않기 때문에 가볍고, 웹사이트의 속도 또한 빠르게 됩니다. 하지만 단점은 해당 CSS를 지원하지 않을 경우 보여 줄 방법이 없다는 것입니다.

지금부터 2.2절 끝까지 제공되는 샘플은 구글 크롬, 사파리, 파이어폭스에서만 작동하며, IE6부터 IE9까지는 작동하지 않지만, IE10에서는 작동합니다.

[코드 2.2-7] hover3.htm 코드에서 CSS 애니메이션 추가

sample/2장/section2/hover3-2.htm

```
…
nav li.m1, li.m2, li.m3, li.m4 {
        background-repeat:no-repeat;
        background-position:center 0px;
        -webkit-transition: all 0.2s ease-in-out;
        -moz-transition: all 0.2s ease-in-out;
        transition: all 0.2s ease-in-out;
    }
nav li.m1:hover {background-position:15px -40px;}
…
```

[코드 2.2-7]에서 보면 CSS 애니메이션 속성 중 transition을 사용하였는데, 현재 웹 표준 속성인 transition만 사용하게 되면 어떤 브라우저에서도 작동하지 않습니다. 따라서 웹킷 계열(크롬, 사파리)은 -webkit-을, 파이어폭스는 -moz-를, 오페라는 -o-를 추가해야만 작동합니다.

[코드 2.2-7]의 결과 화면은 [그림 2.2-7]과 같이 jQuery를 적용한 효과와 동일합니다.

CSS 애니메이션 속성 중 transition은 하나의 스타일을 다른 스타일로 부드럽게 변화시켜 주는 효과입니다. 여기서 all은 모든 요소가 transition 효과가 적용되며, 0.2s은 0.2초 동안, ease-in-out은 부드럽게 효과가 시작하여 부드럽게 끝나는 것을 의미합니다.

이제 동일한 효과를 hover4.htm에 적용하면 [코드 2.2-8]과 같이 변형할 수 있습니다.

[코드 2.2-8] hover4.htm에 CSS 애니메이션 적용

sample/2장/section2/hover4-2.htm

```
….
nav li.m1, li.m2, li.m3, li.m4 {
        background-repeat:no-repeat;
        background-position:15px 0;
        -webkit-transition: all 0.2s ease-in-out;
        -moz-transition: all 0.2s ease-in-out;
        transition: all 0.2s ease-in-out;
    }
nav li.m1:hover {background-position:15px -40px;}
…
```

[코드 2.2-8]과 [코드 2.2-7]에서 애니메이션 적용 방법은 동일합니다.

또한 [코드 2.2-8]과 [코드 2.2-7]에서 nav 태그 선택자 마지막에 반드시 overflow:hidden;을 적용해 줘야만 메뉴 부분에서만 애니메이션이 적용됩니다. overflow:hidden;을 적용하지 않으면 [그림 2.2-8]과 같이 모든 이미지가 보여버리게 됩니다.

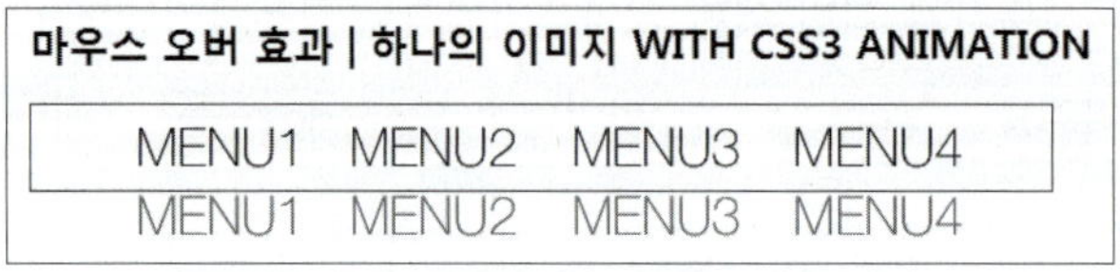

마우스 오버 효과 | 하나의 이미지 WITH CSS3 ANIMATION

MENU1 MENU2 MENU3 MENU4
MENU1 MENU2 MENU3 MENU4

[그림 2.2-8] overflow:hidden;을 적용하지 않을 경우 나타나는 현상

CSS 애니메이션 예제 하나만 더 확인하고 2.2절은 마무리하겠습니다.

[그림 2.2-9]를 보면 3개의 이미지가 있는데, 애니메이션 과정을 책에서 보여줄 수 없기 때문에 이렇게 3개의 이미지로 별도로 나눴습니다. 해당 이미지에 마우스 오버할 경우 처음 이미지가 커지면서 없어지고, 두 번째 이미지가 나타나는 효과입니다.

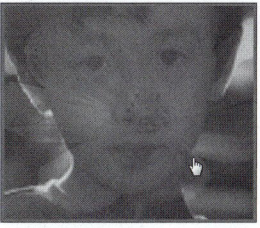

[그림 2.2-9] CSS 애니메이션 효과 변환 과정
sample/2장/section2/css_ani1.html

HTML 코드는 별거 없습니다. #box 하나 만들고 해당 박스에 두 개의 이미지를 넣습니다.

```html
<div id="box">
    <img src="pic.jpg" class="pic1">
    <img src="pic1.jpg" class="pic2">
</div>
```

이제 CSS에서 박스 부분에 대해 길이와 높이를 설정해 주고 overflow:hidden 처리를 합니다.

```css
#box {
    width:300px;
    height:250px;
    overflow:hidden;
    border:5px solid #F90;
    background-color:#333;
}
```

이 효과는 .pic1로 설정된 이미지가 .pic1:hover일 경우 변하는 것입니다.

[코드 2.2-9] css_ani1.htm의 소스코드

📀 sample/2장/section2/css_ani1.htm

```
…
#box img.pic1 {
    …
    -webkit-transform: scale(1);
    -webkit-transition: all 0.3s ease-in-out;
    …
}
…
}
#box img.pic1:hover {
    -webkit-transform: scale(10);
    …
    opacity:0;
}
</style>
…
```

#box img.pic1에 있는 이미지의 크기는 1일 때 scale(1)입니다. #box img.pic1:hover에서 이미지 크기가 10배로 변환되며(scale(10);) 투명(opacity:0;)하게 처리하는 과정을 #box img.pic1의 transition: all 0.3s ease-in-out; 이 처리합니다.

직접 샘플 파일을 크롬이나 사파리 또는 파이어폭스에서 실행해 보면 이해가 될 겁니다.

추가적으로 css_ani2.htm과 css_ani3.htm 파일 또한 첨부되어 있기 때문에 해당 파일도 실행해 보고 반드시 소스 파일을 확인해 보기 바랍니다. CSS 애니메이션이 처리되는 방법을 쉽게 이해할 수 있을 겁니다.

[코드 2.2-9]가 어느 정도 이해되면 다음의 사이트에 한 번 접속해 보기 바랍니다.

[그림 2.2-10] CSS3 애니메이션을 활용한 Hover Effects (주의: IE에선 작동하지 않음)

http://tympanus.net/Tutorials/OriginalHoverEffects/

창의적인 CSS 애니메이션 효과를 어떻게 구현하는지 알 수 있습니다.

2.3 CSS를 이용한 사이트 레이아웃 디자인

이번 절에서는 사이트 레이아웃을 다양하게 만들어 보는 시간을 갖도록 하겠습니다.

사이트의 레이아웃을 CSS를 이용하여 어떻게 구성하는지, 그리고 기본 HTML 코드를 이용하여 CSS만으로 어떻게 레이아웃을 변경할 수 있는지 간단하게 학습해 보도록 하겠습니다.

CSS를 이용한 레이아웃은 사실 어려운 것이 없습니다만, 다만 변수가 워낙 다양하기 때문에 변수를 어떻게 제어하는가에 따라 사이트의 레이아웃을 구성하는 것이 쉬울 수 있고 또는 어려울 수 있습니다.

간단하게 사이트 레이아웃 구성 방법에 대해서 살펴 보겠습니다. 먼저 가장 기본적인 사이트의 HTML 코드는 다음과 같습니다.

[코드 2.3-1] 사이드 바 없는 기본적인 HTML 문서 구조

```
<!doctype html>
<html>
<head>
```

```
<meta charset="utf-8">
<title>기본 사이트 레이아웃 CSS 없음 </title>
</head>
<body>
<div id="wrap">
    <header>
        <h1> 사이트 이름 </h1>
            <nav>
                <ul>
                    <li><a href="#">메뉴1</a></li>
                    …
                </ul>
            </nav>
    </header>
    <article>
        <p>사이트의 내용이 들어가는 곳 …</p>
    </article>
    <footer>
            푸터 내용
    </footer>
</div>
</body>
</html>
```

[코드 2.3-1]은 사이드 바가 없는 가장 기본적인 HTML 문서 구조입니다.

〈div id="wrap"〉 … 〈/div〉을 이용해서 모든 콘텐츠 내용을 감싸버리고, 나머지는 HTML5의 기본 태그를 이용하여 〈header〉〈article〉〈footer〉로 구성하였으며, 〈header〉 내부에 〈nav〉 태그를 이용하여 사이트의 메인 메뉴를 구성하였습니다. 〈nav〉는 header 내부에 포함되어 있을 수도 있고, 또는 독립적으로 〈header〉 외부에 있을 수도 있습니다.

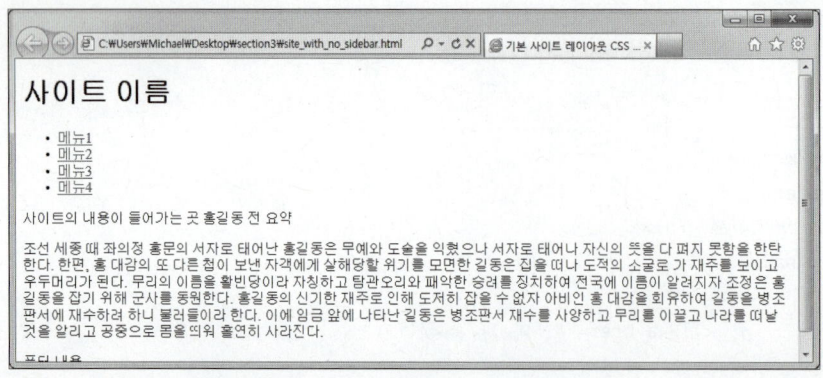

[그림 2.3-1] CSS가 적용되지 않은 사이트 레이아웃 구조
sample/2장/section3/site_with_no_sidebar.html

[그림 2.3-1]이 가장 기본적인 사이트의 구조로서 사이드 바가 없는 레이아웃 구조입니다.

[그림 2.3-2]는 CSS 적용 후 사이트의 모습입니다. [그림 2.3-1]과 비교했을 때 많은 차이가 나진 않지만, 전체적인 사이트의 구조가 잡힌 것을 알 수 있습니다.

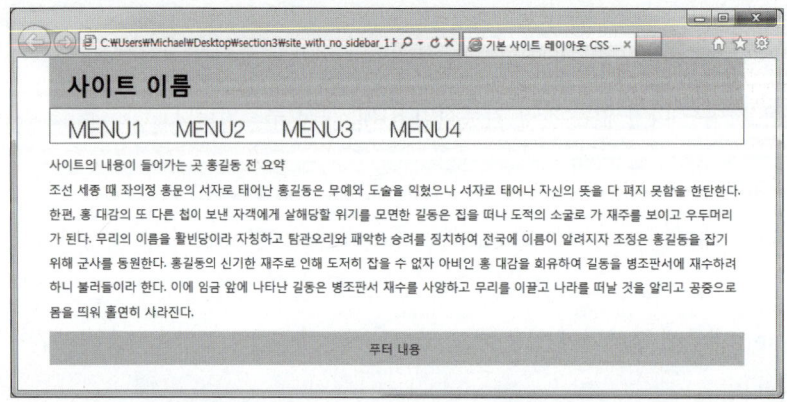

[그림 2.3-2] CSS 적용 후 사이트 레이아웃
sample/2장/section3/site_with_no_sidebar_1.html

특히 메뉴 부분은 2.2절에서 학습했던, 텍스트 메뉴를 이미지로 대체하는 방법과 CSS 애니메이션을 적용하였기 때문에 IE 브라우저보다 크롬 또는 파이어폭스 등에서 보면 그 효과를 볼 수 있습니다.

이제 해당 CSS 파일을 간단하게 살펴보겠습니다.

[코드 2.3-2] [그림 2.3-2]에 포함된 CSS 속성

sample/2장/section3/site_with_no_sidebar_1.html

```css
* { margin:0; padding:0}
/* 전체 CSS의 마진과 패딩 값을 0으로 설정합니다. 이유는 5장에서 배웁니다. */
body {font-family:"맑은 고딕", "Malgun Gothic", "돋움", Dotum, AppleGothic,
sans-serif;font-size:0.85em;line-height:1.2em;}
/* body 태그에서 폰트 종류, 크기 그리고 글의 행간을 정합니다. */
#wrap {width:800px;margin:0 auto;}
/* 웹 표준에서 흔하게 사용되는 선택자입니다. 명칭은 다양하게 정해 줄 수 있습니다. 워드프레스에서는 page-wrap
이라는 명칭으로도 사용됩니다만, 하는 역할을 동일합니다. 사이트의 크기(width)를 정의하고 사이트를 중앙 정렬(
margin:0 auto)하는 역할을 합니다. */
a { text-decoration:none; color:#F00}
/* 링크에 대한 색상과 효과를 정의하는 곳입니다. */
header {background-color:#CCC;padding-top:20px;height:75px;}
/* 헤더 부분에 배경 색상과 패딩 값 그리고 높이를 지정하였습니다. */
header h1 {width:auto;margin-left:20px;}
/* 사이트의 제목 부분에 대한 설정입니다. */
header nav { height:18px; padding:10px 0; overflow:hidden; margin-top:20px;
border:1px solid #666; background-color:#FFF }
header nav ul {list-style:none; margin:0; padding-top:3px;}
header nav li { float:left; text-indent:-9999px;}
header nav li a { display:block; padding:0 5px; margin-left:20px;
width:94px; height:60px;}
header nav li.m1 {background-image:url(menu1.png)}
header nav li.m2 {background-image:url(menu2.png)}
header nav li.m3 {background-image:url(menu3.png)}
header nav li.m4 {background-image:url(menu4.png)}
header nav li.m1, li.m2, li.m3, li.m4 {
        background-repeat:no-repeat;
        background-position:center 0px;
        -webkit-transition: all 0.2s ease-in-out;
        -moz-transition: all 0.2s ease-in-out;
        transition: all 0.2s ease-in-out;
}
nav li.m1:hover, li.m2:hover, li.m3:hover, li.m4:hover {background-
position:center -32px;}
/* header nav부터 2.2절에서 학습한 내용 그대로 적용했습니다. 따라서 자세한 설명은 생략합니다. */
article{padding:10px 0;line-height:2em;}
/* article 부분에 CSS 속성을 정의했습니다. */
```

```
footer{background-color:#CCC;padding:10px 0;text-align:center;}
/* footer 부분에 대한 속성을 정의하였습니다. */
```

[코드 2.3-2]에서 사용한 CSS가 기본 CSS 속성입니다. 이 속성을 기본으로 여러분이 확장해 나갈 수 있습니다. [그림 2.3-3]부터 [그림 2.3-5]까지는 기본 CSS 속성에 몇 가지 속성을 추가한 후의 모습들입니다. 이 부분에 대해서는 여러분께서 직접 페이지 소스 파일을 참고해서 학습해 보기 바랍니다. 그렇게 어려운 부분이 없고 지금까지 학습한 내용을 복습하는 것입니다.

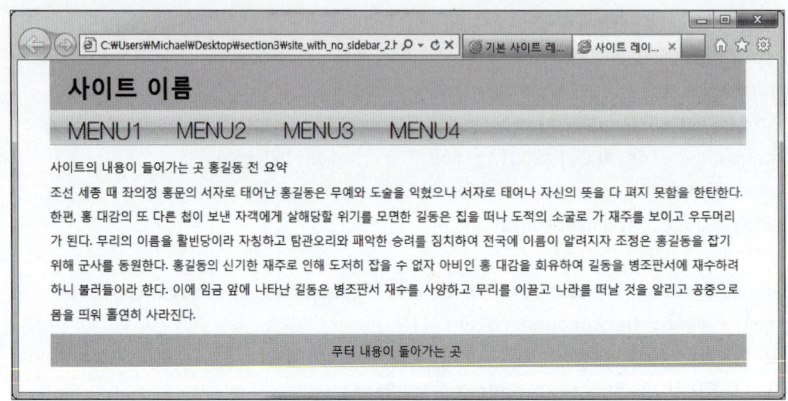

[그림 2.3-3] header nav에 CSS3의 그라데이션 효과를 적용한 후 사이트 모습
sample/2장/section3/site_with_no_sidebar_2.html

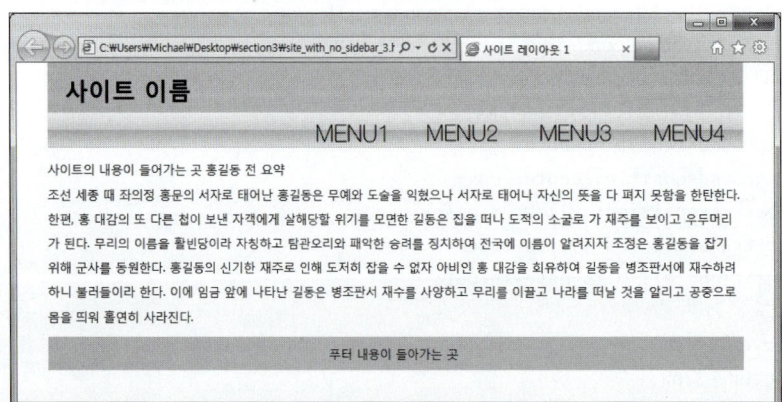

[그림 2.3-4] header nav의 메뉴 위치를 왼쪽에서 오른쪽으로 정렬한 후의 모습
sample/2장/section3/site_with_no_sidebar_3.html

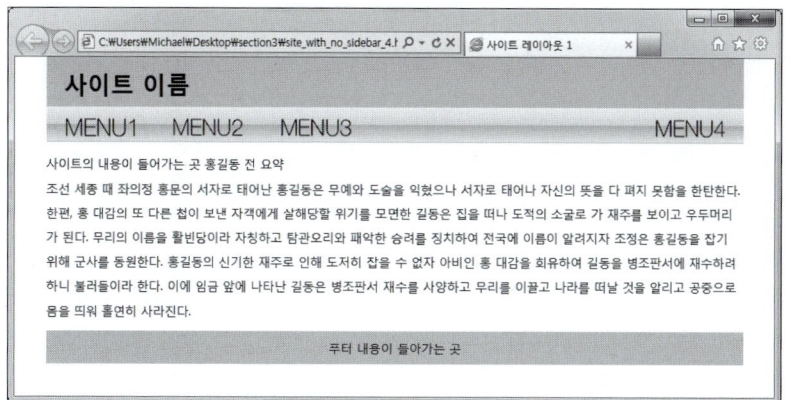

[그림 2.3-5] 마지막 메인 메뉴 부분만 오른쪽으로 정렬한 후의 모습
sample/2장/section3/site_with_no_sidebar_4.html

이제 사이드 바가 하나 있는 레이아웃을 살펴보겠습니다. 일반적인 사이트로 광고가 없을 경우 사이드 바는 하나만 있는 경우가 많습니다. 특히 사이드 바 부분에는 서브 메뉴가 들어가 있습니다.

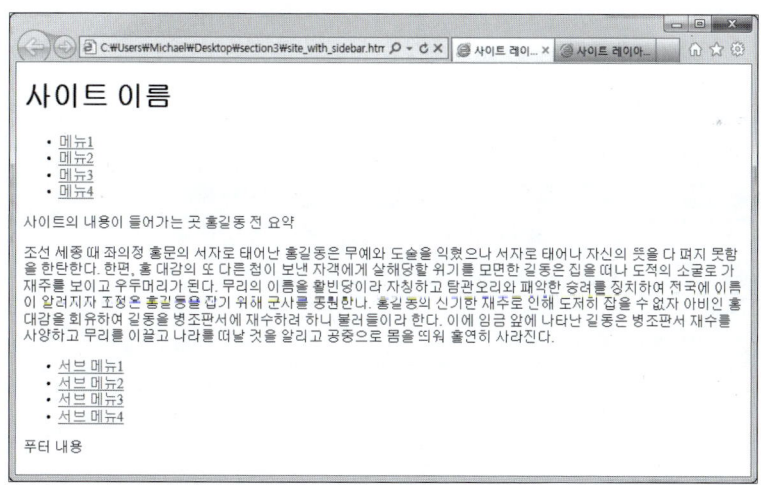

[그림 2.3-6] 사이드 바가 article 다음에 위치한 경우
sample/2장/section3/site_with_sidebar.html

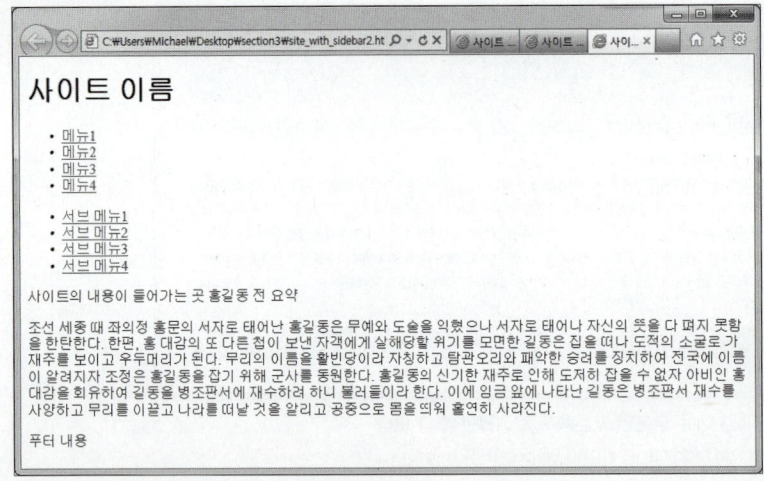

[그림 2.3-7] 사이드 바가 article 이전에 위치한 경우
💿 sample/2장/section3/site_with_sidebar2.html

[그림 2.3-6]과 [그림 2.3-7]의 경우 HTML 코드 내부에서 사이드 바의 위치가 다릅니다.

사이드 바가 하나만 있는 경우 CSS의 `float` 속성을 이용하게 되면 결과는 동일한 결과를 얻게 됩니다.

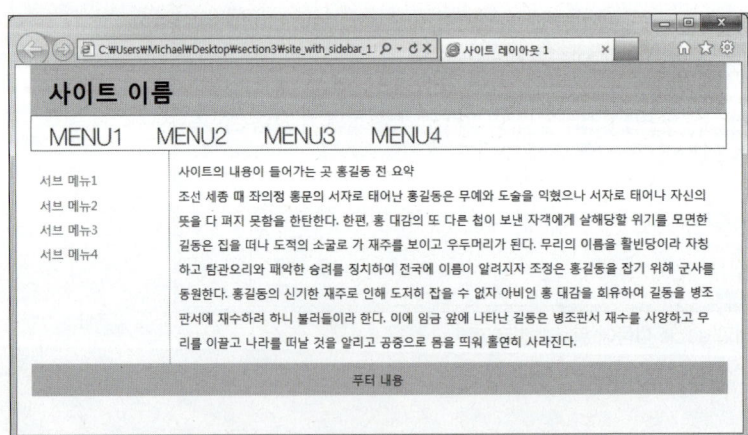

[그림 2.3-8] 사이드 바에는 float:left, article에는 float:right를 지정한 후의 결과
💿 sample/2장/section3/ site_with_sidebar_1.html 또는 site_with_sidebar2_1.html

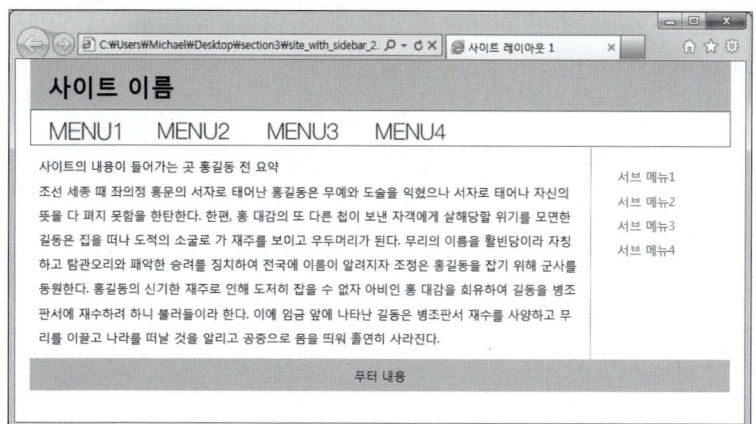

[그림 2.3-9] 사이드 바에는 float:right, article에는 float:left를 지정한 후의 결과
💿 sample/2장/section3/site_with_sidebar_2.html 또는 site_with_sidebar2_2.html

하지만 사이드 바가 두 개가 있을 경우에는 사이드 바가 HTML의 어디에 위치해 있는지에 따라 CSS 속성을 다르게 지정해 줘야 합니다.

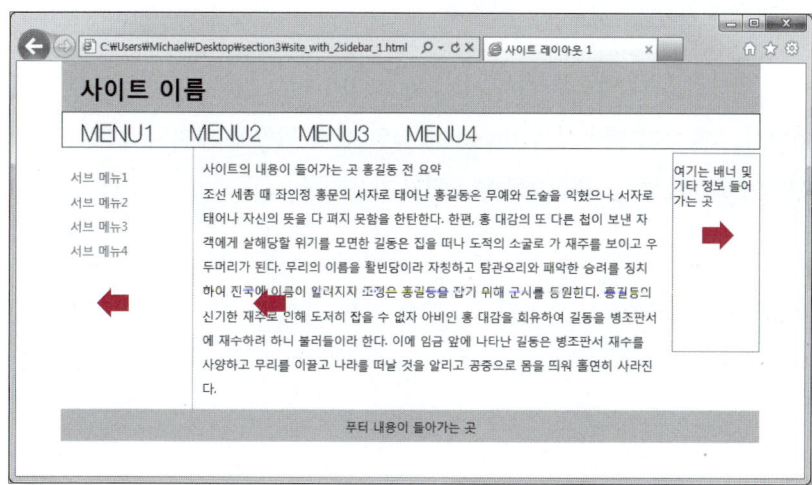

[그림 2.3-10] 두 개의 사이드 바가 있는 경우

[그림 2.3-10]을 보면 서브 메뉴가 있는 부분은 〈aside id="sidebar"〉, 배너 및 기타 정보가 들어가는 곳은 〈aside id="banner"〉라고 정의를 했습니다.

이 경우 다음의 A 또는 B 형태로 HTML 코드를 구성하더라도 CSS에서 [그림 2.3-10]과 같이 float를 처리할 경우 동일한 결과가 나오게 됩니다.

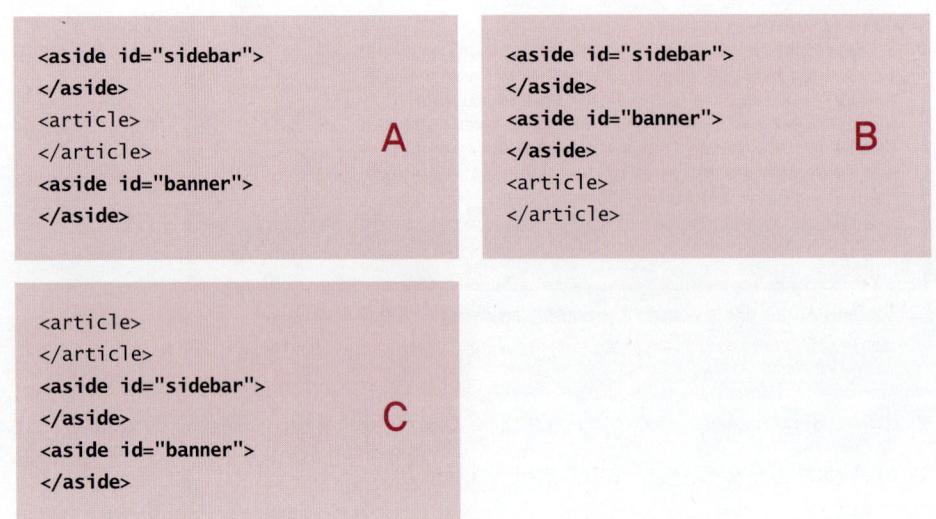

[도식 2.3-1] HTML 문서 내에서 article, sidebar, banner의 위치

A와 B의 경우 동일한 결과가 나오는 이유는 sidebar와 banner가 위치하는 부분이 서로 다른 float를 적용하기 때문에 sidebar가 제일 먼저 왼쪽에 배치되고 그 다음에 article은 왼쪽, banner는 오른쪽으로 배치되기 때문입니다.

하지만 C 형태로 HTML 코드가 구성되어 있다면 article이 처음 왼쪽, sidebar가 그 다음 왼쪽, banner는 오른쪽으로 배치됩니다(그림 2.3-10 참조).

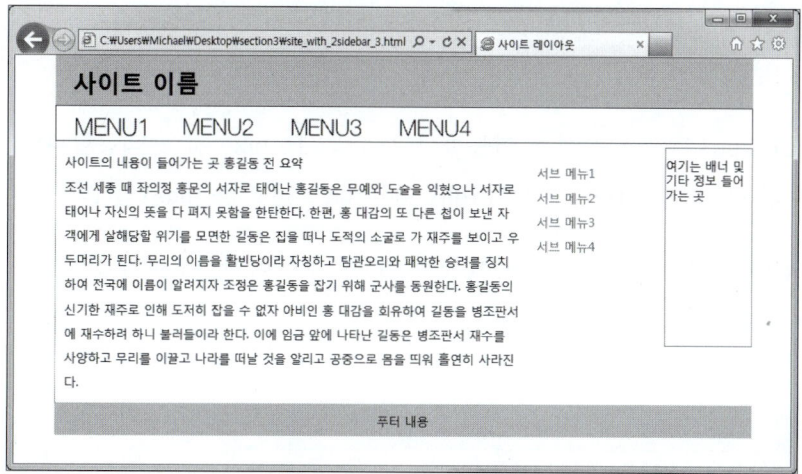

[그림 2.3-11] HTML 코드가 C인 경우 float만으로 해결할 수 없음
sample/2장/section3/ site_with_sidebar_3.html

그렇기 때문에 이 경우에는 HTML 코드 구성을 A 또는 B 형태로 변경해 주는 것이 제일 좋습니다. 하지만 C와 같은 코드를 바꿀 수 없는데, [그림 2.3-10]과 같은 결과를 얻고 싶은 경우에는 어떻게 처리해야 할까요? 먼저 [그림 2.3-12]와 같이 article의 float 속성을 오른쪽으로 설정합니다.

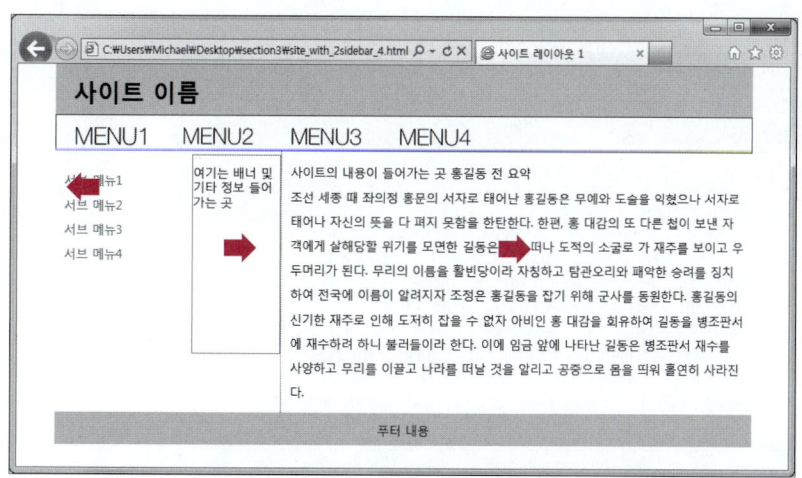

[그림 2.3-12] HTML 코드는 [도식 2.3-1]의 C를 유지한 상태에서 float 속성만 변경
sample/2장/section3/ site_with_sidebar_4_1.html

그리고 article 태그 선택자와 #banner 선택자에 position:relative 속성을 부여합니다.

먼저 article position 속성과 연동하여 left:-100px; 값을 적용합니다. position과 연결된 속성이 top, left, right, bottom 그리고 z-index입니다.

article 부분에 position:relative; left:-100px; 속성이 적용되면, [그림 2.3-13]처럼 article과 #banner 부분이 겹쳐지게 됩니다.

[그림 2.3-13] article과 #banner가 겹쳐짐

따라서 #bannner 부분에 left:540px;의 값을 적용해 주면 [그림 2.3-13]과 같이 [그림 2.3-10]과 동일한 형태의 레이아웃을 얻을 수 있습니다.

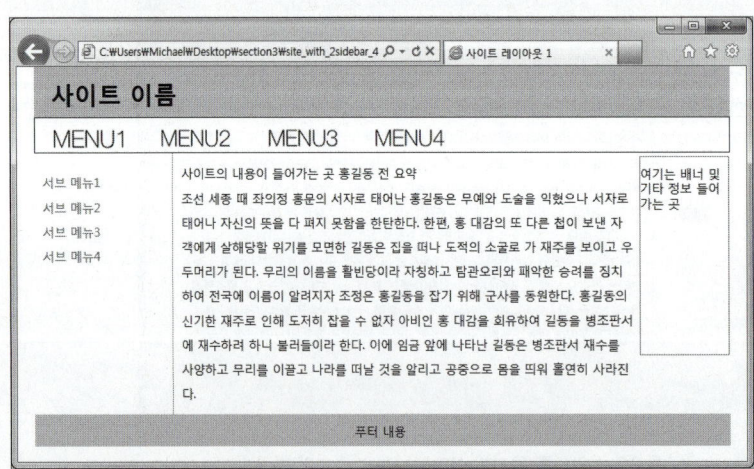

[그림 2.3-13] position 속성을 통해 [그림 2.3-10]과 동일한 결과를 얻을 수 있음

동일한 결과를 얻었지만, CSS 코드가 좀 더 복잡해지기 때문에 필자는 HTML을 수정할 수 있다면, HTML 코드를 수정하는 편을 택하겠습니다.

이번 절에서는 간단한 HTML 구조를 기반으로 다양한 사이트 레이아웃을 만들어 봤습니다. HTML 코드와 CSS 속성은 간단하게 설명했는데, 이 부분은 직접 제공된 소스코드를 실행해 보고 여러분이 조금씩 수정해 보면서 사이트 레이아웃이 어떻게 작동되는지 알아보는 것이 좋기 때문에 여러분의 몫으로 남기도록 하겠습니다.

2장의 예제 파일을 기반으로 충분한 연습을 하게 되면, 3장의 실제 사이트를 제작할 때도 큰 어려움 없이 사이트 레이아웃을 제작할 수 있을 것입니다.

처음 시작하는 CSS&워드프레스
: 워드프레스 7판 웹 표준 사이트 제작까지

3장

예제 사이트 개발하기

3장에서는 워드프레스를 적용하기 전에 기본적인 사이트를 제작해 보도록 하겠습니다.

여러분은 왜 워드프레스를 적용하기 전에 사이트를 만들어야 하는지 의문이 들 수도 있습니다. 워드프레스는 초보자나 디자이너에게는 생각보다 상당히 복잡한 시스템입니다. 마구잡이로 워드프레스 코드를 수정하게 되면, 매우 골치 아픈 상황이 벌어질 수 있게 됩니다. 그렇기 때문에 실제 워드프레스 코드를 적용하기 전에 미리 예제 사이트를 만들어서 만들어진 예제 사이트를 기본으로 하여, 워드프레스 테마를 만드는 것이 가장 안전하고 정확한 방법입니다. 그리고 3장에서 만드는 예제 사이트는 PHP 기반으로 만들어지긴 합니다만, PHP 프로그래밍이 들어가는 것은 아니고, 사이트를 구성하는 부분에 대해서만 PHP 코드가 사용됩니다. 워드프레스 또한 PHP 기반으로 코드가 작성되었기 때문에 미리 몇 가지 PHP 코드를 입력해 보는 것도 좋은 경험이 될 수 있습니다.

먼저 3장 예제에 앞서 부록에서 설명하고 있는 WAMP 서버 또는 MAMP 서버를 반드시 설치하고 wamp\www 폴더 또는 MAMP의 htdocs 폴더에 예제 사이트를 위한 폴더를 하나 만들어 놓고 시작해야 합니다.

예제를 실행하기에 앞서 주의점

3장 예제 사이트는 chapter3 폴더 내부에 각 소스코드에 맞게 번호가 지정되어 있습니다. index.php 파일의 최종본을 만들기 위해서 index3.1-1.php, index3.1-2.php 등으로 번호가 매겨져 있는데, 이러한 번호가 매겨져 있는 파일은 중간 과정의 결과물을 의미합니다. 이와 연관되어 stylec.css 파일 또한 같은 방식으로 번호가 매겨져 있습니다. 이것은 독자들이 쉽게 중간 과정을 이해할 수 있게 하기 위함입니다. 따라서 index.php, style.css 파일과 같이 파일명 끝에 번호가 없는 파일은 최종 작업이 완료된 파일입니다.

3.1 사이트 디자인과 프론트 페이지 레이아웃 작업

여기서는 가상의 회사 사이트를 하나 만들 예정입니다.

사이트를 개발할 때 가장 먼저 해야 하는 일은 사이트 기획입니다. 무슨 목적으로 사이트를 개발할 것인지, 사이트에는 어떤 내용을 넣을 것인지, 색상 배치는 어떻게 할 것인지, 글꼴(폰트)은 어떤 종류를 사용할 것인지, 웹사이트를 개발할 때 사용하는 프로그래밍 언어는 어떤 것을 이용할 것이며, 서버는 웹 호스팅을 할 것인지, 서버 호스팅을 할 것인지 아니면 자체 서버를 사용할 것인 지 등 사이트 개발 시 고려해야 하는 사항은 엄청 많습니다.

기획 단계에서는 기획자, 디자이너, 개발자 이렇게 최소 3명이 모여 회의를 하게 됩니다.

일단 사이트 기획을 통해 to-do 리스트가 만들어지면, 어도비 포토샵과 같은 그래픽 편집용 소프트웨어를 이용하여 사이트의 레이아웃을 잡아주게 됩니다. 이 단계에서는 디자이너가 전체적인 레이아웃을 잡고, 다시 기획자, 디자이너, 개발자가 모여 디자인된 사이트에 대해서 기능적으로 어떻게 움직이고 특정 부분에 대한 기술적인 내용 그리고 사용자 편의성 등 여러 사항에 대해서 회의를 거친 후 최종 레이아웃이 나오게 됩니다.

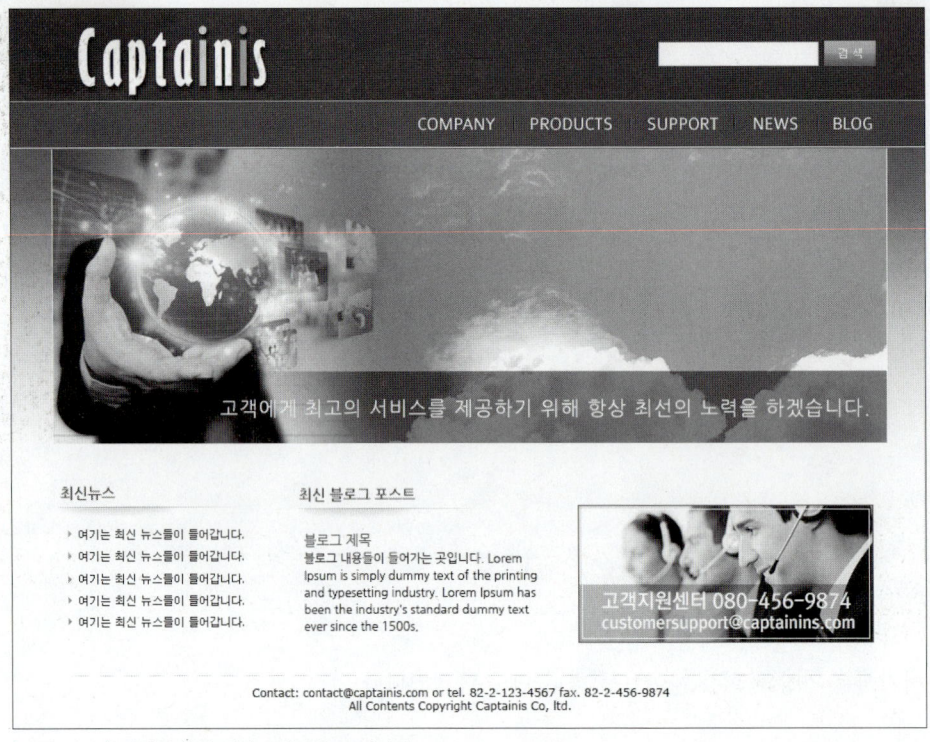

[그림 3.1-1] 작업하게 될 사이트의 프론트 페이지

[그림 3.1-1]을 보면 개발할 사이트의 최종 프론트 페이지 시안입니다.

사이트 좌측 상단에 회사 로고가 위치해 있으며, 우측 상단에 검색 폼과 사이트의 메인 메뉴가 있습니다. 이 부분까지를 **header**라고 하겠습니다.

또한 프론트 페이지의 중앙에 메인 이미지가 애니메이션 될 예정이며, 메인 이미지 하단 좌측에는 최신 뉴스가 들어가고, 중앙에는 회사의 최신 블로그가 포스트 될 것이며, 하단 우측에는 고객지원센터 전화번호가 들어가게 됩니다. 이 부분까지는 **#main-content**라는 아이디 선택자로 처리할 예정입니다.

그리고 마지막에는 **footer**가 들어가는데, 일반적인 연락처, 회사 주소 및 기타 연관 사이트의 링크들이 들어가게 됩니다. 그리고 전체 페이지를 감싸주는 **page-wrap**이라는 아이디 선택자를 〈body〉 바로 아래에 추가해 줍니다.

Q&A

Q. 사이트 레이아웃을 잡을 때, 꼭 그래픽 편집용 소프트웨어를 사용해야 하나요?
A. 웹 디자이너 또는 그래픽 디자이너들은 기본적으로 그래픽 전용 소프트웨어(포토샵 등) 사용법을 반드시 알아야 합니다. 그렇지 않고서는 사이트 레이아웃을 잡을 수 있는 방법이 그렇게 많지 않습니다. 물론 그래픽 요소가 하나도 안 들어간다, 라고 가정을 하게 되면, 종이에 사이트 레이아웃을 그리고, HTML과 CSS만으로도 사이트를 개발할 수 있긴 합니다만, 그것보다 편리하고 성능이 강력한 그래픽 편집 용 소프트웨어를 사용하는 것이 시간적인 면에서도 유리합니다.

제일 우선적으로 이미지들이 위치한 images 폴더와 css 파일이 위치하는 css 폴더 그리고 웹 폰트들이 들어가는 web-fonts 폴더를 우선적으로 만듭니다. 루트에 그 후 빈 문서를 하나 만든 후 index.php라고 파일 이름을 지정합니다. 그리고 index.php 파일 내부에는 다음과 같은 코드를 입력합니다.

[코드 3.1-1] HTML5의 기본 문서

🔘 chapter3/index3.1-1.php

```
<!doctype html>
<html>
<head>
<meta charset="utf-8">
<title>Captainis 웹 사이트 방문을 환영합니다.<title>
</head>

<body>
</body>
</html>
```

이제 body 태그 내부에 page-wrap, header, main-content, footer의 요소를 추가해 줍니다.

그리고 css란 서브 폴더를 하나 만들고 그 내부에 style.css란 빈 파일을 하나 만들어 놓습니다. 여기에는 CSS 속성들이 들어갑니다. 그리고 style.css 파일은 링크를 이용해서 추가해 줍니다.

[코드 3.1-2] HTML5의 기본 문서에 기본적인 레이아웃을 추가한 상태

chapter3/index3.1-2.php

```
<!doctype html>
<html>
<head>
<meta charset="utf-8">
<title>Captainis 웹 사이트 방문을 환영합니다.<title>
<link href="css/style.css" rel="stylesheet" type="text/css">
</head>
<body>
<div id="page-wrap">
<header> </header>
<div id="main-content"> </div>
<footer></footer>
</div>
</body>
</html>
```

[코드 3.1-2]까지 입력한 상태에서 해당 index.php 파일을 열어보면 아무것도 없습니다. 이것은 전체 페이지의 큰 틀만 잡은 상태이고, 내부에는 아무런 내용도 없기 때문입니다.

단지 브라우저 타이틀 부분에만 제목이 들어가 있는 것을 확인할 수 있습니다.

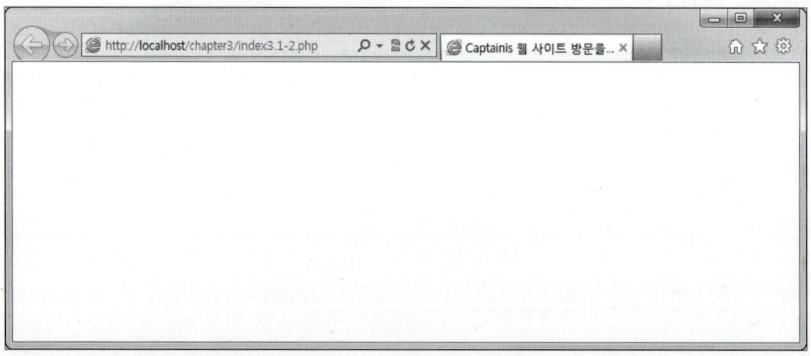

[그림 3.1-2] index3.1-2.php를 실행했을 때 나타나는 화면

이제 여기서 전체적인 로고와 메뉴 등을 추가해 보도록 하겠습니다.

> [코드 3.1-3] header 부분에 로고, 검색 폼 그리고 메뉴를 추가한 상태

🔗 chapter3/index3.1-3.php

```
.. 상단 생략...
<header>
<h1><a href="./">captainis</a></h1>
        <form id="searchform">
            <input type="search" placeholder="검색어">
            <input type="submit" value="검 색">
        </form>
        <nav>
            <ul>
                <li><a href="#">company</a></li>
                <li><a href="#">products</a></li>
                <li><a href="#">support</a></li>
                <li><a href="#">news</a></li>
                <li><a href="#">blog</a></li>
            </ul>
        </nav>
</header>
... 하단 생략 ...
```

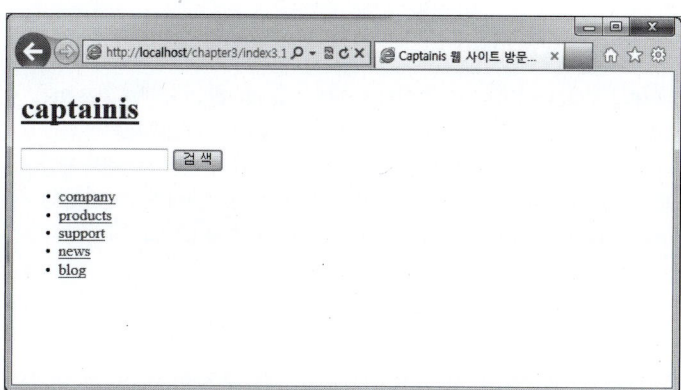

[그림 3.1-3] header 부분에 로고, 검색 그리고 메뉴를 추가한 상태

[그림 3.1-3]만을 보게 되면 [그림 3.1-1]과는 전혀 다른 사이트처럼 보입니다. 이제 `style.css` 파일을 이용하여 전체 페이지의 레이아웃을 잡도록 하겠습니다.

여기서 잠깐

현재 전세계에서 가장 많이 사용하는 브라우저는 IE입니다. 예전엔 거의 독점적이었지만, 지금은 점유율이 상당히 많이 추락한 상태입니다. IE 다음으로 많이 사용하는 브라우저는 구글 크롬이며, 그 다음이 파이어폭스입니다. 그리고 사파리와 오페라 브라우저가 그 뒤를 잇습니다.

또한 IE 브라우저의 경우에도 IE9, IE8, IE7, IE6 등 각각의 버전 별로 기능이 상이합니다. 현재 최신 버전인 IE9의 경우 HTML5와 CSS3를 지원하지만, IE9 이하의 브라우저는 HTML5와 CSS3를 지원하지 않습니다. 또한 IE 브라우저마다 조금씩 박스모델(마진과 패딩)에서 차이를 보입니다. 가장 정도가 심한 브라우저가 IE6입니다. 심하게 말해서 CSS 디자이너 또는 개발자들은 IE6 때문에 미칠 수도 있습니다. 따라서 브라우저 별로 차이가 나는 박스모델에 대해서 CSS Reset을 적용해 주면 실제 CSS로 작업할 때, 에러를 최소로 줄일 수 있습니다.

현재 인터넷에서 가장 유명한 CSS Reset입니다.

- Eric Meyer의 CSS Reset(http://meyerweb.com/eric/tools/css/reset/)
- YUI Reset (http://developer.yahoo.com/yui/reset/)

그리고 가장 편리하게 사용하는 Reset은 * { margin:0; padding:0}을 CSS 상단에 위치해 주는 것입니다. 필자가 가장 많이 사용하는 Reset이기도 합니다. 이 책에서 사용되는 예제 또한 * { margin:0; padding:0}을 적용하도록 하겠습니다.

주의

CSS Reset은 모든 브라우저에서 사용하는 CSS 값을 초기화해 주는 것을 의미합니다. 현재 사용자들이 사용하는 수많은 브라우저들, 특히 IE 6,7,8,9의 경우에도 버전에 따라 CSS의 속성이 조금씩 다르게 작동합니다. 따라서 하나의 브라우저에 맞춰 사이트를 만들어 놓고 다른 브라우저를 이용해서 해당 사이트를 테스트해 보면 엉뚱한 결과가 나타날 수 있는데, 이런 불편함을 미리 해소하기 위해서 CSS 속성 중 특히 문제가 많은 margin과 padding 값에 대해서 0으로 초기화하는 것을 말합니다.

먼저 style.css 파일 상단에 * { margin: 0; padding: 0; }을 추가하고 body 태그에 대한 속성을 정의합니다.

[코드 3.1-4] CSS Reset을 적용하고 body 태그에 대한 속성 지정

chapter3/css/style3.1-4.css

```css
* { margin: 0; padding: 0; } /* CSS 박스 모델 reset */
body {
    font-family: "맑은 고딕", "Malgun Gothic", "돋움", Dotum, AppleGothic, sans-serif; /* 글꼴을 정의해 줍니다. */
    font-size: 0.8em;              /* 글꼴 크기 조절 */
    line-height: 1.4em;            /* 글 사이 간격 조절 */
    background-color: white;       /* 배경 색상 지정 */
    background-image: url(../images/background.jpg); /* 배경 이미지 지정 */
    background-repeat: repeat-x;   /* 배경 이미지 반복은 x 축으로만 */
    background-position: top;      /* 배경 이미지 위치는 상단에 위치 */
}
```

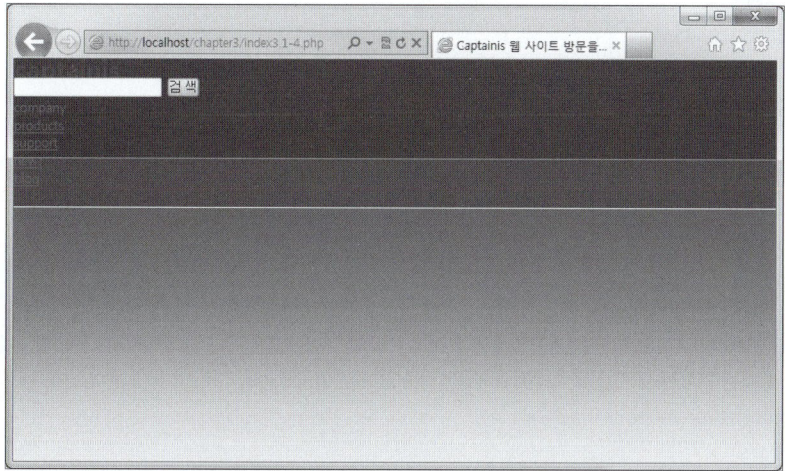

[그림 3.1-4] CSS Reset을 적용하고 body에 글꼴 모양, 크기 및 배경 이미지 지정 후 모습
chapter3/index3.1-4.php

이제 header 부분에 대한 본격적인 디자인 작업에 들어가 보겠습니다.

먼저 page-wrap을 이용하여 사이트의 크기를 정해주고, 사이트를 중앙에 배치합니다. 그리고 header의 높이를 지정하고 회사 제목 부분을 설정해 줍니다. 회사 제목이 들어가는 부분에는 이미지가 들어가는데, 현재는 텍스트가 들어가 있는 상태입니다.

그리고 검색 부분과 메뉴 부분에 대해서 레이아웃을 설정해 보겠습니다.

[코드 3.1-5] page-wrap을 적용하고 header 부분에 대한 속성 적용

chapter3/css/style3.1-5.css

```css
.. 상단 생략 ...
#page-wrap {
    width: 913px;      /* 사이트 전체 크기를 설정해 줍니다. */
    margin: 20px auto;
        /* 상단과 하단 마진은 20픽셀 그리고 좌우에 auto를 적용하면
           화면 상단과 하단에 20픽셀의 여유를 갖고 사이트는 중앙 정렬됩니다. */
}
header {
    height:130px;      /* 헤더 부분 전체 높이 설정 */
    text-transform:uppercase; /* header가 있는 영문 글꼴들은 전부 대문자로 */
}
header h1 {            /* 사이트 제목을 설정하는 부분 */
    float:left;        /* 왼쪽으로 float */
    margin: 0 0 0 35px;  /* 왼쪽으로 35픽셀 정도의 마진을 줌 */
    height:80px;       /* 로고의 높이와 길이 설정 */
    width:220px;
}
header nav {
    float:right;       /* 메뉴는 오른쪽으로 float */
    font-size:19px;    /* 글꼴 크기는 19픽셀로 설정 */
    margin:70px 0 0 0; /* 상단으로 70픽셀의 마진 설정 */
}
header nav a {
    color:#FFF;        /* 메뉴 링크의 색상은 흰색으로 */
    text-decoration:none /* 밑줄 제거 */
}
header nav ul {
    list-style:none /* 리스트 스타일은 없음 */
}
header nav li {
    float: left;       /* 여기서 float 왼쪽으로 주면 상하로 정렬되는 메뉴가 좌우로 펼쳐짐 */
    padding: 0 19px;   /* 패딩을 이용하여 내부 여백 설정하기 */
}
form#searchform {
    position:relative; /* position 설정 적용 */
    float:right;       /* 위치 정렬을 위해 오른쪽으로 float */
    top:10px;          /* 상단 10픽셀 여백 */
```

```
        right:15px;           /* 오른쪽으로는 15픽셀 */
        margin:0 ;            /* 마진과 패딩은 0으로 */
        padding:0;
    }
```

[코드 3.1-5]에서는 header 부분과 검색 폼 그리고 메뉴에 대한 전체적인 레이아웃을 설정하였습니다. [코드 3.1-5]에 의한 결과물은 [그림 3.1-5]와 같습니다.

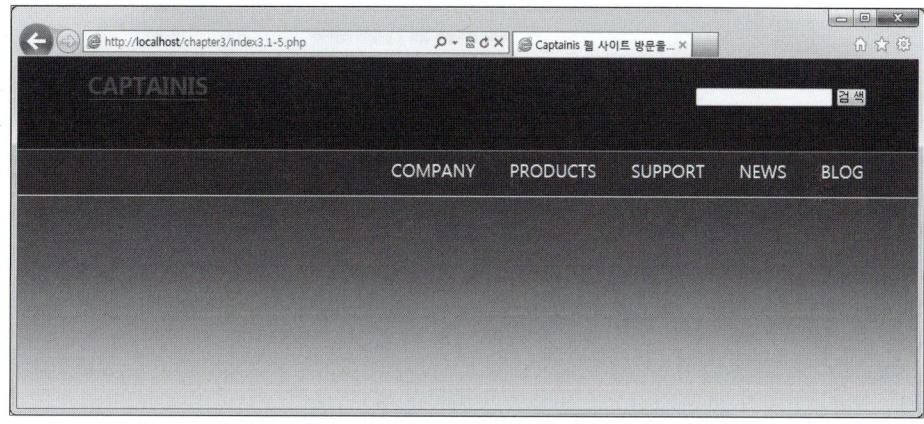

[그림 3.1-5] header 부분에 대한 속성과 레이아웃 적용 후 모습
chapter3/index3.1-5.php

[그림 3.1-5]를 보면 로고 이미지가 들어가는 부분에는 텍스트가 들어가 있습니다. 여기에 로고를 삽입해 보도록 하겠습니다. 로고를 삽입하는 방법은 2가지가 있을 수 있습니다.

첫 번째는 현재 텍스트를 다음과 같이 이미지로 대체하는 것입니다. 제일 간단한 방법이고 흔히 사용하는 방법입니다.

```
<h1><a href="./">captainis</a></h1>
```

▼

```
<h1><a href="./"><img src="이미지 경로"></a></h1>
```

하지만 여기서는 조금 특별한 방법을 사용해 보겠습니다. 왜 이 방법을 사용하는가 하면, 혹시라도 브라우저의 이상으로 CSS와 이미지 파일을 불러오지 못할 경우에도 로고에 있는 회사명을 보여줄 수 있기 때문입니다.

두 번째 방법은 텍스트는 감추고 CSS를 이용해서 배경으로 이미지를 처리하는 방법입니다.

먼저 style.css 파일을 열어서 다음과 같이 처리해 줍니다.

```
header h1 {
    ... 상단 생략...
    width:220px;
    background-image: url(../images/logo.png);
    background-repeat: no-repeat;
    background-position: left top;
}
```

이렇게 h1 부분에 배경 이미지를 이용해서 로고를 넣어줍니다.

결과는 [그림 3.1-6]과 같습니다.

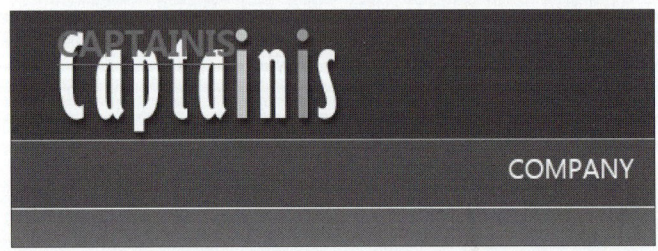

[그림 3.1-6] 이미지 로고와 텍스트 로고가 겹쳐버림

여기서 이제 텍스트 부분만 감추면 되는데, 텍스트를 감추는 방법은 text-indent 속성을 사용합니다. header h1 속성에 text-indent:-9999px; 을 추가해 줍니다. 결과는 [그림 3.1-7]과 같습니다.

[그림 3.1-7] text-indent:-9999px을 적용하여 텍스트를 감춰버림

하지만 여기서 문제가 하나 발생합니다. 무슨 문제인가 하면, 이전에 텍스트가 있는 부분에는 링크가 걸려 있었습니다. 따라서 로고 텍스트를 누르게 되면 home으로 이동하게 처리되는데, 이렇게 CSS를 이용해서 이미지로 대체해 버리게 되면, 링크가 걸린 부분까지 감춰져 버리게 되어, 첫 번째 방법보다 못한 결과나 나타나게 되는 것입니다. 그렇다면 이런 경우 어떻게 해야 할까요?

방법은 의외로 간단합니다.

먼저 텍스트가 있는 부분에만 span 또는 div 태그를 이용해서 감싸버립니다. span 태그와 div 태그는 그 자체로 아무런 속성이 없는 태그입니다. 하지만 span은 인라인 태그이고 div는 블록 태그인 점이 다릅니다.

```html
<h1><a href="./"><span>captainis</span></a></h1>
```

그리고 style.css 파일에서 header h1 부분과 header h1 span 을 다음과 같이 수정합니다.

[코드 3.1-6] header에 있는 로고 텍스트를 이미지로 대체하고 링크를 걸리게 함

chapter3/index3.1-6.php, chapter3/css/style3.1-6.css

```css
… 상단 CSS 코드 생략 ….
header h1 {   /* 사이트 제목을 설정하는 부분 */
    background-image: url(../images/logo.png);  /* 로고를 배경으로 처리 */
    background-repeat: no-repeat;
    background-position: left top;
    float:left; /* 왼쪽으로 float */
```

```
        margin: 0 0 0 35px;  /* 왼쪽으로 35픽셀 정도의 마진을 줌 */
    }
    header h1 span {
        display:block;          /* div로 감쌀 경우 display block은 필요 없음  */
        text-indent:-9999px;    /* 텍스트는 감춤 */
        height:80px;            /* 로고의 높이와 길이 설정 */
        width:220px;
    }
    … 하단 CSS 코드 생략 …
```

[그림 3.1-8] 텍스트 부분을 이미지로 대체하고 링크까지 걸리게 처리

이 방법을 사용하는 이유는 단지 로고에만 그치지 않고 메뉴 부분에도 동일한 방식으로 적용할 수 있기 때문입니다. 메뉴 부분에 각각의 텍스트를 배경으로 이미지 처리하게 되면, 모바일용 사이트를 만들 때 해상도 때문에 이미지를 사용하지 못하고 텍스트로 대체할 때, CSS에서 배경 이미지로 처리한 부분만 삭제하고 몇 가지 사항만 수정하면 편리하게 개발이 가능하기 때문입니다.

예시를 한번 보겠습니다. 필자가 최근에 작업한 http://jtipa.org/kr/ 에서 [그림 3.1-9]에서 메뉴 부분 텍스트가 이미지로 처리된 것을 알 수 있습니다. 그리고 jQuery를 이용해서 효과까지 첨부했습니다. 하지만 이 부분이 모바일 환경에서는 어떻게 보일까요?

[그림 3.1-9] 메뉴 부분을 이미지로 처리한 http://jtipa.org/kr/

[그림 3.1-10]을 보면 모바일용 브라우저(여기서는 아이폰용 사파리)에서는 메뉴 부분이 이미지가 아닌 텍스트로 보이는 것을 알 수 있습니다.

이 방법은 초보 디자이너 또는 개발자들은 웹사이트의 소스코드만 보아서는 알아내기 힘든 비법 중 하나입니다. 따라서 지금 설명한 부분은 반드시 별표를 해서 학습해 두면 많은 곳에 사용할 수 있습니다.

[그림 3.1-10] 모바일 환경에서는 이미지가 아닌 텍스트로 처리됨

이제 header의 나머지 부분과 CSS에서 문서 전체에 공통적으로 적용하는 부분을 처리하도록 하겠습니다.

먼저 메인 메뉴는 CSS3의 @font-face를 이용하여 "Colaborate"라는 폰트를 사용했습니다. @font-face 관련해서는 별도로 설명하진 않겠습니다. 필자가 쓴 이전 책에 아주 상세히 설명되어 있습니다.

style.css 파일 상단에 다음과 같이 추가합니다.

```
@font-face {
    font-family:'Colaborate';   /* 폰트 이름 지정 */
    /* 각 브라우저에서 사용하는 폰트 형식 지정   */
    src: url('../web-fonts/ColabLig-webfont.eot');
    src: url('../web-fonts/ColabLig-webfont.eot?#iefix') format('embedded-opentype'),
         url('../web-fonts/ColabLig-webfont.woff') format('woff'),
         url('../web-fonts/ColabLig-webfont.ttf') format('truetype');
    font-weight: normal;
    font-style: normal;
}
```

그리고 header nav 부분에 아래 속성을 추가해줍니다.

```
font-family: 'Colaborate'
```

여기까지의 결과는 [그림 3.1-11]과 같습니다.

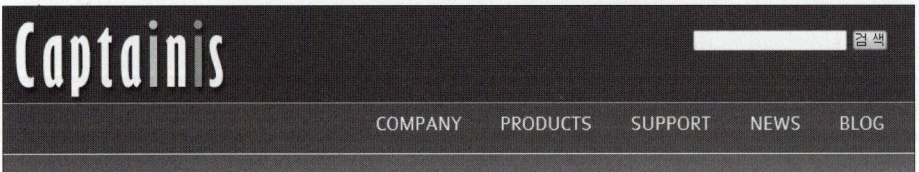

[그림 3.1-11] header의 메인 메뉴 부분 속성 적용 후 결과 화면

이제 각 메뉴 부분을 구분하는 구분선을 추가해 보겠습니다. 구분선은 배경 이미지로 처리하게 되며, header nav li 속성에 다음의 코드를 적용합니다.

```
header nav li {
    float: left; padding: 0 19px;
    background-image: url(../images/divide.png);
    background-repeat: no-repeat;
    background-position: right top;
}
```

코드를 적용한 후 결과는 [그림 3.1-12]에서 확인할 수 있습니다. 하지만 BLOG 메뉴 다음에도 구분선이 들어가 있습니다. 이 부분은 원치 않는 결과입니다. 그렇다면 이 부분에 들어가 있는 구분선은 어떻게 제거할까요? CSS3에서는 이 부분은 아주 손쉽게 제거할 수 있는 속성이 추가되었습니다.

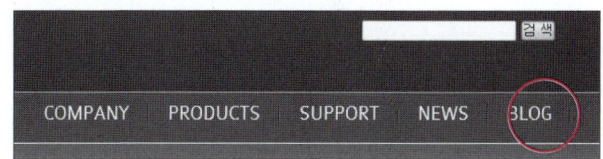

[그림 3.1-12] 메인 메뉴 부분에 추가된 구분선

다음의 코드만 추가해 주면 BLOG 끝에 있는 구분선을 제거할 수 있습니다.

```
header nav li:last-child {background:none}
```

이것이 의미하는 것은 "header nav li의 마지막 자식 선택자의 배경 이미지는 없음"입니다. 결과는 [그림 3.1-13]에서 확인할 수 있습니다.

아주 간단하죠. 하지만 이 속성은 CSS3를 지원하지 않는 브라우저에선 적용되지 않습니다.

[그림 3.1-13] 메인 메뉴 마지막 부분에 있는 구분선 제거

검색 폼에 대해서 디자인을 더 적용해 보도록 하겠습니다.

검색 폼에는 검색어를 입력하는 `input type="text"` 부분과 검색 버튼 `input type="submit"` 이렇게 2개의 속성이 있습니다. 따라서 index.php에서 각각의 속성에 맞게끔 클래스 선택자를 추가하겠습니다.

```html
<input type="search" placeholder="검색어" class="in_box">
<input type="submit" value="검색" class="smt_btn">
```

그리고 CSS 속성을 추가하도록 하겠습니다.

[코드 3.1-7] 검색 폼에 대한 속성 지정 후

```css
... 상단 CSS 속성 생략 ...
form * {vertical-align:middle;} /* 폼 양식의 수직 정렬을 중앙으로 */
form#searchform input.in_box {
    padding:5px; /* 내부 패딩을 지정하여 텍스트가 너무 붙지 않게 합니다. */
    width:150px; /* 입력란의 길이를 지정합니다. */
    border:1px solid #F90; /* 테두리 모양을 지정합니다. */
}
form#searchform input.in_box:focus { /* 이 부분은 검색 입력란에 커서가 focus 되었을 때 속성을 지정하는 것입니다. */
    width:200px;            /* focus가 되면 길이를 150px에서 200px로 변경 */
    border:1px solid #F00;  /* 테두리와 */
    background-color:#FFC;  /* 배경색 변경 */
}
form#searchform input.smt_btn {
    padding:6px;            /* 패딩 지정 */
    width:62px;             /* 길이 지정 */
    border:1px solid #333;
    color:#FFF;
    background:url(../images/btn_back.gif) repeat left bottom;  /* 배경 이미지 설정 */
}
```

검색 폼에 대한 속성을 지정한 후 header 부분의 모습은 [그림 3.1-14]와 같습니다.

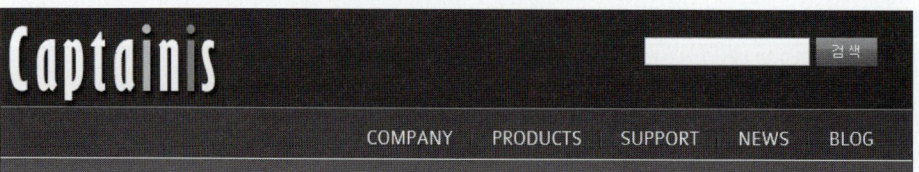

[그림 3.1-14] 검색 폼까지 모든 디자인 적용 후 모습

[그림 3.1-14]를 잘 보면 메인 메뉴 부분이 조금 내려와 있는 것을 알 수 있습니다. 코드를 다음과 같이 수정하겠습니다.

```
header nav { float:right; font-size:19px; margin:70px 0 0 0; font-family:
'Colaborate'; }
```

▼

```
header nav { float:right; font-size:19px; margin:66px 0 0 0; font-family:
'Colaborate'; }
```

header 부분에 대한 디자인 작업은 완료되었습니다.

마지막으로 사이트에 공통적으로 들어가는 속성을 다음과 같이 style.css에 추가해 주면 됩니다.

```
a{text-decoration:none; color:inherit;}   /* 링크 속성 -> 밑줄 제거 */
a:hover {color:#F60}                       /* 링크 마우스 오버 시 속성 적용 */
img { border:none }                        /* 모든 이미지에 테두리 없앰 */
.clear { clear:both }                      /* CSS 박스 모델에서 흔하게 사용되는 clear 속성 */
a:active, a:focus {                        /* 링크 부분 눌렀을 때 점선 표시되는 현상을 없애는 속성 */
   outline: none;
   ie-dummy: expression(this.hideFocus=true);
}
```

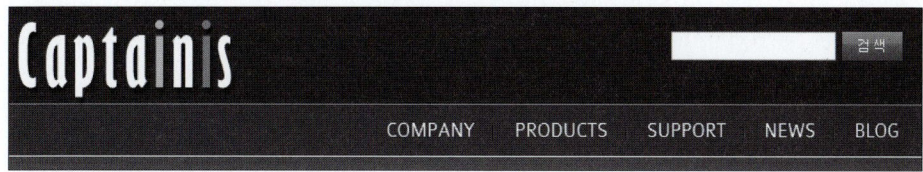

[그림 3.1-15] header nav의 속성 변경 후 header 부분 모습
chapter3/index3.1-7.php , chapter3/css/style3.1-7.css

3.1 사이트 디자인과 프론트 페이지 레이아웃 작업

여기서 잠깐

폼 양식의 수직 정렬

form * {vertical-align:middle;} 이 속성은 "form 내부에 있는 모든 선택자에 수직 정렬을 중앙으로 한다" 라는 의미인데, 보통 form에 있는 input type을 겹쳐서 사용하게 되면 폼 양식들이 수직 정렬에서 약간 차이를 보이게 됩니다.

[그림 3.1-16]을 보면, 상단 부분에는 vertical-align이 적용되지 않을 때이고, 하단은 vertical-align이 적용된 모습입니다. 아주 미세하지만 차이가 있는 것을 알 수 있습니다.

하지만 모든 선택자 즉 * {vertical-align:middle;}을 적용할 경우 웹 페이지에서 문제가 생길 수 있습니다. link가 걸린 부분 즉 〈a href="링크"〉 텍스트〈/a〉의 경우 문장 내부에 다른 텍스트들과 같이 있는 경우 수직 정렬이 안 맞는 현상이 발생합니다. 따라서 반드시 form *라고 form 하위 선택자 모두에게만 {vertical-align:middle;}을 적용시키는 것입니다.

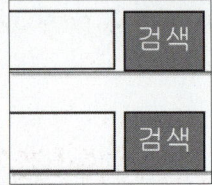

[그림 3.1-16] vertical-align의 미적용(상단), 적용(하단) 시 수직 정렬에서 미세한 차이 발생
💿 chapter3/form-sample.htm 참조

다음으로 #main-content 부분을 살펴보도록 하겠습니다.

#main-content 부분은 [그림 3.1-1]에서 보듯이 슬라이드 이미지가 있는 부분과 뉴스, 블로그, 고객센터가 있는 부분으로 나눠져 있습니다. 따라서 각 부분별로 아이디 선택자를 이용해 구분해 보도록 하겠습니다.

다음과 같이 코드를 입력하면 됩니다.

```
<div id="slider"> </div>      <!-- 여기는 슬라이드 들어가는 부분 -->
<div id="news"></div>         <!-- 여기는 뉴스 들어가는 부분 -->
<div id="blog-post"> </div>   <!-- 여기는 블로그 포스트 들어가는 부분 -->
<div id="customer"></div>     <!-- 여기는 고객센터 들어가는 부분 -->
```

아주 간단합니다. 이제 여기에 해당되는 내용을 넣고 결과를 보겠습니다(추가된 내용은 소스파일- chpater3/index3.1-8.php를 참조하기 바랍니다).

[그림 3.1-17] #main-content 부분에 내용을 추가한 후 사이트 모습(현재 CSS 미적용)
chpater3/index3.1-8.php

이제 여기에 CSS를 적용하여 사이트를 정리하도록 하겠습니다.

[코드 3.1-8] #main-content 부분 속성 지정

chapter3/css/style3.1-8.css

```
.. 상단 CSS 생략 ...
#main-content {background-color:#FFF; min-height:500px;}
/* 메인 콘텐츠 부분에 배경색 지정 및 최소 높이 지정 */
#slider {margin-left:1px;} /* 슬라이더 들어가는 부분에 좌마진 1픽셀 적용. 이렇게 해야 배경색 1픽셀
이 보이게 됨. 이 부분 삭제 후 결과도 한번 확인해 보세요. */
#news, #blog_post {float:left;margin:30px 5px 0 10px;width:270px} /* 뉴스와 블로
그에 들어가는 박스 모델 부분 정렬, 두 부분 동일하게 float 왼쪽으로 마진값 지정하고, 길이는 동일하게 270픽셀로 설
정 */
```

```css
#news h2, #blog_post h2 { /* 뉴스와 블로그 포스트 제목 들어가는 곳 설정 */
    font-size: 16px; height:40px; padding-left:8px;
    background-image: url(../images/h2_under.png);
    background-repeat: no-repeat; background-position: left 25px;
}
#blog_post h3 { color:#930; font-size:14px } /* 블로그의 제목 처리 */
#news li { background:url(../images/li_bullet.png) no-repeat left center;
padding-left:10px; line-height:1.6em;}
/* 뉴스 부분에 들어간 부분 bullet 처리 */
#customer {float:right; width:330px;margin:30px 0 0 0;} /* 고객센터 배너 들어가는 부분
정렬 */
/* 아래는 리스트 ul 및 li 속성 정리 */
#news ul, #blog_post ul {list-style:none; margin-left:5px}
#customer ul {list-style:none}
#customer li {float:left}
#customer li a {display:block; padding:0 10px; margin-top:12px}
```

[그림 3.1-18] #main-content 부분 CSS 적용 후 모습

chapter3/index3.1-8-1.php

마지막으로 footer 부분을 추가해 보도록 하겠습니다. 일반적으로 푸터 부분에는 회사 주소 및 연락처 등의 내용이 들어가며 비교적 간단합니다. 하지만 외국 블로그 사이트에서는 메가-푸터mega-footer라고 해서 많은 내용이 들어가는 경우도 있습니다(그림 3.1-19 참조).

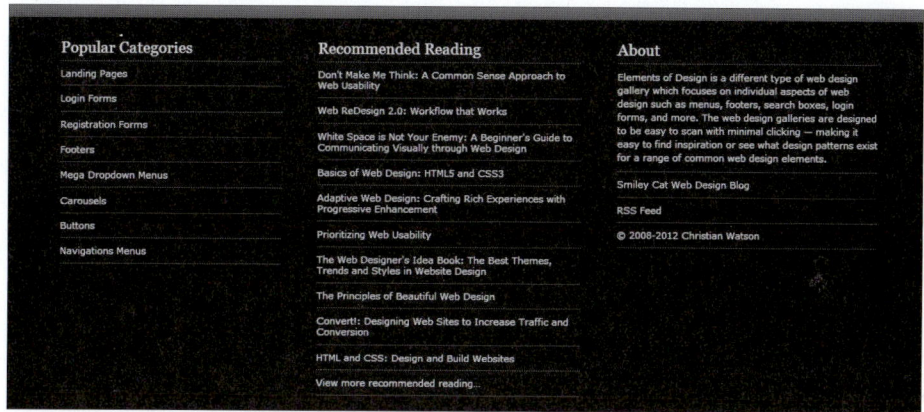

[그림 3.1-19] 푸터 부분에 많은 내용이 들어가 있음. 일명 메가-푸터라고 불림.

예제에서는 비교적 간단한 내용으로 footer가 구성되어 있습니다.

[코드 3.1-9] footer 부분 추가

chapter3/index3.1-9.php

```
.. 상단 HTML 코드 생략...
    <div class="clear"></div>
<footer>
    Contact : contact@captainis.com or tel. 82-2-123-4567 fax. 82-2-456-9874<br>
    All Contents Copyright Captainis Co, ltd.
</footer>
</div><!-- 여기는 페이지 wrap -->
</body>
</html>
```

그리고 CSS에는 다음과 같은 속성을 적용해 줍니다.

```
footer {margin:30px 0; border-top:1px dotted #999999; text-align:center;
padding-top:10px;}
```

결과 화면은 다음과 같습니다.

[그림 3.1-20] 완성된 프론트 페이지

이렇게 해서 프론트 페이지는 완성되었습니다. 그리고 슬라이드 부분은 나중에 jQuery를 이용해서 애니메이션을 적용할 예정입니다.

우선 서브 페이지 작업에 들어가기에 앞서 만들어진 프론트 페이지를 3등분 하도록 하겠습니다. header 부분과 #main-content 부분 그리고 footer 부분으로 나누겠습니다.

header 부분은 header.php로 저장하고 footer는 footer.php로 저장합니다. 그리고 나머지 부분은 index.php로 저장합니다.

```html
1  <!doctype html>
2  <html>
3  <head>
4  <meta charset="utf-8">
5  <title>Captainis 웹 사이트 방문을 환영합니다.</title>
6  <link href="css/style3.1-9.css" rel="stylesheet" type="text/css">
7  </head>
8  <body>
9  <div id="page-wrap">
10   <header>
11     <h1><a href="./"><span>captainis</span></a></h1>
12     <form id="searchform" method="get">
13       <input type="search" placeholder="검색어" class="in_box">
14       <input type="submit" value="검 색" class="smt_btn">
15     </form>
16     <nav>
17       <ul>
18         <li><a href="#">company</a></li>
19         <li><a href="#">products</a></li>
20         <li><a href="#">support</a></li>
21         <li><a href="#">news</a></li>
22         <li><a href="#">blog</a></li>
23       </ul>
24
25     </nav>
26   </header>
27   <div id="main-content">
28     <div id="slider">
29       <img src="images/banner/banner1.jpg">
30     </div>
31     <div id="news">
32       <h2>최신 뉴스 </h2>
33       <ul>
34         <li><a href="#">여기는 최신 뉴스들이 들어갑니다.</a></li>
35         <li><a href="#">여기는 최신 뉴스들이 들어갑니다.</a></li>
36         <li><a href="#">여기는 최신 뉴스들이 들어갑니다.</a></li>
37         <li><a href="#">여기는 최신 뉴스들이 들어갑니다.</a></li>
38         <li><a href="#">여기는 최신 뉴스들이 들어갑니다.</a></li>
39       </ul>
40     </div>
41     <div id="blog_post">
42       <h2>최신 블로그 포스트 </h2>
43       <h3>블로그 제목 </h3>
44       <p>블로그 내용들이 들어가는 곳입니다.
45       Lorem Ipsum is simply dummy text of the printing and typesetting industry.
46       Lorem Ipsum has been the industry's standard dummy text ever since the 1500s,
47       </p>
48     </div>
49     <div id="customer">
50       <img src="images/banner1.gif" alt="고객지원센터" >
51     </div>
52  </div>
53  <div class="clear"></div>
54  <footer>
55     Contact : contact@captainis.com or tel. 82-2-123-4567 fax. 82-2-456-9874<br>
56     All Contents Copyright Captainis Co, ltd.
57  </footer>
58  </div><!-- 여기는 페이지 wrap -->
59  </body>
60  </html>
61
62  </div>
63  </body>
64  </html>
```

이 부분이 header 부분

이 부분은 footer 부분

[그림 3.1-21] HTML 문서 분할하기

이제 index.php 파일을 보면 다음과 같은 형태로 되어 있습니다.

```
<?php include "header.php"; ?>
    <div id="slider">
    … 중간 생략…
<?php include "footer.php"; ?>
```

즉 php include 문을 이용해서 나머지 부분을 포함한 형태입니다. php 코드를 입력할 때는 아래와 같은 형식으로 입력합니다.

```
<?php   php구문 ?>
```

<?php ?> 이 형태를 잘 기억해 두시기 바랍니다. 워드프레스 작업 시 많은 부분에서 사용되는 코드입니다. 직접 여러분이 코드를 개발하진 않지만, php 구문이 어디서부터 시작해서 어디서 끝나는지 알 수 있기 때문입니다.

index.php 파일은 header.php, footer.php와 같이 구성되어 실제 3개의 파일이 같이 움직이게 됩니다. 그리고 새로운 파일을 생성할 때, 파일 이름을 정하고 다음과 같이 구성하면 됩니다.

```
<?php include "header.php"; ?>
       이곳에 해당 HTML 코드를 입력하면 됩니다.
<?php include "footer.php"; ?>
```

3.2 서브 페이지 – 회사 소개 페이지 작업하기

3.2절에서는 완성된 프론트 페이지를 기반으로 회사 소개 페이지를 만들어 보겠습니다. 회사 소개 페이지의 레이아웃은 [그림 3.2-1]을 참조하기 바랍니다.

이제 HTML 편집기에서 빈 파일을 하나 만들어서 company.php라고 파일명을 지정한 후 저장합니다. 그리고 앞서 말한 〈?php include "header.php"; ?〉와 〈?php include "footer.php"; ?〉을 추가합니다.

주의

여러분에게 사이트가 변화되는 모습을 위해서 각각의 예제 파일을 번호순으로 company_0.php, company_1.php라고 하겠으며, 최종 결과는 company.php에서 확인할 수 있습니다.

company.php 내부에는 header와 footer 이외에는 아무것도 없는 상태이며 결과는 [그림 3.2-1]과 같습니다.

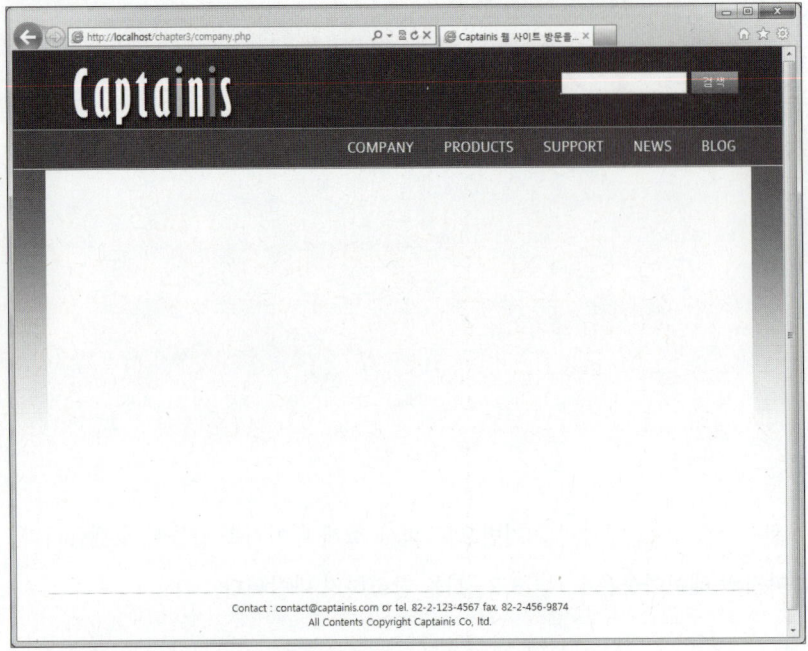

[그림 3.2-1] header와 footer만으로 구성된 company_0.php 화면
chapter3/company_0.php

[그림 3.2-2]는 포토샵을 이용해서 만든 회사 소개 페이지의 레이아웃입니다.

웹사이트 작업에 앞서 미리 포토샵에서 각각 필요한 이미지를 잘라내고, images 폴더에 저장합니다.

[그림 3.2-2] 회사 소개 페이지(회사소개.psd 파일 참조)

[그림 3.2-2]에서 header와 footer를 제외한, 레이아웃을 보면, h1, aside, article 이렇게 3개 부분으로 구성되어 있는 것을 알 수 있습니다.

이제부터는 [그림 3.2-2]를 참조하여 전체적인 레이아웃을 잡아보겠습니다.

[코드 3.2-1] company_1.php의 전체적인 구조

```
<?php include 'header.php'; ?>
  <h1>about company</h1>   <!-- 여기는 각 서브 페이지 별 메인 이미지가 들어가는 부분 -->
    <article>   <!-- 이 부분은 내용이 들어가는 부분 -->
      <h2>회사소개</h2>
      <figure><img src="images/photo1.jpg" width="271" height="181"></figure>
      <p> 내용 생략 </p>
    </article>
<aside>   <!-- 여기는 사이드 바 부분 -->
  <h3>company</h3>
```

3.2 서브 페이지 - 회사 소개 페이지 작업하기　185

```
        <ul>
            <li><a href="#">회사소개</a></li>
            <li><a href="#">회사연혁</a></li>
            .. 중간 생략...
        </ul>
    </asdie>
    <?php include 'footer.php'; ?>
```

[그림 3.2-3]을 보면 [코드 3.2-1]만으로 구성된 사이트의 모습을 볼 수 있습니다.

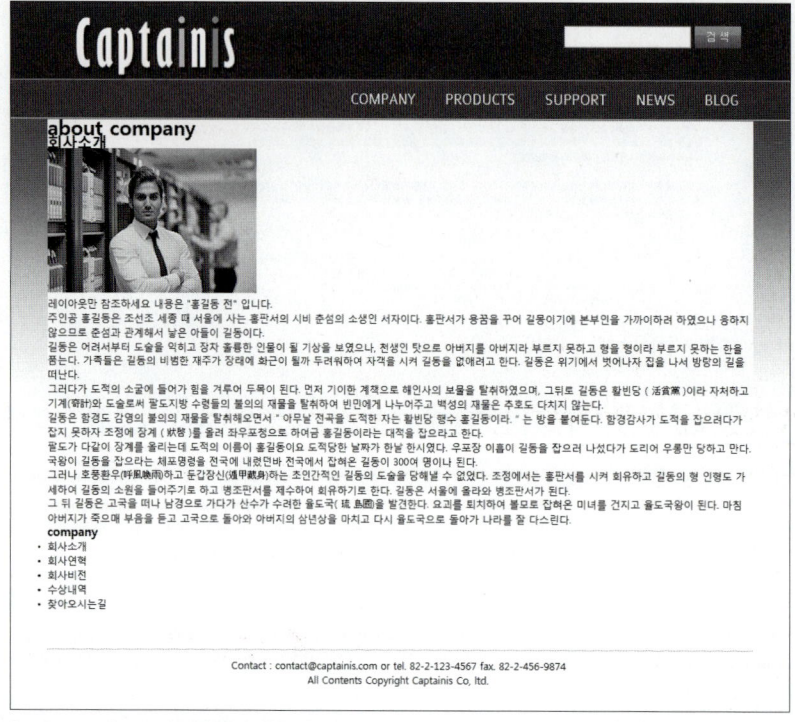

[그림 3.2-3] CSS가 적용되지 않은 사이트의 모습
chapter3/company_1.php

여기서 [그림 3.2-2]를 보다 상세하게 분석해 보겠습니다(그림 3.2-4 참조).

h1 즉 #main-content의 제목이 들어가는 부분인 "about company"는 [그림 3.2-3] 에서는 텍스트로 구성되어 있지만, [그림 3.2-4]에서는 이미지로 구성되어 있는 것을

알 수 있습니다. 이 기법은 3.1장에서 로고를 이미지로 대체하는 방법과 동일한 방법을 사용하겠습니다.

사이드 메뉴가 들어가 있는 `aside` 부분은 화면 왼쪽으로 배치되어 있습니다. 따라서 `float:left`를 적용할 것이며, `article` 부분은 화면 오른쪽으로 배치되어 있기 때문에, `float:right`를 적용하겠습니다. 또한 `aside`에 있는 서브 메뉴는 `list` 타입으로 구성되어 있습니다. 따라서 `ul`과 `li` 태그를 사용해서 구성하겠습니다. `article`에 있는 그림은 `figure` 태그를 이용하여 배치하도록 하겠습니다. 그림이 들어가 있는 `figure` 또한 `float:right`를 적용하면 됩니다.

그리고 〈h1〉about company〈/h1〉 부분은 아이디 선택자를 이용해서 〈h1 id="company_head"〉about company〈/h1〉이라고 변경하도록 하겠습니다.

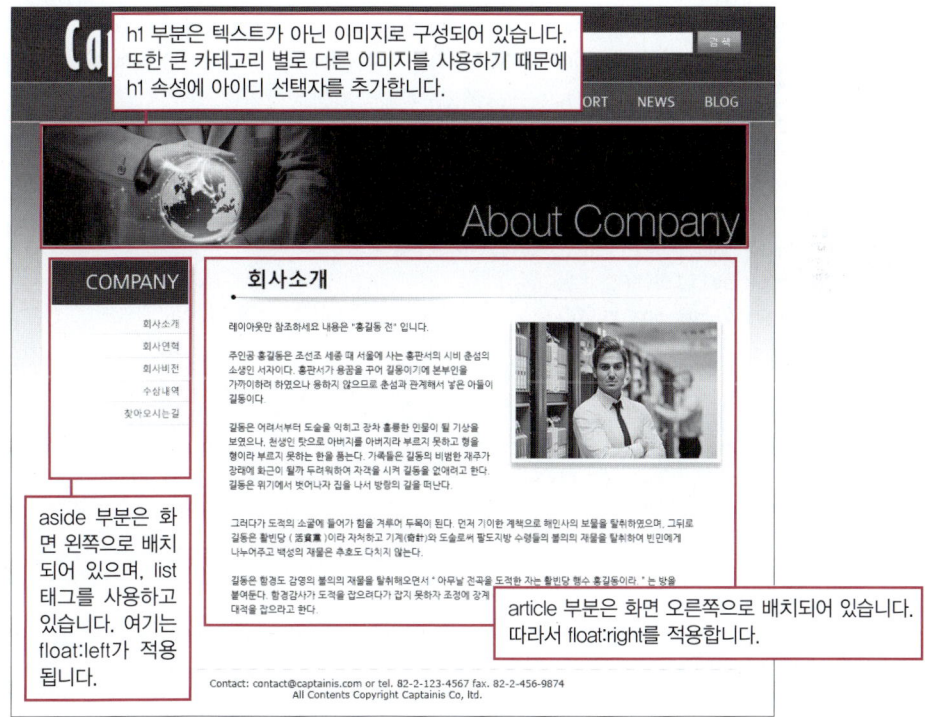

[그림 3.2-4] [그림 3.2-1]을 기반으로 세밀하게 분석한 그림

[그림 3.2-4]와 같은 결과를 위한 CSS 코드는 다음과 같습니다.

[코드 3.2-2] style.css에 article과 aside 그리고 h1에 대한 속성 적용 후 모습

chapter3/css/style_c2.css

```css
... 상단 CSS 생략 ...
h1#company_head{   /* h1 제목이 들어가는 부분에 대한 속성 적용 */
    width: 911px; height: 175px;
    background-repeat:no-repeat; background-position:left top;
    margin-left:1px;
    text-indent:-9999px;   /* 이 속성이 텍스트를 감춰주는 역할을 함 */
}
/* 이렇게 따로 분리한 이유는 각 서브 페이지마다 서로 다른 배경 이미지를 사용하기 때문임 */
h1#company_head {background-image: url(../images/compnay_back.jpg);}
article { /* article 부분은 float:right를 이용하여 배치하고 width를 설정함 */
    float:right; text-align:left; width:680px;
}
article h2{ /* article에 있는 제목 부분을 배경 이미지를 이용하여 장식 처리 */
    background:url(../images/article_h2_back.png) no-repeat left 40px;
    height:50px; font-size:26px;padding:8px 0 0 10px;
}
article figure { /* article 내부에 있는 이미지 위치 설정 및 마진을 이용하여 보기 좋게 배치 */
    float:right;
    margin:10px 30px;
}
article figure img { /* figure 태그 내부에 있는 img 속성 지정 */
    border:5px solid #FFF;
    box-shadow:0 8px 8px #CCCCCC;
}
article p { /* article 내의 p 태그 설정 */
    margin:20px 5px;
}
aside {  /* 사이드 메뉴가 들어가 있는 부분 설정 */
    float:left;   /* 왼쪽으로 배치 */
    width:180px; /* width 설정 */
    margin:0 ;
    padding:5px 10px;
    background:url(../images/aside_back.png) no-repeat right top;
    min-height:300px; /*사이드 메뉴의 최소 높이 설정으로 사이드 메뉴의 배경이 전부 보이게끔 처리함 */
}
aside h3 {  /* 사이드 메뉴에 있는 제목 설정 */
    height:36px; font-size:25px; text-align:right; font-weight:normal;
color:#FFF;
```

```
        background-color:#362f2d; text-transform:uppercase; padding:5px 10px 0 0;
        margin:-2px 0 0 2px;
}
aside ul {  /* 사이드 메뉴의 리스트 속성 적용 */
        list-style:none; text-align:right; margin-top:20px;
}
aside li {  /* 리스트 속성 중 li 부분에 배경 이미지를 이용해서 밑줄을 처리함 */
        margin: 10px 0;
        background:url(../images/h_line.png) no-repeat right bottom;
        height:22px;
}
aside li a {  /* 사이드 메뉴의 링크 부분에 대한 값 설정 */
        padding-right:10px; display:block;
}
```

[코드 3.2-2]의 CSS 속성을 적용하게 되면 [그림 3.2-5]와 같은 사이트가 생성됩니다.

[그림 3.2-5] 회사 소개 페이지 완성
chapter3/company_2.php

이제 마지막으로 사이드 메뉴 부분만을 분리해서 따로 저장하고 회사소개 페이지 작업을 마치도록 하겠습니다.

작업하는 company_2.php 내부에서 다음의 코드를 잘라내서 새로운 문서에 붙여 놓고 sidebar-company.php 파일로 저장합니다.

```
<aside>
    <h3>company</h3>
    <ul>
        <li><a href="#">회사소개</a></li>
        … 중간 생략 …
        <li><a href="#">찾아오시는길</a></li>
    </ul>
</aside>
```

이렇게 따로 사이드 메뉴 부분을 저장하게 되면 company.php 파일 내부는 다음과 같은 형태가 됩니다.

```
<?php include 'header.php'; ?>
    <h1 id="compnay_head">about company</h1>
        <article>
            <h2>회사소개</h2>
            <figure><img src="images/photo1.jpg" width="271" height="181"></figure>
            … 내용 생략 …
        </article>
<?php include 'sidebar-company.php'; ?>
<?php include 'footer.php'; ?>
```

코드를 보면 아주 간편하게 구성되어 있는 것을 알 수 있습니다. 따라서 나머지 회사 소개 내의 다른 페이지는 〈article〉…〈/article〉 내부만 변경해서, 다른 이름으로 저장하면 됩니다.

거의 모든 웹사이트들은 이런 모듈 방식으로 작업하게 됩니다. 이렇게 모듈로 쪼개 넣으면, header 부분에서 수정할 내용이 발생할 경우 header.php 파일 하나만 수정하면 모든 웹사이트에 수정한 내용이 적용되기 때문입니다.

회사 소개 페이지까지 만든 과정을 전부 이해하신다면, 나머지 제품 소개 부분과 뉴스 그리고 블로그 페이지 만드는 것도 어렵지 않은데, 그 이유는 전체적인 레이아웃들이 거의 비슷하기 때문입니다.

3.3 서브 페이지 – 제품 소개 페이지 작업하기

3.3절에서는 제품 소개 페이지를 만들어 보겠습니다.

제품 소개 페이지는 제품 리스트 페이지와 제품에 대한 상세 페이지로 구성되어 있습니다. [그림 3.3-1]은 제품의 리스트 페이지이며, [그림 3.3-2]는 제품 상세 페이지입니다. 이렇게 2개의 페이지를 만들 예정입니다.

3.2절에서는 회사 소개 페이지를 만들었는데, 가장 기본적인 레이아웃은 3.2절에서 전부 만들었기 때문에 제품 소개 페이지 또한 기본적인 형태는 전부 만들어진 것과 다름 없습니다.

먼저 products.php란 빈 파일을 하나 만들고 내부에 다음과 같은 코드를 넣습니다.

```php
<?php include 'header.php'; ?>
<h1 id="pro_head">products</h1>
    여기는 내용이 들어가는 부분
<?php include 'sidebar-pro.php'; ?>
<?php include 'footer.php'; ?>
```

위의 코드에서 sidebar-pro.php 파일은 sidebar-company.php 파일을 다른 이름으로 저장하고 li에 있는 메뉴명만 변경하고 저장하면 됩니다.

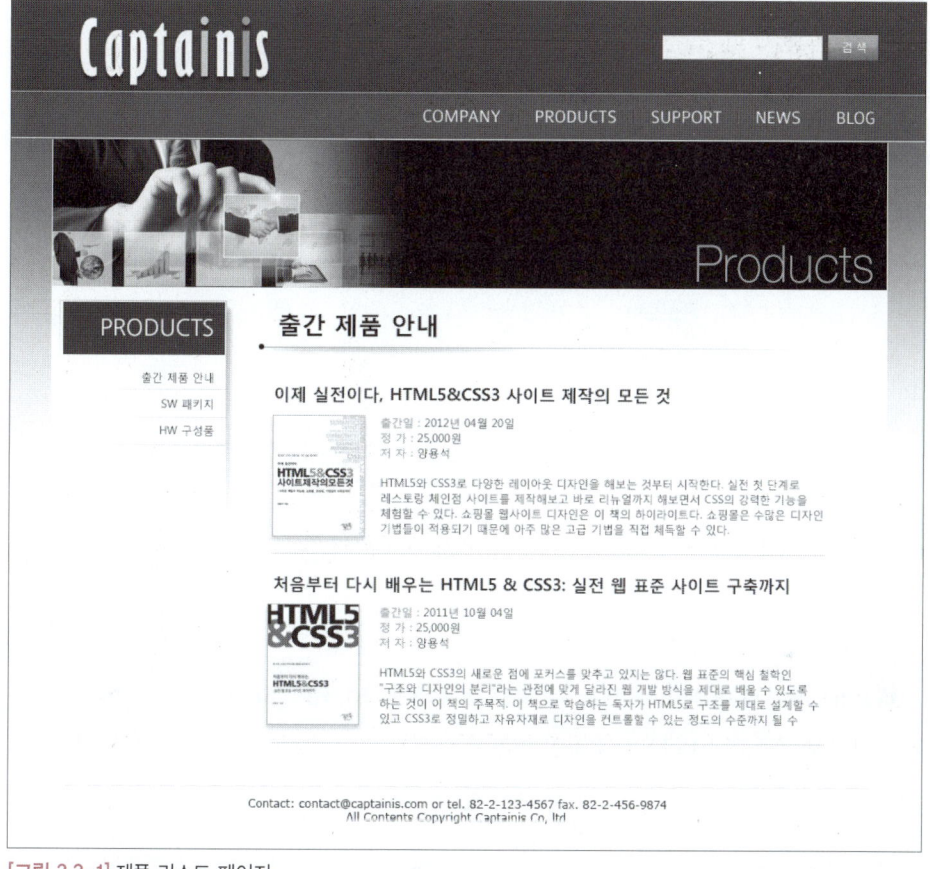

[그림 3.3-1] 제품 리스트 페이지

[그림 3.3-2]제품 상세 페이지

그리고 h1 부분에 대해서 아이디 선택자를 적용하여 〈h1 id="pro_head"〉products〈/h1〉 이렇게 해주고, style.css 파일 내부에 다음과 같이 속성을 정의해 주면 됩니다. h1에 대한 속성을 미리 CSS에서 정의해 주면 좋습니다.

```
h1#compnay_head, h1#pro_head{
    width:911px;
      .. 중간 생략...
    text-indent:-9999px;
}
h1#pro_head {background-image:url(../images/pro_back.jpg);}
```

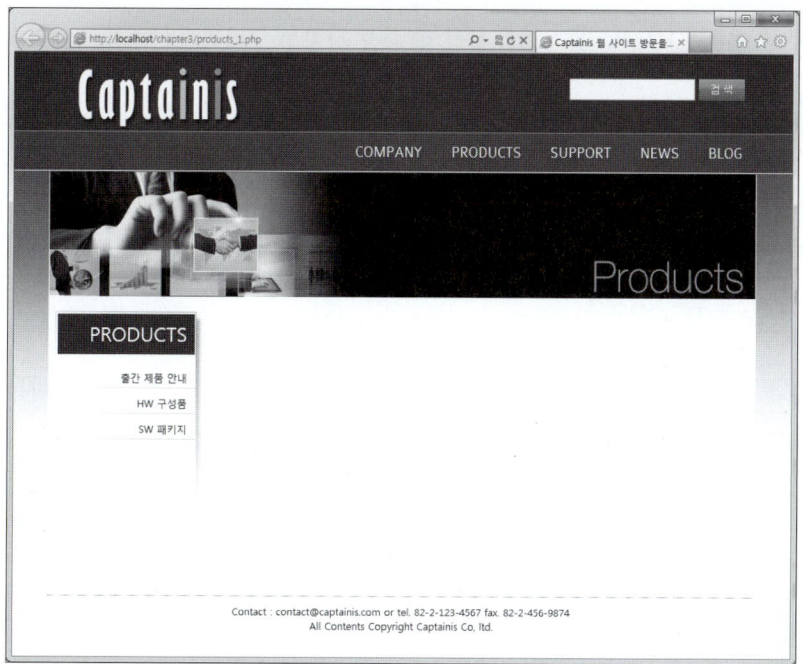

[그림 3.3-3] 제품 소개 페이지 레이아웃 완성
chapter3/products_1.php

이렇게 사이트의 레이아웃을 잡을 때, `header.php`, `footer.php`, `sidebar.php`와 같이 사이트에서 공통적으로 사용하는 부분은 모듈화 하여 하나의 페이지에서 불러오게 되면, 사이트의 코드도 아주 깔끔해지고 빠른 시간에 하나의 페이지를 만들 수 있으며, 공통 모듈에서 수정할 사항이 있을 경우 해당 파일만 수정해 주면 모든 웹 페이지에 적용이 됩니다.

[그림 3.3-1]을 참조하여 제품 리스트 부분을 하나씩 분석해 보도록 하겠습니다.

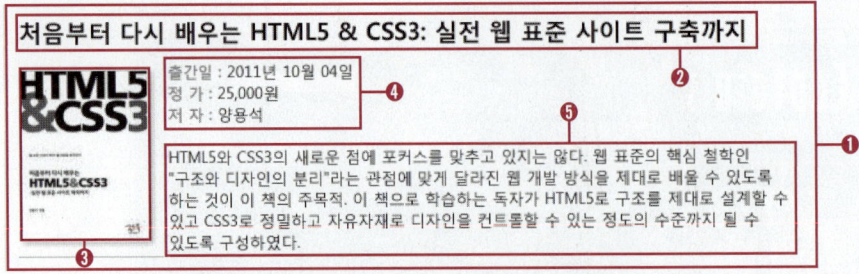

[그림 3.3-4] 제품 리스트 부분 상세 분석

먼저 ❶ 부분은 제목과 책 이미지 그리고 출간일 등의 정보와 상세 정보를 전부 감싸는 역할을 하는 곳입니다. 이 곳을 〈div id="book"〉〈/div〉로 감싸 줍니다.

그리고 ❷는 제목으로 〈h3〉 태그를 이용하여 감싸주며, 제목이기 때문에 상세 페이지로 가는 링크가 걸리는 곳입니다.

❸번 항목은 책의 이미지가 들어가는 곳으로 〈figure〉 태그를 사용하도록 하겠습니다.

❹번 항목은 책에 대한 정보가 들어가는 곳으로 출간일 등의 정보가 들어갑니다. 이 부분은 리스트 태그를 이용해서 처리합니다.

❺번 항목은 책에 대한 짧은 설명이 들어가는 곳입니다. 이 곳은 p 태그를 이용해서 처리합니다.

따라서 HTML 코드는 다음과 같습니다.

[코드 3.3-1] 제품 리스트 페이지에 대한 소스코드

chapter3/products_2.php

```
<?php include 'header_p1.php'; ?>
    <h1 id="pro_head">products</h1>
    <article>
        <h2>출간 제품 안내</h2>
<div id="book">   <!-- ①번 항목 부분 -->
        <h3><a href="products_detail.php">처음부터 다시 배우는 HTML5 &amp; CSS3: 실
전 웹 표준 사이트 구축까지</a>  </h3>   <!-- ②번 항목 부분 -->
        <figure><img src="images/book/html5_s.jpg"></figure>   <!-- ③번 항목 부분
```

```
                -->
        <ul> <!-- ④번 항목 부분 -->
            <li><span>출간일 :</span> 2011년 10월 04일</li>
            <li><span>정 가 :</span> 25,000원 </li>
            <li><span>저 자 :</span> 양용석</li>
        </ul>
        <p>HTML5와 CSS3의 ... 중간 생략... 였다. </p> <!-- ⑤번 항목 부분 -->
    </div>
</article>
 <?php include 'sidebar-pro.php'; ?>
 <?php include 'footer.php'; ?>
```

[그림 3.3-5]를 보면 회사 소개 페이지에서 적용한 CSS 속성을 상속 받아서 책 이미지는 화면 오른쪽에 위치해 있으며, 나머지 리스트 부분 또한 원하는 방식처럼 디자인이 되지 않았습니다. 이제 이 부분에 대한 CSS 즉 스타일을 입혀서 제대로 된 페이지로 디자인 해보도록 하겠습니다.

그리고 리스트 태그에서, 〈li〉〈span〉출간일 :〈/span〉 2011년 10월 04일〈/li〉 이렇게 출간일 부분을 〈span〉으로 감싼 이유는 따로 스타일 속성을 적용하기 위함입니다. div와 span 태그는 웹 문서에서 아무런 역할을 하지 않지만, span은 인라인 속성을 div는 블록 속성을 가진다는 것을 다시 한 번 기억해주세요.

Q&A

Q. 제품 상세 페이지는 디자인시에 DB는 고려할 필요가 없는지요?
A. 디자인 작업을 할 때는 DB에 대한 고려는 필요 없습니다. 오히려 사이트 기획시 DB에 대한 고려를 해야 하는 것입니다. 미리 사이트를 기획할 때 DB 설계를 제대로 구성하였다면, 디자인할 때는 설계된 DB에 따라 디자인을 하면 되는 것입니다.

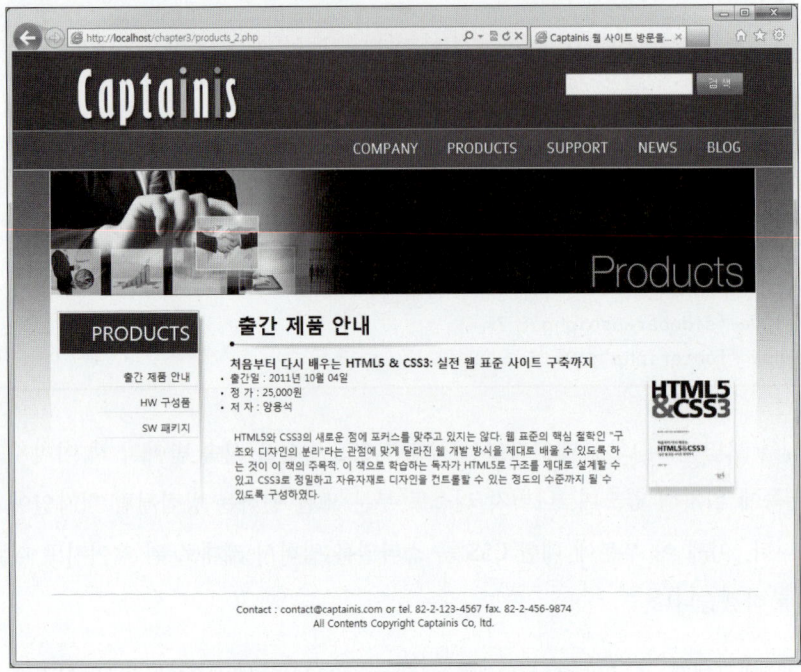

[그림 3.3-5] [코드 3.3-1]에 의한 제품 리스트 페이지(현재 CSS 미적용)
chapter3/products_2.php

[코드 3.3-2] 제품 리스트 부분 스타일 적용

chapter3/css/style3.3-2.css

```css
#book  {  /* book 부분에 대해서 높이를 지정하고 박스 하단에만 선을 넣어줌 */
    border-bottom:1px solid #CCC;
    height:180px;
}
#book h3 {  /* 제목 부분 설정 */
    font-size:18px;
    margin:5px 0;
}
#book figure {  /* 책 이미지 위치는 왼쪽으로 지정하고 마진값 설정 */
    float:left;
    margin:5px 15px 5px 2px;
}
#book figure img { /* 이미지에 대해서 테두리 설정, 박스 그림자 설정 */
    border:1px solid #CCC;
    box-shadow:0 3px 5px #CCCCCC;
}
```

```
#book ul{  /* 리스트 스타일은 제거 */
    list-style:none ;
}
#book li span {  /* span 부분에 대한 처리로 색상을 지정하고, 폰트는 볼드체로, 그리고 width를 지정하여
간격을 일정하게 유지함. 그리고 float:left 처리 해줌. float:left를 적용해 줘야 하는 이유가 궁금하신 분은 소
스 파일에서 float:left를 제거해보면 알 수 있습니다. */
    color:#F60;
    font-weight:bold;
    display:block;
    width:55px;
    float:left;
}
#book p {   /* 책 내용 부분 p 값 설정 */
    margin:5px;
}
```

[그림 3.3-6]에서 CSS 적용 후 모습을 확인할 수 있습니다.

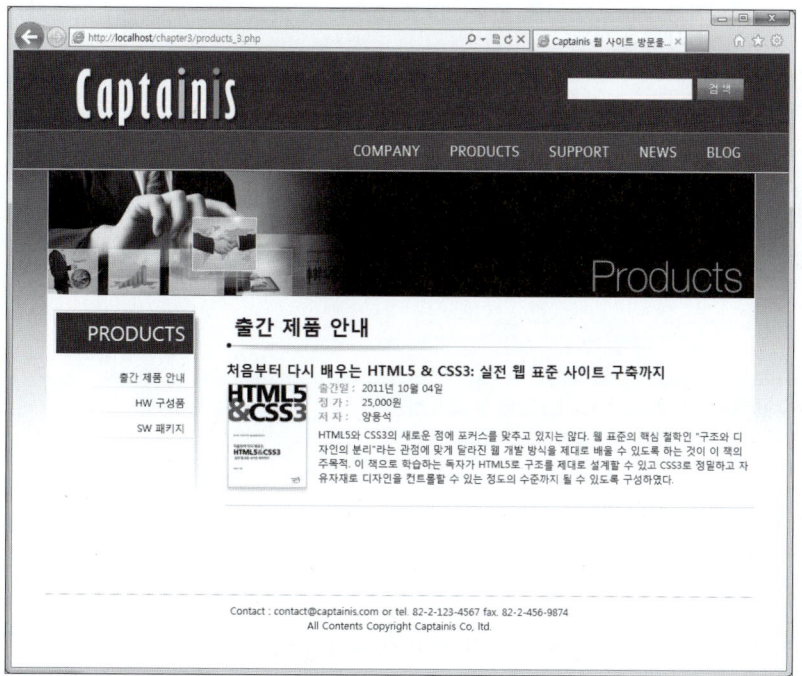

[그림 3.3-6] [코드 3.3-2]에 의한 제품 리스트 페이지(CSS 적용 후 모습)
chapter3/products_3.php

이제 제품이 추가되는 경우 `<div id="book"></div>` 부분을 반복하고, 이미지와 제목 그리고 내용 부분만 수정해 주면 됩니다. [그림 3.3-7]을 보면 `<div id="book"></div>`을 그대로 복사해서 붙이기 한 결과 화면을 볼 수 있습니다.

여기에다 해당 이미지와 내용만 수정하면 원하는 페이지를 만들 수 있습니다.

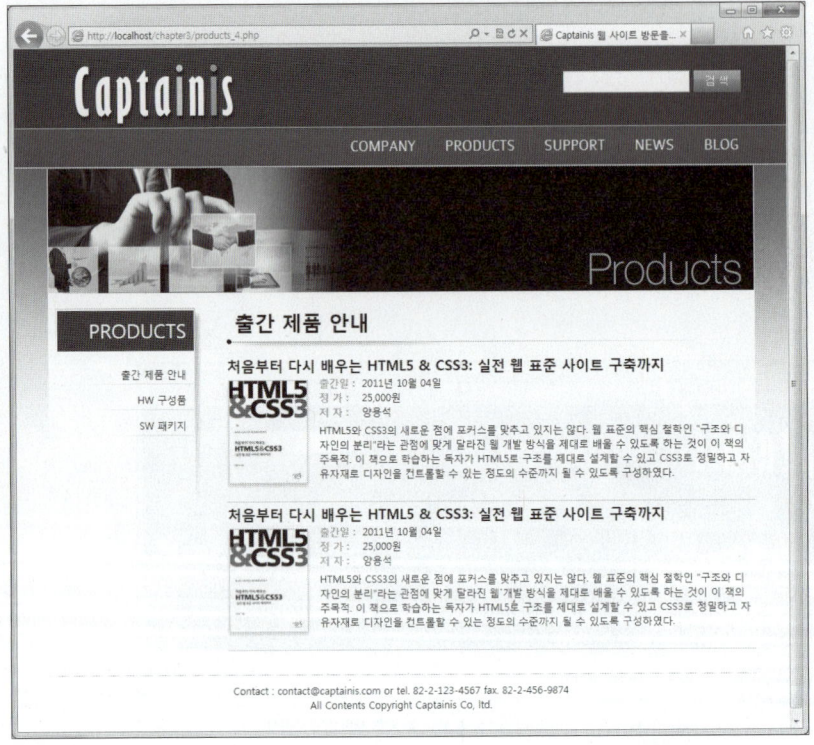

[그림 3.3-7] `<div id="book">` 부분을 copy & paste 한 결과 화면
chapter3/products_4.php

이제 제품 소개 페이지의 마지막 부분인 제품 상세 페이지를 작업해 보도록 하겠습니다.

제품 상세 페이지는 제품 리스트 페이지와 구성이 거의 비슷합니다. 따라서 제품 상세 페이지를 기반으로 레이아웃(그림 3.3-2)을 잡고 작업하면 됩니다.

먼저 products.php를 다른 이름 products_detail.php로 저장합니다. 그리고 <div id="book">을 <div id="book_detail">로 바꿔줍니다. 나머지 부분은 거의 products.php와 비슷하지만 리스트에 있는 부분과 책 소개 있는 부분에 <div class="clear"></div>를 추가해서 확실하게 분리해 줍니다.

[코드 3.3-3] products_detail.php의 내부 HTML 구조

```html
.. 상단 생략...
<div id="book_detail">
        <h3>처음부터 다시 배우는 HTML5 &amp; CSS3: 실전 웹 표준 사이트 구축까지</h3>
        <figure><img src="images/book/html5.jpg"></figure>
        <ul>
          <li><span>출간일 :</span> 2011년 10월 04일</li>
          … 중간 생략…
          <li><span>규격 :</span> 190*244mm</li>
        </ul>
        <div class="clear"></div>
        <h4>책소개</h4>
        <p>HTML5와 … 중간 생략 …구축해본다. </p>
        <h4>저자소개</h4>
        <h5>저자 : 양용석</h5>
        <p>두산정보통신 … 중간 생략 … 살고 있다.</p>
</div>
… 하단 생략 …
```

이제 CSS를 이용하여 디자인을 적용해 주면 제품 소개 페이지까지 모든 작업이 끝나게 됩니다.

[코드 3.3-4] style.css에서 제품과 제품 상세 페이지와 연관된 CSS 코드

```css
… 상단 생략….
#book h3 {font-size:18px; margin:5px 0;}
#book_detail {height:auto;}
#book_detail h3 {font-size:20px; margin:10px 0;}
#book figure, #book_detail figure {float:left;margin:5px 15px 5px 2px;}
#book figure img, #book_detail figure img{
    border:1px solid #CCC;
    box-shadow:0 3px 5px #CCCCCC;
}
```

```css
#book ul, #book_detail ul{list-style:none;}
#book_detail ul {float:left; margin-left:20px;}
#book_detail li {line-height:2em;}
#book li span, #book_detail li span {color:#F60; font-weight:bold;
display:block; width:55px; float:left;}
#book p {margin:5px;}
#book_detail h4 {font-size:18px; margin:0; color:#2ba6e8; padding-
bottom:5px; border-bottom:1px dotted #000;}
#book_detail h5 {font-size:20px; font-weight:normal;}
#book_detail p {margin:5px 10px 20px 0; padding:0; line-height:1.8em;}
```

[코드 3.3-4]는 자세한 설명은 생략하겠습니다. 별색으로 표시한 부분이 제품 상세 페이지와 연동되어 작동하는 스타일인데, 많은 부분이 제품 리스트 페이지와 동일한 속성을 지니기 때문에 그룹 선택자를 이용해서 묶었습니다.

[그림 3.3-8] 제품 상세 페이지
chapter3/products_detail.php

여기까지가 제품 안내 페이지입니다. 별로 어렵지 않습니다. 이 모양 그대로 워드프레스에 적용시킬 것이기 때문에 어떻게 해서 이렇게 만들었지, 하는 의문을 가지시면 안 됩니다. 어려운 부분은 별로 없고 포토샵을 이용해 레이아웃을 만든 후 HTML 코드와 CSS를 이용해서 작업한 것입니다.

이제 3.4절에서 News 부분과 블로그 부분에 대한 작업을 진행하도록 하겠습니다. 3.3절을 확실하게 이해하셨다면, 뉴스와 블로그 부분은 제품 안내 페이지 작업보다 더 쉽습니다.

3.4 서브페이지 디자인 – 뉴스 및 블로그 페이지 작업하기

3.4절에서는 뉴스 및 블로그 페이지 디자인을 적용하도록 하겠습니다.

뉴스의 경우 사이드 바 디자인이 이전 회사소개 및 제품소개 페이지와 동일하기 때문에 별 다른 어려움은 없습니다. 블로그 페이지 역시 이전 사이드 바 디자인과는 조금 다른 형태를 보이기 때문에 별도의 사이드 바를 만들어야 하지만, 이것도 별 어려운 부분은 없습니다.

뉴스 페이지의 사이드 바는 이전에 만들었던 회사소개 및 제품소개 페이지와 동일한 디자인이기 때문에 별도로 만드는 방법에 대해선 설명하진 않겠습니다. 다만 뉴스에 사용되는 사이드 바 이름을 **sidebar-news.php**로 지정하고, 제목만 수정하도록 하겠습니다. 블로그 부분은 기존 사이드 바와는 디자인이 다르기 때문에 그 부분에 대한 설명만 추가할 것입니다.

[그림 3.4-1] 뉴스 리스트 페이지

[그림 3.4-1]을 보면 뉴스 리스트 페이지를 볼 수 있는데, 뉴스의 제목과 뉴스 게시일 및 뉴스 내용의 일부가 보이는 형태로 구성되어 있습니다.

3.3절에서 제품 소개 페이지와는 달리 이 부분 전체는 리스트 스타일로 구성해 보겠습니다. 3.3절도 리스트 스타일로 구성해도 되는데, 이 책에서는 다양한 방법으로 사이트 만드는 법을 배울 수 있도록 하고 있습니다.

아래의 코드를 보면, 리스트 스타일을 이용해서 구성되어 있는 것을 알 수 있습니다.

[코드 3.4-1] news.php의 내부 구조

```
<?php include 'header.php'; ?>
    <h1 id="news_head">news</h1>   <!-- 이미지 처리되는 부분 -->
    <article><h2>News</h2>
        <ul id="news_content">  <!-- 전체 리스트 부분을 아이디 선택자로 정의해 줌 -->
```

3.4 서브페이지 디자인 - 뉴스 및 블로그 페이지 작업하기 205

```html
        <li>
            <h3 class="news_title"><a href="news_detail.php">뉴스의 제목이 들어갑니다.</a></h3>
            <div class="meta_news">2012/9/27</div>    <!-- 뉴스 게시된 날짜 표시 -->
            <div class="clear"></div>    <!-- clear를 이용하여 제목 부분과 본문 분리 -->
            <p> 이 때, 길동이 ... 중간 생략... 가로되.</p>
        </li>
        <li> ... 내용 반복 ... </li>
    </ul>
... 하단 코드 생략...
```

그리고 뉴스 상세 페이지의 HTML 소스코드는 [코드 3.4-2]와 같습니다.

[코드 3.4-2] news_detail.php의 내부 구조

```html
<?php include 'header.php'; ?>
    <h1 id="news_head">news</h1>      <!-- 이미지 처리 부분 -->
    <article>
        <h2 class="n_title">뉴스의 제목이 들어갑니다.</h2>  <!-- 뉴스 제목 들어가는 부분 -->
            <div class="meta"> <!-- 작성일과 작성자 들어가는 부분 -->
                <span class="dfcolor">작성일:</span>   2012/9/27
                <span class="dfcolor">작성자 :</span> 관리자
            </div>
            <p> 이 때, ... 중간 생략...</p>
    </article>
.. ... 하단 코드 생략...
```

[코드 3.4-1]과 [코드 3.4-2]를 보면 별 특이사항이 없습니다. 아주 단순한 웹 문서 구조를 지녔습니다. 다만 뉴스에는 작성일과 작성자가 표시되는 부분이 있는데, news.php에서는 `<div class="meta_news">`로 처리하고 news_list.php 부분에는 `<div class="meta">`로 처리하여 서로 다른 클래스를 적용한 차이입니다.

물론 news.php에는 날짜만 나오지만, news_list.php에는 작성일과 작성자 표시까지 나온다는 차이는 있습니다.

이 부분을 CSS를 적용하여 의도한 디자인으로 적용해 보겠습니다.

[코드 3.4-3] style.css에서 뉴스 부분에 대한 처리

```
.. 상단 CSS 코드 생략 ...
ul#news_content{list-style:none; margin:0 5px; width:auto}
/* 뉴스 리스트 부분에 대한 처리를 해줍니다. 불렛 이미지는 없애고, 길이는 auto를 적용했습니다. 그리고 마진을 이용
해서 전체적인 간격을 설정해 줬습니다. */
ul#news_content li{border-bottom:1px dotted #ccc;}
/* 각 뉴스의 리스트 부분의 구분선을 border-bottom을 이용해서 처리합니다. */
ul#news_content li:hover{background-color:rgba(204,204,204,0.3);}
/* 뉴스가 들어가 있는 부분에 마우스 커서를 올리면 배경색이 변하게 처리하였습니다. rgba 값을 적용하였기 때문에
IE9 이하의 브라우저에서는 효과가 나타나지 않습니다. */
ul#news_content li:last-child{border-bottom:none}
/* 뉴스 리스트 마지막 부분에는 border-bottom을 제거한 것입니다. 하지만 이것도 CSS3의 속성이기 때문에
CSS3가 지원되지 않는 브라우저에서는 효과가 나타나질 않습니다. */
ul#news_content h3.news_title{margin:10px 0 0 0; float:left;}
/* 뉴스 리스트 제목에 상단 마진을 적용하고, 왼쪽으로 float 시켰습니다. */
ul#news_content h3.news_title a{color:#F30}  /* 뉴스 리스트 제목 링크색을 적용합니다. */
ul#news_content p{padding:5px 10px 10px 0; margin:0}
.meta, .meta_news{margin:0; padding:7px 10px 0 0; text-align:right;}  /* 게시
물 작성일자 부분 값을 지정합니다. */
.meta span.dfcolor{color:#36F;}  /* 게시물 작성일자 부분과 게시물 작성자가 표시되는 부분에 대한 색
을 구분해 줍니다. */
... 하단 CSS 코드 생략 ...
```

여기서 잠깐

CSS 코드 압축

[코드 3.4-3]을 보면 CSS 코드들이 전부 한 줄로 되어 있는 것을 볼 수 있습니다. 이렇게 CSS 속성을 한 줄로 적는 것을 압축이라고 합니다. 영어로는 minimized라고 표현을 하는데, 이렇게 하는 이유는 브라우저의 속도 때문입니다. 즉 CSS나 HTML 문서에서 각 단어의 간격이 넓으면 넓을수록 브라우저가 해당 코드를 읽는 속도가 조금은 더 걸리게 마련입니다(사실 차이는 아주 미미합니다). 따라서 코드를 조금 압축시킬 필요가 있어, 향후 많은 수정이 가해질 필요가 없는 CSS 코드인 경우 이렇게 한 줄로 처리하는 것이 속도적인 측면에서 조금 유리합니다. 또한 해당 CSS 코드가 조금은 더 깔끔해 보이는 효과도 있습니다. 다만 공동 작업을 할 경우에는 확실한 주석 처리가 반드시 필요합니다.

[그림 3.4-2] 뉴스 상세 페이지 화면
chapter3/news-detail.php

[그림 3.4-2]를 보면 뉴스 상세 페이지 화면을 보실 수 있습니다. 자세한 소스는 chapter3/news.php와 chapter3/news_detail.php에서 확인 가능합니다.

이제 페이지 작업의 마지막으로 블로그 페이지를 확인하도록 하겠습니다.

블로그 페이지의 구조는 뉴스 페이지와 별 다른 차이점은 없습니다만, 사이드 바 부분이 뉴스와 달리 일반적인 블로그 형태로 구성하도록 하겠습니다. 그리고 블로그에는 댓글(코멘트)을 달 수 있는 기능이 있기 때문에 뉴스와는 달리 고객과 일대일 소통이 가능하다는 차이점이 있습니다. 따라서 댓글이 들어가는 부분도 염두에 두고 작업해야 합니다.

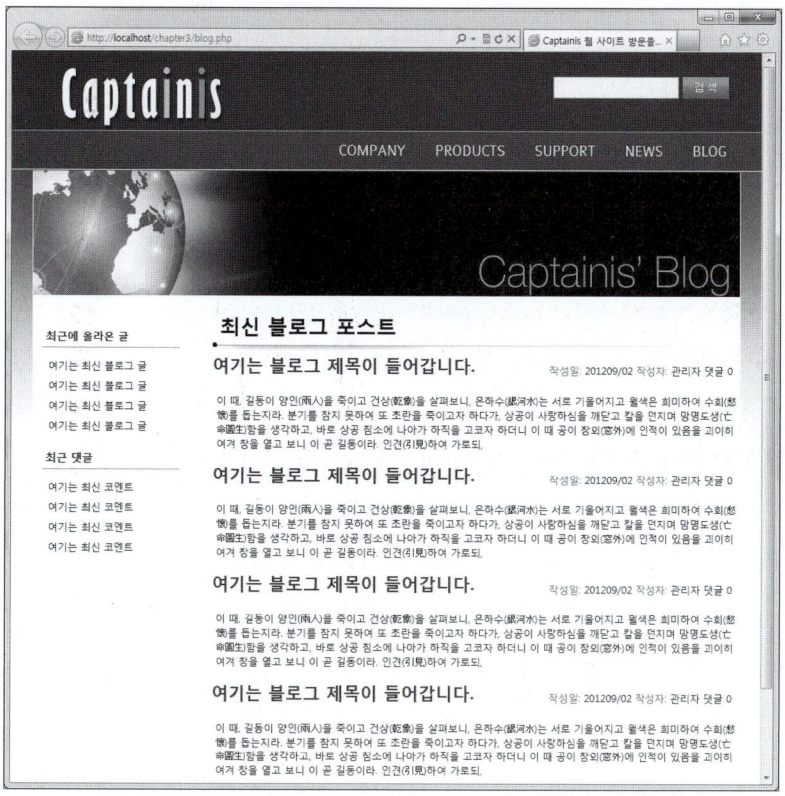

[그림 3.4-3] 블로그 페이지의 레이아웃 모습

[그림 3.4-3]을 보면 전체적인 레이아웃은 뉴스 페이지와 유사하지만, 사이드 바 부분과 작성자 옆에 댓글 표시가 있다는 것에서 차이가 있습니다. 그리고 사이드 바 부분에는 많은 내용이 없습니다만, 실제 워드프레스 작업 시에는 위젯 기능을 이용해서 사이드 바 부분에 많은 기능을 추가할 것입니다. 따라서 레이아웃 작업에서는 기본 몇 가지 내용만 넣고 CSS를 이용해서 디자인을 잡아 주는 것까지만 처리하면 됩니다.

[그림 3.4-4]를 보면 블로그 상세 페이지를 볼 수 있는데, 블로그 상세 페이지는 다른 페이지와 달리 댓글 기능이 들어가 있습니다.

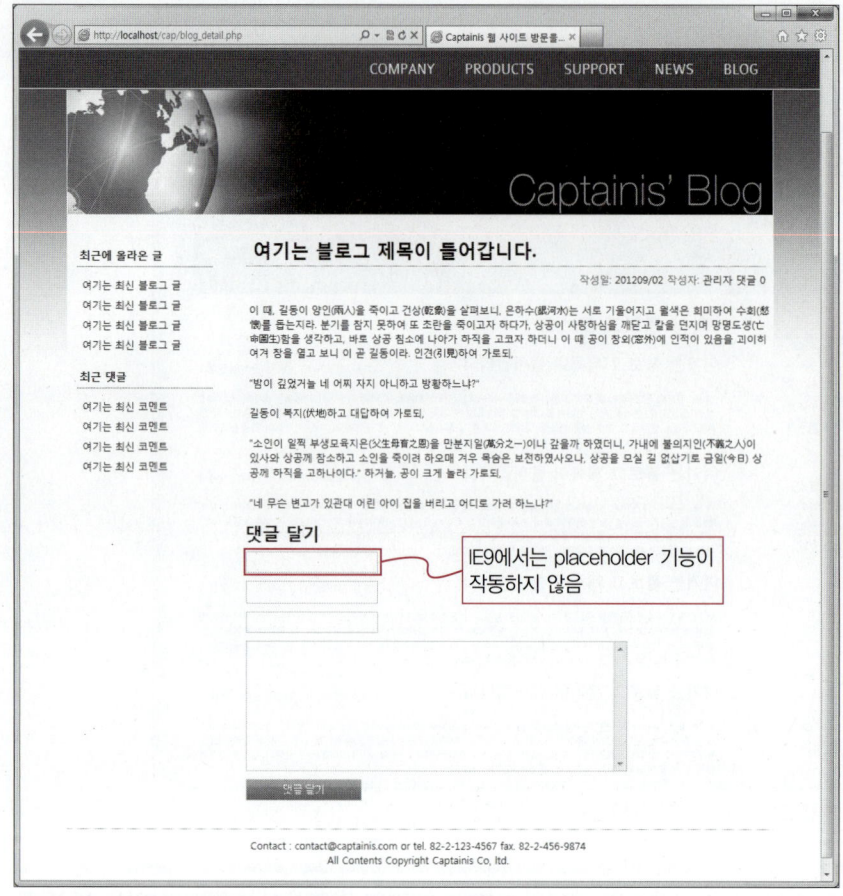

[그림 3.4-4] 블로그 상세 페이지 모습

현재 IE9에서는 placeholder 기능이 작동하지 않아서 form 양식 내부에 아무런 내용도 없지만 사실 IE 계열을 제외한 브라우저에서는 placeholder 기능이 작동하기 때문에 [그림 3.4-5]와 같은 모습으로 보입니다. 하지만 IE 계열에서도 자바스크립트를 사용하게 되면 placeholder 기능을 사용할 수 있기 때문에, 여기서는 전체적인 레이아웃만 보기 바랍니다.

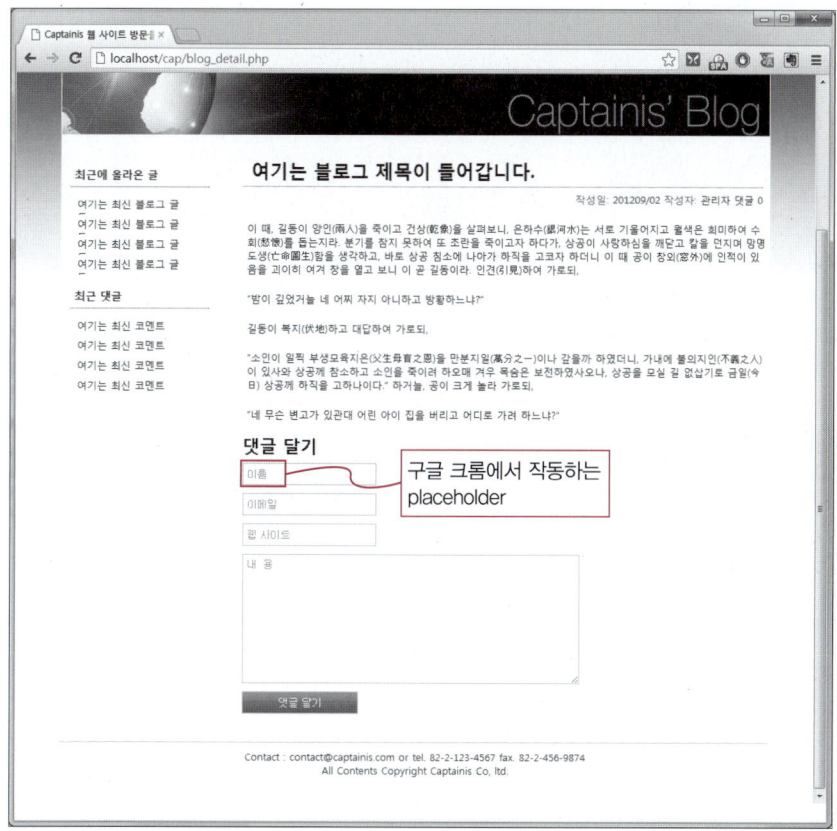

[그림 3.4-5] 구글 크롬에서 placeholder 기능이 작동되고 있음

또한 [그림 3.4-4]와 [그림 3.4-5]에서는 댓글이 들어가 있는 모습이 보이진 않는데, 댓글이 들어간 모습은 실제 워드프레스로 사이트로 개발할 때 처리 방법을 알려드리겠습니다. 3장의 주요 목표는 사이트의 전체 레이아웃과 디자인을 잡는 것이 핵심이고 따라서 3장에서 전체적인 레이아웃 구성과 그에 따른 CSS 구성을 확실하게 마무리하지 않게 되면, 실제 워드프레스 작업할 때 어려움을 겪을 수 있기 때문입니다.

블로그 부분에 대한 레이아웃 설명과 CSS 부분에 대한 설명은 따로 하진 않겠습니다.

chapter3/blog.php 파일과 chapter3/blog_detail.php 소스 파일을 확인하시고, chapter3/css/style.css 파일을 열어서 보면, 필자가 주석 처리한 부분을 보면 충분히 이해할 수 있을 것입니다.

마지막으로 사이트에 jQuery를 추가하여, 프론트 페이지에 애니메이션을 추가하고, IE 계열 브라우저에서 placeholder 기능을 추가해 보도록 하겠습니다.

Q&A

Q. CSS로 작업할 때 백지 상태에서 CSS 코드를 하나하나 타이핑해야 하나요? 현업에서는 어떻게 하는지요? 물론 배울 때는 하나하나 해봐야겠죠?

A. 현업에서도 백지 상태에서 CSS 코드를 하나씩 타이핑해야 합니다. 고된 작업이지만, 현실적으로 자동화 해 줄 수 있는 방법이 없습니다. 물론 WISIWIG 에디터를 이용하면 어느 정도 CSS 코드를 자동적으로 생성해 주기도 합니다만, 그렇게 작업하게 되면, 쓸데 없는 코드가 너무 많이 생성되기 때문에, 수작업으로 하는 것이 업무의 효율성에도 좋고 CSS 작업이 익숙해지면, 수동으로 작업하는 것이 더 편리합니다.

3.5 웹사이트에 jQuery 적용하기

jQuery는 현재 인터넷 상에서 가장 많이 사용하는 자바스크립트 프레임워크입니다. 가볍고, 사용법이 쉽고, 또한 무수히 많은 소스코드들이 공개되어 있어, 초보자도 누구나 손쉽게 jQuery를 웹 사이트에 적용할 수 있습니다.

3장에서 개발하는 웹사이트도 프론트 페이지 부분에 slide 애니메이션을 jQuery를 이용하여 만들어 보겠습니다. 직접 개발하는 것은 아니고, 현재 웹 상에서 가장 유명한 jQuery 슬라이드 툴인 Nivo slider를 사용하도록 하겠습니다.

Q&A

Q. jQuery를 하려면 자바스크립트를 어느 정도 알아야 하지 않나요? 웹 디자이너가 학습하기엔 좀 어려울 듯한데요. 어느 정도까지 학습해야 할까요? PHP 또한 그렇고요.

A. 이 책을 학습할 때 jQuery를 전부 알 필요는 없습니다. 다만 jQuery로 만들어진 소스 파일을 제대로 적용해 주는 방법만 알면 됩니다. 또한 PHP는 코드를 전혀 몰라도, 이 책을 이해할 수 있습니다. 그러나 기초적인 프로그래밍 지식 정도는 필요합니다.

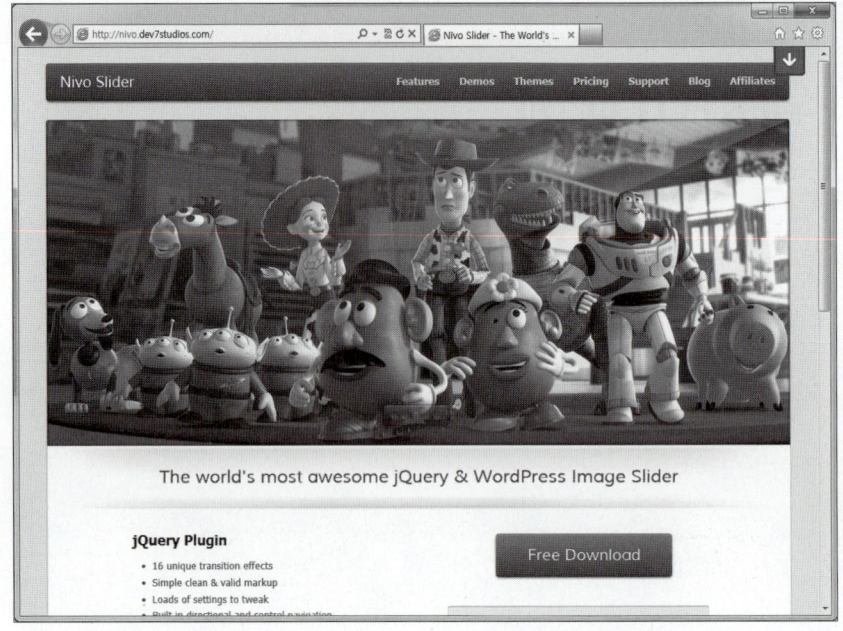

[그림 3.5-1] Nivo Slider를 다운 받을 수 있는 http://nivo.dev7studios.com/ 사이트

니보 슬라이더는 jQuery와 연동되어서 움직이는 슬라이더로서 16가지의 다양한 효과와 더불어 테마를 이용하여 슬라이더 컨트롤 부분에 디자인도 조절할 수 있습니다.

자세한 내용은 [그림 3.5-1]에 언급한 URL로 들어가 보면 알 수 있습니다.

사이트에서 니보 슬라이더를 다운 받은 후 압축을 풀어 보면 [그림 3.5-2]와 같은 파일이 보일 겁니다.

[그림 3.5-2] 니보 슬라이더 구성 요소들

여기서 애니메이션을 해주는 핵심 자바스크립트는 `jquery.nivo.slider.js` 또는 `jquery.nivo.slider.pack.js` 파일입니다. 이 두 파일은 똑 같은 내용입니다. 단지 압축이 되었는지 안 되어 있는지의 차이입니다. 3.4절의 〈여기서 잠깐〉에서 CSS를 압축한 것과 동일합니다. 따라서 두 개의 파일 중 아무거나 사용하면 되는데, 사이트에 많은 이미지가 들어가서 무거운 경우 `jquery.nivo.slider.pack.js` 파일을 사용하고, 일반적으로는 `jquery.nivo.slider.js`를 사용하면 됩니다. 그리고 `nivo-slider.css` 파일은 니보 슬라이더 부분에 대한 스타일을 적용하는 데 사용되는데, 이게 없으면 니보 슬라이더가 작동하지 않습니다. 따라서 따로 CSS 파일로 불러 오거나, `style.css` 파일 내부에 포함시켜도 됩니다. 이 책에서는 따로 불러오는 것으로 하겠습니다. 그리고 `themes` 폴더와 `demo` 폴더가 있는데, `demo` 폴더에 있는 `demo.html` 파일을 실행해 보면 실제 니보 슬라이더가 작동하는 모습을 볼 수 있습니다(그림 3.5-3 참조).

[그림 3.5-3] 니보 슬라이더. demo 폴더에 있는 demo.html 파일 실행 후 모습

이 `demo.html`의 소스를 보면 니보 슬라이더가 어떻게 작동하는지 대략적으로 알 수 있습니다.

한번 살펴 보겠습니다.

[코드 3.5-1] 니보 슬라이더 demo.html 파일 구조

```
... 상단 코드 생략 ...
    <link rel="stylesheet" href="../themes/default/default.css" type="text/css" media="screen" />
    <link rel="stylesheet" href="../nivo-slider.css" type="text/css" media="screen" />
    <!-- 니보 슬라이더와 관계된 CSS 파일들. -->
    <link rel="stylesheet" href="style.css" type="text/css" media="screen" />
</head>
<body>
    <div id="wrapper">
        <a href="http://dev7studios.com" id="dev7link" title="Go to dev7studios">dev7studios</a>

        <div class="slider-wrapper theme-default">
        <!-- 슬라이더를 작동하게 하는 클래스 선택자, 이거 절대 이름을 바꾸면 안 됩니다. -->
            <div id="slider" class="nivoSlider">
<!-- 이 부분도 마찬가지입니다만, 아이디 선택자는 다른 이름으로 정의해서 따로 CSS 적용해도 무방합니다. -->
                <img src="images/toystory.jpg" data-thumb="images/toystory.jpg" alt="" />
                ... 중간 생략...
            </div>
            <div id="htmlcaption" class="nivo-html-caption">
                <strong>This</strong> is an example of a <em>HTML</em> caption with <a href="#">a link</a>.
            </div>
        </div>

    </div>
    <!-- 아래는 니보 슬라이더 핵심 jQuery 함수 부분 -->
    <script type="text/javascript" src="scripts/jquery-1.7.1.min.js"></script>
    <script type="text/javascript" src="../jquery.nivo.slider.js"></script>
    <script type="text/javascript">
        $(window).load(function() {
            $('#slider').nivoSlider();    <!-- 여기서 슬라이더를 동작하게 함. #slider 부분이 id="slider" 부분임. 따라서 slider 이름을 변경한 경우 여기에도 변경된 이름을 사용해야 함. -->
        });
```

```
        </script>
    </body>
</html>
```

[코드 3.5-1]을 기반으로 현재 작업되어 있는 header.php 파일과 index.php 파일을 수정하도록 하겠습니다.

먼저 header.php 파일을 열어서 다음과 같이 코드를 추가해 줍니다. 여기서 니보 슬라이더와 연관된 파일들은 해당 디렉토리로 옮겨 놓아야 합니다.

[코드 3.5-2] header.php 파일 상단 부분에 니보 슬라이더와 연동된 코드 삽입

```
... 상단 코드 생략...
<link href="css/style.css" rel="stylesheet" type="text/css">
<link href="css/nivo-slider.css" rel="stylesheet" type="text/css">
<link rel="stylesheet" href="themes/default/default.css" type="text/css" media="screen">
<script src="https://ajax.googleapis.com/ajax/libs/jquery/1.8.2/jquery.min.js"></script>
<!-- 상단 코드는 jquery 파일을 google 서버에서 불러 오는 방법입니다. 따라서 사용하는 서버의 트래픽을 줄일 수 있습니다. 단점은 구글 서버가 중단되면, 해당 파일도 가지고 올 수 없다는 단점이 있습니다. 하지만 구글 서버가 죽는 일은 없겠죠? ^^ -->
<script src="js/jquery.nivo.slider.js"></script>
<script type="text/javascript">
    $(window).load(function() {
        $('#slider').nivoSlider();
    });
</script>
</head>
... 하단 코드 생략...
```

이제 index.php 파일을 열어서 다음과 같이 코드를 수정합니다.

[코드 3.5-3] index.php 파일 내부에 니보 슬라이더와 연동된 코드 삽입

```
<?php include "header.php"; ?>
    <div class="slider-wrapper theme-default">
    <div id="slider" class="nivoSlider">
```

```html
            <img src="images/banner/banner1.jpg">
            <img src="images/banner/banner2.jpg">
            <img src="images/banner/banner3.jpg">
        </div>
    </div>
<div id="news">
... 하단 코드 생략...
```

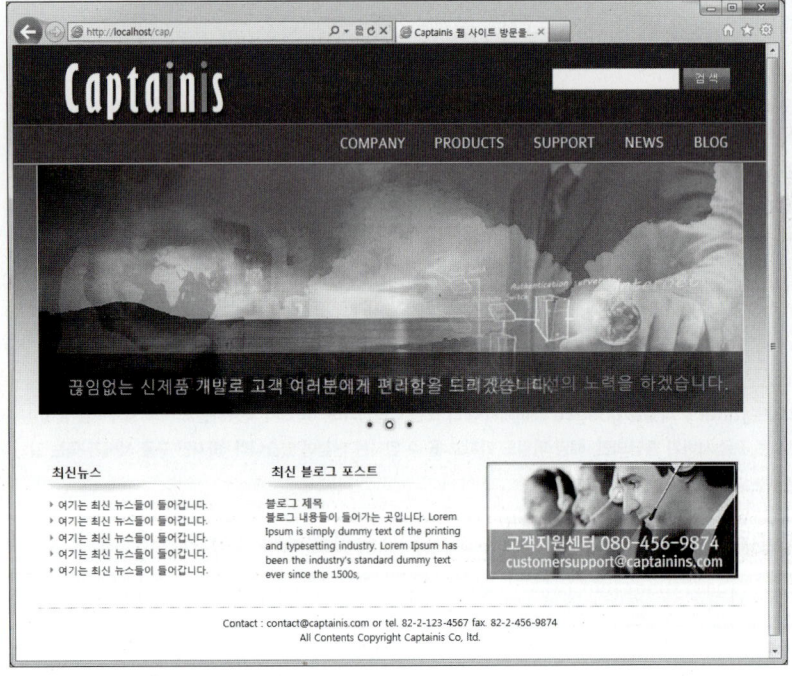

[그림 3.5-4] 니보 슬라이더 적용 후 프론트 페이지 모습

마지막으로 IE 계열에서는 지원하지 않는 `placeholder` 관련 `jQuery`를 삽입하고 3장은 마치도록 하겠습니다.

[그림 3.5-5]에서와 같이 jQuery HTML5 Placeholder Plugin을 제공하는 사이트에 가서 해당 jQuery 파일을 다운로드 합니다. 사용법은 아주 간단한데, jquery.placeholder.js 또는 jquery.placeholder.min.js를 사이트에서 불러 오게 하고, CSS 파일 내부에 다음의 속성을 추가합니다.

```
.placeholder {color: #aaa;}
```

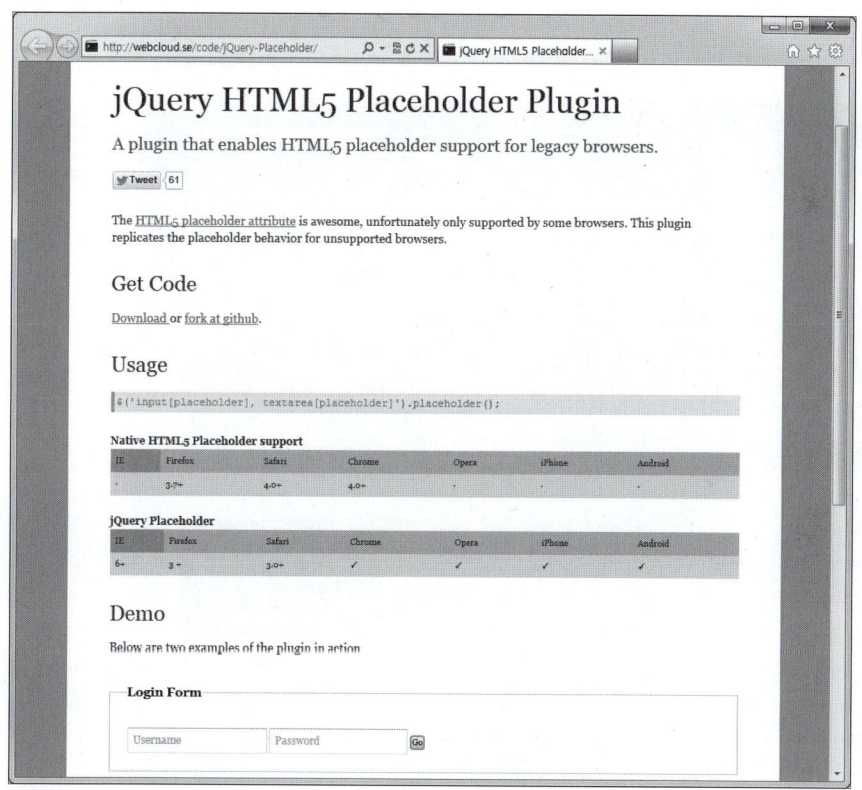

[그림 3.5-5] jQuery HTML5 Placeholder Plugin 제공 사이트 http://webcloud.se/code/jQuery-Placeholder/

그리고 footer.php 부분에 다음의 속성을 넣어 주면 끝납니다.

[코드 3.5-4] footer.php 파일에 jQuery-Placeholder 작동 스크립트 추가

```
... 상단 코드 생략...
</div><!-- 여기는 페이지 wrap -->
<script>
    $('input[placeholder], textarea[placeholder]').placeholder();
</script>
</body>
</html>
```

[그림 3.5-6] 검색 폼 부분에 IE9에서도 placeholder 속성이 적용됨

여기까지 Captainis라는 가상의 사이트를 만들어 봤습니다.

HTML과 CSS의 기초가 있는 분이면 별 어려움 없이 사이트를 만들 수 있을 것이고, 기초 지식이 없는 분인 경우 조금 어려울 수도 있습니다. 기초 지식이 없는 분들은 필자의 책 〈처음부터 다시 배우는 HTML5 &CSS3〉와 〈이제 실전이다 HTML5&CSS3〉를 기반으로 학습하시면, 3장의 웹사이트 예제는 별 어려움 없이 개발할 수 있습니다.

3장이 중요한 이유는 서론에서도 밝혔듯이, 워드프레스 코드를 입히기 전에 사이트 전체적인 레이아웃을 만들고, 만들어진 레이아웃을 기반으로 디자인 작업까지 완료한 후 해당 파일을 기반으로 워드프레스 작업을 하기 때문입니다. 따라서 3장이 이해가 되지 않으면, 실제 워드프레스 기반의 웹사이트를 만드는 것도 어려울 수 있기 때문에 3장은 반드시 사이트가 어떻게 구성되며, 어떻게 작동하는지 학습을 해야 합니다.

처음 시작하는 CSS&워드프레스
: 워드프레스 기반 웹 표준 사이트 제작까지

4장

워드프레스 설치 및 기타 사항 알아보기

4장에서는 기본적인 워드프레스 설치와 워드프레스의 폴더 구조, 테마 설치 방법과 플러그인 설치 방법 등에 대해서 알아보겠습니다.

워드프레스는 설치형 CMS이기 때문에 관련 패키지를 다운로드 한 후 웹 서버에 직접 설치하거나, 또는 개인 PC에 WAMP(윈도우), MAMP(맥) 등에 설치하여 구동시킬 수 있습니다.

따라서 워드프레스의 설치 방법은 아주 중요합니다. 4.1절에서는 워드프레스 설치 방법을 학습합니다. 워드프레스 설치 방법은 의외로 아주 쉽습니다. 또한 나머지 절에서는 워드프레스에 대한 기초적이지만 아주 중요한 사항(예를 들어 permalink 등)에 대해서도 학습을 할 예정이기 때문에 4장은 반드시 숙지하고 넘어가야 합니다.

4.1 워드프레스 다운로드 및 설치하기

4장에서는 워드프레스에 대한 기초적인 사항인 사용자의 PC에 워드프레스를 설치하는 방법과 간단한 사용법 그리고 폴더 구조에 대해서 설명하도록 하겠습니다.

워드프레스를 설치하기 위해서는 다음과 같이 PHP과 MySQL 버전이 설치되어 있어야 합니다.

최신 버전의 WAMP를 설치하였다면, 아래의 사항은 건너 뛰어도 됩니다. 다만, 실제 웹 호스팅 서비스를 신청하거나, 서버를 운영할 경우 아래의 조건이 충족되어야만 합니다.

- PHP version 5.2.4 이상
- MySQL version 5.0 이상

워드프레스를 사용자의 PC 또는 맥에서 설치하여 테스트하기 위해서는 WAMP(윈도우 PC에서) 또는 MAMP(맥 PC에서)가 필요합니다. WAMP와 MAMP 설치 및 환경 설정 방법은 부록에서 확인하시기 바랍니다. 워드프레스는 wordpress.org에서 다운로드 받을 수 있습니다. 또한 워드프레스는 한글 버전도 있어, 한글 버전으로 설치하셔도 됩니다.

[그림 4.1-1] wordpress.org 화면

영문 버전도 별로 어렵지 않지만, 이 책에서는 한글 버전을 기준으로 설명하겠습니다. 아무래도 사용자 입장에서는 영문보다 한글이 쉽게 느껴질 테니까요.

두 버전의 차이점은 언어가 영문인가 한글인가의 차이점 밖에는 없습니다. 워드프레스 업데이트는 자동으로 공지되며, 사용자의 확인에 의해서 업데이트가 이루어지고, 보안과 안정성 향상에 목적을 두고 비정기적으로 실시됩니다.

여기서 잠깐

워드프레스의 영문 버전과 한글 버전

워드프레스는 영문 버전을 기본으로 한국어, 중국어, 일본어 및 전세계의 많은 언어로 구성된 패키지가 있습니다. 하지만 핵심 코어는 영문 버전입니다. 영문 버전을 기본으로 언어 묶음(language pack)에 의해서 각 언어별로 워드프레스가 구동되는 것입니다. 그리고 워드프레스는 무료 소프트웨어이기 때문에, 상용 버전에 비해 한글 버전에 대한 번역이 매끄럽지 않은 부분도 있습니다(워드프레스를 사랑하는 분들의 노력에 의한 자원봉사 차원입니다). 하지만 이걸 역으로 생각하면, 여러분이 직접 한글 번역을 수정할 수도 있다는 것입니다.

워드프레스 한글 번역을 수정하려면, Poedit라는 소프트웨어가 필요합니다. 무료 소프트웨어이며, 리눅스용, 맥용 그리고 윈도우 용으로 있습니다. 다운로드는 http://www.poedit.net에서 받을 수 있습니다.

워드프레스의 언어는 wordpress₩wp-content₩languages에 위치해 있습니다. 해당 위치에서 ko_KR.po라는 파일을 열면 아래와 같은 화면이 나옵니다.

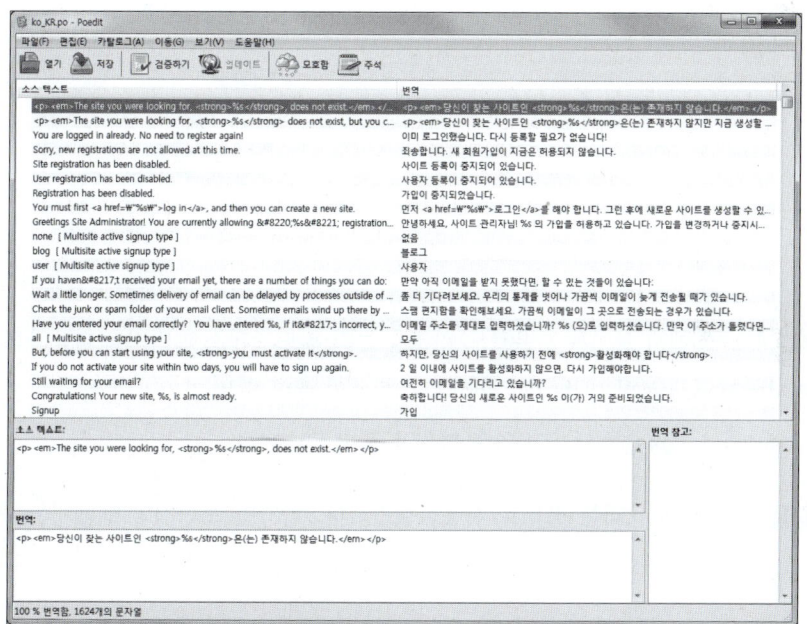

[그림 4.1-2] Poedit에서 연 ko_KR.po 파일

여기서 여러분이 해당 문구를 수정하고 저장하면 됩니다. 사용법은 어렵지 않지만, 언어를 수정할 때는 조금 주의를 하고 사용하는 것이 좋습니다. 그리고 수정된 문구가 제대로 반영되었는지는 반드시 사이트를 통해 확인하기 바랍니다.

[그림 4.1-3] wordpress.org 한국어 버전 다운로드 화면 ko.wordpress.org

우선 [그림 4.1-3]에서 보이는 다운로드 버튼을 눌러 워드프레스 패키지를 다운로드 받아 WAMP 서버의 www 폴더 내부에 wordpress 이름의 폴더 또는 자기만의 폴더(예를 들어 firstmywordpress)를 만들고 압축 파일을 풀어 넣습니다.

이 책에서는 wordpress라는 폴더로 사용하겠습니다. 하지만 보안적인 면에서는 반드시 자기 고유의 폴더 명으로 사용하는 것이 가장 좋습니다.

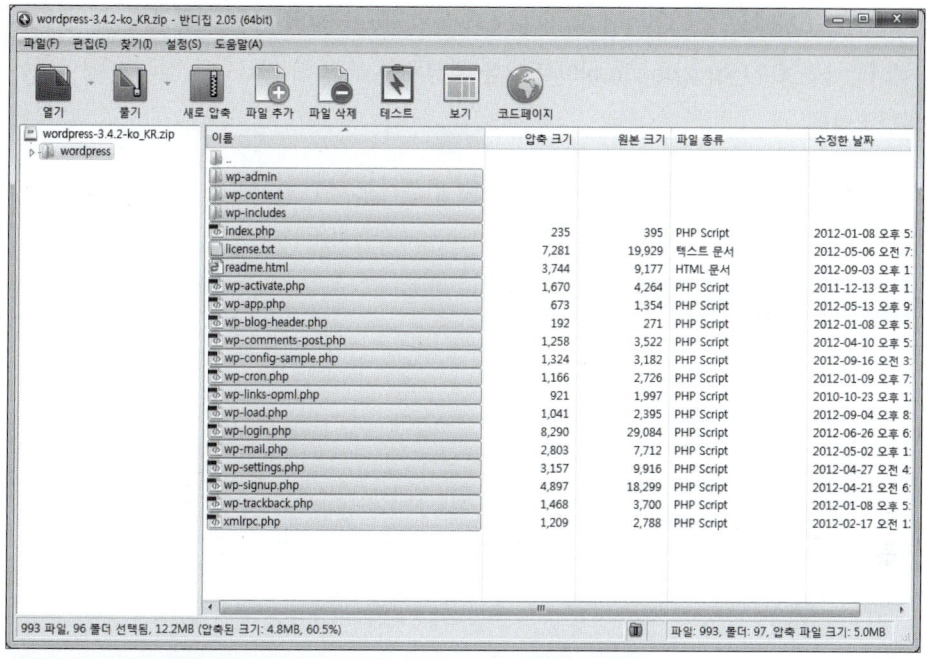

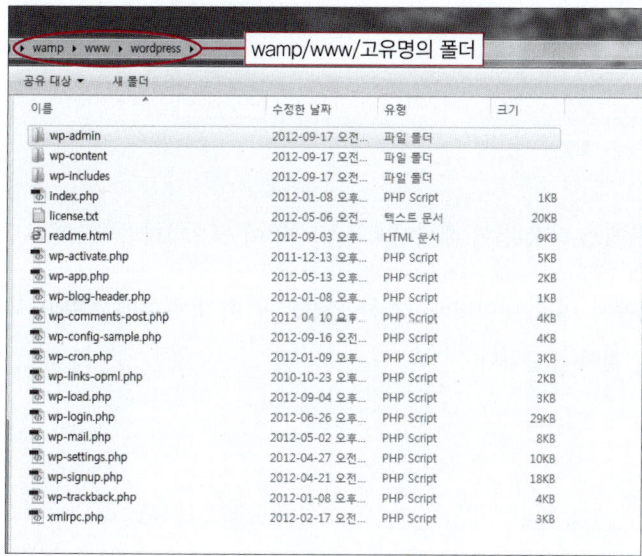

[그림 4.1-4] 워드프레스 패키지 압축 파일을 풀고 WAMP 서버 내부의 www 폴더에 wordpress 폴더에 파일을 풀어 놓은 상태

이제 브라우저에서 localhost/wordpress라고 URL을 입력하면 [그림 4.1-5]와 같은 화면이 나옵니다. wp-config.php 파일을 생성해야 하는데, 지금은 생성되지 않았다는 화면입니다.

※ [그림 4.1-5]를 실행하기 전에 WAMP 서버를 구동하셔야 합니다.

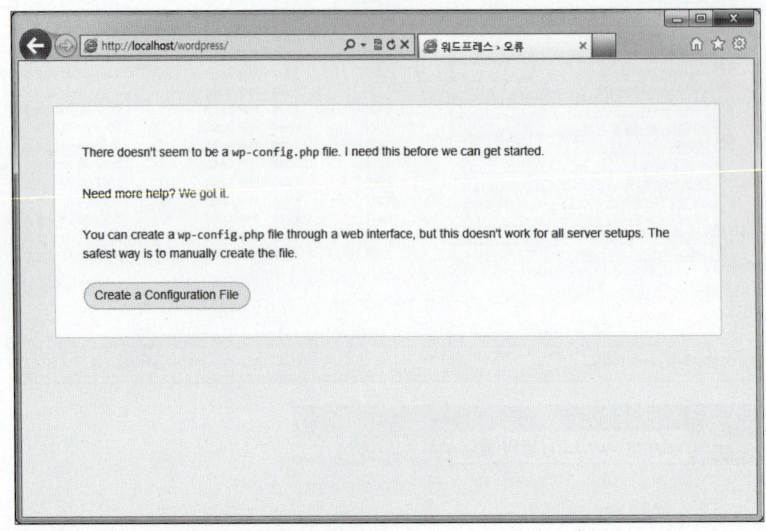

[그림 4.1-5] 워드프레스 설치 초기 시작 화면

[그림 4.1-6]을 보면 워드프레스 시작 전에 데이터베이스 설정이 필요합니다.

데이터베이스는 WAMP 서버에서 미리 데이터베이스를 만들어야 하기 때문에, WAMP 서버에서 미리 설정을 해 두는 것이 좋습니다.

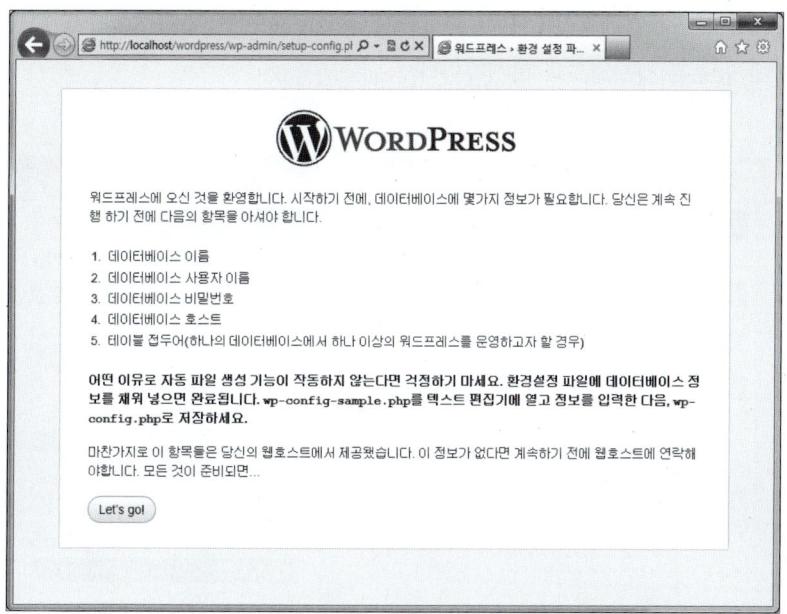

[그림 4.1-6] 워드프레스 설치 전 데이터베이스와 관련된 내용을 설정해야 합니다.

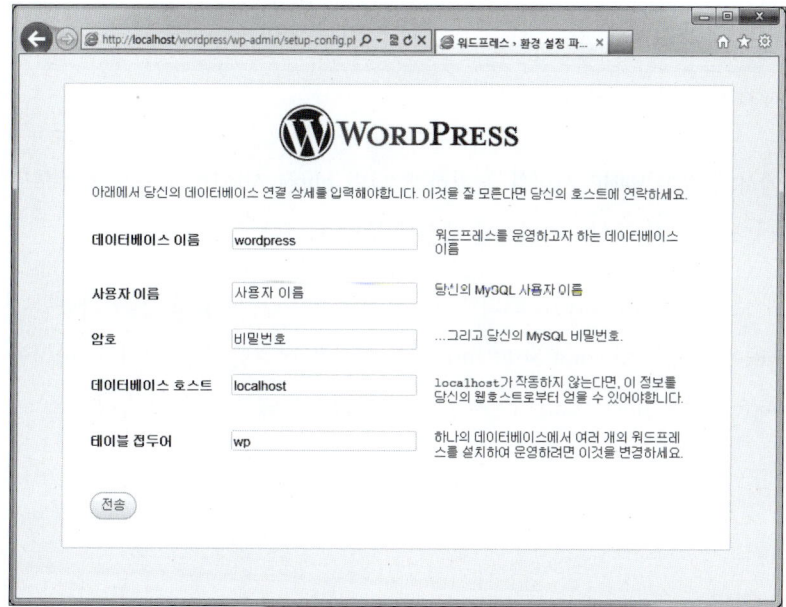

[그림 4.1-7] 워드프레스 설치 준비 화면

[그림 4.1-7]을 넘어가기 전에 WAMP 서버 설정에서 wordpress란 데이터베이스와 사용자 이름 그리고 암호를 생성하도록 하겠습니다.

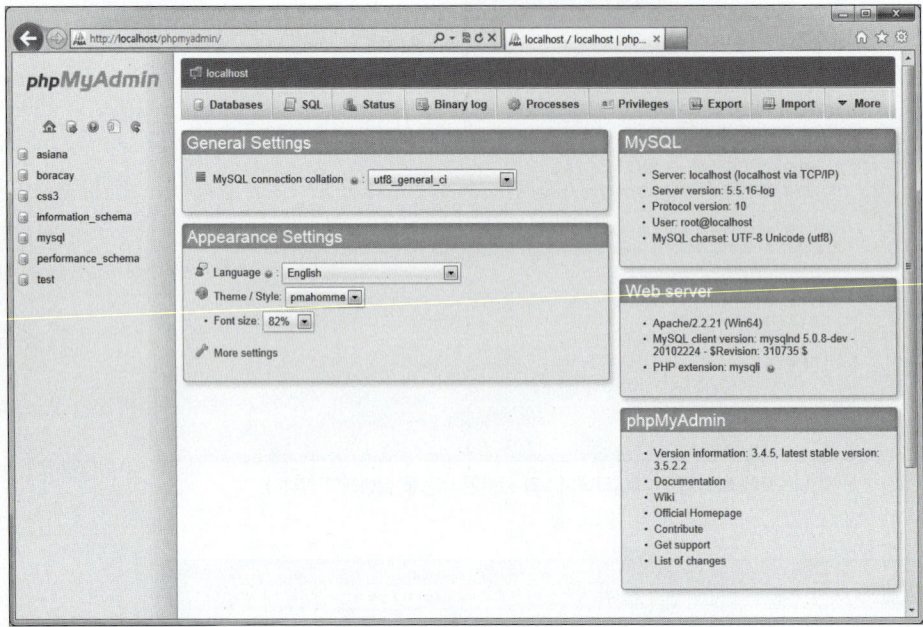

[그림 4.1-8] phpmyadmin 화면(localhost/phpmyadmin/)

[그림 4.1-8]에서와 같이 WAMP 서버를 설치하게 되면 phpMyAdmin 도구가 자동으로 설치되어 있습니다. 여기서 데이터베이스를 생성해 주면 됩니다.

※ 현재 책에서 보이는 phpMyAdmin 인터페이스는 영문이지만, 한글로 변환 가능합니다. [그림 4.1-8]에서 Appearance Settings에서 언어를 변경할 수 있습니다. 하지만 최신 버전의 WAMP인 경우 phpMyAdmin에서 한글이 지원되지 않을 수도 있습니다.

먼저 [그림 4.1-9]에서와 같이 Databases를 클릭하여 Create new database에서 wordpress라고 입력합니다.

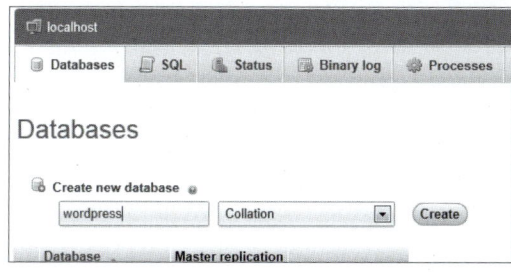

[그림 4.1-9] 데이터베이스 생성

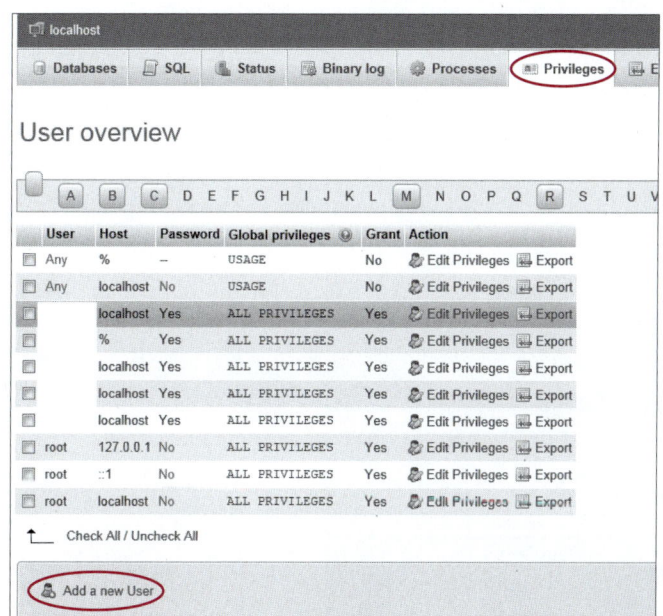

[그림 4.1-10] 사용자 생성

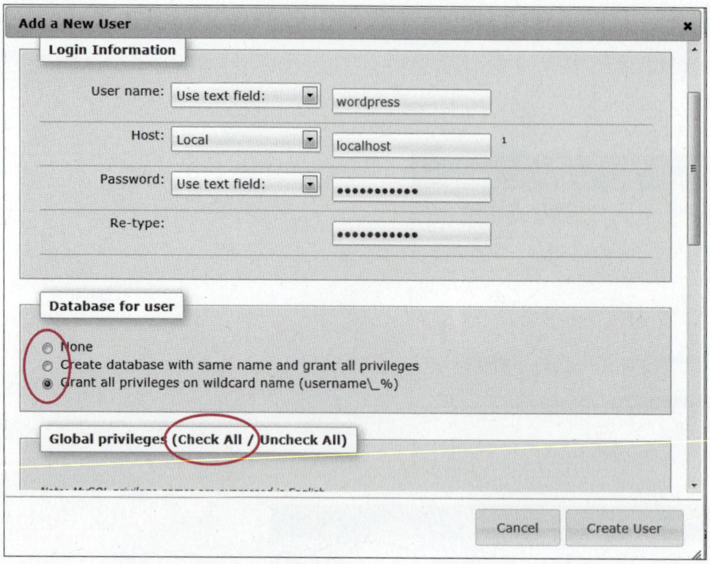

[그림 4.1-11.1] 사용자 생성 화면 (영문 버전)

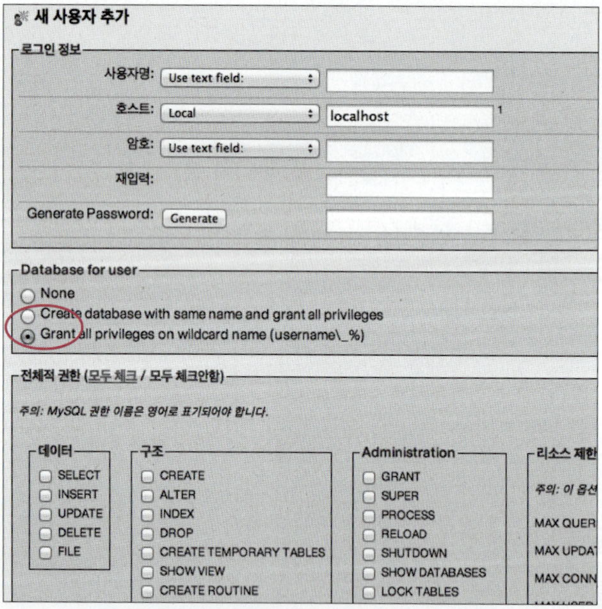

[그림 4.1-11.2] 사용자 생성 화면 (한글 버전)

[그림 4.1-11]에서 보는 것처럼 User name, Host, Password 그리고 Database for user, 마지막으로 Global privileges는 Check All을 클릭하고 Create User 클릭하여 사용자를 생성합니다.

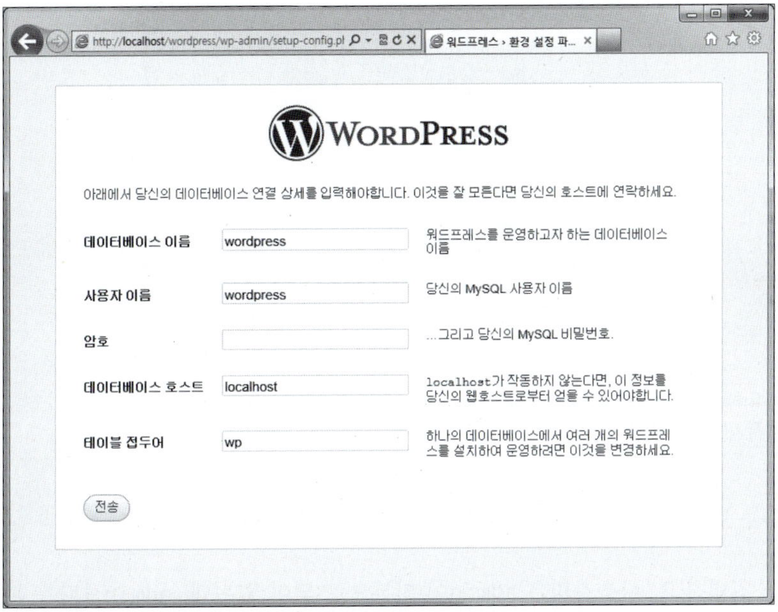

[그림 4.1-12] phpMyAdmin에서 생성한 데이터베이스 이름과 암호를 입력

[그림 4.1-12]에서는 phpMyAdmin에서 생성한 사용자 이름과 암호를 입력합니다.

여기서 비밀번호는 보안 때문에 최소 9자리 이상, 그리고 흔하게 사용하는 암호를 입력해선 안 됩니다.

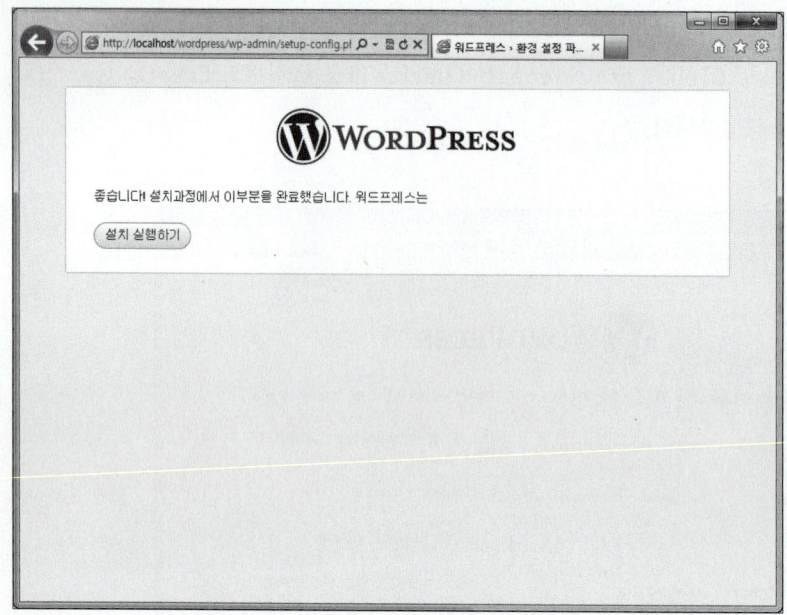

[그림 4.1-13] 사용자 이름과 암호를 제대로 입력 후 나오는 화면

[그림 4.1-14]는 워드프레스 설치를 위한 마지막 입력 단계가 나왔습니다.

Site title을 입력하고, 사용자명은 admin이 기본으로 되어 있는데, admin보다는 본인이 사용하는 아이디를 입력하는 것이 보안상 좋습니다. admin이라는 아이디를 사용하게 되면 해킹의 위험성이 상대적으로 증가하기 때문입니다. 그리고 비밀번호를 입력하고, 이메일 주소를 입력한 후 워드프레스 설치하기 버튼을 눌러 주면 끝납니다(그림 4.1-15 참고).

설치가 끝난 후 로그인 버튼을 누르면 [그림 4.1-16]과 같은 로그인 화면이 나오고, 생성한 아이디와 암호를 입력하면 어드민 페이지에 접근할 수 있습니다.

[그림 4.1-14] 워드프레스 설치 직전 정보 입력 화면

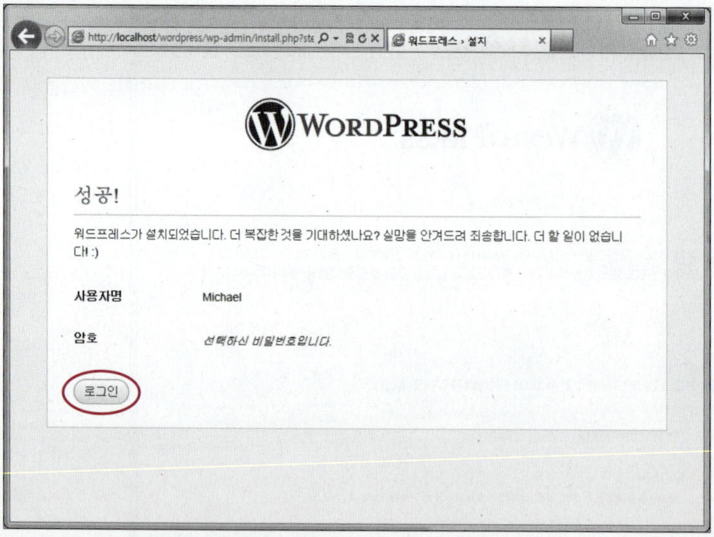

[그림 4.1-15] 워드프레스 설치 성공 화면

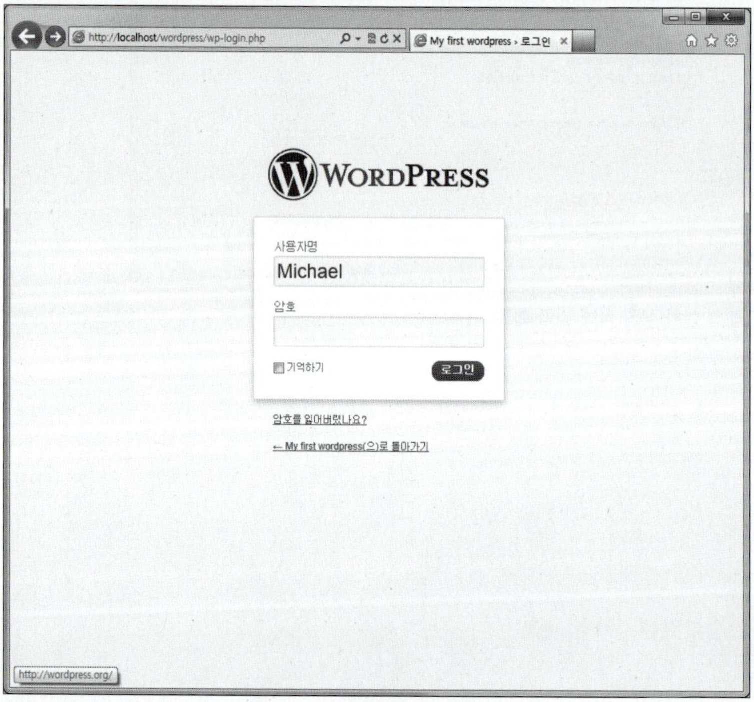

[그림 4.1-16] 워드프레스 설치 후 어드민 페이지 로그인 화면

238 4장 워드프레스 설치 및 기타 사항 알아보기

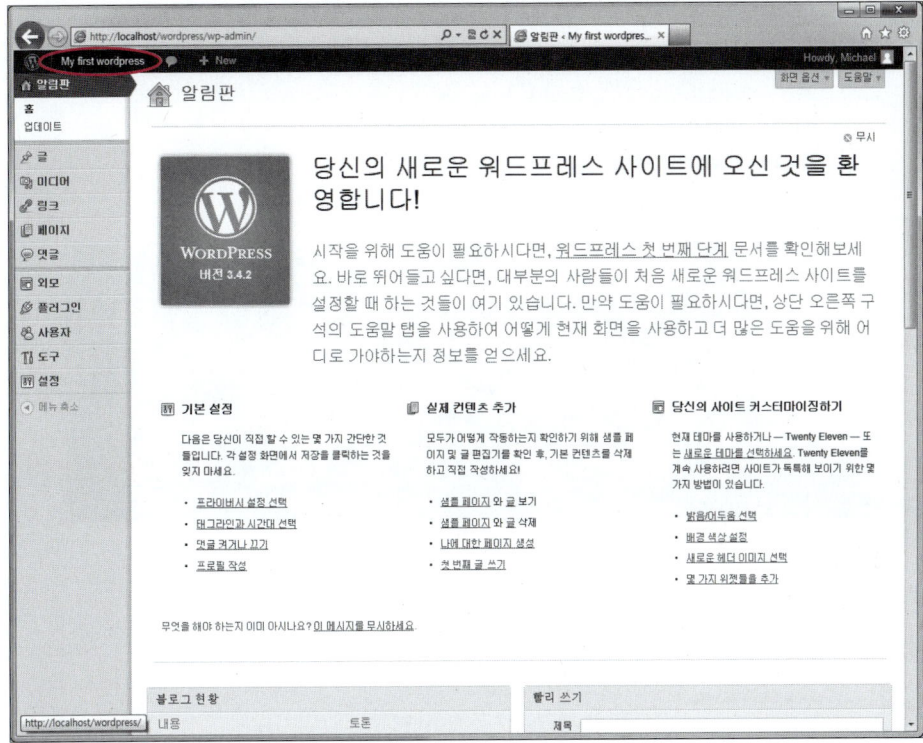

[그림 4.1-17] 워드프레스 어드민 화면

[그림 4.1-17]에서 My first wordpress 즉 사이트 타이틀 부분을 누르면 [그림 4.1-18]과 같은 화면이 나오게 되며, 이것으로 설치는 끝이 납니다.

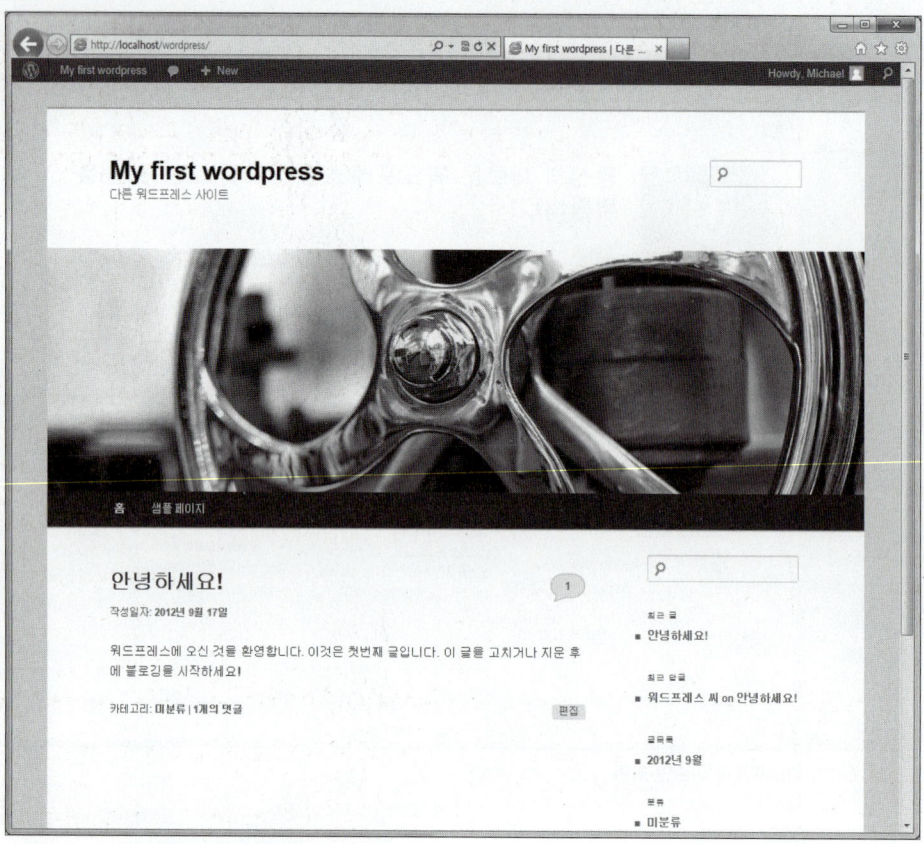

[그림 4.1-18] 워드프레스 시작 페이지

> **여기서 잠깐**
>
> 지금 예제에서는 c:₩wamp₩www 폴더 내부에 wordpress라는 폴더를 만들어서 워드프레스를 작동시켰습니다. 따라서 http://localhost/wordpress라고 입력하면 워드프레스 사이트가 작동하게 됩니다. 하지만 웹 사이트는 http://localhost/라고 입력할 때 작동해야 합니다.
>
> 즉 localhost라는 것이 실제 웹사이트 이름 www.my_sample_website.com일 경우 워드프레스를 작동하게 할 때 www.my_sample_website.com/wordpress가 아니라 www.my_sample_website.com라고만 입력할 경우에 작동해야 한다는 것입니다. 또한 워드프레스를 설치하더라도, 보안적인 이유로 wordpress라는 폴더 이름도 자기만의 고유의 폴더 명을 사용해야 합니다. 만약 어떤 누군가(해킹의 목적을 가진 사람)가 만들어진 사이트가 워드프레스로 작동된다고 알게 되면 어드민 페이지에 바로 접근하려고 할 것입니다. 만약 워드프레스를 웹 서버의 루트에 설치하거나, wordpress라는 폴더 내에 설치했다면, 두 번의 시도 만에 워드프레스 어드민 페이지 화면으로 접근할 수 있을 것입니다. 왜냐하면 루트에 설치한 경우 www.my_sample_website.com/wp-admin이라고 입력하거나, www.my_sample_website.com/wordpress/wp-admin이라고 입력하면 어드민 페이지가 나오기 때문입니다. 그리고 웹 폴더의 루트에 설치하게 되면, 워드프레스 이외의 웹사이트와 관련된 다른 파일 혹은 폴더가 존재하고 있을 때, 무슨 파일 또는 폴더가 워드프레스와 연관된 것인지 모르게 됩니다. 따라서 반드시 워드프레스는 고유의 이름을 갖고 있는 폴더 명을 만들어서 설치하면 좋습니다.
>
> 예를 들어, myfirstwrdpres라는 폴더를 만들어서 그 내부에 워드프레스 파일 압축을 풀어 넣고 설치를 하게 되면 myfirstwrdpres라는 폴더 명을 알아야만 어드민 페이지에 접근할 수 있습니다.
>
> 그렇다면, PC 상에서 연습용으로 localhost 또는 실제 웹 서버에서 도메인 명을 입력했을 때, 워드프레스가 구동하는 방법은 무엇일까요? 아주 간단합니다. 우선 워드프레스가 설치된 폴더에 보시면 index.php 파일과 .htaccess란 두 개의 파일이 보이실 겁니다(그림 4.1-19 참조).
>
>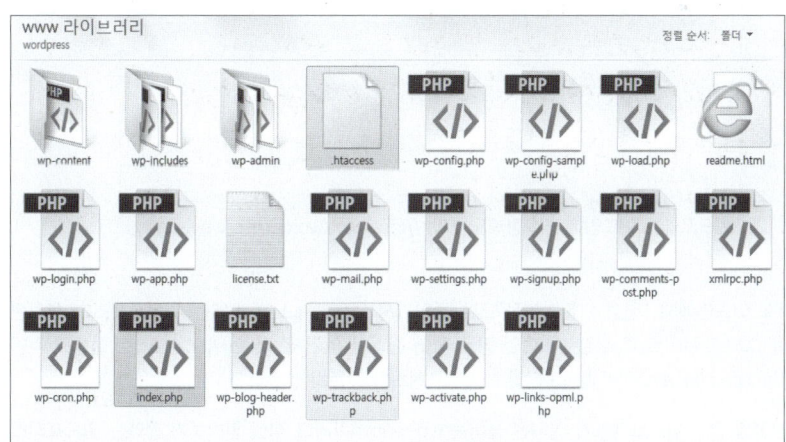
>
> **[그림 4.1-19]** 워드프레스의 root 폴더에서 index.php 파일과 .htaccess 파일
>
> 이 두 개의 파일을 WAMP 서버에서는 www 폴더, MAMP 서버에서는 htdocs 폴더 그리고 실제 웹 서

버에서는 public_htmls 폴더 또는 지정된 특정 폴더(이 부분은 웹 서버 또는 호스팅 서비스에 따라서 다름)에 복사합니다.

그리고 index.php 파일을 열어서 아래의 부분을,

```
/** Loads the WordPress Environment and Template */
require('./wp-blog-header.php')
```

다음과 같이 워드프레스가 설치된 폴더로 지정해 줍니다(여기서는 wordpress 폴더).

```
/** Loads the WordPress Environment and Template */
require('./wordpress/wp-blog-header.php');
```

그리고 [그림 4.1-20]과 같이 설정해 줍니다.

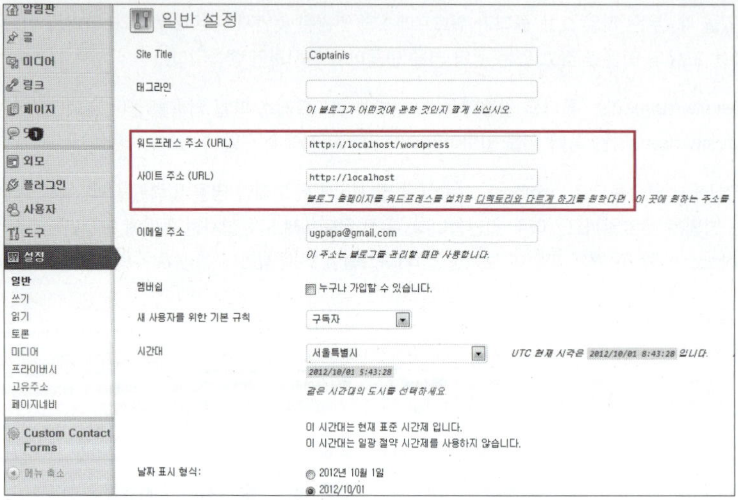

[그림 4.1-20] 워드프레스 어드민에서 설정 화면 http://localhost/wordpress/wp-admin

워드프레스 어드민에서 "설정 〉 일반설정"으로 들어가서 워드프레스 주소에는 워드프레스가 설치된 폴더 명을 그리고 사이트 주소에는 도메인 명을 적어 줍니다 여기서는 http//localhost로 설정해 주면 이제부터는 http://localhost만 입력하더라도 워드프레스가 작동하게 됩니다.

이렇게 설정할 경우 워드프레스가 설치된 폴더는 wp-admin이라고 직접 입력하기 전에는 워드프레스가 설치된 폴더를 볼 일이 없습니다. 그리고 고유의 이름으로 폴더 명을 설정하게 되면, 관리자 이외에는 워드프레스가 설치된 폴더를 알 수 없습니다.

4.2 워드프레스 폴더 구조 및 테마 설치

이번 장에서는 워드프레스의 폴더 구조를 살펴보겠습니다.

워드프레스는 wordpress란 기본 폴더 내부에 wp-content, wp-admin, wp-includes란 3개의 폴더가 존재합니다. 여기서 고급 개발자 또는 사용자가 아니면 wp-content 이외의 폴더나 파일은 건들지 않는 것이 좋습니다. 궁금하면 파일 내부에 어떤 내용이 있는지에 대해서 열어볼 수는 있겠지만, 내부 코드는 전문가가 아니면 수정하지 마시기 바랍니다. 자칫 워드프레스가 작동하지 않을 수도 있기 때문입니다.

[그림 4.2-1]을 보면 워드프레스 설치 후 폴더 파일과 하위 폴더들을 볼 수 있습니다.

[그림 4.2-1] 기본적인 워드프레스 기본 폴더 파일과 하위 폴더

일반적인 사용자들이 사용하게 되는 폴더는 wp-content입니다.

[그림 4.2-2] wp-content 내부 폴더

[그림 4.2-2]를 보면 wp-content 내용을 볼 수 있는데, 여기서 plugins 폴더는 플러그인을 설치하는 곳이고, themes 폴더는 테마 파일을 설치하는 곳입니다. languages 폴더는 워드프레스의 화면 언어(현재는 한국어)를 설정하기 위한 파일이 들어가는 곳이고, uploads 폴더는 업데이트와 관련된 파일들이 저장되는 곳입니다. index.php 파일 내부에는 아무런 내용도 없습니다. 하지만 아무런 내용이 없다고 지우면 절대 안 됩니다.

themes 폴더에는 워드프레스를 설치하게 되면 가장 기본적으로 설치되는 twentyten과 twentyeleven이라는 폴더가 있습니다.

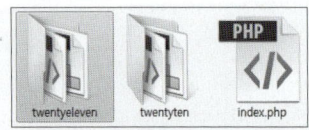

[그림 4.2-3] themes 폴더 내부에 있는 twentyten과 twentyeleven 테마

[그림 4.2-4] 화면 왼쪽이 twentyeleven 테마이고, 오른쪽은 twentyten 테마입니다.

[그림 4.2-4]에서 보면 화면 왼쪽이 twentyeleven 테마를 적용한 상태이고, 오른쪽은 twentyten 테마를 적용한 상태입니다.

테마를 변경하는 방법은 wp-admin으로 접속하시고, 외모^{appearance} 메뉴에서 테마를 선택한 후 해당 테마를 활성화 해주시면 됩니다(그림 4.2-5 참조).

[그림 4.2-5] 테마 활성화하기

테마를 설치하는 방법은 간단합니다. [그림 4.2-5]를 보면 테마 설치 메뉴가 있는데, 테마 설치를 눌러 특성 필터를 적용해서 검색하면 [그림 4.2-6]과 같이 해당 테마 파일을 검색할 수 있으며, "지금 설치하기" 링크를 클릭하면 바로 자동 다운로드 후 설치됩니다.

이렇게 자동으로 해당 테마 파일을 설치할 수도 있으며, 인터넷 상에 있는 무료 또는 유료 테마를 다운로드 받아서 수동으로 설치하는 방법도 있습니다.

먼저 검색 엔진(저는 주로 구글을 사용합니다)에서 wordpress free theme이라고 검색을 하신 후 마음에 드는 테마를 찾으면 해당 테마를 다운로드 한 후 압축이 되어 있으면, 압축을 푼 후 해당 폴더를 theme 폴더에 넣은 후 활성화하면 다운받은 테마를 사용할 수 있습니다.

[그림 4.2-8]을 참조하면 됩니다.

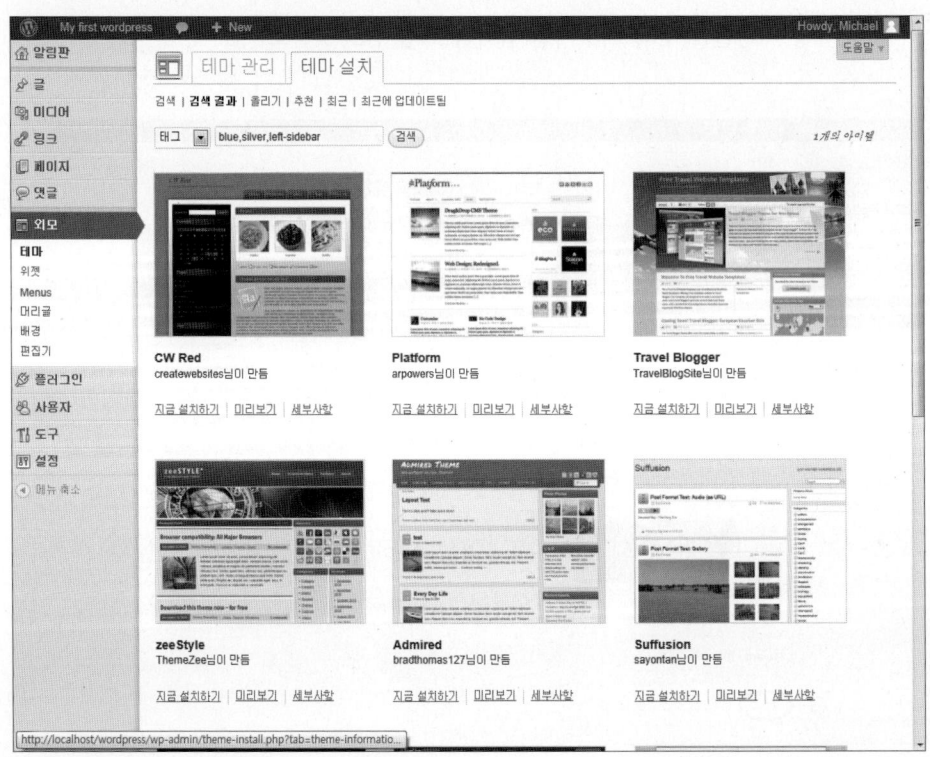

[그림 4.2-6] 테마 검색 후 설치하기

[그림 4.2-7] 새로운 테마 설치 완료

Q&A

Q. 테마를 설치해서 웹사이트를 만드는 것과 이 책에서 제시하는 것처럼 웹사이트를 만들어놓고 워드프레스로 포팅하는 방식의 차이점이나 장단점은 무엇일까요?

A. 워드프레스를 이용하여 사이트를 만들 때는 아무래도 지금 책처럼 웹사이트를 미리 만들어 놓고 워드프레스로 포팅하는 것이 상대적으로 쉽습니다. 왜냐하면, 워드프레스는 사이트 전체가 데이터베이스에 저장되어서 작동합니다. 워드프레스는 단순히 HTML로만 구성된 것이 아니라, PHP라는 웹 프로그래밍 언어와 MySQL을 기반으로 하는 CMS이기 때문에 초보자가 해당 테마를 아무런 지식이 없이 개발하기에는 어려운 점이 많기 때문입니다.

따라서 가장 기초적인 함수와 기능이 제공되는 테마를 기반으로 미리 만들어 놓은 사이트를 포팅하는 것이 실수도 줄이고, 원하는 디자인을 가장 빨리 만들 수 있는 방법입니다.

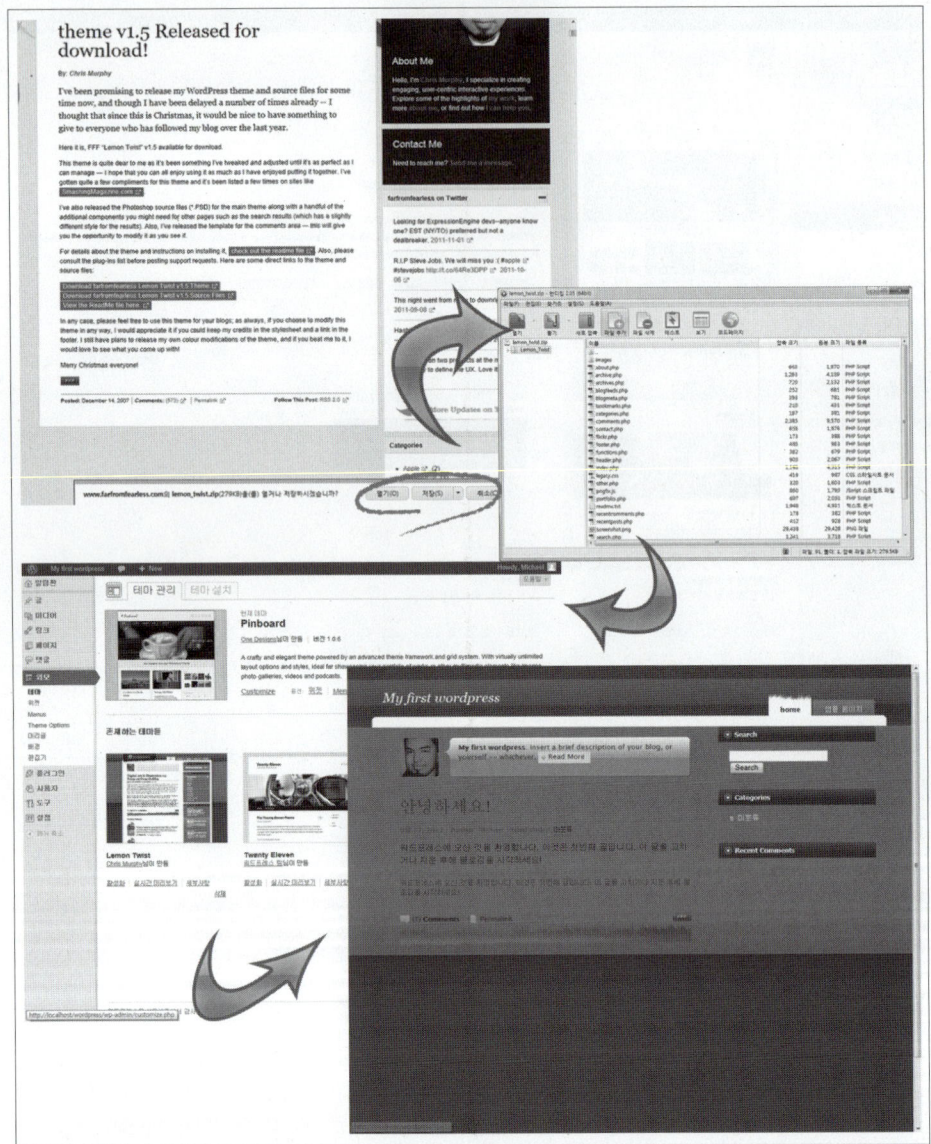

[그림 4.2-8] 다운 받은 테마 설치

그러면 설치되어 있는 테마는 어떻게 삭제할까요?

삭제는 더 간단합니다. themes 폴더 내부에 있는 테마 폴더를 그냥 삭제해도 되고, 어드민 화면에서 삭제를 눌러 삭제해도 됩니다.

4.3 글(post)과 페이지(page) 그리고 고유 주소(permalink) 알아보기

워드프레스는 글^{post}과 페이지^{page}로 구성됩니다.

그럼 왜 글과 페이지로 구분을 했을까, 라는 의문이 들 겁니다. 블로그의 핵심은 글입니다. 항상 새로운 정보와 소식을 전하는 부분을 글이 담당하는 것입니다.

페이지는 글과 다르게 고정되어 있는 부분입니다. 물론 해당 페이지가 업데이트가 되긴 하지만 그 페이지에서 내용이 추가되는 것이지, 새로운 페이지가 생성되는 부분이 아닙니다.

예를 들어 기업 웹사이트라고 하면, 회사 소개 부분은 페이지에 저장되어야 하며, 공지사항이나 보도자료 등은 글^{post}에서 처리하는 것입니다. 개인 블로그인 경우 "나는 누구"라는 자기 소개 부분은 페이지에서, 새로운 블로그들은 글을 이용해서 처리하는 것입니다.

또한 글은 워드프레스 기본 테마에서 첫 페이지에 게시됩니다. 물론 기본 설정에서 안 보이게 할 수 있지만, 워드프레스가 블로그용 도구이기 때문에 새로운 글은 항상 첫 페이지에 게시됩니다(그림 4.3-1 참조).

하지만 새로운 페이지는 첫 페이지에서 보여지지 않고 기본 테마에서는 페이지의 제목은 "메뉴"로 처리되고, 해당 메뉴를 눌러야만 해당 페이지가 보이게 됩니다(그림 4.3-2 참조).

글과 페이지의 차이는 생각보다 크기 때문에 워드프레스 디자인 설계 시 어떤 부분을 '글'로 처리할 것인지, 어떤 부분을 '페이지'로 처리할 것인지 차이를 알아야만 합니다.

글과 페이지에 대한 차이점은 이제 감을 잡으셨으리라 판단됩니다. 이제는 고유 주소에 대해서 알아보도록 하겠습니다. 웹사이트에서 고유 주소permalink는 페이지 또는 글을 담고 있는 페이지를 말합니다. 흔히 우리가 URL이라 부르는 부분이 고유 주소입니다. 여러분이 웹 서핑 중 발견한 글을 지인들에게 보낼 때, URL에 있는 주소를 복사해서 이메일 또는 SNS에 게재하는데, 그 주소는 없어지기 전까지는 항상 고유한 주소를 가지고 있습니다.

[그림 4.3-1] 새로운 글이 게시되었을 때 첫 화면에서 보여짐

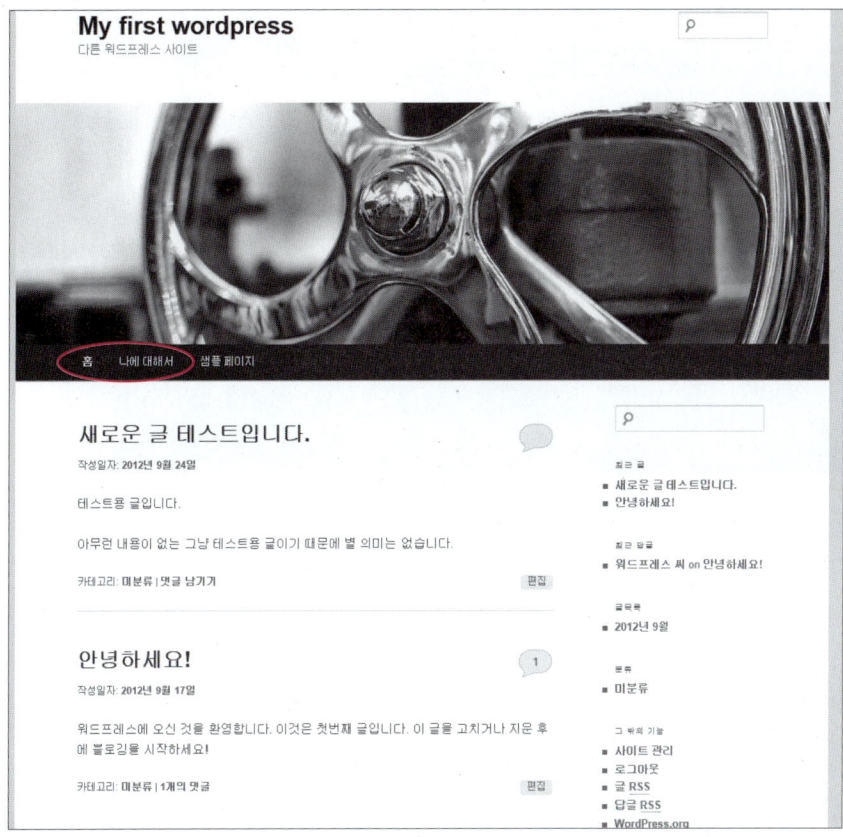

[그림 4.3-2] 새로운 페이지는 '나에 대해서'라는 메뉴가 생기고 해당 메뉴를 눌렀을 때 보여짐

워드프레스 또한 새로운 글을 쓰거나 새로운 페이지를 생성하면 고유한 주소가 생성됩니다. [그림 4.3-1]에서 첫 페이지에 "새로운 글 테스트입니다."를 클릭하면 [그림 4.3-3]에서처럼 http://localhost/?p=12라고 새로운 주소가 생성됩니다.

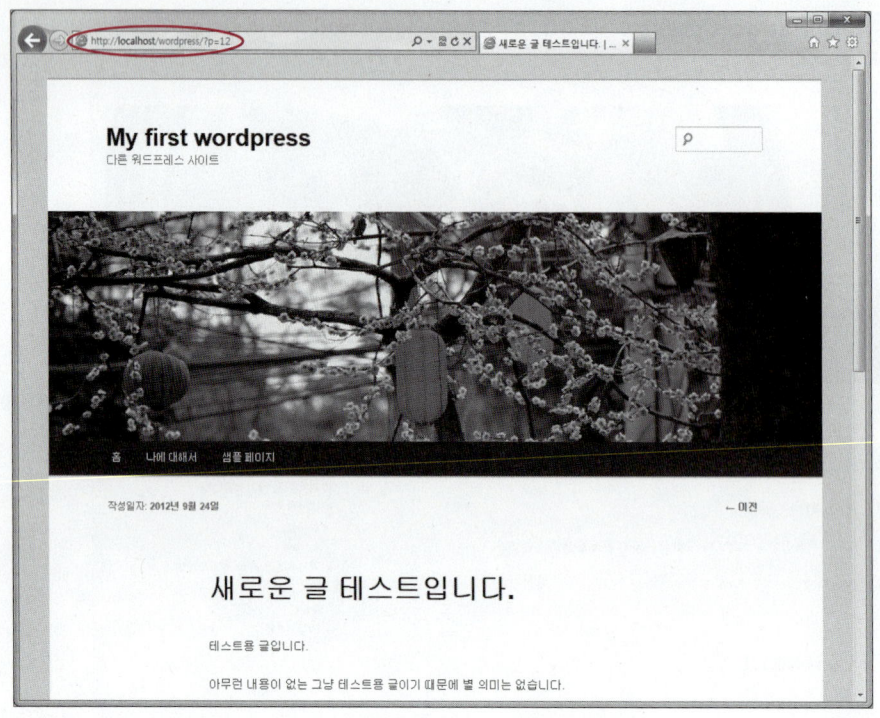

[그림 4.3-3] 고유주소 예시

워드프레스에서는 이런 고유주소를 여러 형태로 변경할 수 있습니다.

워드프레스 어드민 페이지에 들어가서, "설정 > 고유주소" 부분을 클릭하면 여러 형태로 고유주소를 설정하는 방법이 나옵니다.

가장 기본적인 설정이 [그림 4.3-3]과 같은 형태이며, [그림 4.3-4]을 보면 여러 방법으로 고유주소를 설정할 수 있다는 것을 알 수 있습니다.

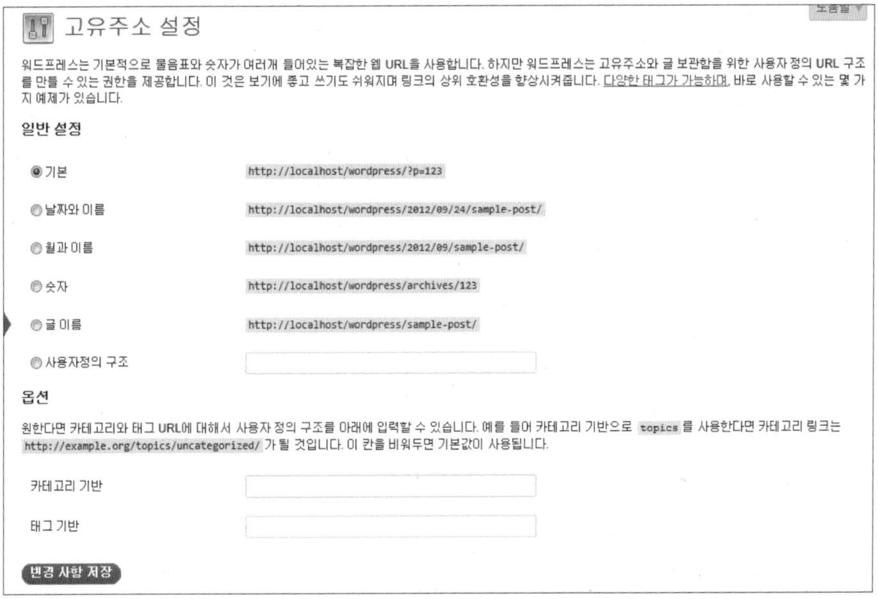

[그림 4.3-4] 워드프레스 고유주소 설정

[그림 4.3-4]에서 글 이름을 체크하게 되면 글 제목이 고유주소로 설정됩니다.

이 부분에 대한 설정은 여러분들이 직접 한 번씩 체크하면서 어떻게 변하는지 테스트해 보는 것이 많은 도움이 되며, 자기만의 스타일을 직접 지정해 줄 수 있습니다.

[그림 4.3-5]에서 URL 부분을 보시면 "새로운-글-테스트입니다"라고 표시되는 것을 알 수 있습니다.*

또한 이 고유주소 부분을 여러분의 임의로 변경할 수도 있습니다.

[그림 4.3-6]을 보면 글 또는 페이지에서 해당 글 또는 페이지를 편집을 통해 고유주소의 이름을 변경해 줄 수 있습니다. 그렇게 되면, 한글 URL을 영문 URL로 변경해 줄 수 있게 됩니다.

---

* 현재 IE 계열의 WAMP 서버에서는 한글로 된 URL 제대로 표현되지 않을 수도 있습니다. 특수문자로 표시되거나, 가끔 한글로 표현되기도 합니다. 구글 크롬이나 파이어폭스에서는 완벽하게 한글 URL이 표현됩니다.

여기서 주의할 점은 주소를 변경한 후 OK 버튼을 누르고, 화면 오른쪽에 있는 갱신 update 버튼을 반드시 눌러 주어야 새로운 주소를 얻는다는 것입니다. 반드시 명심하기 바랍니다.

[그림 4.3-7]을 보면 [그림 4.3-5]에서 한글로 표시되던 URL을 영문 URL로 변경된 것을 알 수 있습니다.

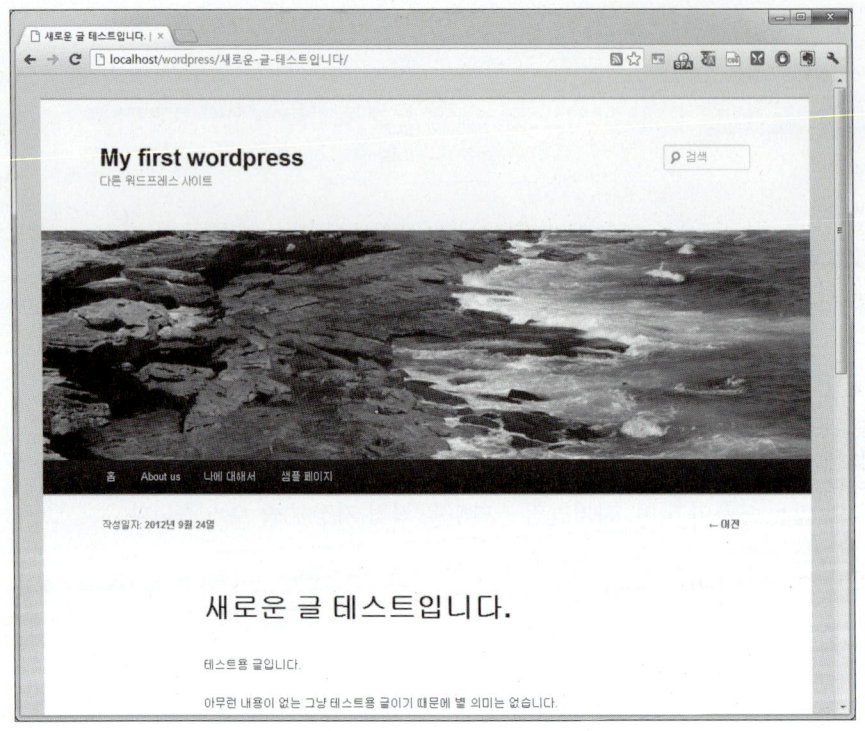

[그림 4.3-5] 고유주소가 글 제목으로 설정됨

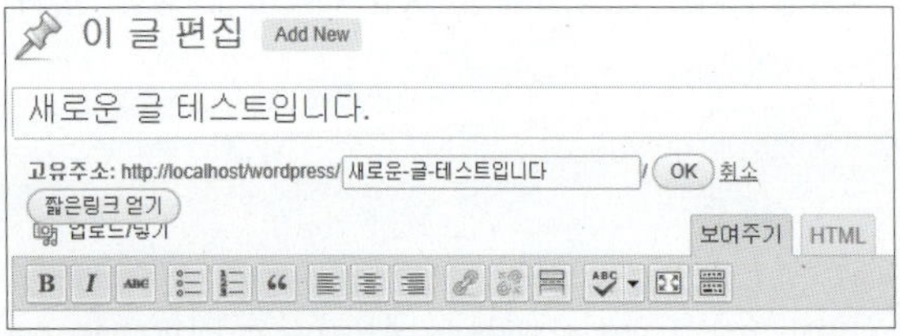

[그림 4.3-6] 고유주소 임의로 수정하기

[그림 4.3-7] 한글로 되어 있던 고유주소를 영문으로 변경 후 URL

나머지 부분은 직접 사이트 작업을 하면서 설명이 필요한 부분이 있다면 설명해 드리겠으며, 어드민 메뉴는 제가 설명하는 것보단 여러분이 직접 하나씩 조정하면서 결과를 보시면 쉽게 이해할 수 있습니다.

4.4 워드프레스 테마 파일 알아보기

워드프레스의 themes 폴더 내부에는 여러 가지 파일이 존재합니다.

많은 파일들이 각자의 기능을 담당하고 있는데, 이번 절에서는 어떤 파일들이 어떤 역할을 하는 지에 대해서 알아 보도록 하겠습니다.

워드프레스를 설치하면 자동으로 설치되는 twentyten 폴더와 twentyeleven 폴더를 비교해 봤을 때 내부 파일들이 많이 다르지만, 몇몇 파일은 동일한 파일 이름을 가지고 있는 것을 발견하게 됩니다(그림 4.4-1 참조).

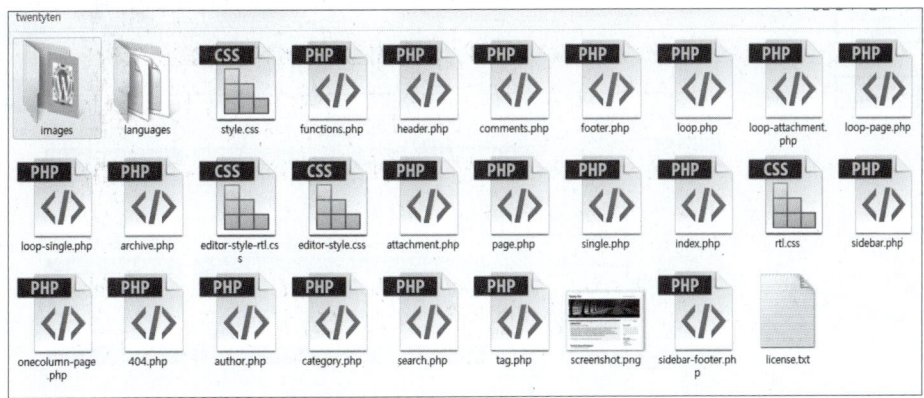
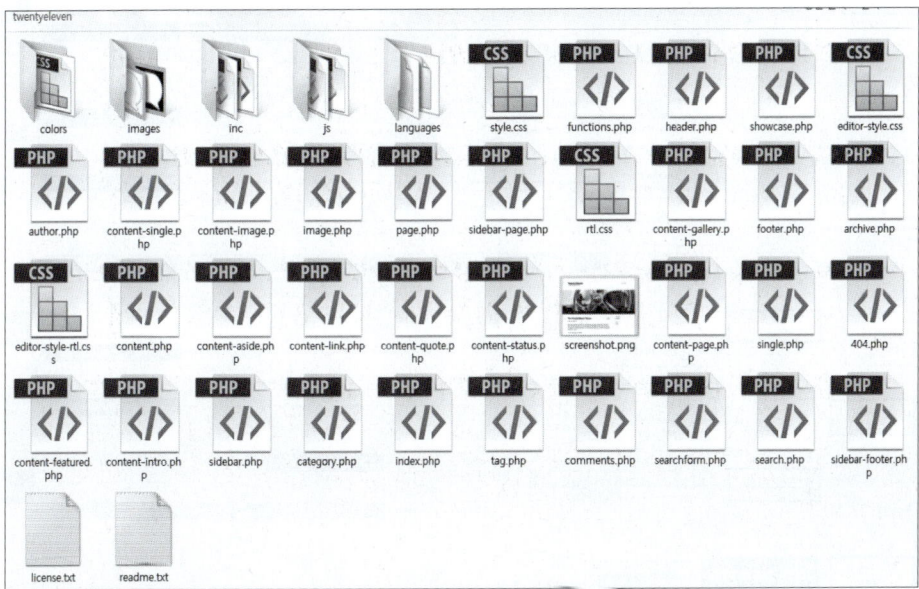

[그림 4.4-1] 상단은 twentyten 테마 폴더 모습, 하단은 twentyeleven 테마 폴더 모습

[그림 4.4-2] 이미지는 codex.wordpress.org에서 가져온 것이며 해당 내용의 라이선스는 GPLv2의 규칙에 의합니다.

[그림 4.4-2]을 보면 What page? 즉 어떤 페이지인가에 따라 몇 개의 조건을 거친 후 404.php search.php, archive.php, single.php, page.php, home.php, comments-popup.php(이 파일은 더 이상 사용하지 않습니다)로 나눠지며, 결국은 index.php 파일로 동작하는 것을 알 수 있습니다.

4.4 워드프레스 테마 파일 알아보기

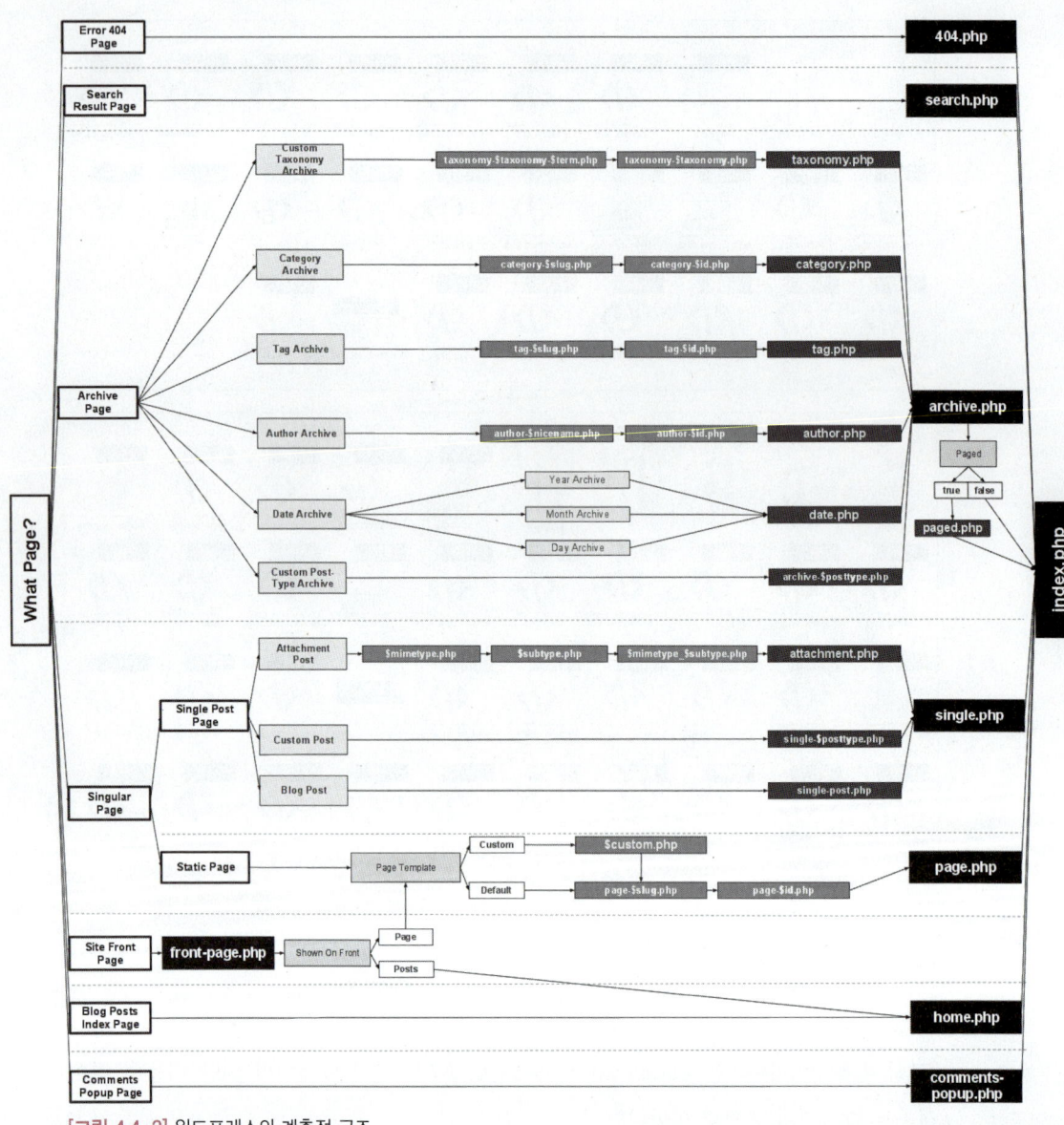

[그림 4.4-2] 워드프레스의 계층적 구조

이와 더불어 테마를 이루는 파일들은 header.php, footer.php, functions.php, searchform.php, sidebar.php 그리고 마지막으로 디자인을 담당하는 style.css 파일이 있습니다. 자세한 내용은 [표 4.4-1]을 보면 워드프레스 테마와 연관된 파일에 대해 알 수 있습니다.

파일명	역할	비고
404.php	사용자가 URL 주소를 잘못 입력하거나 없는 페이지를 호출했을 때, 보여주는 페이지	기본
archive.php	카테고리 목록이나 포스트 된 글들의 모음을 보여주는 페이지	선택
comments.php	사용자 댓글 입력 폼과 댓글 목록을 보여주는 페이지	기본
footer.php	디자인 요소로서 웹사이트의 footer 항목	기본
functions.php	워드프레스 테마에서 사용되는 특수한 기능들을 담당하는 페이지	선택
header.php	디자인 요소로서 웹사이트의 header 항목	선택
index.php	워드프레스 테마의 가장 기본이 되는 페이지이며, 템플릿을 지정하지 않을 경우 보여지는 페이지	필수
page.php	포스트가 아닌 페이지를 담당하는 파일	기본
search.php	검색 결과를 보여 주는 페이지	기본
searchform.php	검색 폼을 담당하는 페이지	기본
sidebar.php	디자인 요소로서 웹사이트의 sidebar 항목	선택
single.php	포스트를 보여주는 페이지 기본적인 블로그의 페이지를 single.php가 담당하게 되며, 페이지 하단 부분에는 comment.php가 위치하게 된다.	기본
style.css	전체 워드프레스의 디자인을 담당하는 CSS 파일	필수

[표 4.4-1] 워드프레스 테마 파일

[표 4.4-1]에 있는 파일들은 혼자 작동하는 파일이 아니며, 서로 연관되어서 작동하게 됩니다.

예를 들어, index.php 파일 내부에는 다음과 같은 코드가 있습니다.

```
<?php get_header(); ?>    // 이 말은 "header.php 파일을 가지고 온다"라는 의미입니다.
<?php get_sidebar(); ?>   // 위와 마찬가지로 "sidebar.php 파일을 가지고 온다"라는 의미입니다.
<?php get_footer(); ?>    // "footer.php 파일을 가지고 온다"라는 의미입니다.
```

이렇게 `index.php` 내부에서는 3장에서 배운 것과 비슷한 방식으로 `header.php`, `sidebar.php`, `footer.php` 파일을 가지고 오는 것을 알 수 있습니다.

또한 워드프레스에서는 3장의 예제와 동일하게 `<?php include header.php; ?>`로 불러와도 동일하게 동작합니다. 하지만 워드프레스에서 `<?php get_header(); ?>`와 같은 방식을 이용했을 때 많은 장점을 가지게 되는데, 예를 들어 `header-front.php` 파일은 프론트 페이지에 사용되고, `header-company.php` 파일은 company에서 사용한다고 가정하게 되면 워드프레스 템플릿에서는 다음과 같이 `<?php get_header(front); ?>` 불러 오면 편리합니다. 이렇게 사용하는 방법은 5장 실전 워드프레스 테마를 이용한 기업용 웹사이트 제작에서 실제 예제를 통해서 살펴 보도록 하겠습니다.

이렇듯이 워드프레스의 각 파일들은 모든 파일들이 모듈module화가 되어 있어 서로 연관되어 동작하게 됩니다. 따라서 서로 연관되어 있는 파일 하나 중 어느 하나라도 잘못된 함수를 사용하거나, 동작에 이상이 있을 경우에는 워드프레스 페이지가 보여지지 않을 수 있습니다.

4장에서는 가장 기본적인 워드프레스 설치 방법과 워드프레스의 기본이 되는 설정 방법 그리고 테마 파일 구성 요소에 대해서 간단하게 파악을 해 봤습니다. 사실 4장은 중요하긴 하지만, 간단하게 어떻게 워드프레스가 작동을 하는가에 대해서만 알면 되기 때문에 간단하게 정리를 했습니다. 4장에서 자세하게 설명을 드리지 않은 부분은 5장 실전편에서 자세히 다루기 때문에 5장은 반드시 꼼꼼히 잘 살펴서 학습을 하시기 바랍니다.

5장

워드프레스를 이용하여
기업 사이트 만들기

5장에서는 3장에서 만든 사이트를 워드프레스로 변환하는 작업을 하도록 하겠습니다. 워드프레스는 다른 CMS와는 달리 블로그 용으로 특화된 부분이 많이 있지만, 일반 기업용 사이트를 만들 경우에도 상당히 유용한 도구입니다. 특히 많은 부분이 모듈화가 잘 되어 있고, 전세계적으로 많은 개발자들이 워드프레스 용으로 플러그 인과 테마를 만들어내고 있습니다. 2011년부터는 공공기관에서도 워드프레스를 이용해 사이트를 만드는 작업을 진행하고 있으며, 대표적으로 서울특별시의 몇몇 사이트와 서울대학교 사이트가 워드프레스 기반으로 제작되고 있습니다.

5장의 목표는 PHP 코드를 잘 모르는 디자이너를 위한 사이트 개발입니다. 즉 프로그래밍을 할 줄 모르는 디자이너들을 위한 책이기 때문에, 워드프레스 플러그 인을 개발하거나 기타 워드프레스 코드를 개발하는 프로그래머들은 이 책에서 배울 내용은 많이 없습니다. 하지만 워드프레스가 어떻게 작동하고 어떤 구조를 가지고 있는지에 대한 지식은 배울 수 있습니다.

5장에서 나오는 모든 코드들은 codex.wordpress.org에 공개된 코드들이며, 필자는 이 공개된 코드를 기반으로 사이트에 최적화된 코드를 제공할 것입니다(물론 이보다 더 좋은 코드도 있을 수 있습니다). 5장을 잘 이해하면 워드프레스를 어느 정도 잘 다룰 수 있게 되며, 이런 경우에는 어떻게 처리하면 되더라, 라는 지식과 워드프레스 기반으로 프로그래머 없이도 간단한 웹사이트 정도는 만들 수 있을 것입니다.

5장에 들어가기에 앞서 사이트 타이틀을 Captains로 변경해 주시기 바랍니다. 워드프레스에서 사이트 타이틀을 변경하기 위해서는 어드민 페이지(/wp-admin)에서 "설정"에 들어간 후 "Site Title"을 변경합니다. 그리고 태그 라인에 있는 "다른 워드프레스 사이트"는 제거해 주고 반드시 "변경 사항 저장" 버튼을 눌러 주시기 바랍니다.

5.1 워드프레스를 이용한 사이트 만들기 전 준비 작업

워드프레스를 시작하기 전에 워드프레스를 설치하면 생성되는 두 개의 테마 폴더 (twenty ten, twenty eleven)를 한번 열어보면, 내부에 상당히 많은 파일들이 있는 것을 확인할 수 있습니다.

이 코드들은 해당 테마 파일에 최적화된 코드를 제공하기 때문에 워드프레스에서 제공하는 테마 파일을 이용하여 사이트를 개발하는 일은 만만치 않습니다.

따라서 보통 blank theme이라는, 워드프레스 코드들은 전부 들어 있지만 가장 기초적인 코드들만 들어 있는 테마를 기반으로 작업하는 것이 가장 쉽고 편리합니다.

따라서 이 책은 HTML5와 CSS3 기반으로 사이트를 개발할 예정이기 때문에 HTML5 기반의 blank theme 파일을 먼저 다운로드 받습니다. 필자가 추천하는 테마는 HTML5 Reset이라는 테마입니다(그림 5.1-3 참조).

> 5장에서 만든 사이트는 예제 폴더 5장/captainis 폴더를 설치된 워드프레스의 themes 폴더에 넣어주고 활성화 하면 작동합니다. 그리고 몇몇 페이지가 작동하지 않는 경우 책을 참고해서 수정해야만 정상적으로 작동합니다.

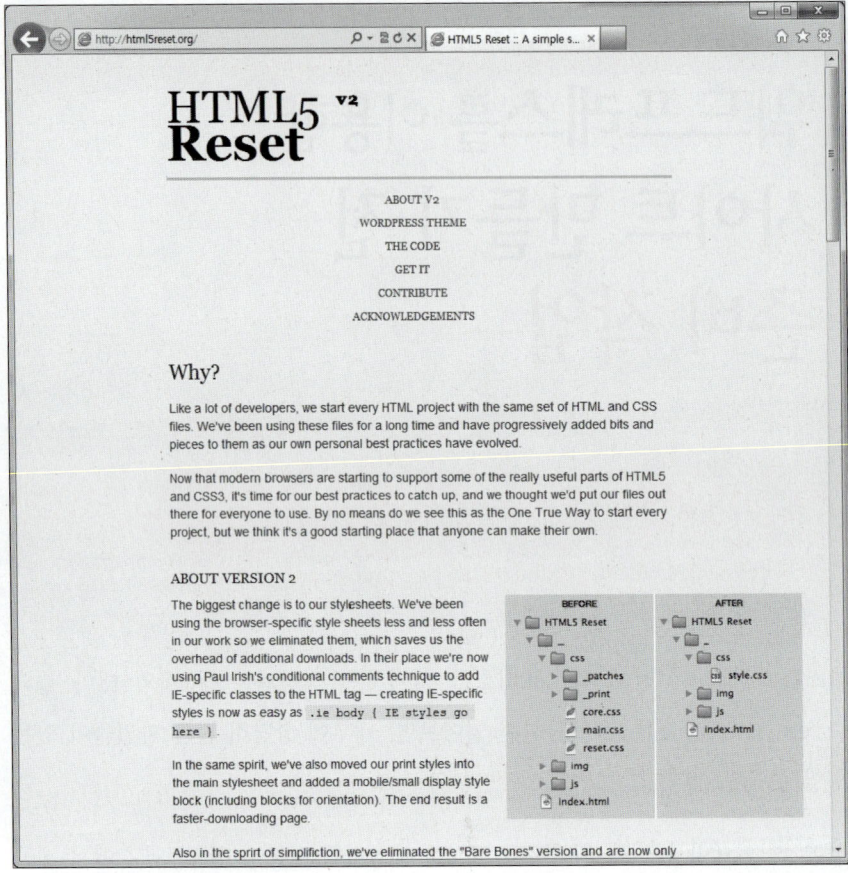

[그림 5.1-1] HTML5 Reset 테마 파일 제공 사이트 http://html5reset.org/

여기서 직접 다운로드 하는 것보단, 이 책의 예제에서 5장 예제 폴더에 있는 HTML5-Reset이라는 폴더를 사용하는 것이 편리합니다. 4장에서 테마 파일 설치하는 법을 배웠습니다.

HTML5-Reset이라는 폴더를 `wamp\www\wordpress\wp-content\themes` 파일로 복사해 둡니다. 그리고 `wp-admin` 페이지로 들어가서 해당 테마를 활성화하고(그림 5.1-2) 결과를 보면 [그림 5.1-3]과 같습니다.

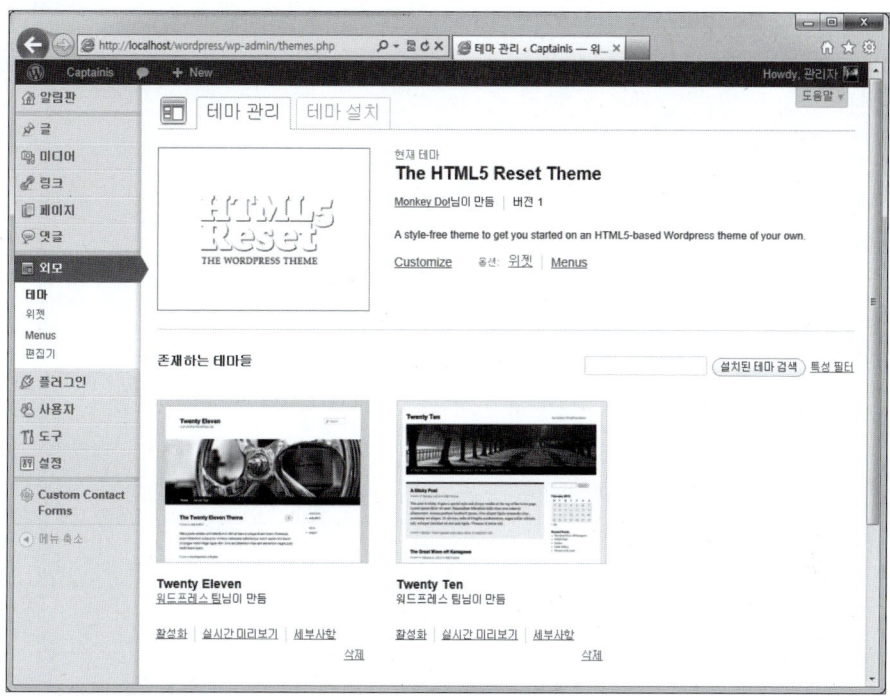

[그림 5.1-2] HTML5 Reset 테마 활성화

[그림 5.1-3]을 보면 아무것도 없습니다. 아무런 디자인도 색도 아무것도 없습니다. 말 그대로 테마를 리셋해 버린 상태입니다.

이 상태가 여러분들이 작업할 때 아주 편리합니다. 왜냐하면 HTML5 Reset 테마는 뼈대만 있는 상태이지, 살이 없는 상태이기 때문에, 여러분이 살을 붙여주면 여러분의 사이트로 재탄생하는 것이기 때문입니다. 그리고 주의할 점은 HTML5 Reset 테마 폴더를 직접 수정하는 것보단 HTML5 Reset 테마를 하나 더 복사하고, 폴더 이름을 여러분이 임의로 지정해 주는 것이 좋습니다. 이유는 여러분은 현재 전문가가 아니기 때문에 언제든지 실수할 수 있기 때문입니다. 그때는 원본 파일과 소스코드를 비교해 보거나, 원본 파일을 수정본과 교체하는 것이 좋기 때문입니다.

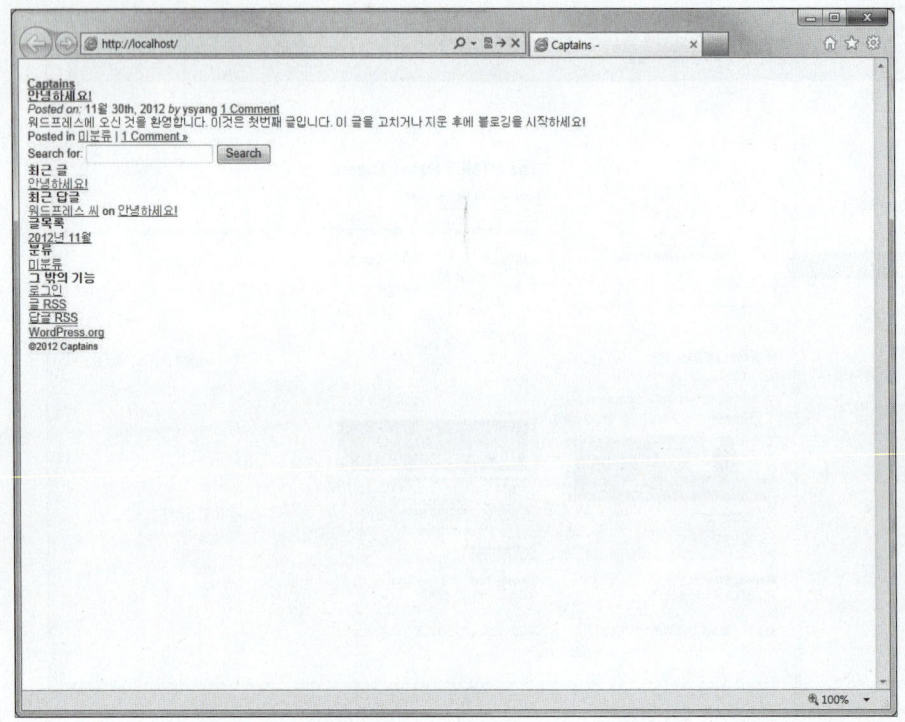

[그림 5.1-3] HTML5 Reset 테마에 의한 워드프레스 사이트 모습

테마 파일이 설치된 폴더에서 HTML5-Reset 폴더를 선택하고 키보드의 Ctrl 키를 누르고 해당 폴더를 드래그 하면 해당 폴더가 복사됩니다(그림 5.1-4 참고). 그 후에 폴더 명을 변경하면 됩니다. 여기서는 captainis라고 폴더 이름을 변경하겠습니다.

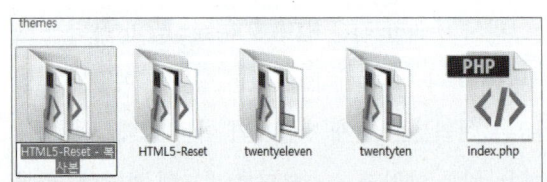

[그림 5.1-4] HTML5-Reset 폴더를 복사한 후 폴더 이름 변경

이제 captainis 폴더를 한번 열어 보겠습니다. 현재는 HTML5-Reset 폴더와 동일합니다.

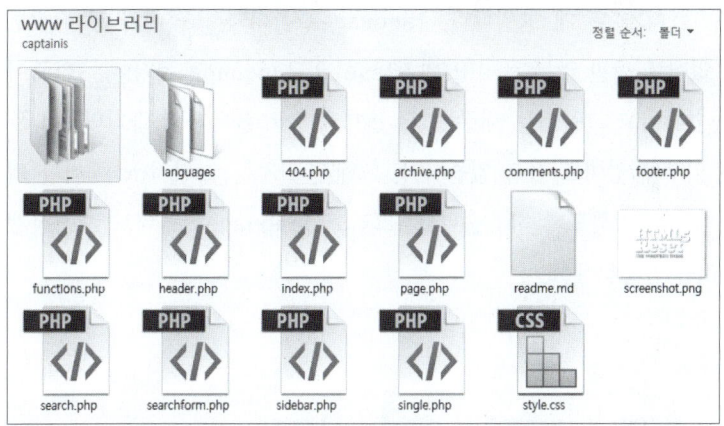

[그림 5.1-5] HTML5-Reset 폴더 이름을 captainis라고 변경 후 폴더 내부 내용 확인

이제 HTML5-Reset 폴더 내부에 있는 파일들의 역할에 대해 정리해 보겠습니다.

파일명	역할
404.php	잘못된 URL 또는 없어진 페이지를 호출할 때 보여지는 페이지
archive.php	글 모음 페이지, 각 월별 또는 카테고리별 글 모음 페이지
comments.php	댓글을 담당하는 페이지
footer.php	Footer 페이지
functions.php	테마에 없거나 새로운 기능을 추가할 때 이 페이지에 기능을 추가해 주면 작동함
header.php	Header 페이지
index.php	워드프레스에서 맨 처음 보여지는 페이지
page.php	페이지를 생성하면 이 페이지를 호출해서 보여지게 됨
screenshot.png	테마의 스크린 샷을 담당
search.php	검색 결과가 나타나는 페이지
searchform.php	검색 폼을 담당
sidebar.php	사이드 바
single.php	포스트에 글을 올리게 되면 이 페이지가 나타남
style.css	테마의 전체 스타일을 담당하는 CSS

[표 5.1-1] HTML5-Reset 해당 파일 역할 정리

[그림 5.1-5]를 보면 폴더가 두 개 보입니다. languages 폴더와 _ 폴더가 보이는데, languages 폴더는 없어도 상관 없는 폴더(HTML5Reset의 language 폴더에는 한글이 포함되어 있지 않습니다)이고 _ 폴더는 내부에 js 폴더와 inc 폴더가 있습니다. 이 두 개의 폴더는 _ 폴더 외부에 있어도 상관 없습니다. 그래서 필자는 js와 inc 폴더를 외부로 이동하고 _ 폴더는 제거하도록 하겠습니다. 그리고 languages 폴더도 제거하겠습니다. [그림 5.1-6]을 참조하세요.

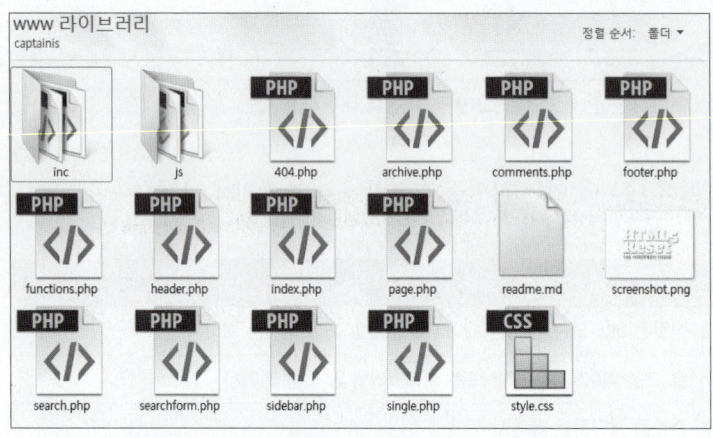

[그림 5.1-6] HTML5-Reset 기반 captains 폴더 정리 후 모습

이제 여기서 screenshot.png 파일을 포토샵 또는 이미지 편집기에서 열고, 3장에서 사이트 제작 시 제공되는 포토샵 파일을 이용하여, captainis 웹사이트의 이미지로 변경하도록 하겠습니다. [그림 5.1-6]과 [그림 5.1-7]을 비교해 보면, 변경된 것을 알 수 있습니다.

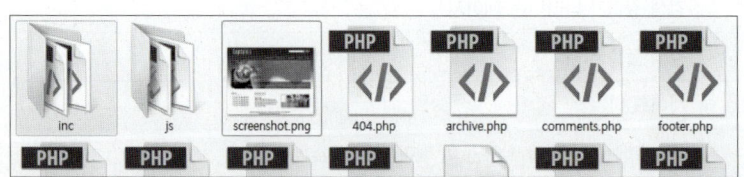

[그림 5.1-7] screenshot.png 파일을 작업할 사이트의 이미지로 교체

[그림 5.1-8]에서 screenshot.png 파일을 변경했을 때 나타나는 이미지를 볼 수 있습니다. 하지만 스크린 샷 이외의 정보는 변경된 것이 없는 것을 알 수 있습니다. 테마 이름과 만든이 정보가 The HTML5 Reset Theme와 동일합니다.

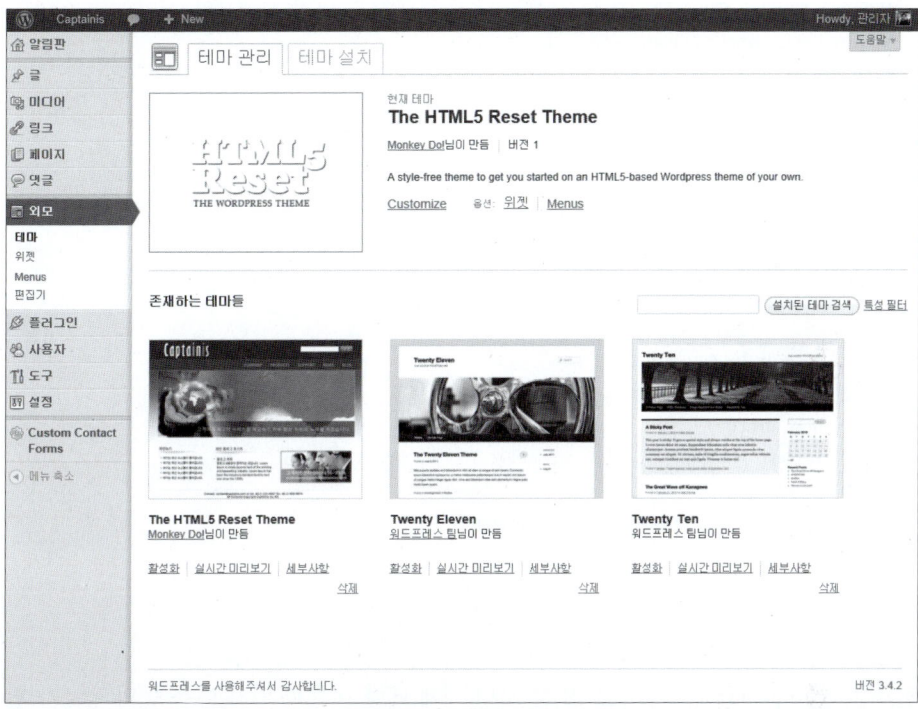

[그림 5.1-8] 설치된 테마에서 스크린 샷이 적용된 모습

> 이제부터 작업하는 모든 폴더는 The HTML5 Reset Theme 기반 captainis 폴더에 있는 파일들을 수정하는 것입니다. 따라서 특별히 폴더명을 언급하지 않고 파일명만 언급할 경우 전부 captainis 폴더에서 작업하는 것입니다.

테마에 포함되어 있는 테마 제목과 테마 개발자 정보는 `style.css` 파일에서 변경하는 것입니다. `stylec.css` 파일을 열고 상단을 보면 다음과 같은 코드가 있습니다.

```
/*
Theme Name: The HTML5 Reset Theme
Theme URI: http://html5reset.org
Description: A style-free theme to get you started on an HTML5-based
Wordpress theme of your own.
Author: Monkey Do!
Author URI: http://monkeydo.biz
Version: 1
*/
```

여기서 테마 이름과 저자 그리고 테마를 다운 받을 수 있는 곳, 기타 정보를 수정하면 됩니다. 아래와 같이 수정하겠습니다.

```
/*
Theme Name: Captainis 웹 사이트 테마
Theme URI: http://css3.zerois.net/wordpress/
Description: 워드프레스 예제 사이트 개발을 위한 기본 테마 파일
Author: 양용석
Author URI: http://ugpapa.tisorty.com
Version: 1
*/
```

결과를 한번 볼까요? [그림 5.1-9]를 보면 이제 테마 이름과 저자 이름 등의 정보가 변경된 것을 알 수 있습니다. 이제 이 테마 파일을 활성화해주기 바랍니다.

주의

모든 파일은 UTF-8로 저장해야 합니다. 따라서 메모장이나 노트패드 ++ 에서 열 때 혹시 ASCII 모드로 열렸다면 저장할 때 UTF-8로 저장하시기 바랍니다. 그렇지 않으면 한글이 깨질 수 있습니다.

여기까지가 실제 워드프레스 개발을 위한 기초 단계입니다.

이제 captainis 폴더에 있는 파일들을 하나씩 분석하고, 기존에 만들었던 사이트의 코드를 넣어서 워드프레스용으로 변환하도록 하겠습니다.

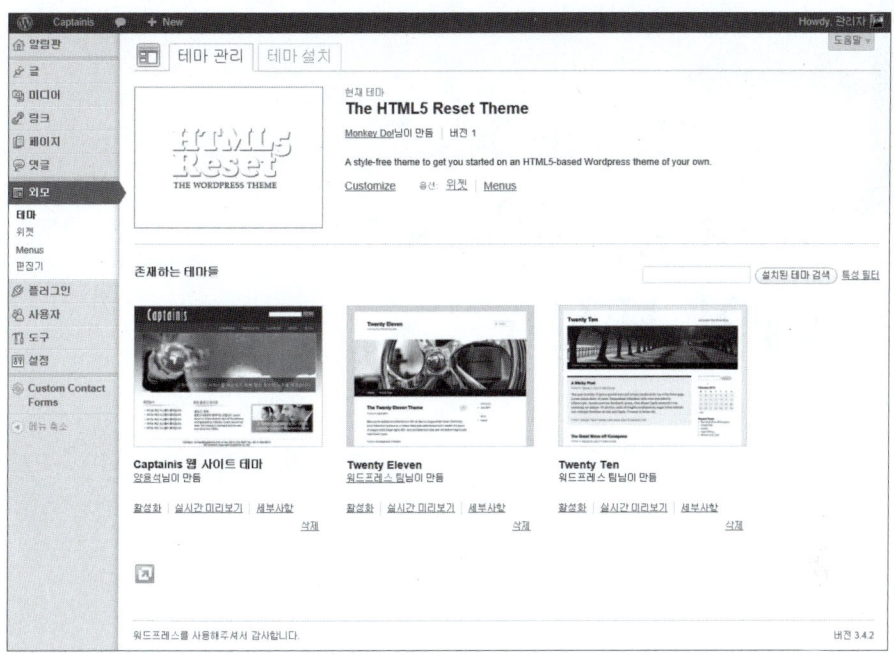

[그림 5.1-9] 테마의 이름과 저자 이름이 변경된 것을 확인할 수 있음

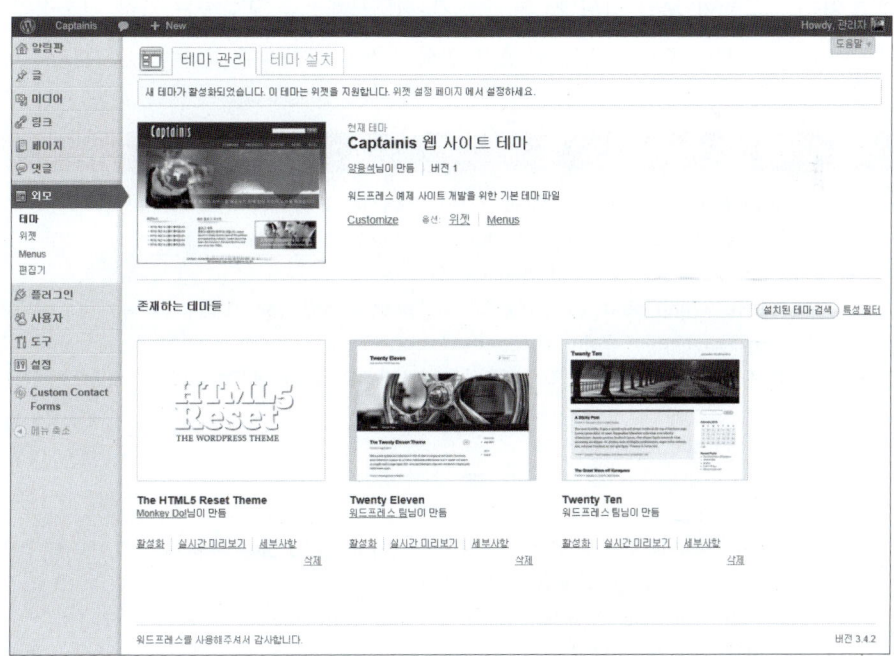

[그림 5.1-10] 테마를 활성화한 후 모습

5.1 워드프레스를 이용한 사이트 만들기 전 준비 작업 **271**

5.2 index, header, footer, sidebar 파일 분석

index.php 파일을 한번 편집기에서 열어보겠습니다. [코드 5.2-1]을 보면 약간은 복잡해 보이는 코드들이 보일 겁니다. 이 코드가 워드프레스를 구성하는 가장 기초적인 파일 구조입니다. 해당 주석은 바로 옆 혹은 위의 소스에 대한 내용입니다.

[코드 5.2-1] index.php 파일 구조

```
<?php get_header(); ?> <!-- 헤더 파일을 불러오는 역할을 합니다. -->
    <?php if(have_posts()) : while (have_posts()) : the_post(); ?>
    <!-- 워드프레스의 가장 기본적인 문법인 loop 문입니다. -->
        <article <?php post_class() ?> id="post-<?php the_ID(); ?>">
            <h2><a href="<?php the_permalink() ?>">
<!-- permalink는 고유주소란 의미로 글 또는 페이지가 만들어지면 자동으로 해당 글 또는 페이지와 연결해 주는 역할을 합니다. -->
                <?php the_title(); ?>
<!-- 글 제목이 들어가는 곳입니다. 여기도 글 또는 페이지의 제목이 자동으로 추가됩니다. -->
            </a></h2>
            <?php include (TEMPLATEPATH . '/_/inc/meta.php' ); ?>
<!-- 이 부분은 경로가 변경되어 다음과 같이 변경하도록 하겠습니다. -->
            <?php include (TEMPLATEPATH . '/inc/meta.php' ); ?>
            <div class="entry">
```

```
                <?php the_content(); ?>
                <!-- 글 또는 페이지의 내용이 들어가는 곳입니다. -->
                </div>
                <footer class="postmetadata">
                    <?php the_tags('Tags: ', ', ', '<br/>'); ?>
<!-- 글 또는 페이지 작성시 추가된 태그가 보이는 부분입니다. -->
                    Posted in <?php the_category(', ') ?> |
<!- 글 또는 페이지의 카테고리가 표시되는 부분입니다. -->
                    <?php comments_popup_link('No Comments &#187;', '1 Comment
&#187;', '% Comments &#187;'); ?>
                </footer>
            </article>
    <?php endwhile; ?> <!-- while loop문 끝 -->
    <?php include (TEMPLATEPATH . '/_/inc/nav.php' ); ?>
    <!-- 이 부분은 경로가 변경되어 다음과 같이 변경하도록 하겠습니다. -->
    <?php include (TEMPLATEPATH . '/inc/nav.php' ); ?>
    <?php else : ?>
        <h2>Not Found</h2>
    <?php endif; ?> <!-- if loop문 끝 -->
<?php get_sidebar(); ?> <!-- 사이드 바 파일을 불러오는 역할을 합니다. -->
<?php get_footer(); ?> <!-- 푸터 파일을 불러오는 역할을 합니다. -->
```

[코드 5.2-1]을 보면 조금은 복잡하게 보이죠? 디자이너들은 이런 if문이 나오면 포기해야지, 하는 분들도 있습니다. 내가 프로그래머도 아닌데, 이런 if, while 같은 php 프로그램을 왜 사용해야 하는지, 하는 분도 있을 겁니다.

그런데 이 구문만 분리해서 보면 그렇게 복잡한 부분은 없습니다.

워드프레스의 loop문에 대한 설명은 http://codex.wordpress.org/The_Loop에 아주 자세하게 나와있으며, 해당 웹사이트에 있는 loop문의 기초적인 내용을 인용해서 간단하게 설명해 드리겠습니다.

```
<?php if ( have_posts() ) : while ( have_posts() ) : the_post(); ?>
if ( have_posts() )--> 만약 포스트(글)이 있다면.
while ( have_posts() ) : the_post(); --> 여기서부터 루프 문 시작하고 포스트 관련 내용을 보여 줘라.
```

다음 부분은 포스트 내용과 관련 코드가 들어갑니다.

```
<?php endwhile; ?> <!-- 여기까지 while 문 -->
<?php else ?> <!-- 만약 포스트가 없다면 -->
<p><?php _e('Sorry, no posts matched your criteria.'); ?></p>   <!-- 이 내용을
보여주고 -->
<?php endif; ?> <!-- 루프 문 끝 -->
```

이해가 되나요? 이렇게 이해하시면 됩니다. 이해가 안 되면 다시 한 번 살펴보고 그래도 이해가 안 되면 그냥 넘어가세요.

이 문장이 뜻하는 바는 만약 발행한 글이 하나라도 있다면, 해당 글과 관련된 내용을 보여주고 그렇지 않다면, else 다음 내용을 보여 준 후, 루프문을 끝내라는 내용입니다.

더 상세하게 설명된 Loop Examples를 가져와서 주석을 한글로 번역해 보겠습니다.

[코드 5.2-2] http://codex.wordpress.org/The_Loop에 있는 루프 예제 해석

```
<!-- 여기서부터 루프 문 시작 -->
<?php if ( have_posts() ) : while ( have_posts() ) : the_post(); ?>

<!-- 만약 현재의 포스트(글)에 카테고리 3이 있다고 할 경우 -->
<!-- 그렇다면 div에 "post-cat-three"라는 클래스 선택자를 사용하고-->
<!-- 아니면 div에 "post" 라는 클래스 선택자를 사용한다. -->
 <?php if ( in_category('3') ) { ?>
          <div class="post-cat-three">
 <?php } else { ?>
          <div class="post">
 <?php } ?>

<!-- 포스트(글)의 제목을 보여주고, 고유 주소로 해당 링크 사용 -->
<h2><a href="<?php the_permalink() ?>" rel="bookmark" title="Permanent Link to <?php the_title_attribute(); ?>"><?php the_title(); ?></a></h2>

<!-- 날짜를 보여주고(November 16th, 2009 format) 글쓴이에 대한 링크를 걸어줌 -->
<small><?php the_time('F jS, Y') ?> by <?php the_author_posts_link() ?></small>
```

```
<!-- 포스트 내용을 div 내부에서 보여줌 -->
<div class="entry">
   <?php the_content(); ?>
</div>

<!-- 포스트 카테고리를 콤마로 분리하여 리스트를 보여줌 -->
  <p class="postmetadata">Posted in <?php the_category(', '); ?></p>
</div>

<!-- 여기서 루프 끝(하지만 다음 줄에 있는 else 부분 확인) -->
<?php endwhile; else: ?>

<!-- 맨 처음에 있는 if 구문을 테스트해서 어떤 포스트가 있는지 보여주고 -->
<!-- 만약 아무것도 없으면 아래의 내용을 보여준다.-->
<p>Sorry, no posts matched your criteria.</p>

<!-- 여기서 진짜로 루프 끝-->
<?php endif; ?>
```

[코드 5.2-2]에서 좀더 쉽게 루프 문을 이해할 수 있도록 해당 사이트에 있는 내용을 나름대로 번역해 보았습니다.

여기까지 읽어도 이해가 안 된다면 "그냥 이런 것이 있구나"라고 넘어가세요. 너무 머리 싸매고 이해하려고 하지 말고 그냥 "음…. 이렇게 구성되는 군~!" 정도로 이해해도 됩니다. 이제부터 이 코드는 지겨울 정도로 많이 보게 될 겁니다. 그래서 아마 이 책이 끝날 때쯤이면 대충 삼이 오실 깁니다.

index.php 파일을 보면 아래 코드가 보일 겁니다.

```
<?php get_header(); ?>
<?php get_sidebar(); ?>
<?php get_footer(); ?>
```

3장에서 예제를 통해서 보통 php 구문에서는 <?php include "header.php"; ?> 이런 방식으로 모듈화 한 것을 기억하실 텐데요. 워드프레스에서는 get_header(); 이렇게 header 파일을 불러옵니다. 하지만 <?php include "header.php"; ?>와 <?php get_header(); ?>는 동일한 역할을 합니다. 워드프레스에서도 <?php get_header(); ?> 대신에 <?php include "header.php"; ?>를 사용해도 동일한 결과를 얻습니다. 하지만 워드프레스에서 get_header();의 () 내부에 다른 단어가 들어가면, 예를 들어 get_header(news);라고 하면 header-news.php 파일을 불러오게 됩니다. include 문에서는 <?php include "header-news.php";?>와 동일한 것이죠. 여러분이 편리한 방식으로 사용하셔도 되는데, get_header();라고 사용하는 것이 워드프레스에서 사용하는 방법이기 때문에 get_header();를 사용하도록 하겠습니다.

index.php 파일은 전체적인 워드프레스의 구조를 잡아주는 파일입니다.

먼저 header.php 파일을 불러오고, 루프 문을 통해 포스트가 있는지 확인해서 있으면 해당 포스트를 보여주고, 없으면 없다는 표시를 한 후 sidebar.php와 footer.php 파일을 불러오는 역할을 하는 것이죠. index.php 파일의 구조는 여기까지만 설명하고 header.php 파일을 열어보겠습니다. header.php 파일은 생각보다 복잡합니다.

[코드 5.2-3] header.php 내부 내용

```
<!DOCTYPE html> <!-- html5의 doctype 설정 부분입니다 -->
<!-- 아래 부분은 Modernizr.를 이용하여 버전 별 IE 브라우저에서 HTML5와 CSS3가 정상적인 동작을 하게끔
처리해 주는 부분입니다.. ** -->
<!--[if lt IE 7 ]> <html class="ie ie6 no-js" <?php language_attributes(); ?>> <![endif]-->
<!--[if IE 7 ]>    <html class="ie ie7 no-js" <?php language_attributes(); ?>> <![endif]-->
<!--[if IE 8 ]>    <html class="ie ie8 no-js" <?php language_attributes(); ?>> <![endif]-->
<!--[if IE 9 ]>    <html class="ie ie9 no-js" <?php language_attributes(); ?>> <![endif]-->
<!--[if gt IE 9]><!--><html class="no-js" <?php language_attributes(); ?>><!--<![endif]-->
<!-- the "no-js" class is for Modernizr. -->
```

```
<!-- head 부분의 id에 있는 www-sitename-com은 현재 사이트 명으로 변경해 주시고, data-template-
set에는 테마 이름을, profile에는 해당 내용을 적어도 되고, head만 남기고 삭제해도 무방합니다. -->
<head id="www-sitename-com" data-template-set="html5-reset-wordpress-theme"
profile="http://gmpg.org/xfn/11">

<!-- charset을 지정하는 부분입니다. 보통은 utf-8을 사용하는데, 이 부분도 건들지 말고 놔두세요. 워드프레스에
서 알아서 처리하는 부분입니다. -->
    <meta charset="<?php bloginfo('charset'); ?>">
        <!-- 아래 부분은 IE9를 사용할 때, 호환성 보기를 눌러 버리면, IE7 모드로 변경되어 버리는데, 그것을 막아주
는 역할을 하는 meta 태그입니다. 심지어 크롬에서 서드파티로 IE 렌더링 엔진을 플러그 인처럼 설치해서 사용할 경우에
도 최신 버전의 IE로 웹 페이지를 렌더링하게 해주는 역할을 합니다. 따라서 절대 삭제 금지!! -->
        <!-- Always force latest IE rendering engine (even in intranet) & Chrome
Frame -->
        <meta http-equiv="X-UA-Compatible" content="IE=edge,chrome=1">
        <!-- 검색을 통한 로봇(구글과 같은 서치 엔진의 로봇) 검색을 막는 역할을 합니다. -->
<?php if (is_search()) { ?>
<meta name="robots" content="noindex, nofollow" />
<?php } ?>
        <!-- 타이틀 부분을 나타내 주는 곳입니다. -->
        <!-- 3장에서 만들어진 사이트를 보면 항상 타이틀이 고정되었지만, 아래의 코드를 사용하게 되면, 각 페이지
의 제목이 타이틀에 보여지게 됩니다. 따라서 여기도 절대 수정이나 삭제 금지 -->
    <title>
        <?php
            if (function_exists('is_tag') && is_tag()) {
                single_tag_title("Tag Archive for &quot;"); echo '&quot; -';
            }
            elseif (is_archive()) {
                wp_title(''); echo ' Archive - '; }
            elseif (is_search()) {
                echo 'Search for &quot;'.wp_specialchars($s).'&quot; - '; }
            elseif (!(is_404()) && (is_single()) || (is_page())) {
                wp_title(''); echo ' - '; }
            elseif (is_404()) {
                echo 'Not Found - '; }
            if (is_home()) {
                bloginfo('name'); echo ' - '; bloginfo('description'); }
            else {
                bloginfo('name'); }
            if ($paged>1) {
                echo ' - page '. $paged; }
        ?>
    </title>
```

```
<!-- 타이틀과 동일한 내용으로 구글과 같은 검색 엔진에서 하나의 페이지 제목을 보여줄 때 나타나는 부분입니다. -->
<meta name="title" content="<?php
    if (function_exists('is_tag') && is_tag()) {
        single_tag_title("Tag Archive for &quot;"); echo '&quot; - ';
    }
    elseif (is_archive()) {
        wp_title(''); echo ' Archive - '; }
    elseif (is_search()) {
        echo 'Search for &quot;'.wp_specialchars($s).'&quot; - '; }
    elseif (!(is_404()) && (is_single()) || (is_page())) {
        wp_title(''); echo ' - '; }
    elseif (is_404()) {
        echo 'Not Found - '; }
    if (is_home()) {
        bloginfo('name'); echo ' - '; bloginfo('description'); }
    else {
         bloginfo('name'); }
    if ($paged>1) {
        echo ' - page '. $paged; }
?>">
<!-- 아래 하단 부분은 사이트에 대한 설명이 들어가는 곳입니다. 그리고 google-site-verification 부분은 구글 웹 마스터 사이트에서 사이트를 등록하면 대체 방법에 HTML 태그를 입력하는 부분이 있습니다. 해당 메타 태그 content="" 내부에 입력해 주면 됩니다. -->
<meta name="description" content="<?php bloginfo('description'); ?>">
<!-- 아래의 코드는 삭제를 하거나 수정을 해도 전혀 상관 없습니다. -->
<meta name="google-site-verification" content="">  *
<!-- Speaking of Google, don't forget to set your site up: http://google.com/webmasters -->
<!-- 아래의 코드는 삭제를 하거나 수정을 해도 전혀 상관 없습니다. -->
<meta name="author" content="Your Name Here">
<meta name="Copyright" content="Copyright Your Name Here 2011. All Rights Reserved.">
<!-- 아래의 코드는 삭제해도 상관없습니다 -->
<!-- Dublin Core Metadata : http://dublincore.org/ -->
<meta name="DC.title" content="Project Name">
<meta name="DC.subject" content="What you're about.">
<meta name="DC.creator" content="Who made this site.">
<!-- 모바일용 웹 페이지를 만들 때 사용하는 부분으로 기본적으로는 주석 처리되어 작동하지 않습니다. 하지만 웹 사이트가 전부 만들어진 후 모바일 용 사이트로 변환할 때 필요한 부분입니다. -->
<!--  Mobile Viewport meta tag
```

j.mp/mobileviewport & davidbcalhoun.com/2010/viewport-metatag
            device-width : Occupy full width of the screen in its current orientation
            initial-scale = 1.0 retains dimensions instead of zooming out if page height > device height
            maximum-scale = 1.0 retains dimensions instead of zooming in if page width < device width -->
        <!-- Uncomment to use; use thoughtfully!
        <meta name="viewport" content="width=device-width, initial-scale=1.0, maximum-scale=1.0">
        -->
        <!-- 아래는 파비콘을 설정하는 부분입니다. 웹 브라우저 URL 부분에 들어가는 조그마한 아이콘을 파비콘이라고 합니다. 경로 중에 /_/ 부분은 /로 변경하겠습니다.
        bloginfo('template_directory'); 라는 곳은 현재 테마 파일이 있는 디렉터리를 말합니다.
         -->
        <link rel="shortcut icon" href="<?php bloginfo('template_directory'); ?>/_/img/favicon.ico"> ?>/img/favicon.ico">
            <!-- This is the traditional favicon.

---

* 이 부분은 구글 웹 마스터 도구에서 대체 방법으로 제시하는 코드로 대체하면 됩니다. 구글 웹마스터 URL은 http://google.com/webmasters입니다.

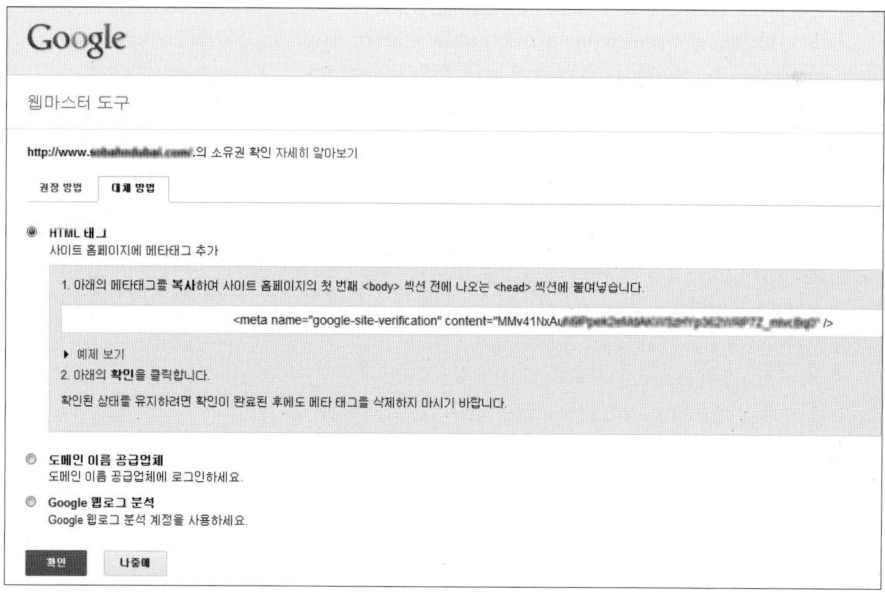

5.2 index, header, footer, sidebar 파일 분석

```
            - size: 16x16 or 32x32
            - transparency is OK
            - see wikipedia for info on browser support: http://mky.be/favicon/
-->
        <!-- 아래의 코드는 애플 아이폰에서만 해당하는 사항입니다. 아이폰에서 사파리 브라우저를 이용하여, 바로 가기를
바탕화면에 만들 경우 보여지는 아이콘을 설정하는 곳입니다. 따라서 해당 사이트의 아이콘을 만들어서 사용하면 됩니다. -->
        <link rel="apple-touch-icon" href="<?php bloginfo('template_directory');
?>/_/img/apple-touch-icon.png"> ?>/img/apple-touch-icon.png">

        <!-- The is the icon for iOS's Web Clip.
            - size: 57x57 for older iPhones, 72x72 for iPads, 114x114 for
iPhone4's retina display (IMHO, just go ahead and use the biggest one)
            - To prevent iOS from applying its styles to the icon name it
thusly: apple-touch-icon-precomposed.png
            - Transparency is not recommended (iOS will put a black BG behind
the icon) -->

        <!-- CSS: screen, mobile & print are all in the same file -->
        <!-- CSS 코드가 들어가는 부분입니다. -->
        <!-- bloginfo('stylesheet_url') 라는 곳은 현재 테마의 루트 디렉토리를 말합니다. -->
        <link rel="stylesheet" href="<?php bloginfo('stylesheet_url'); ?>">
            <!-- all our JS is at the bottom of the page, except for Modernizr.
-->
        <script src="<?php bloginfo('template_directory'); ?>/_/js/modernizr-
1.7.min.js"> ?>/js/modernizr-1.7.min.js"></script>
        <!-- 여기는 핑백 URL과 댓글에 대한 리플 관련 설정을 하는 곳입니다. -->
        <link rel="pingback" href="<?php bloginfo('pingback_url'); ?>" />
        <?php if ( is_singular() ) wp_enqueue_script( 'comment-reply' ); ?>
        <?php wp_head(); ?>

</head>
<!-- 실제 바디가 들어가는 부분이 여기부터입니다. -->
<body <?php body_class(); ?>>
        <div id="page-wrap">    <!-- 3장에서 만든 사이트도 이 부분이 있었습니다. -->
        <!-- 아래 부분은 수정할 예정입니다. 원본이 이렇게 생겼다는 것만 알아 두시면 됩니다. -->
        <header id="header">
            <h1><a href="<?php echo get_option('home'); ?>/"><?php
bloginfo('name'); ?></a></h1>
                <div class="description"><?php bloginfo('description'); ?></div>
            </header>
```

[코드 5.2-3]을 보면 조금은 코드가 많아 복잡하게 느껴지실 겁니다. 하지만 사용자가 설정할 부분은 그렇게 많지 않습니다. <body <?php body_class(); ?>> 이하 코드만 설정하고 나머지 부분은 그냥 놔둬도 전혀 문제 없이 동작하기 때문입니다.

> **여기서 잠깐**
>
> header.php 내부를 보면 modernizr-1.7.min.js라는 자바스크립트가 하나 보이는데, 해당 스크립트가 하는 역할은 현재 사용 중인 웹 브라우저에서, HTML5와 CSS3의 속성 중 어떤 속성을 지원하는지 확인하는 역할을 합니다. 따라서 브라우저 별로 지원되지 않는 속성을 예외 처리 할 수 있게 해 줍니다. 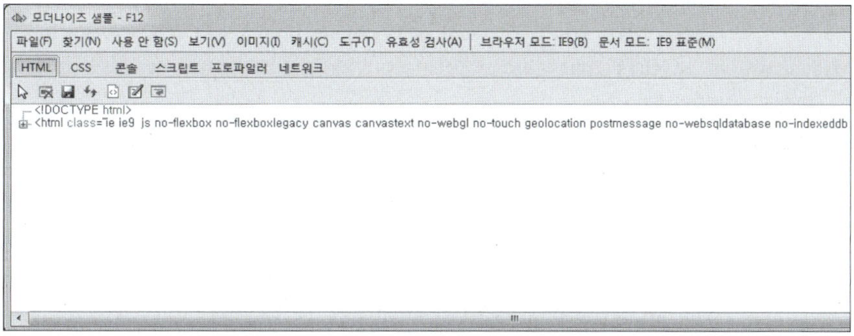
>
> [그림 5.2-1] 모더나이즈를 적용한 후 IE9의 개발자 도구에서 IE9을 지원하는 속성과 지원하지 않는 속성이 나타남.
>
> 그리고 모더나이즈 스크립트를 사용하면, HTML5 태그를 지원하지 않는 브라우저에서도 HTML5 태그를 지원합니다. 현재(2012년 10월) 최신 버전의 모더나이즈는 2.6.2입니다. 따라서 [코드 5.2-3]에 있는 모더나이즈 버전 또한 변경하도록 하겠습니다.
>
> ```
> <script src="<?php bloginfo('template_directory'); ?>/js/modernizr-1.7.min.js"></script>
> <script src="<?php bloginfo('template_directory'); ?>/js/modernizr-2.6.2-min.js"></script>
> ```
>
> 모더나이즈에 대한 자세한 내용은 http://modernizr.com/을 방문해서 살펴보세요.
>
> **핑백(pingback)이란?**
> 핑백은 포스트에 언급된 링크를 해당 포스트에 자동으로 알려주는 기능입니다. 예를 들어 A가 '블로그'에 관한 포스트를 작성하다가 B가 작성한 '워드프레스의 이해'라는 포스트를 자신의 포스트에 링크하여 글쓰기를 완료하면 B가 쓴 '워드프레스의 이해' 포스트에 핑백이 날아가게 되는 것입니다. 핑백은 트랙백처럼 트랙백 주소를 별도로 입력하지 않아도 자동으로 보내는 것이기 때문에 트랙백보다 쉽게 이용할 수 있습니다.

이제 sidebar.php 파일을 살펴보도록 하겠습니다.

[코드 5.2-4] sidebar.php 내용

```php
<div id="sidebar">
<!-- 다이나믹 사이드 바는 어드민에서 컨트롤하는 위젯 방식의 사이드바를 의미합니다. -->
<!-- 따라서 아래의 내용은 만들려고 하는 블로그 페이지에서는 유용하지만, 다른 페이지에서는 사용할 필요가 없는 부분입니다.. -->
<!-- 다이나믹 사이드 바가 있다면, 다이나믹 사이드 바를 사용하고 아닐 경우-->
    <?php if (function_exists('dynamic_sidebar') && dynamic_sidebar('Sidebar Widgets')) : else : ?>
            <!-- All this stuff in here only shows up if you DON'T have any widgets active in this zone -->
<!-- 아래의 내용을 출력하라 -->
        <?php get_search_form(); ?> <!-- 검색 폼을 보여 주는 곳입니다. -->
        <?php wp_list_pages('title_li=<h2>Pages</h2>' ); ?>
        <h2>Archives</h2>
        <ul>
            <!-- 아카이브(글 모음)를 보여 주는 곳 -->
            <?php wp_get_archives('type=monthly'); ?>
        </ul>

        <h2>Categories</h2>
        <ul>
    <!-- 카테고리를 보여 주는 곳 -->
  <?php wp_list_categories('show_count=1&title_li='); ?> </ul>
   <?php wp_list_bookmarks(); ?>

        <h2>Meta</h2>
        <ul>
    <!-- 메타 정보를 보여 주는 곳 -->
            <?php wp_register(); ?>
            <li><?php wp_loginout(); ?></li>
            <li><a href="http://wordpress.org/" title="Powered by WordPress, state-of-the-art semantic personal publishing platform.">WordPress</a></li>
            <?php wp_meta(); ?>
        </ul>

        <h2>Subscribe</h2>
        <ul>
```

```
        <!-- RSS 및 코멘트 정보를 보여 주는 곳 -->
            <li><a href="<?php bloginfo('rss2_url'); ?>">Entries (RSS)</a></li>
            <li><a href="<?php bloginfo('comments_rss2_url'); ?>">Comments (RSS)</a></li>
        </ul>

    <?php endif; ?>

</div>
```

[코드 5.2-4]에서 소개된 `sidebar.php`는 워드프레스에 내장된 위젯 기능을 사용하거나 사용자 임의로 사이드 바를 꾸밀 경우 유용합니다. [코드 5.2-4]의 `sidebar.php` 파일의 경우 3장에서 만든 예제 사이트에서의 블로그 페이지에서만 사용하는 부분이고, 다른 페이지에서는 사용하지 않습니다. 따라서 [코드 5.2-4]는 블로그 페이지를 만들 때 한 번 더 살펴보도록 하겠습니다.

이제 `footer.php` 파일을 살펴보도록 하겠습니다.

[코드 5.2-5] footer.php 내용

```
        <footer id="footer" class="source-org vcard copyright">
            <small>&copy;<?php echo date("Y"); echo " "; bloginfo('name'); ?></small> <!-- 이 부분은 copyright이 표시되는 부분입니다. -->
        </footer>
    </div>
    <?php wp_footer(); ?>


<!-- here comes the javascript -->

<!-- jQuery is called via the Wordpress-friendly way via functions.php -->
<!-- this is where we put our custom functions -->
<!-- jQuery를 js 폴더에 있는 function.js에 포함시켜 구동시킵니다.
     여기서도 /_/ 폴더명은 변경해 줍니다. -->
<script src="<?php bloginfo('template_directory'); ?>/_/js/functions.js"></script>
```

```
<script src="<?php bloginfo('template_directory'); ?>/js/functions.js"></
script>
<!-- 하단은 구글에서 제공하는 사이트 분석 스트립트입니다. -->
<!-- 상당히 정교하고 정확하게 방문자 분석을 해줍니다. 해당 자바스크립트를 사용하기 위해서는 구글 계정을 가지고
있어야 하며, UA-XXXXXX-XX에 대한 값을 교체하면 됩니다.
자세한 내용은 http://www.google.com/analytics/를 참조하시기 바랍니다. 필자도 사용하고 있고 추천하는
웹 분석 도구입니다. -->
<!-- Asynchronous google analytics; this is the official snippet.
     Replace UA-XXXXXX-XX with your site's ID and uncomment to enable.

<script>

  var _gaq = _gaq || [];
  _gaq.push(['_setAccount', 'UA-XXXXXX-XX']);
  _gaq.push(['_trackPageview']);

  (function() {
    var ga = document.createElement('script'); ga.type = 'text/javascript';
ga.async = true;
    ga.src = ('https:' == document.location.protocol ? 'https://ssl' :
'http://www') + '.google-analytics.com/ga.js';
    var s = document.getElementsByTagName('script')[0]; s.parentNode.
insertBefore(ga, s);
  })();

</script>
-->
</body>
</html>
```

[코드 5.2-5]는 footer 내부에 있는 소스코드입니다. footer와 sidebar는 그렇게 복잡하지 않습니다. 사실 header 부분도 상단 코드를 제외하고는 아주 평이한 수준으로 코드가 구성되어 있습니다. 필자가 고치지 말고 그대로 놔두라고 한 부분만 건들지 않으면, 문제될 것은 아무것도 없습니다.

이제 5.3절에서 index.php 파일을 이용하여 header, sidebar, footer 내용을 3장에서 만든 사이트를 기반으로 작업해 보도록 하겠습니다.

5.3 header, footer 파일 수정하여 index.php 변경하기

5.3절부터 시작하는 예제 파일은 "3장 예제 완성"이란 폴더를 참조해서 작업할 것입니다. 3장 예제 완성 폴더는 3장 예제를 통해 작업한 HTML과 CSS 파일 및 부속 파일들을 따로 모아 정리한 곳입니다.

이제부터는 실제 웹 페이지가 구동하는 모습이 조금씩 보이기 시작할 것입니다. 그렇기 때문에 5.2절까지 이해가 안 되는 분은 3장을 다시 한번 학습하고, 5장 처음부터 다시 학습한 후 5.3절을 학습하기 바랍니다.

먼저 여러분에게 `notepad++`(다운로드는 http://notepad-plus-plus.org/)라는 응용프로그램을 사용하길 권합니다. 윈도우 사용자에게만 해당되며, 맥 사용자는 `textwrangler`(무료) 또는 `Textmate`(유료)를 사용하면 됩니다. `notepad++`는 무료이며 굉장히 가볍고 다양하게 사용할 수 있는 에디터 중 하나입니다.

가장 먼저 3장에서 작업했던 내용 중 `web-fonts`, `themes`, `images`, `css` 폴더를 `captainis` 폴더에 복사합니다.

_notes	2012-10-09 오후 3:58	파일 폴더	
css	2012-10-09 오후 3:58	파일 폴더	
images	2012-10-09 오후 3:58	파일 폴더	
js	2012-10-09 오후 3:58	파일 폴더	
themes	2012-10-09 오후 3:58	파일 폴더	
web-fonts	2012-10-09 오후 3:58	파일 폴더	
blog.php	2012-10-09 오전 10:30	PHP Script	4KB
blog_detail.php	2012-10-09 오전 11:07	PHP Script	3KB
company.php	2012-10-05 오후 10:37	PHP Script	3KB

[그림 5.3-1] 3장에서 작업했던 폴더 복사

그리고 css 폴더 내부에 있는 style.css 파일 또한 captainis 루트 폴더에 복사하는데, 원본 style.css 파일은 style.css.back이라고 이름을 변경해 줍니다.

그리고 3장에서 작업했던, 즉 현재 captainis 루트에 있는 style.css를 notepad++로 열어줍니다.

style.css 파일을 열어보면 이미지 경로가 url(../images/background.jpg);과 url('../web-fonts/ColabLig-webfont.eot');과 같이 ../images/ 형태로 되어 있는 경로를 images/ 또는 web-fonts/와 같이 앞에 있는 ../ 부분을 제거합니다. notepad++에서 Ctrl + F 키를 누르면 나타납니다.

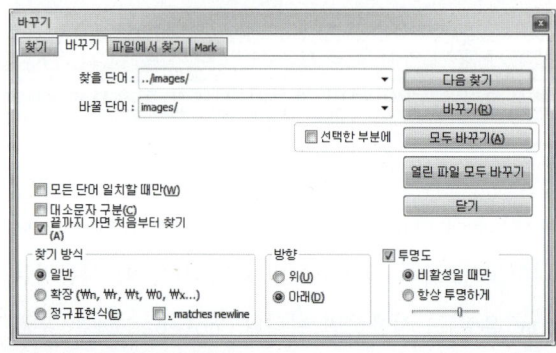

[그림 5.3-1] images 경로 바꾸기

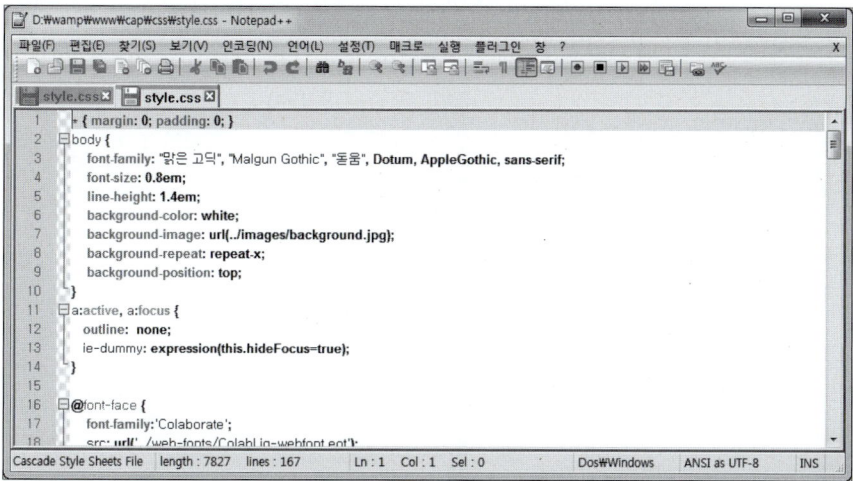

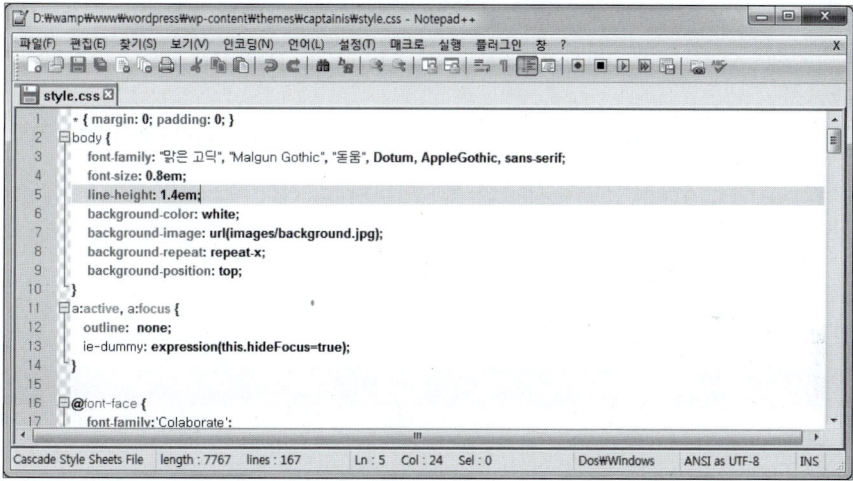

[그림 5.3-2] images 및 web-fonts 경로 변경 전 후 모습

이렇게 변경하는 이유는 현재 `style.css` 파일이 css 폴더에서 루트 폴더로 변경되었기 때문입니다.

그리고 이제 워드프레스 테마에 있는 `captainis` 폴더에 있는 `header.php` 파일과 3장에서 작업한 `header.php` 파일을 나란히 `notepad++`에서 열어 줍니다.

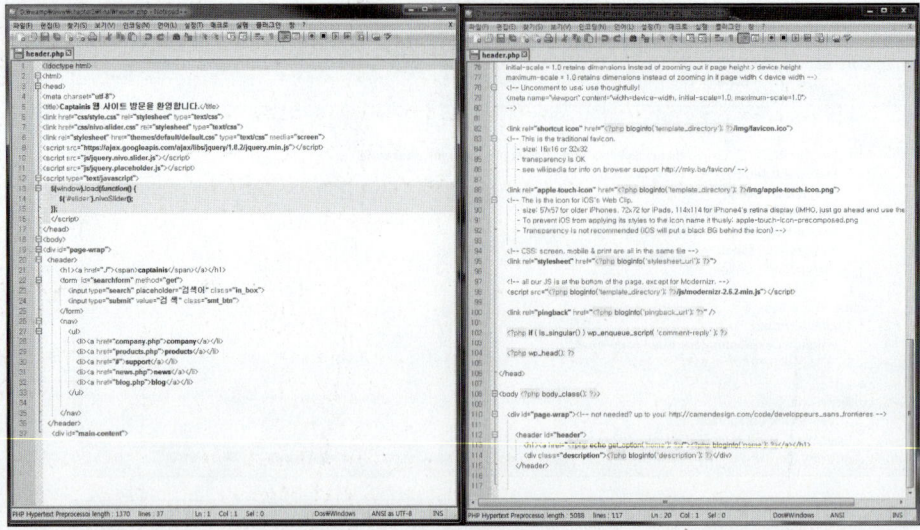

[그림 5.3-3] 왼쪽은 3장에서 작업된 header.php 파일, 오른쪽은 워드프레스 header.php 파일

3장에서 작업한 header.php 파일 중에서 `<div id="page-wrap">`부터 시작해서 `<div id="main-content">`까지 내용을 복사합니다. 그리고 워드프레스의 header.php 파일 맨 하단에 붙혀 넣습니다. [코드 5.3-1]에서 취소선으로 그은 부분을 삭제하고 저장합니다.

[코드 5.3-1] header.php 파일 수정하기

```
<body <?php body_class(); ?>>
    <div id="page-wrap">
        <header id="header">
            <h1><a href="<?php echo get_option('home'); ?>/"><?php bloginfo('name'); ?></a></h1>
            <div class="description"><?php bloginfo('description'); ?></div>
        </header>

<!-- 여기까지가 원래 header 부분 소스코드 -->
<!-- 아래의 코드는 3장에서 작업한 소스코드 -->
<div id="page-wrap">
  <header>
        <h1><a href="./"><span>captainis</span></a></h1>
        <form id="searchform" method="get">
```

```
            <input type="search" placeholder="검색어" class="in_box">
            <input type="submit" value="검 색" class="smt_btn">
        </form>
        <nav>
            <ul>
                <li><a href="company.php">company</a></li>
                <li><a href="products.php">products</a></li>
                <li><a href="#">support</a></li>
                <li><a href="news.php">news</a></li>
                <li><a href="blog.php">blog</a></li>
            </ul>
        </nav>
    </header>
    <div id="main-content">
```

여기까지 수정한 결과 화면을 보겠습니다. 현재까지 style.css 파일과 header.php 파일을 수정했습니다.

[그림 5.3-4] style.css 파일과 header.php의 일부를 수정한 결과 화면

[그림 5.3-4]에서 보면 회사 로고 부분은 현재도 텍스트로 보입니다.

3장에서 제목이 들어가는 부분에 〈span〉〈/span〉으로 감싼 부분이 지금은 적용되지 않았기 때문입니다. 따라서 현재 작업하는 header.php 파일에도 적용해 줍니다.

```
<h1><a href="<?php echo get_option('home'); ?>/"> <?php bloginfo('name'); ?> </a></h1>
```

위의 코드에서 제목이 들어가는 부분에 〈span〉〈/span〉을 추가하여 아래와 같이 변경합니다.

```
<h1><a href="<?php echo get_option('home'); ?>/">
<span><?php bloginfo('name'); ?></span></a></h1>
```

[그림 5.3-5]를 보면 회사 로고 부분까지 완벽하게 구성된 모습을 볼 수 있습니다.

그리고 3장에서 작업한 header 파일에는 검색 폼이 있었는데, [코드 5.3-1]을 보면 워드프레스로 가지고 오면서 삭제하였습니다. 여기는 대신 워드프레스에서 제공하는 검색 폼을 넣을 것입니다. 5.2장 [코드 5.2-4]에 있는 sidebar.php 내부에 있는 〈?php get_search_form(); ?〉 부분을 검색이 있던 자리에 위치해 줍니다.

```
<header id="header">
        <h1><a href="<?php echo get_option('home'); ?>/"><span><?php bloginfo('name'); ?></span></a></h1>
        <?php get_search_form(); ?>
    <nav>
```

여기서 get_search_form();은 searchform.php를 호출하는 함수입니다.

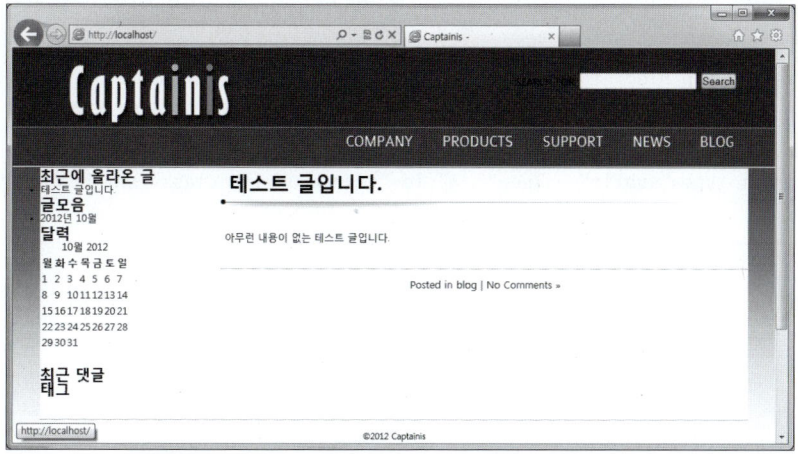

[그림 5.3-5] 회사 로고가 위치하는 h1 부분에 span 추가 및 검색 폼 추가 후 모습

이제 searchform.php 파일 열어 봅니다.

[코드 5.3-2] searchform.php 파일 내부 모습

```
<form action="<?php bloginfo('siteurl'); ?>" id="searchform" method="get">
    <div>
        <label for="s" class="screen-reader-text">Search for:</label>
        <input type="search" id="s" name="s" value="" />
        <input type="submit" value="Search" id="searchsubmit" />
    </div>
</form>
```

3장에서 header 부분에 있던 검색 폼은 다음의 코드를 가지고 있었습니다.

[코드 5.3-3] 3장 header에 있는 검색 폼 부분

```
<form  id="searchform" method="get">
        <input type="search" placeholder="검색어" class="in_box">
        <input type="submit" value="검 색" class="smt_btn">
</form>
```

따라서 [코드 5.3-2]와 [코드 5.3-3]을 비교하여 [코드 5.3-2]에 있는 부분을 [코드 5.3-3]과 동일하게 변경합니다.

[코드 5.3-4] 변경된 searchform.php 파일 내부 모습

```
<form action="<?php bloginfo('siteurl'); ?>" id="searchform" method="get">
        <input type="search" id="s" name="s" value="" placeholder="검색어" class="in_box">
        <input type="submit" value="검 색" id="searchsubmit" class="smt_btn">
</form>
```

[그림 5.3-6]을 보면 전체적으로 헤더 부분에 대한 디자인이 정리된 모습을 볼 수 있습니다.

[그림 5.3-6] 대략적인 모습이 잡힌 헤더 부분

이제 sidebar 부분은 제외하고 footer 부분을 수정하도록 하겠습니다.

Q&A

Q. 지금까지 잘 따라왔는데요. 이렇게 하면 기존 사이트를 쉽게 워드프레스로 포팅할 수 있는 건가요? 이 책만 잘 학습하면요….

A. 네, 이 책만 잘 따라 하시면 기존의 어떤 사이트든 쉽게 워드프레스로 포팅 가능합니다. 워드프레스는 현재까지 나온 CMS 중 가장 쉽고 구조적으로 잘 정립된 도구이며 배우기 쉽습니다.

[코드 5.3-5] footer.php 파일 수정

```
<footer id="footer" class="source-org vcard copyright">
<small>&copy;<?php echo date("Y"); echo " "; bloginfo('name'); ?></small>
</footer>
</div>
...하단 생략...
<!-- 위의 내용은 원본 footer 파일 내용이며 아래의 내용은 3장 원본을 기반으로 수정한 내용입니다. -->
</div>
   <div class="clear"></div>
    <footer>
    Contact : contact@captainis.com or tel. 82-2-123-4567 fax. 82-2-456-9874<br>
     All Contents Copyright &copy;<?php echo date("Y"); echo " "; bloginfo('name'); ?> Co, ltd.
     </footer>
</div><!-- 여기는 페이지 wrap -->
...하단 생략...
```

[그림 5.3-7]을 보면 header와 footer 부분을 수정하여 대략적으로 완성된 index.php 파일을 볼 수 있습니다. [그림 5.3-7]은 완성된 형태가 아닙니다. 여기에서도 수정할 부분은 많습니다.

이제 index.php 파일을 다른 이름으로 저장하고 파일 이름은 home.php 파일로 저장합니다.

현재 테마 폴더에는 home.php 파일이 없는데, home.php 파일은 말 그대로 홈을 말하는 사이트의 프론트 페이지입니다. home.php 파일이 없는 경우 워드프레스는 index.php 파일을 프론트 페이지로 사용합니다.

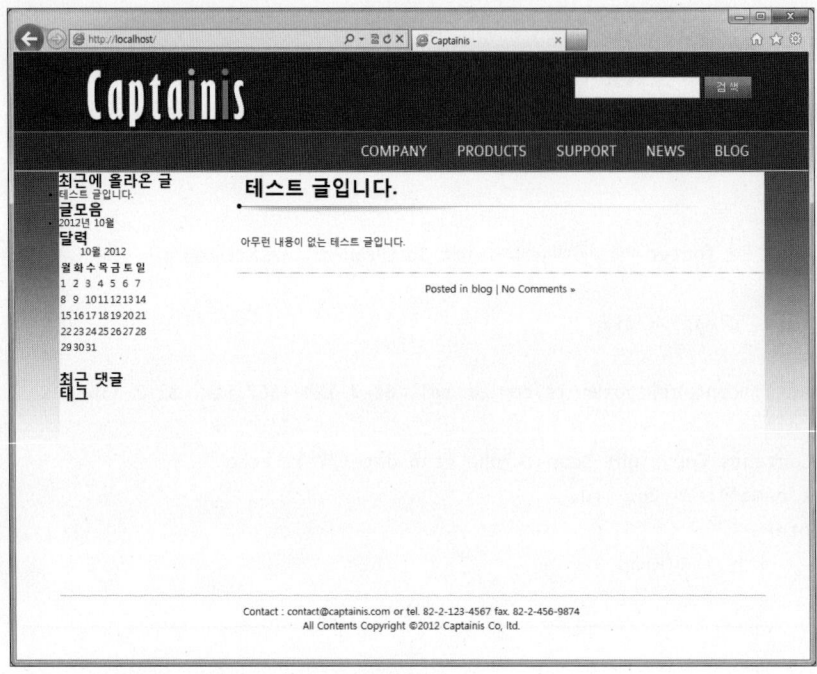

[그림 5.3-7] 전체적으로 완성된 index.php 파일 모습

현재 수정되지 않은 home.php 파일은 index.php 파일과 내용이 동일합니다. 동일한 내용을 담고 있습니다. 이제 home.php 파일을 열어 get_header와 get_footer 부분을 남기고 전부 삭제합니다.

[그림 5.3-8]을 보면 [그림 5.3-7]과는 달리 내부에 내용이 아무것도 없다는 것을 알 수 있습니다. 당연히 현재는 header.php 파일과 footer.php 파일로만 구성되어 있기 때문에 [그림 5.3-8]처럼 보여야만 정상입니다.

일단 home.php 페이지는 회사 소개 페이지를 먼저 만들고나서 만들도록 하겠습니다. 현재는 home.php 파일을 이 상태로 놔주시기 바랍니다.

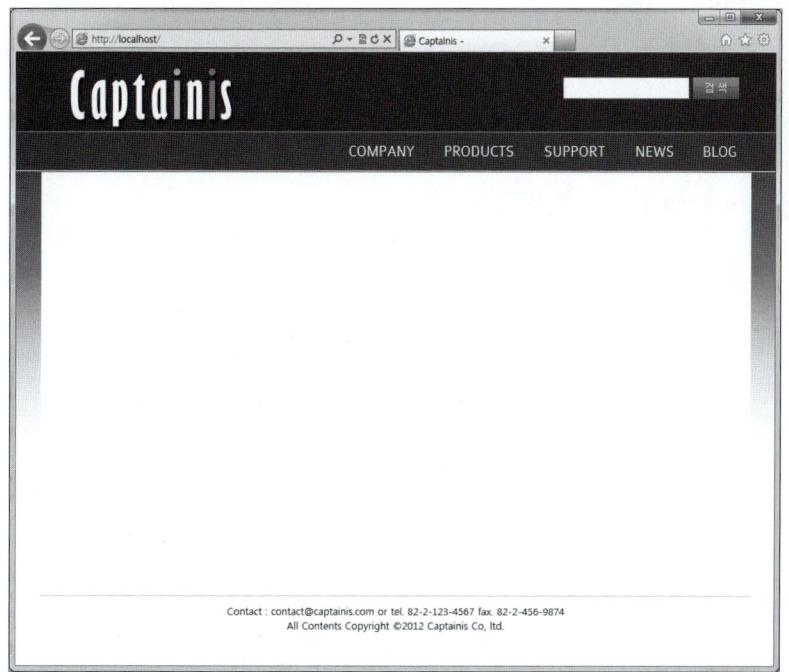

[그림 5.3-8] home.php 파일 모습

Q&A

Q. 처음부터 home.php를 만들고 지울 것 지우고 하면 될 것 같은데, 빙 돌아온 느낌인데요?
A. home.php 파일은 사실 블로그 만들 때 없어도 되는 파일 중 하나입니다. 하지만 기업용 웹사이트처럼 첫 페이지가 정적인 페이지인 경우 home.php 파일을 만들어야 하는데, 워드프레스는 모든 파일이 최종적으로는 index.php 파일로 귀결되는 구조를 가지고 있습니다. 따라서 index.php 파일을 먼저 만들고 만들어진 index.php 파일을 응용하여 다른 템플릿 또는 home.php 파일을 만들어야 작업이 훨씬 수월해 집니다.

5.4 회사 소개 페이지 만들기

5.4절에 들어가기 전에 어드민 페이지에서 페이지를 클릭하면 나타나는 "샘플 페이지"라는 것을 삭제하고 작업해 주시기 바랍니다.

회사 소개 페이지는 `wp-admin`에 들어가서 "페이지 > 새로운 페이지"를 클릭해서 새로운 페이지를 만드는 것으로 시작합니다. 하지만 먼저 페이지를 만들기 전에 템플릿 페이지를 하나 만들어 보겠습니다. 템플릿 페이지란 같은 모양의 페이지를 만들 때, 공통적으로 들어가는 부분을 미리 지정해 놓은 페이지를 말합니다.

먼저 `index.php` 파일을 복사해서 다른 이름의 `company-template.php` 파일로 이름을 변경하겠습니다. 그리고 상단에 [코드 5.4-1]과 같이 삽입합니다.

[코드 5.4-1] company-template.php 파일

```
<?php
/*
Template Name: 회사 소개 템플릿 페이지      ①
*/
?>
```

```
<?php get_header(); ?>
    <?php if (have_posts()) : while (have_posts()) : the_post(); ?>
... 하단 코드 생략...
```

〈?php /* ~ */ ?〉 안에 있는 ❶ 부분이 템플릿 페이지를 지정하는 곳이며, '회사 소개 템플릿 페이지'가 템플릿 제목을 말하는 것입니다. 이렇게 하나의 템플릿 페이지를 생성하게 되면 [그림 5.4-1]에서 어드민 화면 오른쪽에 있는 페이지 속성 중 "템플릿 〉 드롭다운" 메뉴에서 "회사 소개 템플릿 페이지"라는 것을 선택할 수 있게 됩니다.

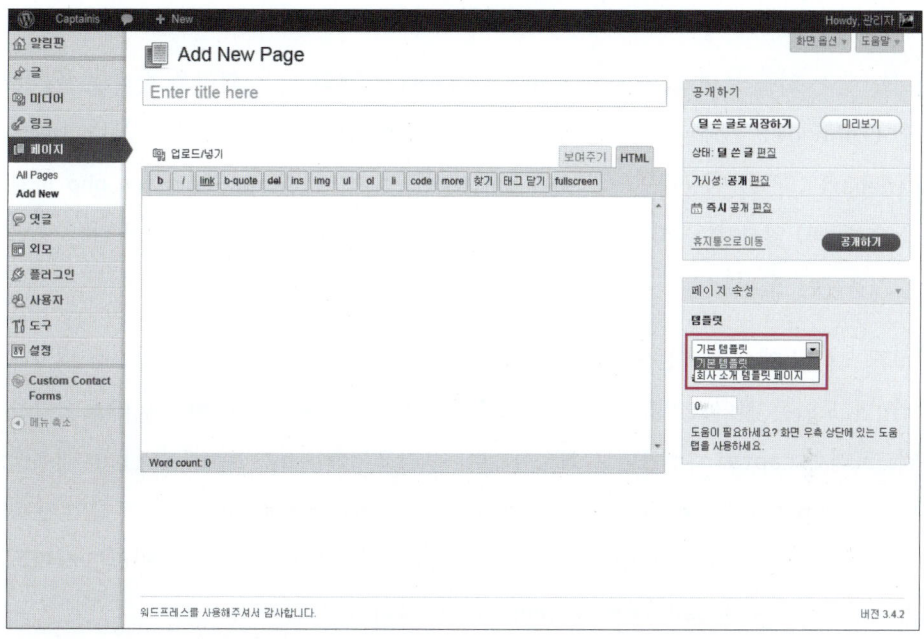

[그림 5.4-1] 템플릿 페이지를 지정해 줄 수 있음

이제 다시 3장에서 company.php 파일을 열어보면 전체적인 구조는 [코드 5.4-2]와 같습니다.

[코드 5.4-2] 3장 company.php 파일 내부 구조

```php
<?php include './header.php'; ?>       ①
  <h1 id="compnay_head">about company</h1>
    <article>
      <h2>회사소개</h2>
        <figure><img src="images/photo1.jpg" width="271" height="181"></figure>
        <p> 레이아웃만 참조하세요 내용은 "홍길동 전" 입니다.</p>
        <p>주인공 홍길동은 ... 중간 생략...나라를 잘 다스린다. </p>
    </article>
<?php include './sidebar-company.php'; ?>   ③
<?php include './footer.php'; ?>   ②
```

[코드 5.4-2]를 보면 ①은 〈?php get_header(); ?〉와 같은 역할을 합니다. ② 또한 〈?php get_footer(); ?〉와 같은 역할을 합니다. 하지만 ③은 〈?php get_sidebar(); ?〉를 사용하면 sidebar.php를 호출하지, sidebar-company.php 파일을 호출하지 않습니다. 따라서 sidebar-company.php를 호출하기 위해선 다른 방법을 사용해야 합니다.

[코드 5.4-2]에서 보이는 sidebar-company.php 파일은 회사 소개와 관련된 페이지에서만 보이는 사이드 바입니다. 일단 3장에서 만든 sidebar-company.php 파일을 워드프레스 captainis 폴더로 복사합니다. 그리고 company-template.php 내부에 있는 〈?php get_sidebar(); ?〉를 〈?php get_sidebar(company); ?〉로 같이 변경해 줍니다. 이렇게 하면 company-template.php를 사용하는 템플릿 페이지는 사이드바 부분에서는 sidebar-company.php 파일을 불러 오게 됩니다.

그리고 company-template.php에는 회사 소개에서 공통으로 들어가는 부분을 설정해 주는 곳이기 때문에 [코드 5.4-3]과 같이 수정합니다. 회사 소개 페이지는 메타 정보 및 블로그에 필요한 태그 정보 등이 필요 없기 때문에 해당 코드들은 전부 제거합니다.

[코드 5.4-3] company-template.php 파일 구조

```php
<?php
/*
 Template Name: 회사 소개 템플릿 페이지
*/
?>
<?php get_header(); ?>
   <h1 id="compnay_head">about company</h1>
      <?php if (have_posts()) : while (have_posts()) : the_post(); ?>
         <article <?php post_class() ?> id="post-<?php the_ID(); ?>">
            <h2><a href="<?php the_permalink() ?>"><?php the_title(); ?></a></h2>
            <?php include (TEMPLATEPATH . '/inc/meta.php' ); ?>

            <div class="entry">
               <?php the_content(); ?>
            </div>
            <footer class="postmetadata">
               <?php the_tags('Tags: ', ', ', '<br>'); ?>
               Posted in <?php the_category(', ') ?> |
               <?php comments_popup_link('No Comments &#187;', '1 Comment &#187;', '% Comments &#187;'); ?>
            </footer>
         </article>

      <?php endwhile; ?>
      <?php include (TEMPLATEPATH . '/inc/nav.php' ); ?>
      <?php else : ?>
         <h2>Not Found</h2>
      <?php endif; ?>

<?php get_sidebar(company); ?>
<?php get_footer(); ?>
```

이제 Add New Page에서 제목은 "회사소개"로, 텍스트 편집기에서는 "보여주기"가 아닌 "HTML"을 클릭한 후 내용을 입력하는데, 〈article〉과 〈/article〉 내부에 있는 코드만 입력해 줍니다. 단 〈h2〉회사소개〈h2〉 부분은 입력하지 마세요. 그리고 템플릿 부분이 회사소개 템플릿 페이지가 되어 있는지 확인합니다.

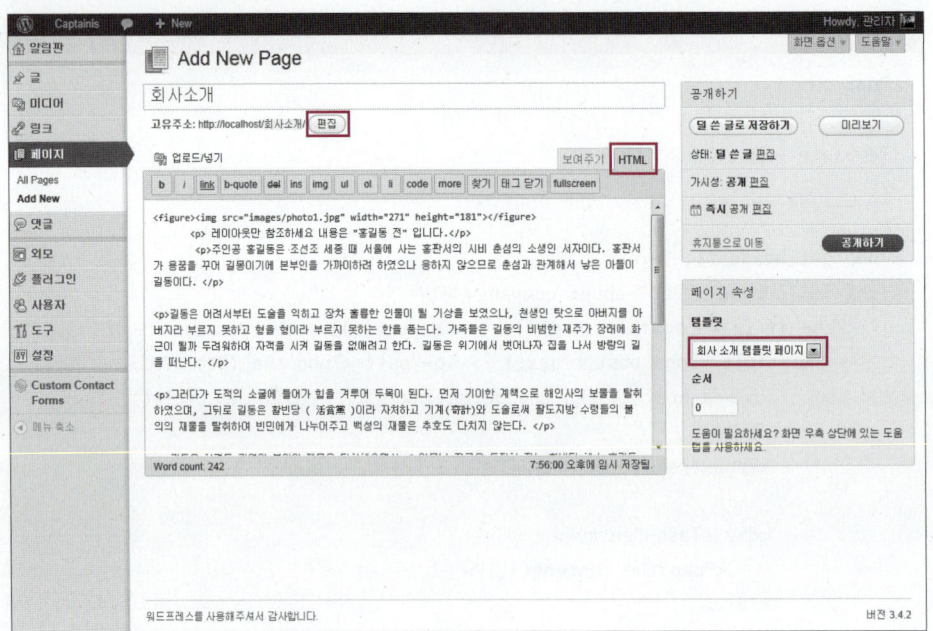

[그림 5.4-2] 회사소개 페이지 만들기

마지막으로 고유주소 부분을 [그림 5.4-2]에서 고유주소 부분에 있는 "편집"이란 버튼을 누르면 [그림 5.4-3]처럼 나타나며, 고유주소 명칭을 변경할 수 있습니다. 만약에 여기서 "고유주소 변경"이라는 버튼이 나오면 그 버튼을 눌러서 어드민 페이지로 이동하여 고유주소 설정을 해줍니다. 고유주소 설정은 일단 "글 이름"으로 해 주기 바랍니다.

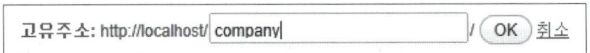

[그림 5.4-3] 고유주소 명칭 변경하기

고유주소를 변경한 후 반드시 "공개하기" 버튼을 눌러 주기 바랍니다.

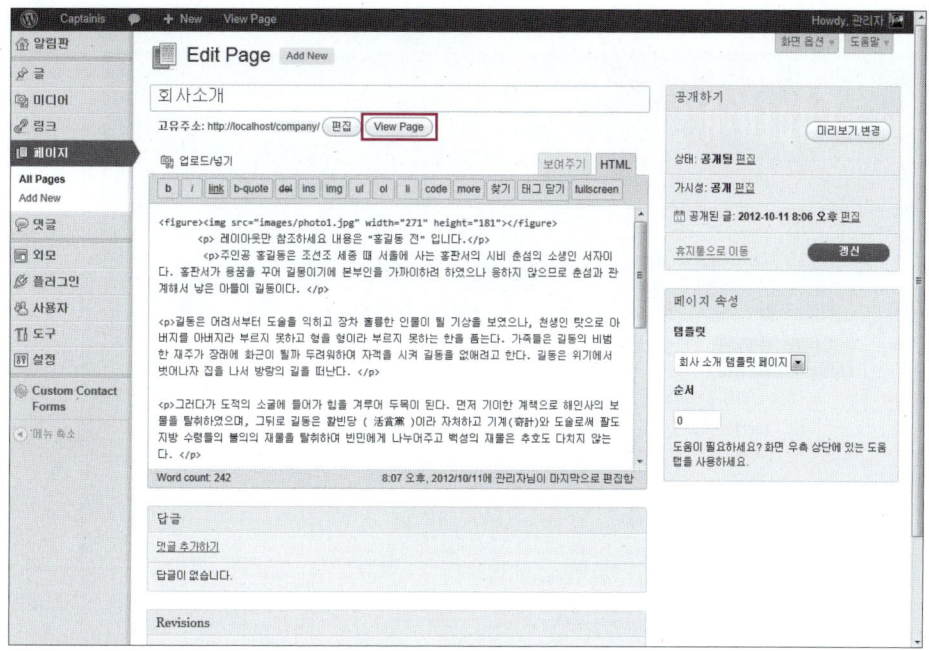

[그림 5.4-4] 회사소개 페이지의 어드민 페이지

이제 [그림 5.4-4]에서 보이는 View Page 버튼을 눌러 봅니다.

[그림 5.4-5]을 보면 완성된 회사소개 페이지를 볼 수 있습니다. URL에는 http://localhost/company/로 되어 있고 타이틀 부분에는 "회사소개 ? Captainis"라고 표시되어 있는 것을 볼 수 있습니다. 그런데 여기에서 문제는 회사소개 내부에 있는 그림이 보이지 않는다는 것입니다.

[그림 5.4-5] 아직 미 완성된 회사소개 페이지

회사 소개 내부에 있는 그림은 템플릿을 변경하더라도 유지되어야 합니다. 따라서 이 그림이 워드프레스의 테마가 있는 디렉토리에 있을 경우 해당 테마를 삭제하면 같이 삭제됩니다. 따라서 해당 그림은 `wamp` 서버가 설치된 루트 디렉토리에 `images`란 폴더를 만들고 해당 폴더에 이미지를 넣어 줍니다. 그 후 `wp-admin` 페이지로 이동해서 "페이지 > 회사소개 페이지"를 클릭한 후 해당 이미지의 경로를 `<img src="images/photo1.jpg"`에서 `<img src="/images/photo1.jpg"`로 변경한 후 반드시 화면 오른쪽에 있는 갱신 버튼을 눌러줍니다. 그 후에 `View Page` 버튼을 눌러서 해당 페이지를 보면 [그림 5.4-6]와 같이 완성된 회사소개 페이지를 볼 수 있습니다.

이제 여기서 메인 메뉴들과 서브 메뉴에 대한 링크를 걸겠습니다.

지금 현재 만들어진 회사소개 페이지는 `company-template.php` 기반으로 웹 페이지가 구축된 상태인데, 각각의 메뉴에 일일이 링크를 걸어 주는 것은 조금 비효율적일 수 있습니다. 왜냐하면 해당 페이지에서 메뉴에 대한 링크를 따로 수정해야 하기 때문입니다.

[그림 5.4-6] 완성된 회사 소개 페이지

그렇다면 새로운 페이지를 생성할 때마다 자동적으로 메뉴명을 생성하고 링크를 걸어주는 방법이 없을까, 하는 생각이 드는데, 워드프레스에서는 "외모 > Menus"라는, 메뉴를 편리하게 생성해 주는 도구가 있습니다.

하지만 현재 페이지에서는 각 메뉴들을 HTML 코드로 만들었기 때문에 "외모 > Menus"에 메뉴를 생성한다고 해서 메뉴가 만들어지는 것은 아닙니다. 따라서 약간의 수정이 필요합니다.

메뉴가 위치한 곳은 header.php 파일입니다. 따라서 메인 메뉴의 경우 header.php 파일에 메인 메뉴가 위치해 있으며, 회사소개 부분에 있는 sidebar 메뉴는 sidebar-company.php 내부에 있습니다.

먼저 해당 기능을 사용하기 위해서는 wp_nav_menu라는 기능을 사용하면 편리합니다. 그 이유는 wp_nav_menu을 사용하게 되면, 새로운 메뉴를 생성할 때마다 일일이 수작업으로 메뉴를 추가하는 것이 아니라, 워드프레스에서 알아서 생성해 주기 때문입니다.

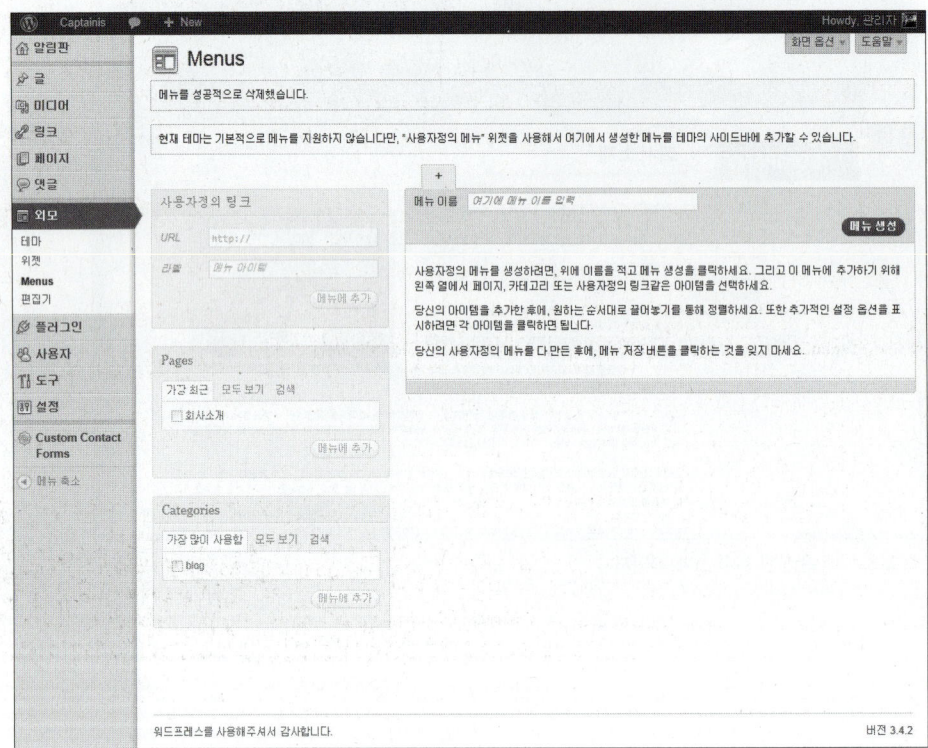

[그림 5.4-7] 사용자 메뉴를 생성해 주는 Menus 페이지

먼저 header.php 파일을 열어서 nav 메뉴가 있는 부분의 코드를 변경합니다.

[코드 5.4-4] header.php 파일에서 메인 메뉴가 있는 부분 코드 수정

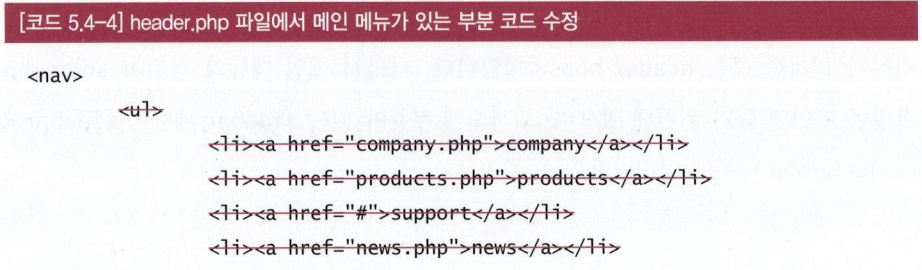

```
        <li><a href="blog.php">blog</a></li>
        <?php wp_nav_menu(array('menu' => 'Main Nav Menu'));?>
    </ul>
</nav>
```

이렇게 "변경 페이지 > 회사소개 페이지"에서 View Page를 눌러 보면 다음과 같은 화면이 나옵니다. 이전에 영문 메뉴는 전부 사라지고 "회사소개"라는 메뉴 하나만 나타납니다.

[그림 5.4-8] 메인 메뉴 부분이 수정됨

현재 이렇게 보이는 것은 지극히 정상입니다.

이제 실제 메뉴를 생성하겠습니다. 각각의 메뉴에 맞는 페이지들이 있어야 합니다. 따라서 회사소개company, 제품소개products, 고객지원support, 최신뉴스news, 블로그blog라는 페이지를 만들겠습니다.

회사소개를 제외한 나머지 페이지는 현재 내용이 없습니다. 예제로 만들었기 때문에 여러분이 한번 채워보시기 바랍니다.

[그림 5.4-9]와 같이 새로운 페이지를 만들고 고유주소는 영문으로 변경한 후 공개하기 버튼을 누릅니다. [그림 5.4-10]과 같은 형태로만 만들면 됩니다. 내용은 아무것도 없습니다.

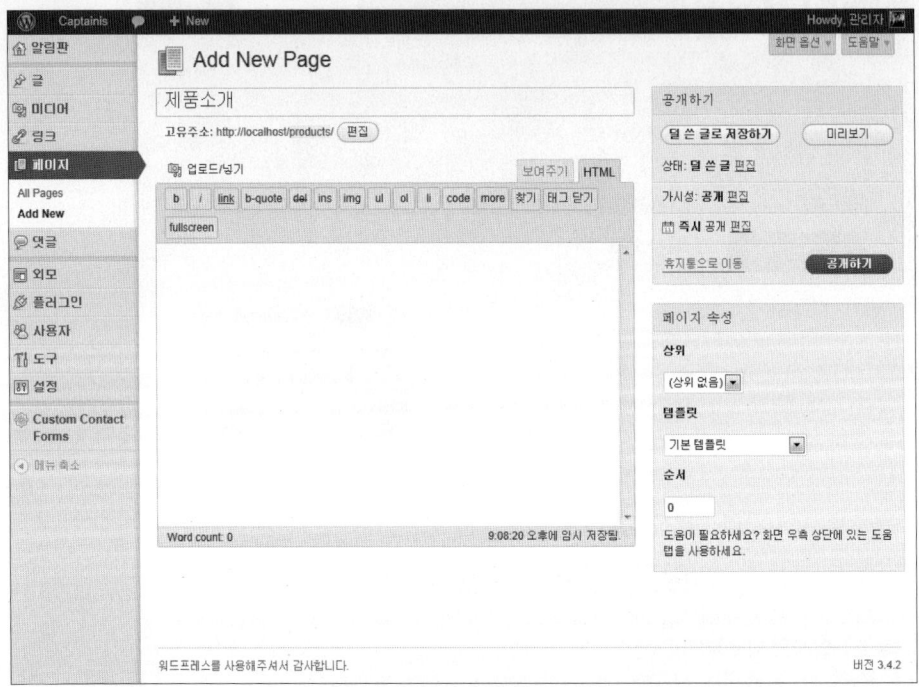

[그림 5.4-9] 새로운 빈 페이지 생성. 단 고유주소는 영문으로 편집

이제 어드민 페이지에서 페이지를 누르면 [그림 5.4-10]과 같이 5개의 페이지가 있는 것을 확인할 수 있습니다.

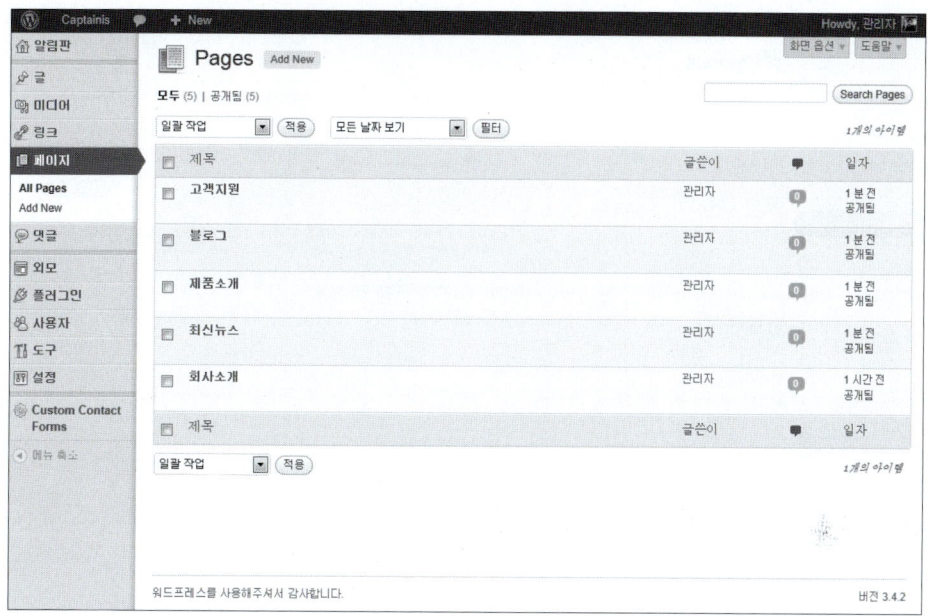

[그림 5.4-10] 5개의 새로운 페이지가 생성되어 있음

이제 어드민 페이지에서 "외모 〉 menus"를 눌러 Menus 생성 페이지로 갑니다.

[그림 5.4-11]과 [그림 5.4-12]를 비교해 보면 메뉴명이 생성되기 전에는 화면 왼쪽에 있는 Pages 부분이 희미했었는데, [그림 5.4-12]에서는 pages 부분이 뚜렷하게 변한 것을 알 수 있습니다. 또한 Main Nav Menu라는 탭이 생성된 것을 알 수 있습니다.

이제 Pages에 있는 모든 항목을 체크한 후 "메뉴에 추가"라는 버튼을 누릅니다.

생성된 메뉴들은 가장 최신순으로 배열되어 있는데, [그림 5.4-13]에서 보이는 십자 마우스 포인터 부분을 마우스로 클릭한 후 드래그 해서 순서를 변경해 줄 수 있습니다(그림 5.4-14).

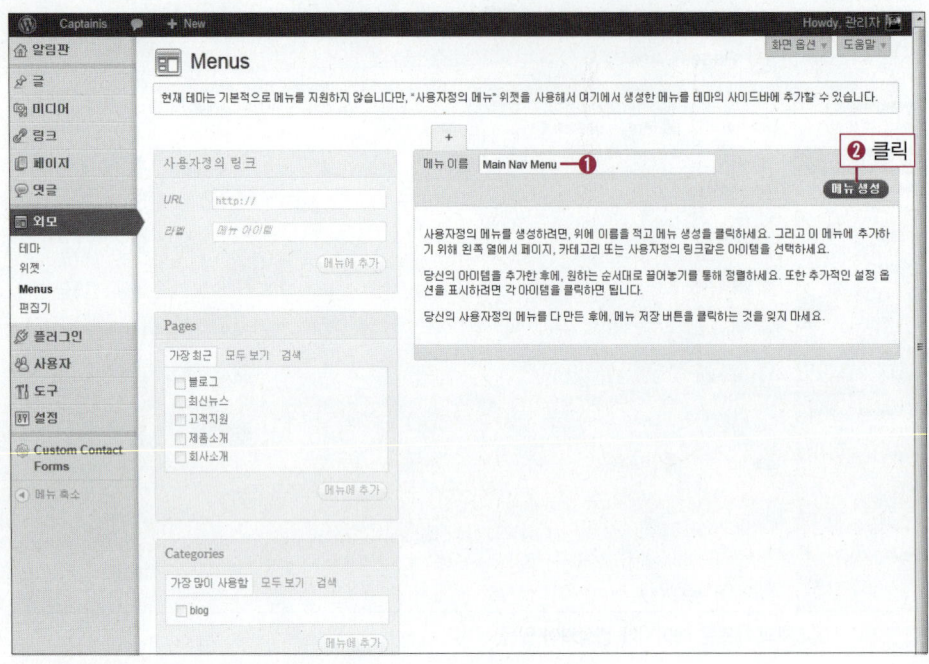

[그림 5.4-11] Menus 페이지에서 메뉴 이름에 Main Nav Menu라고 입력

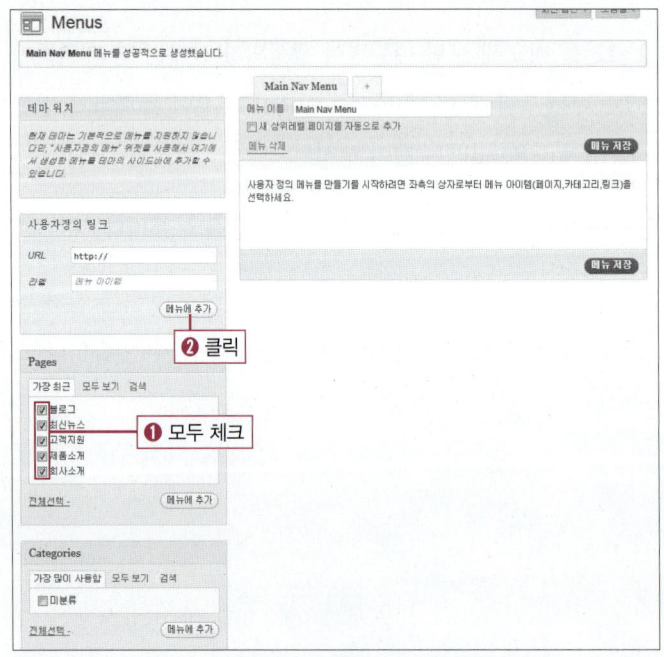

[그림 5.4-12] Main Nav Menu 메뉴 생성 후 Menus 페이지 화면

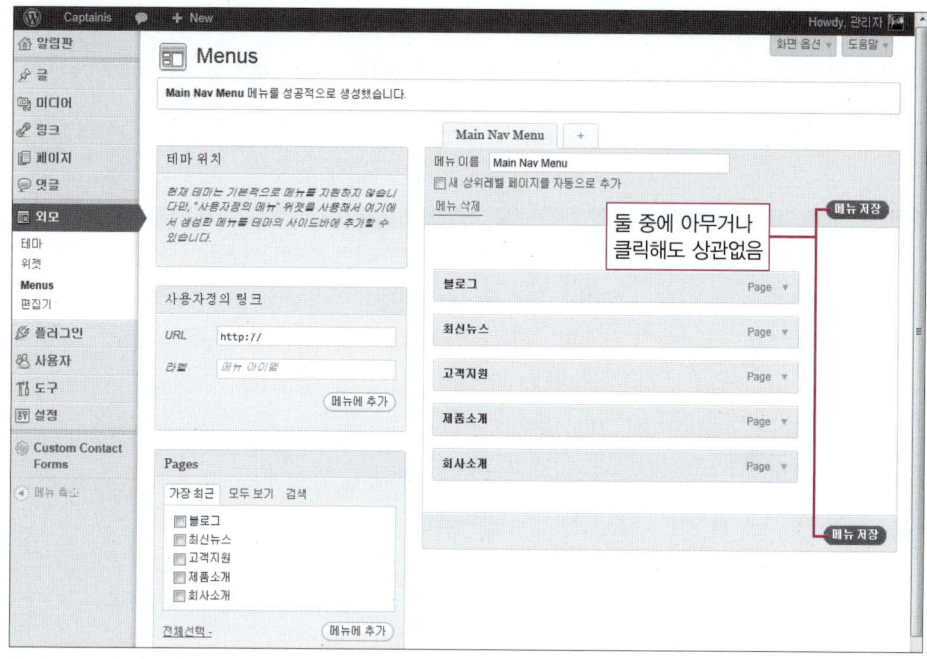

[그림 5.4-13] 최근에 생성된 페이지 순으로 메뉴들이 정렬됨

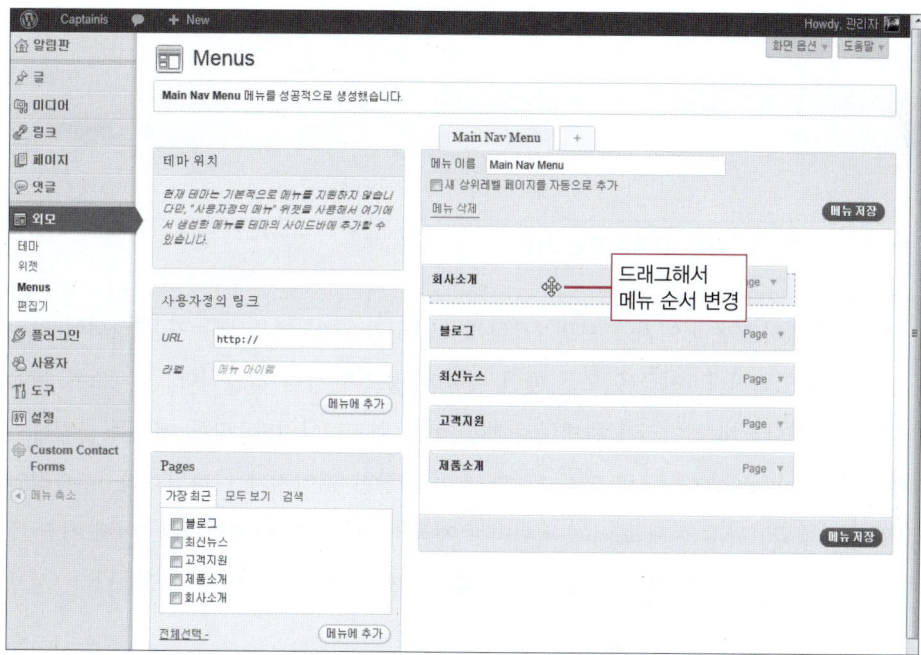

[그림 5.4-14] 마우스로 해당 메뉴를 클릭한 후 드래그 해서 해당 메뉴 순서 변경 가능

5.4 회사 소개 페이지 만들기

그리고나서 메뉴 옆 부분에 있는 page ▼를 누르면 [그림 5.4-15]와 같이 펼쳐집니다. 펼쳐진 곳에서 네비게이션 라벨을 영문으로 변경합니다. 모든 명칭을 변경한 후 반드시 메뉴 저장 버튼을 눌러 줍니다.

[그림 5.4-15] 메뉴의 네이게이션 라벨 명칭 변경

이제 다시 회사소개 페이지를 보면 [그림 5.4-16]과 같이 모든 메뉴가 생성되어 있는 것을 알 수 있습니다. 지금은 모든 메인 메뉴에 링크가 걸려 있습니다. 회사소개 페이지는 현재 회사소개 페이지가 완벽하기 때문에 제대로 보이지만, 다른 메뉴를 클릭하면 (예를 들어 products) [그림 5.4-17]과 같이 이상한 페이지가 나타납니다. 추가적인 작업이 진행되기까지 현재 보이는 페이지는 지극히 정상적인 상태입니다. 이제 메인 메뉴 부분은 완료되었고, 회사 소개의 서브 메뉴들까지 생성해 보도록 하겠습니다. 서브

메뉴들은 회사소개 하위 페이지 개념입니다. 따라서 먼저 회사소개(현재 만들어져 있음), 회사연혁history, 회사비전vision, 수상내역rewards, 찾아오시는길map이라는 서브 페이지를 만들겠습니다.

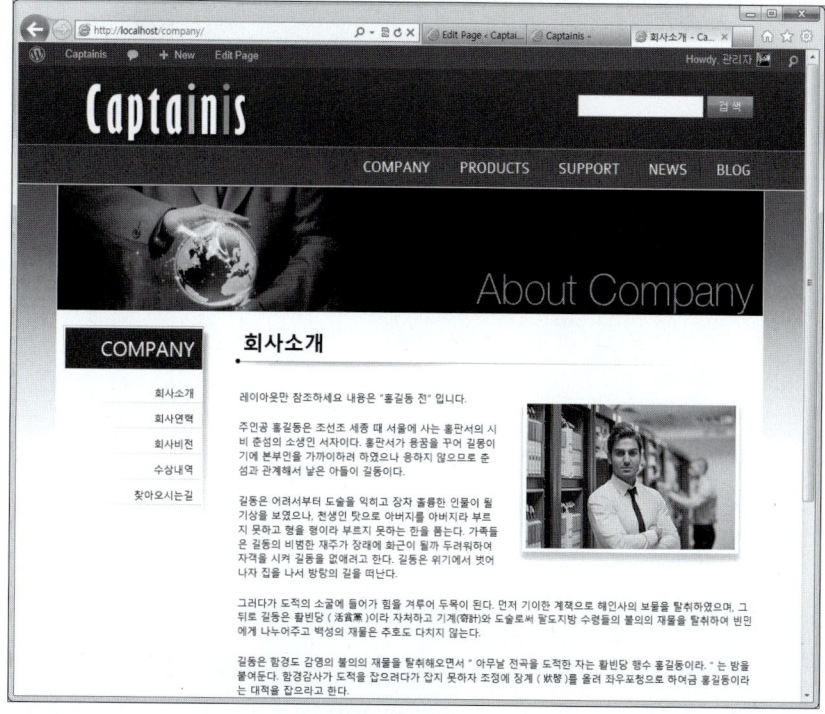

[그림 5.4-16] 페이지 생성시 메뉴가 자동으로 생성됨

Q&A

Q. 현재 하고 있는 작업은 기존에 만들어져 있는 사이트를 워드프레스로 포팅하는 것인데, 다른 유형의 사이트 포팅도 이와 유사한가요?

A. 네 워드프레스 자체가 CMS 도구이기 때문에, 먼저 사이트를 만들어 놓지 않은 상태에서 워드프레스에서 작동하는 코드를 만들기란 전문가가 아닌 이상 상당히 어려운 작업입니다. 따라서 기본적인 빈 템플릿을 이용하여, 미리 만들어진 사이트로 포팅하는 것이 가장 편리하고 빨리 작업할 수 있는 방법입니다.

[그림 5.4-17] products 메뉴를 눌렀을 때 결과 페이지

이 서브 페이지들은 회사소개의 서브 페이지이기 때문에 페이지 속성에서 "상위" 항목에는 "회사소개"를 선택하고 "템플릿" 항목에는 "회사소개 템플릿 페이지"를 선택하고 "고유주소"에는 영문명 history를 입력하고 "공개하기" 버튼을 누릅니다. [그림 5.4-19]를 보면 회사소개 밑으로 "— 수상내역" 등의 페이지가 보입니다. 그림에서 "—" 표시는 서브 페이지란 의미입니다.

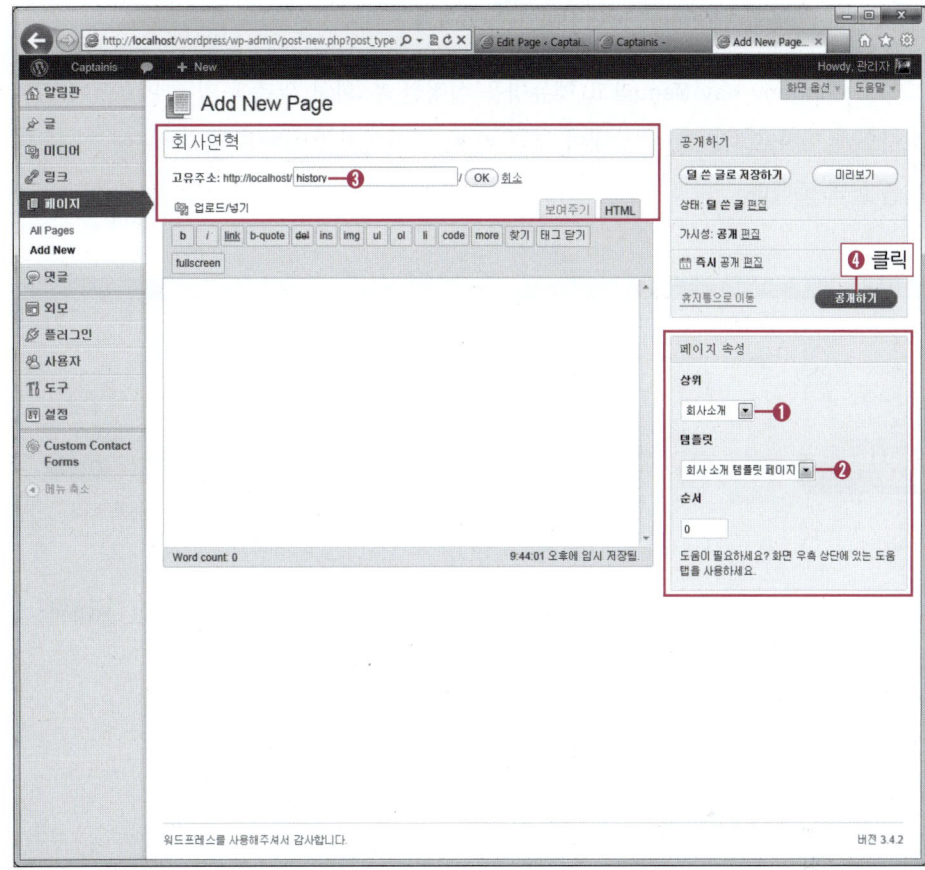

[그림 5.4-18] 회사소개 하위 페이지 만들기

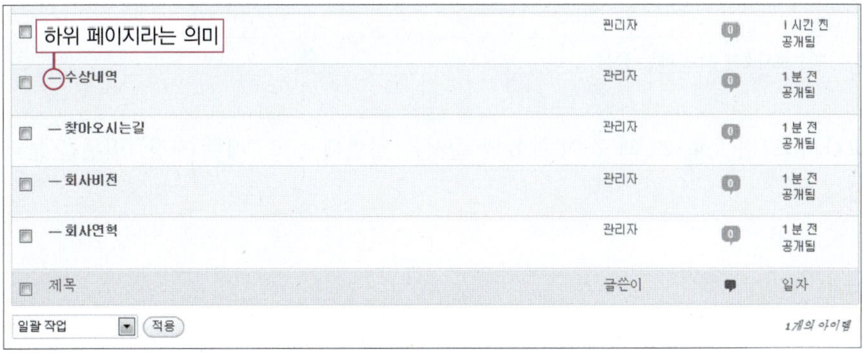

[그림 5.4-19] 메뉴 페이지에서 회사소개 아래로 하위 페이지들이 보임

5.4 회사 소개 페이지 만들기

어드민에서 "외모 > Menus" 페이지로 이동합니다.

그리고 Company Nav Menu라고 메뉴명을 설정한 후 화면 왼쪽에 있는 Pages에 있는 회사소개, 찾아오시는길, 수상내역, 회사비전, 회사연혁을 선택한 후 "메뉴에 추가" 버튼을 눌러 줍니다.

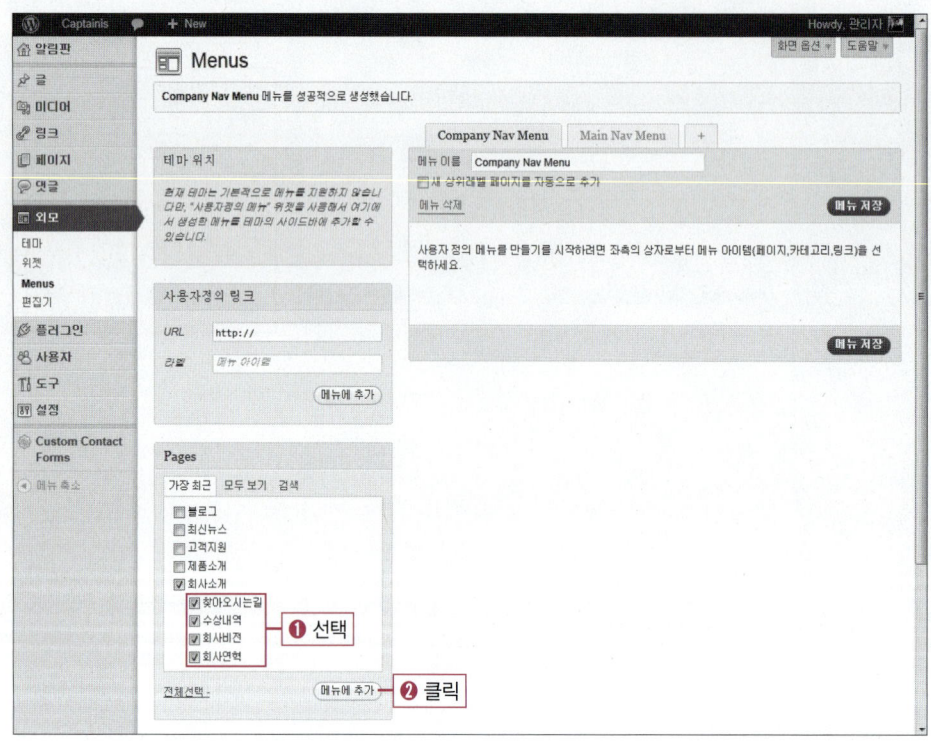

[그림 5.4-20] 회사소개 서브 메뉴 생성

그리고나서 [그림 5.4-21]과 같이 메뉴의 순서를 정렬해 주고 "메뉴 저장" 버튼을 눌러 줍니다.*

---

* [그림 5.4-14]를 참조해서 메뉴를 드래그한 후 순서를 정하고 메뉴 저장을 누릅니다.

[그림 5.4-21] 회사소개 페이지의 서브 메뉴 순서 정렬

이제 sidebar-company.php 파일을 열고 HTML 코드로 구성된 부분은 전부 삭제하고 PHP 코드를 넣어 줍니다.

[코드 5.4-5] sidebar-company.php 내부 코드 수정

```
<aside>
    <h3>company</h3>
    <ul>
        <li><a href="#">회사소개</a></li>
        <li><a href="#">회사연혁</a></li>
        <li><a href="#">회사비전</a></li>
        <li><a href="#">수상내역</a></li>
        <li><a href="#">찾아오시는길</a></li>
        <?php wp_nav_menu(array('menu' => 'Company Nav Menu'));?>
    </ul>
</aside>
```

5.4 회사 소개 페이지 만들기 315

[그림 5.4-22] 서브페이지까지 완벽하게 구성됨

이제 메뉴의 순서를 변경하고 싶을 때는 wp-admin 페이지에서 "외모 > Menus"를 이용하여 순서를 변경해 주면 웹 페이지에서도 순서가 자동으로 변경됩니다.

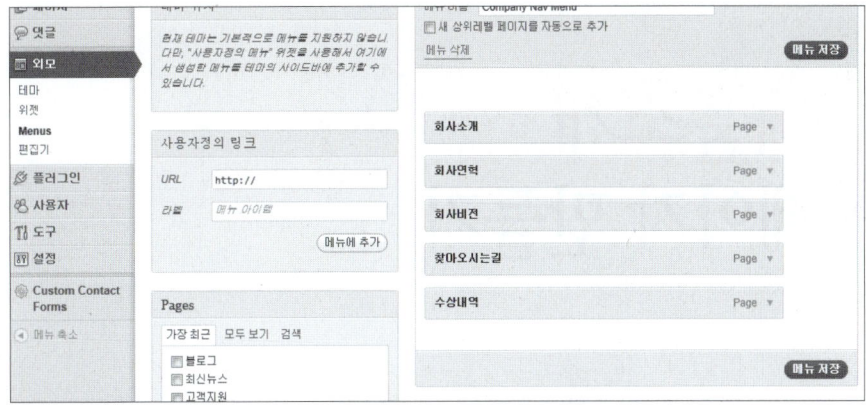

[그림 5.4-23] wp-admin의 "외모 > Menus"에서 메뉴 순서를 변경할 경우

[그림 5.4-24] 웹사이트의 메뉴가 변경됨

[그림 5.4-23]을 보면 회사소개 부분의 메뉴의 순서를 변경하면, [그림 5.4-24]와 같이 편리하게 메뉴 순서가 변경되며, 메뉴명 또한 편리하게 변경할 수 있습니다. 그리고 해당 메뉴는 각 페이지로의 링크가 전부 걸려 있는 상태입니다.

이렇게 메뉴를 설정하게 되면 아주 체계적이고 효율적으로 메뉴 관리가 가능합니다.

만약 페이지를 추가한 후 메뉴에 추가해 주면 바로 페이지에 대한 메뉴가 생성되며 페이지를 삭제하는 경우 자동적으로 메뉴는 삭제됩니다.

5.5 제품소개 페이지 만들기

이번 절에서는 제품소개 페이지를 만들도록 하겠습니다. 제품소개 페이지는 제품 리스트가 있는 페이지와 제품 상세 페이지로 나뉩니다.

서브 메뉴에는 출간제품안내, SW 패키지, HW 구성품으로 나뉩니다.

일단 제품소개 페이지를 만들기에 앞서 제품소개 페이지의 템플릿 페이지를 만들겠습니다. 템플릿 페이지를 만드는 방법은 5.4절에서 이미 소개했습니다. 따라서 간단하게 company-template.php 파일을 하나 복사한 후 이름을 products-template.php 파일로 저장합니다. 그리고 [코드 5.5-1]에서 보는 것과 같이 별색으로 표시된 부분을 확인하고 저장합니다.

[코드 5.5-1] products-template.php 코드 내용

```
<?php
/*
 Template Name: 제품소개 템플릿 페이지
*/
?>
```

```
<?php get_header(); ?>
  <h1 id="pro_head">products</h1>
    <?php if (have_posts()) : while (have_posts()) : the_post(); ?>
      <article <?php post_class() ?> id="post-<?php the_ID(); ?>">
        <h2><a href="<?php the_permalink() ?>"><?php the_title(); ?></a></h2>
        <div class="entry">
          <?php the_content(); ?>
        </div>
      </article>
    <?php endwhile; ?>
    <?php include (TEMPLATEPATH . '/inc/nav.php' ); ?>
    <?php else : ?>
      <h2>Not Found</h2>
    <?php endif; ?>
<?php get_sidebar(products); ?>
<?php get_footer(); ?>
```

그리고 사이드 부분을 `<?php get_sidebar(products); ?>`와 같이 변경하였기 때문에 `sidebar-products.php` 파일을 하나 만들어야 하는데, 이건 `sidebar-company.php` 파일을 복사한 후 이름을 `sidebar-products.php` 파일로 저장한 후 [코드 5.5-2]와 같이 변경해 줍니다.

[코드 5.5-2] sidebar-products.php 코드 내용

```
<aside>
    <h3>prodcuts</h3>
    <?php wp_nav_menu(array('menu' => 'Pro Nav Menu'));?>
</aside>
```

이제 새로운 페이지 3개를 만들어야 하는데, 이미 제품소개라는 페이지는 만들어져 있습니다. 따라서 SW 패키지sw-pack, HW 구성품hw-part이라는 페이지를 제품소개 하위 페이지로 만들어야 합니다. 그리고 제품소개 페이지를 클릭한 후 템플릿을 "제품소개 템플릿 페이지"로 선택한 후 반드시 "갱신" 버튼을 누릅니다.

그리고 View Page 버튼을 눌러 미리보기를 해 봅니다.

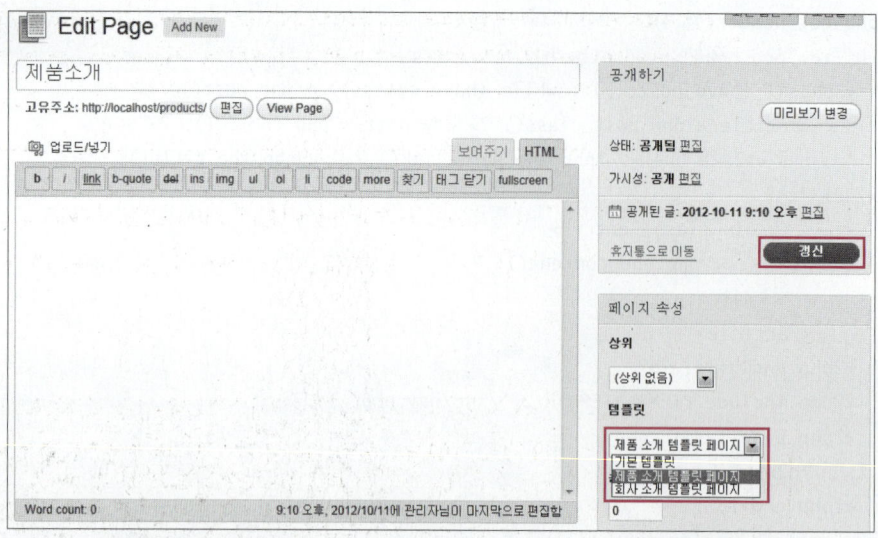

[그림 5.5-1] 제품소개 페이지 편집

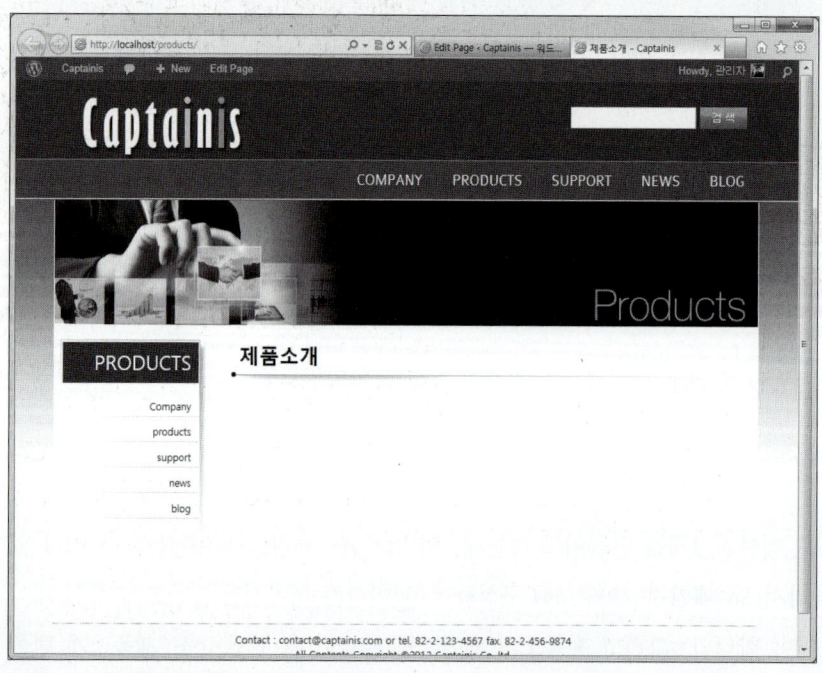

[그림 5.5-2] 제품소개 페이지 미리보기 화면

[그림 5.5-2]를 보면 현재 서브 메뉴에는 메인 메뉴가 들어가 있습니다. 그 이유는 현재 어드민 페이지에서 "외모 > Menus"에서 Pro Nav Menu라는 메뉴를 생성하지 않았기 때문입니다.

제품 소개 페이지 또한 우리가 원하는 모습으로 만들어진 것을 알 수 있습니다.

이제 다른 2개의 페이지를 더 생성해야 하는데, 반드시 [그림 5.5-3]과 같이 페이지 속성에서 "상위"에는 제품소개, "템플릿"에는 제품소개 템플릿 페이지가 설정되었는지 확인한 후 "고유주소"까지 편집이 되었다면 "공개하기" 버튼을 누릅니다.

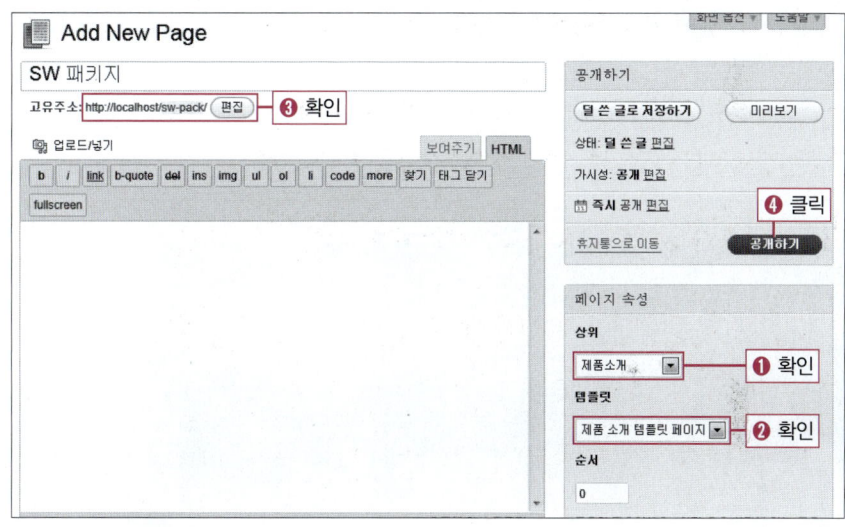

[그림 5.5-3] 제품 소개 서브 페이지 생성

나머지 HW 구성품도 [그림 5.5-3]과 같은 방식으로 추가해 줍니다.

이제 어드민 페이지에서 "외모 > Menus" 페이지로 간 후 새로운 메뉴를 생성한 후 메뉴 이름은 Pro Nav Menu라고 하고 메뉴를 저장합니다. 그리고 화면 왼쪽에 있는 Pages에 있는 제품소개, SW 패키지, HW 구성품을 선택하고 "메뉴에 추가" 버튼을 누르고 메뉴의 순서를 정렬한 후 "메뉴 저장" 버튼을 누릅니다. [그림 5.5-5]와 [그림 5.5-2]를 비교해 보면 메뉴명이 다른 것을 확인할 수 있습니다. [그림 5.5-2]는 제품소개 서브 메뉴를 만들기 전이며, [그림 5.5-5]는 서브 메뉴를 만든 후의 모습이기 때문입니다.

5.5 제품소개 페이지 만들기

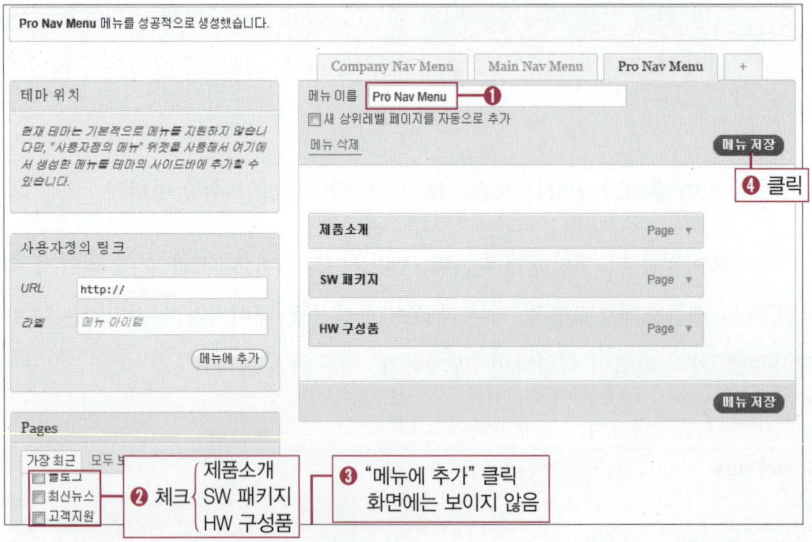

[그림 5.5-4] 제품소개의 서브 메뉴 생성 화면

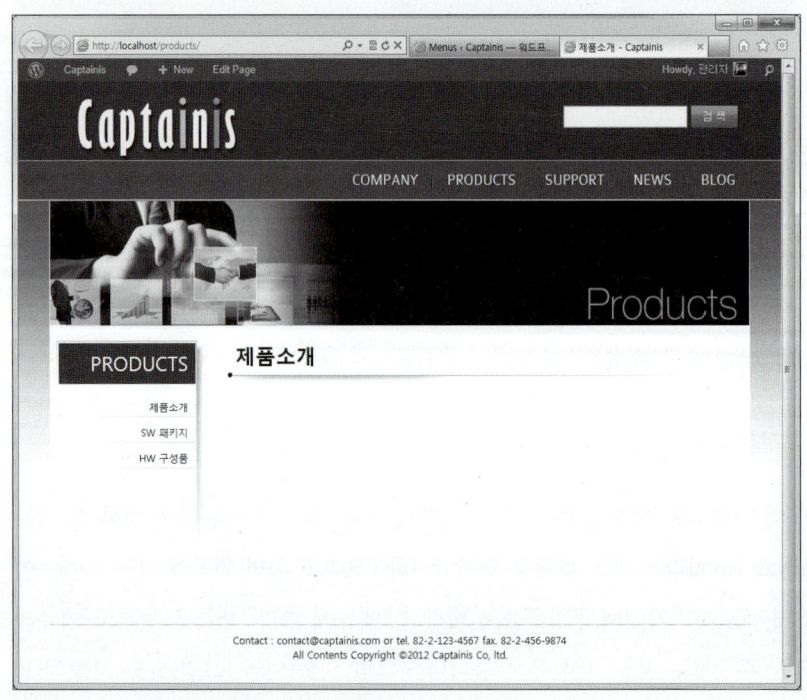

[그림 5.5-5] 완성된 제품소개 페이지 레이아웃

제품소개 리스트 페이지를 만들기 전에 제품 상세 페이지부터 만들어야 합니다. 왜냐하면, 제품 리스트 페이지는 제품 상세 페이지의 일부분을 가져와서 화면에 보여주는 것이기 때문입니다.

따라서 제품 상세 페이지를 만들 예정인데, 제품 상세 페이지에는 "사용자 정의 필드"를 이용하여 페이지를 생성하도록 하겠습니다. 사용자 정의 필드는 페이지 또는 글에 추가적인 정보를 넣기 위해서 사용하는데, 항목이 고정되어 있고 값을 변경해야 하는 경우 사용됩니다.

예를 들어 [그림 5.5-6]과 같이 출간일, 정가, 저자, ISBN, 쪽수, 규격 부분은 제품소개 부분에서 항목이 항상 고정되어 있지만, 책의 내용에 따라 바뀌는 부분입니다. 또한 책 이미지도 책의 내용에 의해서 변경되는 부분입니다.

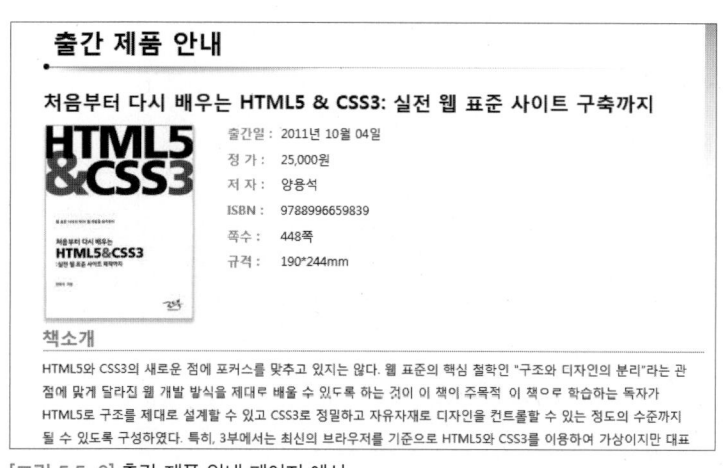

[그림 5.5-6] 출간 제품 안내 페이지 예시

따라서 [그림 5.5-6]에서 보이는 책 이미지 및 출간일부터 규격까지를 사용자 정의 필드에 정의해 놓으면, 해당 데이터를 입력할 때 상당히 편리합니다. 또한 사용자 정의 필드에 정의된 내용은 사용자가 볼 수 있게 하거나 보지 못하도록 감출 수도 있습니다.

여기서 책 이미지 또한 테마가 변경되더라도 고정되어야 하는 항목이기 때문에 먼저 www의 루트 디렉토리에 있는 images 폴더 내부에 book이라는 폴더를 하나 만들고 저장하도록 하겠습니다. 그리고 `wp-admin` 페이지에서 새로운 페이지를 하나 만들 예정입니다.

새롭게 만드는 페이지는 상위 페이지에 제품소개를 선택하고, 템플릿으로는 임시로 제품소개 템플릿 페이지를 선택합니다. 새로운 페이지를 만들 때 3장에서 만든 `products_detail.php` 페이지를 참조해서 만들면 더욱 편리합니다.

[그림 5.5-7] 3장에서 만들었던 제품 상세 페이지

페이지를 만들 때 어드민 페이지의 화면 옵션을 클릭한 후 사용자 정의 필드를 선택합니다.

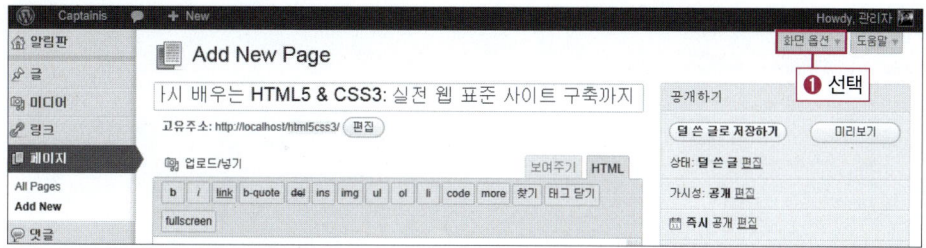

[그림 5.5-8] 어드민 페이지 화면 옵션

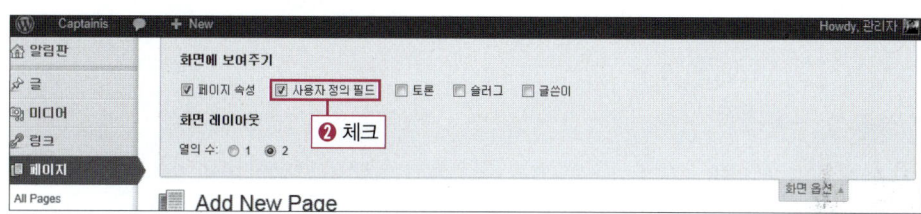

[그림 5.5-9] 화면 옵션을 선택한 후 사용자 정의 필드 선택

사용자 정의 필드를 선택하게 되면 화면 하단에 "사용자 정의 필드" 부분이 보이게 됩니다.

Q&A

Q. "출간제품 안내"의 경우 DB에서 자동으로 관리하는 경우가 있지 않나요? 그럴 때는 어떻게 디자인을 해야 하나요?

A. 워드프레스의 모든 HTML 파일은 DB에 저장됩니다. 디자인 요소는 템플릿을 통해서 이루어지는 것입니다. 따라서 DB에서 자동으로 관리하는 것이다, 라는 것보단, 모든 페이지는 템플릿을 이용해서 디자인을 한다, 라고 생각해야 합니다. 그런 템플릿을 이용한 페이지가 DB에 저장되는 것입니다.

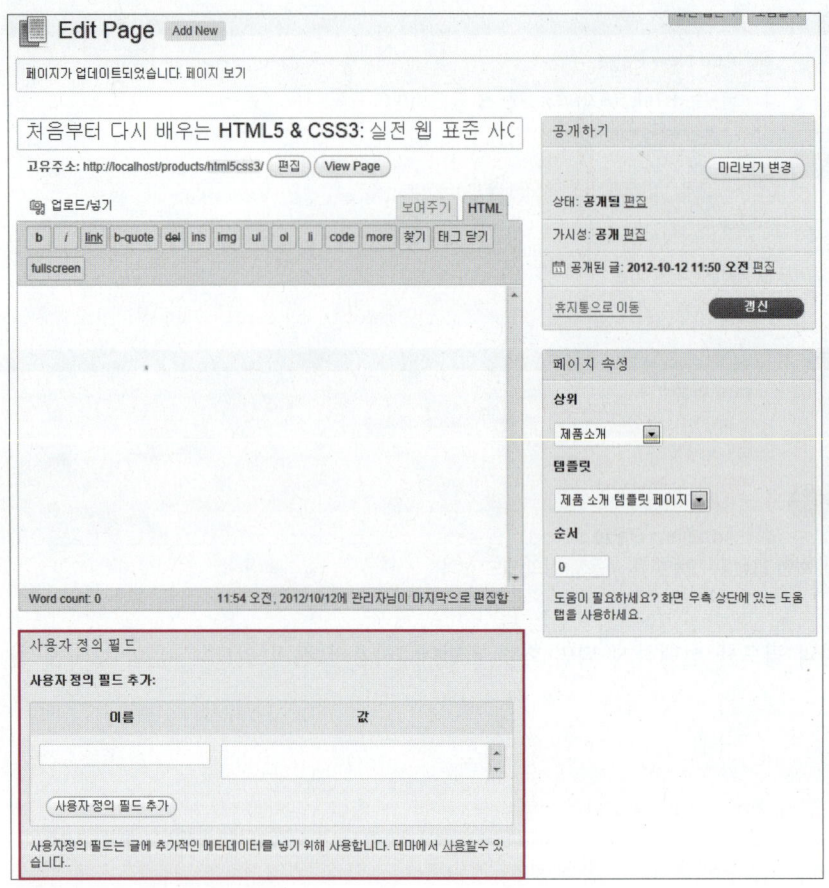

[그림 5.5-10] 사용자 정의 필드가 보임

이제 사용자 정의 필드에 이름과 값을 추가하도록 하겠습니다. 사용자 정의 필드에 들어가는 값은 [그림 5.5-11]의 부분만 추가합니다.

[그림 5.5-11] 사용자 정의 필드로 정의해 주는 부분

먼저 사용자 정의 필드에 이름은 영문으로 정의해 줘야 합니다. 이유는 제품 상세 페이지 템플릿을 만들 때 설명해 드리겠습니다.

먼저 사용자 정의 필드에 이름에는 영문으로, 값은 한글로 작성해도 무방합니다.

먼저 이름을 입력하고 값을 입력한 후 반드시 화면 오른쪽에 있는 파란색 "갱신" 버튼을 눌러야 합니다. 그렇게 해야만 사용자 정의 필드가 추가됩니다. 그리고 "새로 입력"을 눌러 이름과 값을 입력한 후 "사용자 정의 필드 추가" 버튼을 눌러 사용자 정의 필드에 추가해 줍니다. 그리고 반드시 화면 오른쪽에 있는 파란색 "갱신" 버튼을 다시 한번 더 눌러야 합니다. 그래야 새로운 사용자 정의 필드를 추가해 줄 수 있습니다.

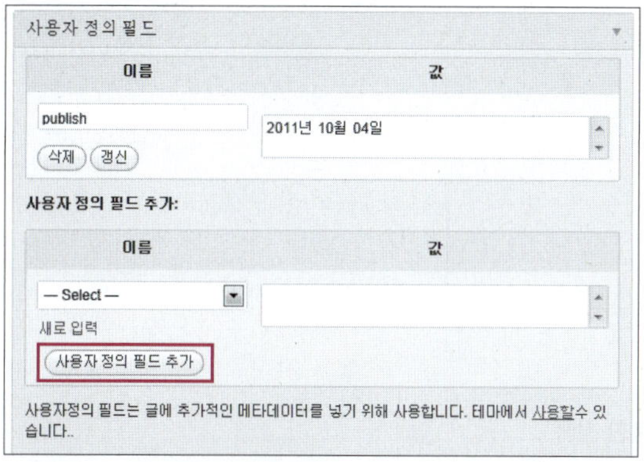

[그림 5.5-12] 사용자 정의 필드에 값 입력

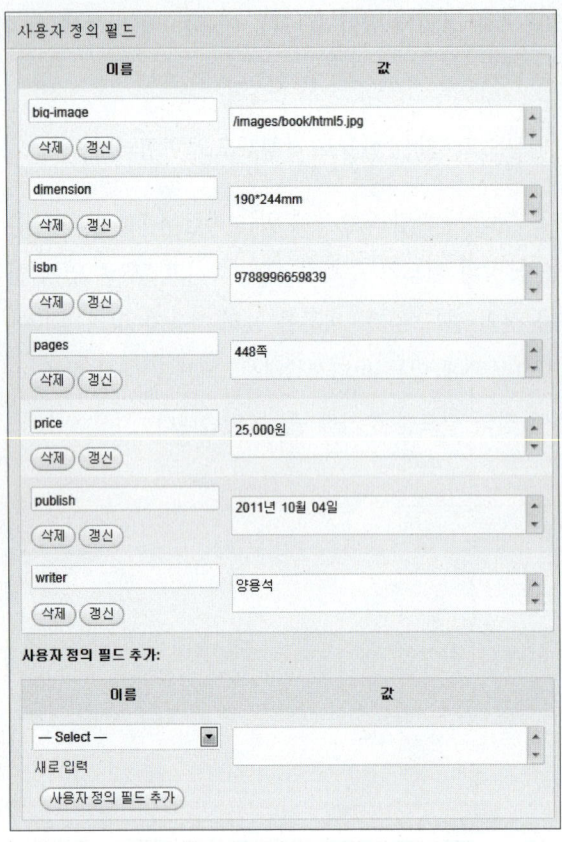

[그림 5.5-13] 사용자 정의 필드에 모든 값을 입력한 형태

[그림 5.5-13]을 보면 big-image에는 URL이 들어가 있습니다. 잘 확인하세요.

그 후 제목 입력란 아래에 있는 View Page 버튼을 눌러 페이지를 확인합니다. [그림 5.5-14]를 보면 제목 이외에는 아무런 내용이 없는 것을 확인할 수 있습니다.

[그림 5.5-14] 사용자 정의 필드 추가 후 페이지 확인

지금 [그림 5.5-14]와 같은 상태가 지극히 정상적인 상태입니다. 왜냐하면 현재 사용된 템플릿은 제품소개 페이지 템플릿이고, 제품소개 템플릿에는 사용자 정의 필드에 대한 내용이 전혀 없기 때문입니다. 이제 제품 상세 페이지에 대한 템플릿 페이지를 만들어 보겠습니다.

전체적인 형태는 제품 소개 페이지와 동일하기 때문에 제품 소개 페이지 템플릿인 `products-template.php` 파일을 하나 복사한 후 `productdetail-template.php` 파일로 파일명을 변경하겠습니다. 그리고 템플릿 명은 "제품 상세 템플릿 페이지"라고 하겠습니다.

템플릿 페이지를 만들기 전에 [그림 5.5-7]에서 본 것과 동일한 레이아웃을 만들기 위해 3장에서 작업했던 `product-detail.php` 파일을 편집기에서 열겠습니다.

[그림 5.5-15]에서 텍스트가 선택된 부분이 사용자 정의 필드가 적용되는 부분입니다.

일단 이 부분과 `<div id="book_detail">` 부분을 복사해서 `productdetail-template.php` 내부에 넣어 줍니다.

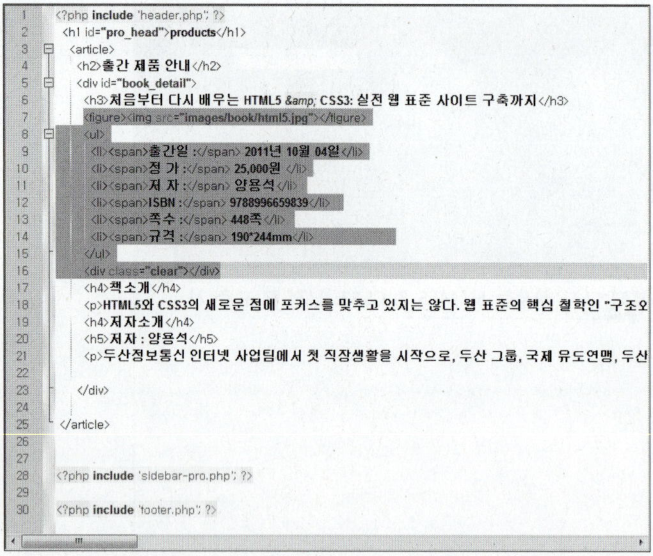

```
1    <?php include 'header.php'; ?>
2    <h1 id="pro_head">products</h1>
3    <article>
4        <h2>출간 제품 안내</h2>
5        <div id="book_detail">
6            <h3>처음부터 다시 배우는 HTML5 &amp; CSS3: 실전 웹 표준 사이트 구축까지</h3>
7            <figure><img src="images/book/html5.jpg"></figure>
8            <ul>
9                <li><span>출간일 :</span> 2011년 10월 04일</li>
10               <li><span>정 가 :</span> 25,000원</li>
11               <li><span>저 자 :</span> 양용석</li>
12               <li><span>ISBN :</span> 9788996659839</li>
13               <li><span>쪽 수 :</span> 448쪽</li>
14               <li><span>규 격 :</span> 190*244mm</li>
15           </ul>
16           <div class="clear"></div>
17           <h4>책소개</h4>
18           <p>HTML5와 CSS3의 새로운 점에 포커스를 맞추고 있지는 않다. 웹 표준의 핵심 철학인 "구조오
19           <h4>저자소개</h4>
20           <h5>저자 : 양용석</h5>
21           <p>두산정보통신 인터넷 사업팀에서 첫 직장생활을 시작으로, 두산 그룹, 국제 유도연맹, 두산
22       </div>
23   </div>
24   </article>
25
26
27
28   <?php include 'sidebar-pro.php'; ?>
29
30   <?php include 'footer.php'; ?>
```

[그림 5.5-15] 편집기에서 3장에서 작업했던 products_detail.php 파일 내부 구조

그리고 products_detail.php와 비교하면서 코드를 수정합니다.

[코드 5.5-3] 수정 작업 중인 productdetail-template.php

```
<?php
/*
  Template Name: 제품 상세 템플릿 페이지
*/
?>
<?php get_header(); ?>
  <h1 id="pro_head">products</h1>
    <?php if (have_posts()) : while (have_posts()) : the_post(); ?>
      <article <?php post_class() ?> id="post-<?php the_ID(); ?>">
        <h2>출간 제품 안내</h2>
        <h2><a href="<?php the_permalink() ?>"><?php the_title(); ?></a></h2>
        <!-- h2 였던 제목을 서브제목(h3)으로 변경함. -->
        <div id="book_detail">
        <h3><a href="<?php the_permalink() ?>"><?php the_title(); ?></a></h3>
            <figure><img src="images/book/html5.jpg"></figure>
              <ul>
                <li><span>출간일 :</span> 2011년 10월 04일</li>
```

```
                <li><span>정가 :</span> 25,000원 </li>
                <li><span>저자 :</span> 양용석</li>
                <li><span>ISBN :</span> 9788996659839</li>
                <li><span>쪽수 :</span> 448쪽</li>
                <li><span>규격 :</span> 190*244mm</li>
            </ul>
        <div class="clear"></div>
        <div class="entry">
            <?php the_content(); ?>
        </div>
    </div>
  </article>
<?php endwhile; ?>
… 하단 생략 …
```

현재 [코드 5.5-3]은 products_detail.php에 있는 코드를 그대로 붙힌 형태입니다. 그리고 제목 부분을 조금 수정하였습니다. 반드시 `<div id="book_detail">` 부분을 확인해 주시기 바랍니다.

그리고 어드민 페이지로 다시 이동하거나 상단에 있는 Edit page를 누릅니다.

[그림 5.5-16] Edit Page를 눌러 바로 편집 화면으로 가기

여기서 템플릿을 "제품 상세 템플릿 페이지"로 선택하고 "갱신" 버튼을 누른 후 "View Page" 버튼을 눌러 미리보기를 해 봅니다. [그림 5.5-17]을 보면 왼쪽은 워드프레스에서 보여지는 화면이고, 오른쪽은 HTML 코드 기반의 웹사이트입니다. 하지만 현재까지 워드프레스에서도 "사용자 정의 필드"에 있는 값이 반영되지 않은 상태입니다.

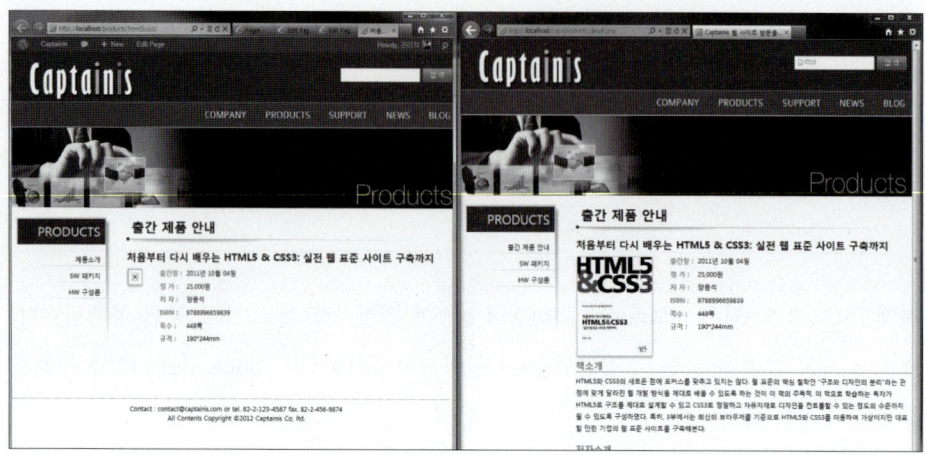

[그림 5.5-17] 왼쪽은 워드프레스, 오른쪽은 HTML 코드로만 작성한 화면

이제 사용자 정의 필드에 지정한 값을 템플릿 파일에 적용해 보도록 하겠습니다.

[코드 5.5-4] 사용자 정의 필드 값 설정

```
<figure><img src="<?php echo get_post_meta($post-> ID, 'big-image', true);
?>"></figure>
<ul>
<li><span>출간일 :</span> <?php echo get_post_meta($post-> ID, 'publish',
true); ?></li>
<li><span>정 가 :</span> <?php echo get_post_meta($post-> ID, 'price', true);
?> </li>
<li><span>저 자 :</span> <?php echo get_post_meta($post-> ID, 'writer',
true); ?></li>
<li><span>ISBN :</span> <?php echo get_post_meta($post-> ID, 'isbn', true);
?></li>
<li><span>쪽수 :</span> <?php echo get_post_meta($post-> ID, 'pages', true);
?></li> </li>
```

```
<li><span>규격 :</span> <?php echo get_post_meta($post-> ID, 'dimension', true); ?></li> </li>
</ul>
```

사용자 정의 필드에서 설정한 값을 가져오는 방법은 간단합니다. 다음과 같이 get_post_meta를 이용해서 post ID의 지정된 값을 가져오는데, true로 설정하면 화면에서 보여지고, false 값을 지정하면 화면에서 사라지게 할 수 있습니다.

```
<?php echo get_post_meta(?post -> ID, '사용자 지정 이름', true); ?>
```

get_post_meta에 대한 자세한 설명은 다음의 URL을 참조하기 바랍니다.

```
http://codex.wordpress.org/Function_Reference/get_post_meta
```

이제 사용자 정의 필드 값이 적용된 워드프레스 페이지를 확인해 보겠습니다.

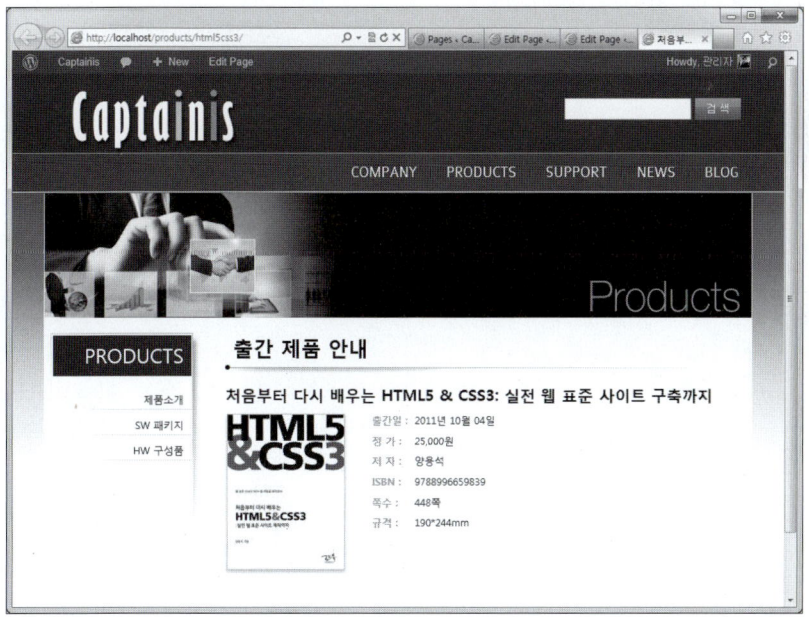

[그림 5.5-18] 사용자 정의 필드에 있는 값이 적용된 상태

이제 책 내용을 추가해 보겠습니다. 책 내용은 products_detail.php에 있는 HTML 코드를 입력기에 입력하여 출력하도록 하겠습니다. 물론 책 내용 또한 사용자 정의 필드에 넣을 수 있습니다만, 내용이 길 경우 HTML 코드를 입력기에 넣는 편이 편리합니다.

[그림 5.5-19]와 같이 보여주기 상태가 아닌 HTML 입력 상태에서 products_detail.php에 있는 책 내용을 추가해 주면 편리하게 내용을 추가할 수 있습니다.

[그림 5.5-19] 편집기를 이용하여 책 내용 입력

[그림 5.5-20]을 보면 한 가지 문제점이 있습니다. 3장에서는 해당 페이지가 제품소개가 아닌 출간 제품 안내였는데, 그림에서 보면 서브 메뉴는 제품소개라고 되어 있고, 제품 상세 페이지는 출간 제품 안내라고 되어 있습니다. 현재 페이지의 제목은 "처음부터 다시 배우는 HTML5 & CSS3: 실전 웹 표준 사이트 구축까지"가 페이지의 제목입니다. [코드 5.5-3]에서 제목 부분에 HTML 코드로 <h2>출간 제품 안내</h2>라고 입력되어 있기 때문에 현재 페이지에서는 해당 제목이 나오는 것입니다. 그렇다면 메인 메뉴에 있는 PRPDUCTS를 눌러 보면 나오는 페이지에는 무엇이라고 뜰까요? 제목이 제품소개라고 뜰 것입니다. 그렇기 때문에 출간 제품 안내 부분도 제품소개라고 하는 것이 맞습니다. 하지만 일일이 수작업으로 변경하는 것은 조금 불편한 일이 될 수 있습니다.

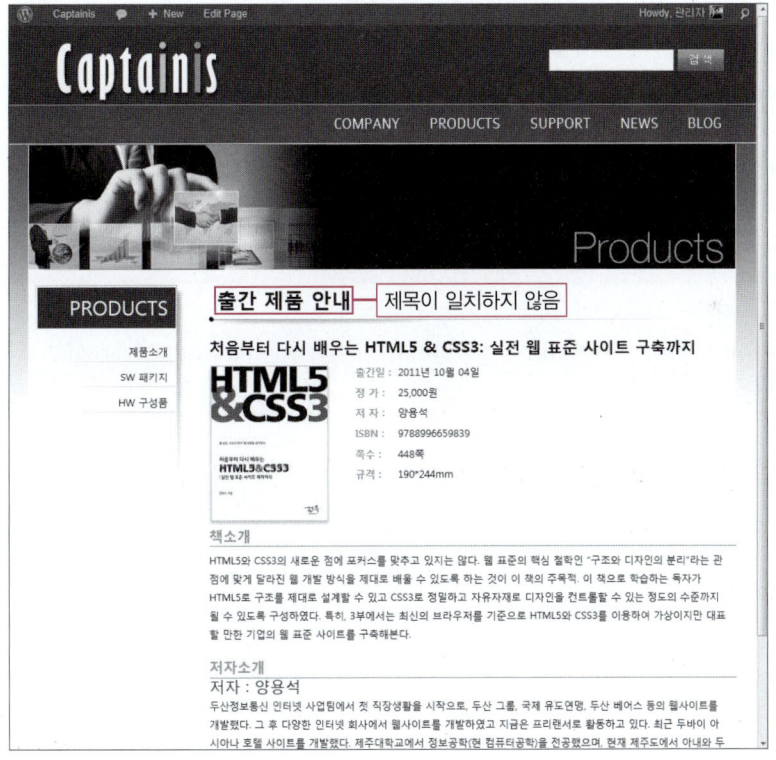

[그림 5.5-20] 책의 내용까지 포함된 상태

[그림 5.5-21] 제품 소개 페이지를 누르면 나오는 화면

하지만 현재 페이지의 제목은 "처음부터 다시 배우는 HTML5 & CSS3: 실전 웹 표준 사이트 구축까지"이기 때문에 제목은 상위 페이지의 제목을 불러 와야 하는 것입니다.

다음처럼 <h2>출간 제품 안내</h2>는 제거하고 코드를 대체합니다.

[코드 5.5-5] 상위 페이지의 제목 불러오기 – productdetail-template.php 코드 수정

```
<h2>출간 제품 안내</h2>
<h2><?php $parent_title = get_the_title($post->post_parent); echo $parent_title; ?></h2>
```

결과 화면은 [그림 5.5-22]에서 확인할 수 있습니다.

[그림 5.5-22] 제목 부분까지 전부 수정된 상태

제품소개 부분에 또 하나의 페이지를 추가해 보겠습니다. 제품이 하나만 있는 경우는 드물기 때문이죠.

두 번째 페이지를 추가할 때는 이미 사용자 정의 필드에 이름은 추가되어 있는 상태이기 때문에 해당 항목을 선택하고 값만 입력하면 됩니다(그림 5.5-23 참조).

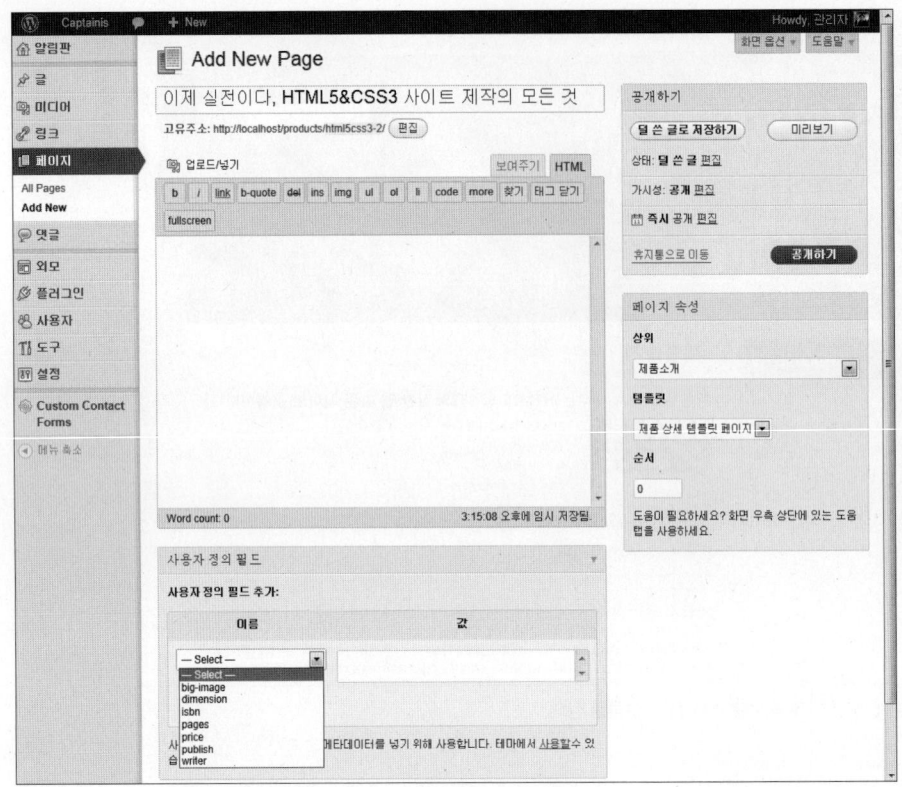

[그림 5.5-23] 두 번째 제품 페이지 추가

두 번째 제품 페이지를 추가하는 것은 아주 쉽습니다.

이미 만들어진 사용자 정의 필드를 선택하여 값들을 입력하고 편집기에서 해당 HTML 코드를 넣어주면 되기 때문입니다.

여기서 리스트 페이지를 만들기 전에 현재까지 작업된 회사소개, 제품소개, 제품 상세 페이지의 템플릿을 조금 수정하도록 하겠습니다. 왜냐하면, 현재 사용되는 템플릿은 포스트(글)용으로서는 유용하지만, 페이지를 만들 때는 쓸모 없는 코드가 포함되어 있기 때문입니다. 특히 루프문을 제거하여 아주 단순하게 변경하도록 하겠습니다. 현재 사용된 템플릿의 루프문은 다음과 같습니다.

```php
<?php get_header(); ?>
    <?php if (have_posts()) : while (have_posts()) : the_post(); ?>
        while 문
    <?php endwhile; ?>
    <?php else : ?>
        else 문
    <?php endif; ?>
<?php get_sidebar(); ?>
<?php get_footer(); ?>
```

다시 한 번 설명 드리면, 이 루프문은 "만약 포스트(글)가 있다면 while 문을 보여주고 아니면 else 문을 보여준다."라는 의미입니다.

하지만 우리가 만든 페이지들은 이런 기본적인 루프문이 필요 없습니다. 보통 워드프레스에서 사용하는 루프문은 3가지의 종류가 있습니다.

1. query_post();
   루프문을 사용하면서, 페이지에서 보여주는 포스트 수를 조절하거나 특정 포스트 및 카테고리를 제외(또는 포함)할 경우 사용
   http://codex.wordpress.org/Function_Reference/query_posts

2. WP_Query()
   복합적인 루프문을 사용할 때 제일 강력하게 루프문 제어가 가능함
   http://codex.wordpress.org/Class_Reference/WP_Query

3. get_post()
   간단한 루프문 사용시 사용
   http://codex.wordpress.org/Function_Reference/get_post

이 3가지의 루프문은 실제 예제를 통해서 사용법을 간단하게 설명드리겠습니다. 또는 루프문을 사용하지 않고 바로 내용을 가져올 때 사용하는 the_post()가 있습니다. 루프문이 필요 없다면 the_post()만 사용하더라도 문제가 없습니다. 따라서 이것을 get_header()와 합쳐서 보여주게 되면 다음과 같은 코드가 됩니다.

```
<?php get_header(); the_post();?> 또는 <?php get_header(); ?><?php the_
post(); ?>
<?php the_content(); ?>
```

이렇게 처리하면 해당 포스트에 있는 콘텐츠를 가져오게 되며, 모든 페이지의 내용을 보여 줄 때 가장 편리합니다. 하지만 여기서는 조건문이 없기 때문에, 좀더 상세한 조정을 할 수 없다는 단점이 있습니다만, 단순하게 페이지 또는 글을 보여 줄 때는 가장 간단하고 편리하게 사용할 수 있습니다.

이제 만들어진 템플릿 페이지를 간단하게 처리하도록 하겠습니다.

[코드 5.5-6] company-template.php 코드 단순화

```
<?php /*   Template Name: 회사 소개 템플릿 페이지 */ ?>
<?php get_header(); ?>
<?php get_header(); the_post();?>
  <h1 id="compnay_head">about company</h1>
    <?php if (have_posts()) : while (have_posts()) : the_post(); ?>
    <article <?php post_class() ?> id="post-<?php the_ID(); ?>">
      <h2><a href="<?php the_permalink() ?>"><?php the_title(); ?></a></h2>
        <div class="entry">
          <?php the_content(); ?>
        </div>
      </article>
    <?php endwhile; ?>
    <?php include (TEMPLATEPATH . '/inc/nav.php' ); ?>
    <?php else : ?>
      <h2>Not Found</h2>
    <?php endif; ?>
<?php get_sidebar(company); ?>
<?php get_footer(); ?>
```

마찬가지로 `product-template.php` 파일과 `productdetail-template.php` 파일도 단순화 해주겠습니다. 방법은 [코드 5.5-6]과 마찬가지로 loop 문을 제거하는 것입니다.

[코드 5.5-7]을 보면 템플릿 페이지가 아주 단순하게 변환된 것을 알 수 있습니다.

[코드 5.5-7] products-template.php 코드 단순화

```php
<?php /* Template Name: 제품 소개 템플릿 페이지 */ ?>
<?php get_header(); the_post();?>
   <h1 id="pro_head">products</h1>
     <article <?php post_class() ?> id="post-<?php the_ID(); ?>">
      <h2><a href="<?php the_permalink() ?>"><?php the_title(); ?></a></h2>
         <?php the_content(); ?>
      </article>
<?php get_sidebar(products); ?>
<?php get_footer(); ?>
```

[코드 5.5-7]에서 별색으로 된 부분이 가장 핵심입니다. 아주 간단하고 코드가 심플하면서, 관리하기 편리하게 변경되었습니다.

이제 제품 리스트 페이지를 만들도록 하겠습니다.

제품 리스트 페이지는 현재 만들어진 `products-template.php` 기반으로 또 다른 템플릿을 개발해야 합니다. 그리고 또한 몇가지 고려사항이 있습니다.

1. 제품 리스트 페이지에는 하위(서브) 페이지 내용의 일부를 보여준다. 따라서 사용자 정의 필드를 이용해서 보여줄 내용만 보여줘야 한다.
2. 제품 리스트 페이지의 하위 페이지는 제품소개 페이지만 있는 것은 아니다.
   (제품소개 페이지의 하위 페이지에는 현재 SW 패키지, HW 구성품도 있음)
3. 제품 리스트 페이지에는 보여질 제품 갯수에 따라 페이징(네비게이션) 처리를 해야 한다.

이렇게 약 3가지 사항에 대해서 충분히 고려를 하고 템플릿 파일을 만들어야 하는데, 여기서는 루프문이 필요합니다. 왜냐하면, 페이지가 단순하게 하나의 페이지가 아니라, 리스트로 하위 페이지의 내용을 보여줘야 하기 때문입니다.

먼저 리스트 페이지를 만들기 전에 3장에서 제품소개 리스트 페이지를 어떻게 구성했는지 다시 한 번 확인해 보겠습니다.

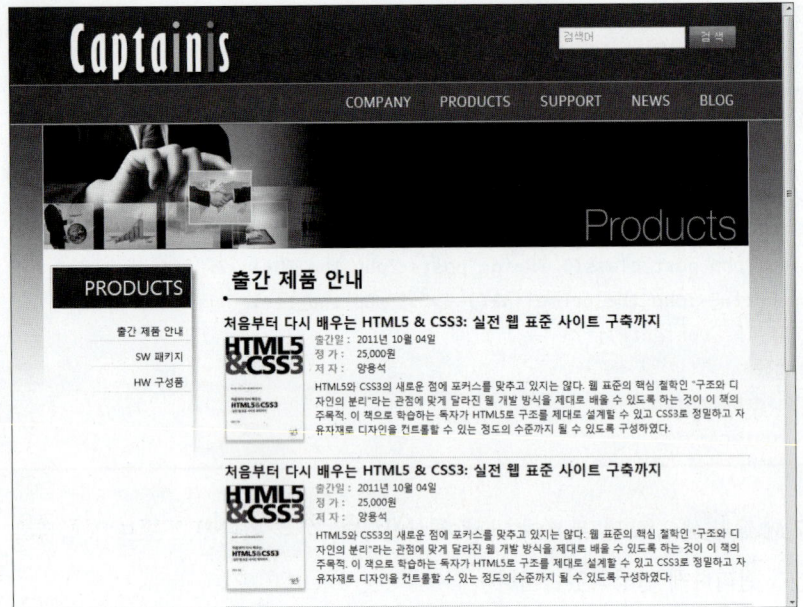

[그림 5.5-24] 3장에서 만든 products.php 파일 레이아웃 디자인

[그림 5.5-24]를 기반으로 제품 리스트가 보여지는 코드를 살펴보면 다음과 같습니다.

[코드 5.5-8] products.php 내부에 제품 리스트가 보여지는 부분

```html
<div id="book">
    <!-- 제목이 보여지며, 제품 상세 페이지 링크가 걸리는 부분 -->
    <h3><a href="products_detail.php">처음부터 … 까지</a> </h3>
    <!-- 해당 제품에 대한 이미지(상세 페이지보다 작은) -->
    <figure><img src="images/book/html5_s.jpg"></figure>
    <ul>
    <!-- 상세 페이지에 있는 모든 정보가 아닌 일부 정보만 보여 줌 -->
        <li><span>출간일 :</span> 2011년 10월 04일</li>
        <li><span>정 가 :</span> 25,000원 </li>
        <li><span>저 자 :</span> 양용석</li>
    </ul>
    <!-- 책 소개와 관련한 내용을 보여줌 -->
    <p>HTML5와 CSS3의 … 구성하였다. </p>
</div>
```

[코드 5.5-8]을 보면 제품 리스트가 보여지는 부분에서 상세 페이지의 정보를 가져오는 것을 알 수 있습니다. 상세 페이지의 정보들은 "사용자 정의 필드"에 있는 정보를 가져오는 것입니다.

그리고 하나의 제품을 보여주는 것이 아니라, 여러 개의 제품을 반복해서(loop) 보여주게 되는 것입니다.

여기서 제품 이미지는 상세 페이지보다 작은 이미지를 사용합니다. 따라서 제품 상세 페이지에서 해당 제품에 대한 또 하나의 "사용자 정의 필드"를 추가하여, 작은 이미지를 설정해 줘야 합니다. 물론 상세 페이지에 있는 이미지를 가지고와서 강제적으로 이미지 크기를 줄이는 방법도 있지만, 이미지가 선명하지 않고 뭉게지는 현상이 나타나기 때문에 반드시 작은 이미지를 포토샵 등에서 작게 만들어서 불러오는 것이 좋습니다. 따라서 먼저 제품 리스트 페이지를 만들기 전에 해당 제품에 "사용자 정의 필드"를 하나 더 추가하도록 하겠습니다.

이름은 s-image라고 정의하고 해당 URL을 적용합니다. 그리고 반드시 화면 오른쪽 파란색 "갱신" 버튼을 눌러줘야 합니다.

[그림 5.5-25] 추가된 s-image 필드

이제 products-template.php 파일을 복사한 후 products-lists-template.php 파일이라고 이름을 변경합니다. 그리고 내부 코드를 3장에서 작업한 products.php와 유사하게 변경해 줍니다.

[코드 5.5-9] 작업 중인 products-list-template.php 코드

```
<?php /*   Template Name: 제품 리스트 페이지   */?>
… 생략 …
        <div id='book'>
        <h3><a href="<?php the_permalink() ?>"><?php the_title(); ?></a></h3>
        <figure><?php echo "<img src='" . get_post_meta($post->ID, "s-image",
```

5.5 제품소개 페이지 만들기   343

```
         true) . "' >"; ?></figure>
             <ul>
                 <li><span>출간일 :</span> <?php echo get_post_meta($post-> ID,
'publish', true); ?></li>
                 <li><span>정 가 :</span> <?php echo get_post_meta($post-> ID,
'price', true); ?></li>
                 <li><span>저 자 :</span> <?php echo get_post_meta($post-> ID,
'writer', true); ?></li>
             </ul>
      <p><?php the_excerpt(); ?> </p>
     </div>
  </article>
     ...생략...
```

여기서 별색 부분이 "사용자 정의 필드"에서 지정한 값을 가져오는 부분입니다.

제품 상세 페이지에서 값을 가져 오는 것과 동일합니다. 그리고 [코드 5.5-9]에서 새로운 코드가 하나 보일 겁니다. `<?php the_excerpt(); ?>`란 코드인데, 워드프레스에서 저장된 콘텐츠를 불러 오는 방법 중 하나입니다.

워드프레스에서 저장된 콘텐츠를 불러 오는 방법은 아래와 같이 두 가지가 있습니다.

　① `<?php the_content(); ?>`
　② `<?php the_excerpt(); ?>`

`the_content()`가 콘텐츠의 내용을 전부 보여주는 것이라면, `the_excerpt()`는 내용의 일부만 보여 줍니다. 그리고 내용의 일부는 글자수로 55자를 가져옵니다. 기본적인 설정이 55자인데, 이 부분은 `functions.php` 내부에 몇가지 코드를 넣어 줌으로써 글자 수를 조절할 수 있습니다. `the_excerpt`와 관련해서는 뉴스 및 블로그 페이지를 만들 때 더 자세하게 설명하도록 하겠습니다.

[코드 5.5-9]의 상태로 저장하겠습니다. 그리고 어드민에서 "제품소개" 페이지로 가서 해당 페이지를 클릭 또는 편집을 한 후, 템플릿을 "제품 리스트 페이지"로 설정한 후 "갱신" 버튼을 누릅니다(그림 5.5-26 참조. 그리고 그에 따른 결과 화면은 그림 5.5-27에서 확인).

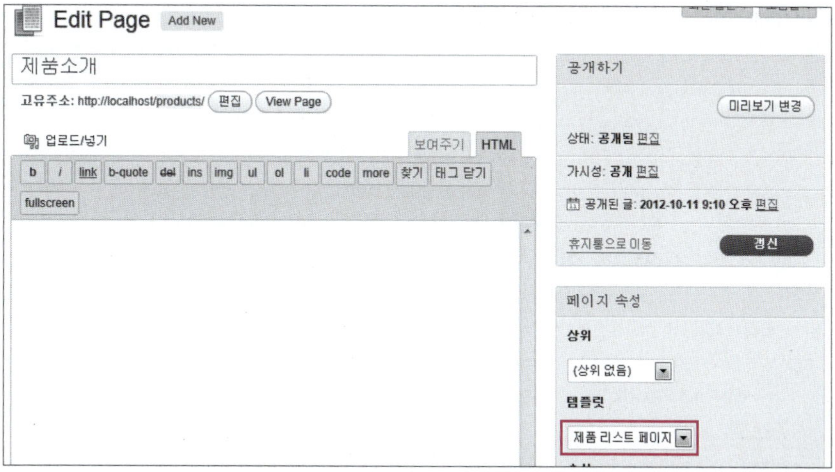

[그림 5.5-26] 제품소개 페이지 템플릿 변경

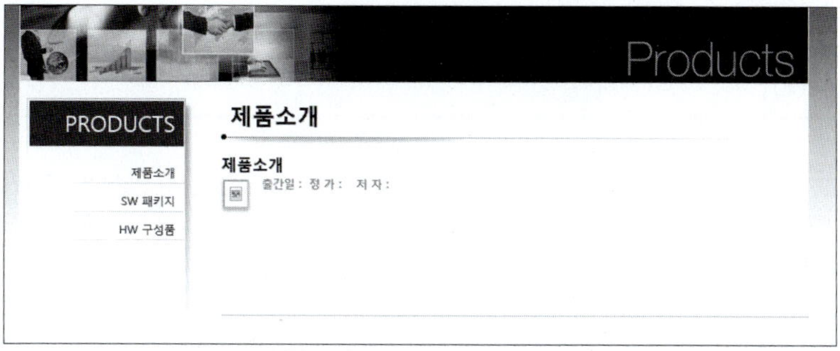

[그림 5.5-27] [코드 5.5-9]에 따른 결과 화면

[그림 5.5-27]을 보면 아무런 내용도 표시되지 않고 사용자 정의 필드에서 시성한 어떤 내용도 나타나지 않습니다. 이유는 간단합니다. 어떤 페이지의 정보를 표시해야 하는지에 대한 코드가 존재하지 않기 때문입니다. 그리고 루프문이 있어야 반복적으로 제품을 표시해 줄 수 있는데, 현재 코드에는 루프문이 존재하지 않습니다.

[코드 5.5-10] 루프문이 추가된 products-list-template.php 코드

```
<?php /*   Template Name: 제품 리스트 페이지   */?>
<?php get_header(); the_post();?>
  <h1 id="pro_head">products</h1>
    <article>
```

```
    <h2><?php the_title(); ?></h2>
      <?php
      $args=array(  ──❷
       'post_parent' => 293,     // 부모 페이지 아이디를 말합니다. **
       'post_type' => 'page',    // 포스트 타입은 페이지로 표시
       'meta_key' => publish,    // 사용자 정의 필드 publish가 있는 페이지만 출력
       'order' => 'DESC',        // 순서는 최신으로 DESC는 descending을 의미
       'posts_per_page' => 3     // 페이지에는 3개의 포스트만 표시하라
       );
      query_posts($args);        // $args의 내용을 출력하라
      if(have_posts() ) while (have_posts()) :the_post(); ?>  ──❶
          <div id='book'>
       … 중간 생략…
          </div>
            <?php  endwhile; ?>
            <?php  wp_reset_query();  ?>
      </article>
  <?php get_sidebar(products); ?>
  <?php get_footer(); ?>
```

** 아이디 값은 어드민 페이지에서 해당 페이지를 클릭한 후 URL 주소 부분에서 확인할 수 있습니다. [그림 5.5-28]에서 보이는 293이라는 숫자는 사용자의 환경에 따라 다를 수 있습니다. 따라서 [그림 5.5-28]과 같이 반드시 포스트의 ID 값을 확인해 주시기 바랍니다.

[코드 5.5-10]에서는 루프문 중에서 query_posts를 사용하였습니다.

❶번은 가장 기본적인 루프문의 구조입니다.

❷번의 $args는 $args=array(내용)과 같은 방식으로 사용되며, 내부에 많은 조건을 넣을 때 사용합니다. 여기서 'post_parent' => 293, 에서 보면 갑자기 숫자가 나오는데 이 숫자가 의미하는 것은 post ID를 말합니다. 워드프레스에서는 모든 페이지에는 ID 숫자가 자동으로 붙습니다. 따라서 현재 보여주는 내용은 "293의 아이디를 가지고 있는 자식 페이지 중 사용자 정의 필드에 publish라는 이름을 가진 페이지를 최신의 순서로 한 페이지당 3개의 게시물을 보여줘라."라는 의미입니다. wp_reset_query(); 는 루프문이 끝나면 "쿼리를 리셋한다."라는 의미입니다.

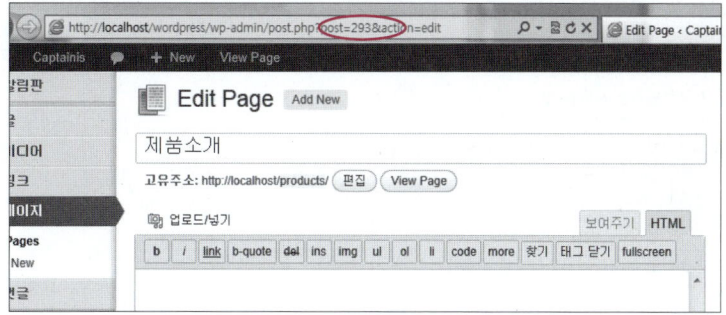

[그림 5.5-28] 각 페이지 또는 포스트의 ID 값 확인 방법

[그림 5.5-29] 제품 소개 페이지에 저장된 2개의 제품에 대한 리스트가 보여짐

[코드 5.5-10]에서는 한 페이지에서 3개의 포스트가 보여진다라고 정의했습니다. 그렇다면, 제품소개 페이지에 2개의 제품을 더 추가할 경우에는 어떻게 되는지 확인해 보겠습니다.

로드북에서 새로운 책이 2권 더 출간되었네요. 이 책들을 추가해 보겠습니다.

[그림 5.5-30] 2개의 제품을 더 추가한 상태

[그림 5.5-30]을 보면 2개의 제품이 더 추가되었을 때, 한 페이지에서 3개의 포스트가 보이는 것까지는 성공하였습니다. 하지만 이전에 추가되었던 제품 하나가 보이질 않습니다. 그렇다면 나머지 하나의 제품까지 보여지게 하려면 어떻게 해야 할까요?

게시판 하단을 보면 숫자 1, 2, 3으로 각 게시물 리스트를 네비게이션 식으로 보여 주는 부분이 있습니다.

현재 HTML5Reset 테마에도 그 기능을 담당하는 것이 있는데 다음과 같은 코드를 <?php endwhile; ?> 다음에 추가해 주면 됩니다(아래의 코드는 index.php 코드에도 포함되어 있습니다).

```
<?php include (TEMPLATEPATH . '/inc/nav.php' ); ?>
```

이 코드를 추가한 후 결과를 보면 [그림 5.5-21]과 같이 Older Entries라는 표시를 볼 수 있습니다.

이 부분을 클릭해 보면 하단에 Older Entries가 Newer Entries로 변하긴 했지만, 아무런 동작을 하지 않습니다. 페이징 처리가 전혀 되지 않고 있습니다. 이 부분을 눌렀을 때 [그림 5.5-21]과 [그림 5.5-22]를 보면 URL 주소는 바뀌지만 페이지에는 전혀 변화가 없는 것을 알 수 있습니다.

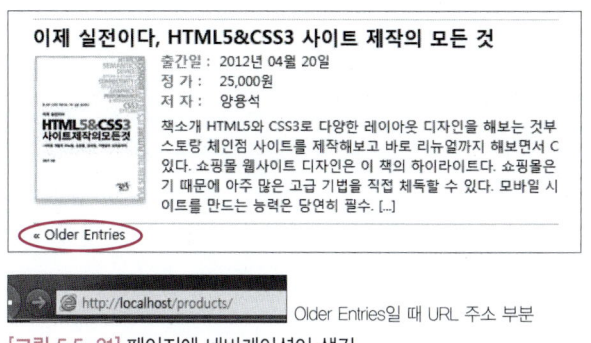

[그림 5.5-21] 페이지에 네비게이션이 생김

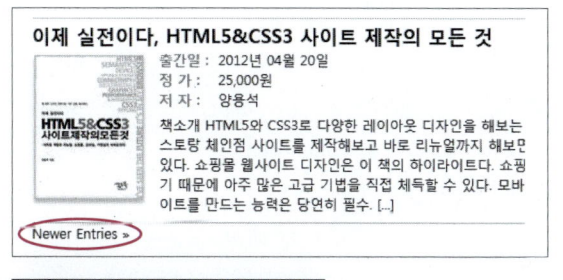

[그림 5.5-22] Older Entries를 누른 후 Newer Entries가 되었는데, 페이지에 변화가 없음

따라서 이렇게 페이징 처리가 되지 않을 때는 다음과 같은 코드를 추가해 줍니다.

[코드 5.5-11] 페이징 처리하는 코드 추가

... 상단 생략...
```php
<?php
    $paged = (get_query_var('paged')) ? get_query_var('paged') : 1;

    $args=array(
    'post_parent' => 293,
    'post_type' => 'page',
    'meta_key' => publish,
    'order' => 'DESC',
    'posts_per_page' => 3,
    'paged'=>$paged
    );
```
... 하단 생략...

[그림 5.5-23] 제품소개 페이지

[그림 5.5-24] Older Entreis를 눌렀을 때 나타나는 페이지

[그림 5.5-23]과 [그림 5.5-24]를 보면 하나의 페이지에 3개의 포스트가 나타나고 나머지 하나의 포스트는 다음 페이지에 나타나는 것을 알 수 있습니다. 아주 잘 동작하고 프로그래머 없이도 이 정도의 페이지는 만들 수 있습니다.

더불어 Older Entries와 Newer Entries 부분은 HTML5Reset 테마에서 제공하는 네비게이션이지만 워드프레스의 플러그 인을 사용하면 여러분이 흔히 웹 페이지에서 보는 숫자로 된 네비게이션으로 만들 수 있습니다. 전문 개발자는 플러그 인을 사용하지 않고 직접 만들 수도 있습니다만, 이 책의 독자들은 전문 개발자는 아닐 확률이 높기 때문에 플러그 인을 사용하고 있습니다.

또한 Older Entries와 Newer Entries는 페이지가 누적되어 많아질 때는 현재 어떤 페이지에 있는지 알 수 없는 단점이 존재합니다.

워드프레스 플러그 인 중에 WP-PageNavi라는 플러그 인이 있습니다.

http://wordpress.org/extend/plugins/wp-pagenavi/

해당 플러그 인 페이지에서 플러그 인을 다운 받은 후 플러그 인 폴더에 직접 해당 파일을 넣어주거나, wp-admin에서 "플러그 인 > 플러그 인 추가하기 > 검색 창 WP-PageNavi"에서 검색 후 "지금 설치하기"를 클릭하면 자동적으로 플러그 인이 설치됩니다.

설치된 플러그 인이 플러그 인 리스트에 나타나고 활성화를 클릭하면, 해당 플러그 인이 활성화 됩니다. 플러그 인을 활성화 하게 되면 setting이라는 링크나 나오게 되는데, 이 setting을 눌러 줍니다.

| WP-PageNavi | Adds a more advanced paging navigation to your WordPress blog |
| 활성화 \| 편집 \| 삭제 | 버전 2.83 \| Lester 'GaMerZ' Chan & scribu님이 만듬 \| 플러그인 사이트 방문 |

[그림 5.5-25] WP-PageNavi 플러그 인 활성화 링크를 눌러서 활성화 해야 함

PageNavi Settings

페이지 네비게이션 텍스트

Leaving a field blank will hide that part of the navigation.

페이지의 번호를 위한 텍스트	
	%CURRENT_PAGE% - 현재 페이지 번호.
	%TOTAL_PAGES% - 페이지의 총 갯수.
현재 페이지를 위한 텍스트	%PAGE_NUMBER%
	%PAGE_NUMBER% - 페이지 번호.
페이지를 위한 텍스트	%PAGE_NUMBER%
	%PAGE_NUMBER% - 페이지 번호.
Text For First Page	« 처음
	%TOTAL_PAGES% - 페이지의 총 갯수.
Text For Last Page	마지막 »
	%TOTAL_PAGES% - 페이지의 총 갯수.
Text For Previous Page	«
Text For Next Page	»
이전을 위한 텍스트 ...	...
다음을 위한 텍스트 ...	...

페이지 네비게이션 옵션

Use pagenavi-css.css	☑
페이지 네비게이션 스타일	보통
Always Show Page Navigation	☐ Show navigation even if there's only one page.
Number Of Pages To Show	5
Number Of Larger Page Numbers To Show	3
	Larger page numbers are in addition to the normal page numbers. They are useful when there are many pages of posts.
	For example, WP-PageNavi will display: Pages 1, 2, 3, 4, 5, 10, 20, 30, 40, 50.
	Enter 0 to disable.
Show Larger Page Numbers In Multiples Of	10
	For example, if mutiple is 5, it will show: 5, 10, 15, 20, 25

변경 저장

[그림 5.5-26] WP-PageNavi 세팅 화면 설정

[그림 5.5-26]과 같이 WP-PageNavi를 설정해줍니다.

그리고 products-list-template.php 페이지에서 navi를 담당했던 부분을 삭제하고 wp-pagenavi()를 추가해 줍니다.

```
<?php include (TEMPLATEPATH . '/inc/nav.php' ); ?>
<?php wp_pagenavi(); ?>
```

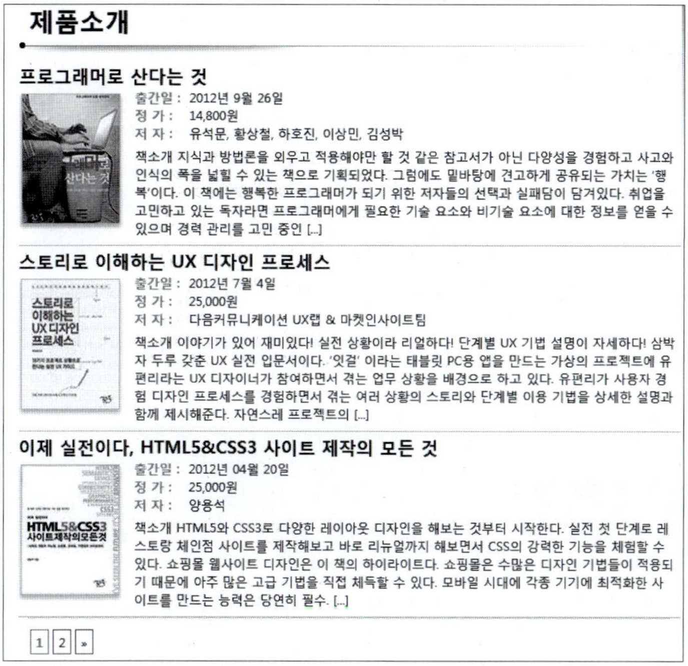

[그림 5.5-27] 페이지의 네비게이션 부분이 숫자로 변경됨

[그림 5.5-27]을 보면 페이지의 네비게이션 부분이 우리에게도 친숙한 숫자를 이용한 네비게이션으로 변경된 것을 알 수 있습니다. 특히 현재 페이지는 빨간색으로 표시되었기 때문에 현재 몇 번째 페이지에 있다는 것까지 알 수 있습니다.

현재 페이지에서 책에 대한 요약된 내용은 <?php the_excerpt(); ?>를 이용해서 보여주고 있습니다. 하지만 the_excerpt()의 단점은 55자 이상의 내용이 있을 경우 내용이 잘려 보이는 단점이 있습니다. 모든 제품에 대한 내용을 55자로 맞추는 것보다 이 부분을 차라리 "사용자 정의 필드"를 이용해서 입력하고 해당 "사용자 정의 필드"의 값을 보여 주는 것이 디자인적으로 아주 깔끔합니다. 따라서 사용자 정의 필드에 txt라는 이름을 하나 더 추가해 주고 축약된 내용을 값에 넣어준 후 해당 내용을 보여줍니다.

먼저 products-list-template.php 파일에서 <p><?php the_excerpt(); ?></p>는 삭제하고 다음의 코드를 추가합니다.

```
<p><?php echo get_post_meta($post-> ID, 'txt', true); ?> </p>
```

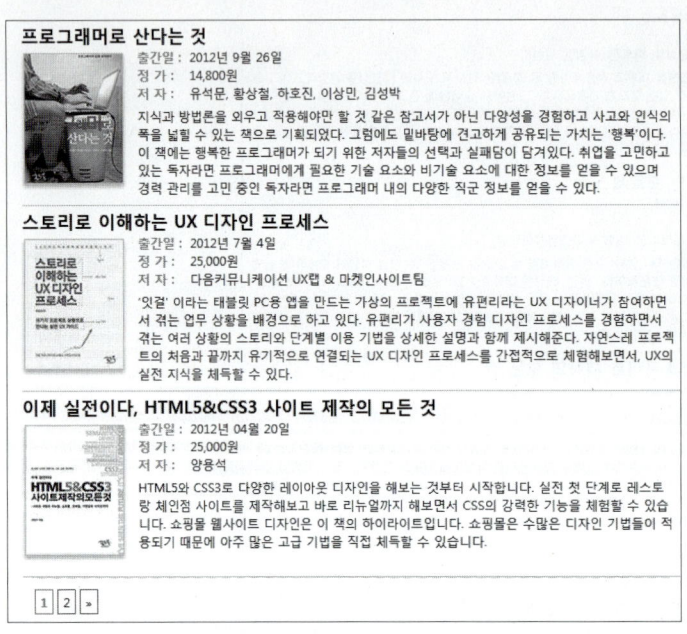

[그림 5.5-28] 책 소개 내용 부분까지 "사용자 정의 필드"로 구성됨

[그림 5.5-27]과 [그림 5.5-28]을 비교해 보면 [그림 5.5-28]에서 "책소개"란 글자가 보이지 않고, 텍스트의 마지막 부분에 […] 이 없는 것을 확인할 수 있습니다.

이제 "제품소개"라고 되어 있는 제목을 "출간제품 안내"라고 변경하도록 하겠습니다. 3장에서 처음 작업했을 때 페이지 이름이 "출간제품 안내"였기 때문입니다.

단순히 "제품 안내"라는 제목을 "출간제품 안내"로 변경하게 되면, products 페이지의 서브 메뉴의 링크 제목과 해당 페이지의 "제품 안내"라는 모든 제목이 "출간제품 안내"로 변경됩니다. HTML을 이용해서 단순하게 작업을 할 경우 모든 페이지의 제목을 변경해야 하는 것에 비하면, 워드프레스는 아주 신속하고 정확하게 관련된 모든 페이지 및 링크들에 대한 수정을 하나의 페이지로 처리할 수 있다는 장점이 있습니다.

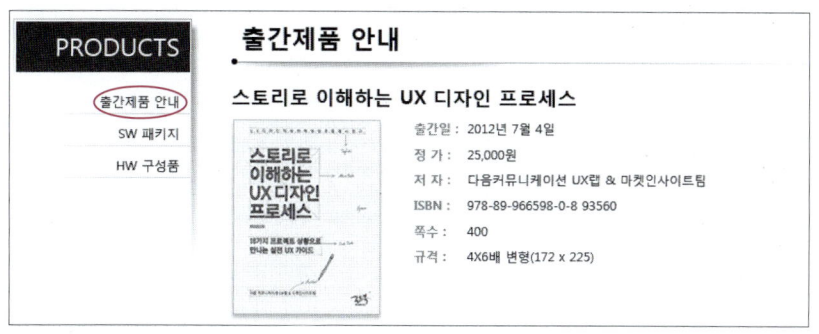

[그림 5.5-29] 페이지 제목을 변경한 경우 관련된 모든 페이지 및 링크들에 대한 제목이 수정됨

이번 절은 제품소개 즉 출간제품 안내 페이지를 만드는 작업을 했습니다. 조금은 복잡한 코드들이 많이 들어가 있는데, 사실 이 정도의 코드는 전문 개발자 입장에서는 아주 초보적인 코드들입니다. 하지만, 이번 절을 정확하게 이해하게 되면, 초보자라 할지라도 루프 조건문을 이용하여 많은 문제를 해결할 수도 있으며 다양하게 응용할 수 있습니다. 따라서 이 절의 모든 내용은 반드시 이해하고 넘어가야 합니다. 특히 "query_post()에 의한 루프문"과 "사용자 정의 필드"가 가장 중요한 부분입니다. 이 부분이 워드프레스가 CMS라는 것을 보여주는 핵심 기능 중 하나이기 때문입니다.

5.6 뉴스 페이지 개발

5.6절은 뉴스 페이지를 만들어 보겠습니다. 뉴스 페이지는 5.5절에 비하면 아주 쉽습니다.

뉴스 페이지와 블로그 페이지에서 리스트 페이지는 워드프레스의 페이지를 이용하고 상세 페이지는 포스트를 이용하여 처리하겠습니다. 이번 장을 시작할 때 [표 5.1-1]에서 페이지는 `page.php` 파일이 처리하고 포스트는 `single.php` 파일이 처리한다고 언급하였습니다. 따라서 리스트 페이지는 페이지 템플릿을 이용하여 제작하게 되고, 포스트는 `single.php` 파일에서 처리하게 됩니다. 하지만 페이지와는 달리 포스트는 템플릿 페이지를 설정하는 부분이 없습니다. 그렇다면 뉴스 페이지의 레이아웃과 블로그용 레이아웃 디자인은 [그림 5.6-1]에서와 같이 서로 다른데, `single.php` 파일을 이용해서 서로 다른 레이아웃 디자인을 적용할 수 있을까요?

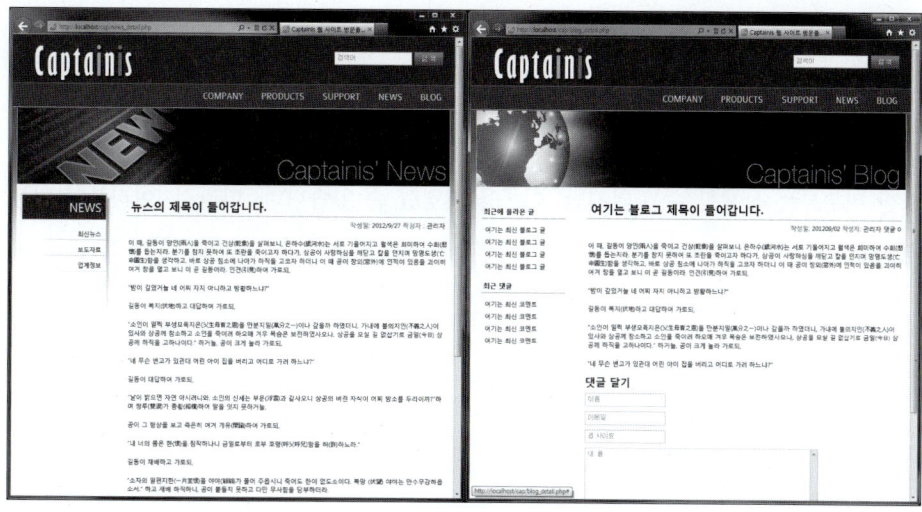

[그림 5.6-1] 화면 왼쪽은 뉴스 포스트 디자인, 화면 오른쪽은 블로그 포스트 디자인

왼쪽은 3장에서 만든 news_detail.php 화면, 오른쪽은 blog_detail.php 화면입니다.

먼저 레이아웃 디자인을 적용하기 전에 포스트 글을 하나 작성해서 어떻게 나오는지 확인해 보도록 하겠습니다. 포스트에 글을 올리기 전에 카테고리에 blog와 news라는 이름으로 분류를 추가하겠습니다.

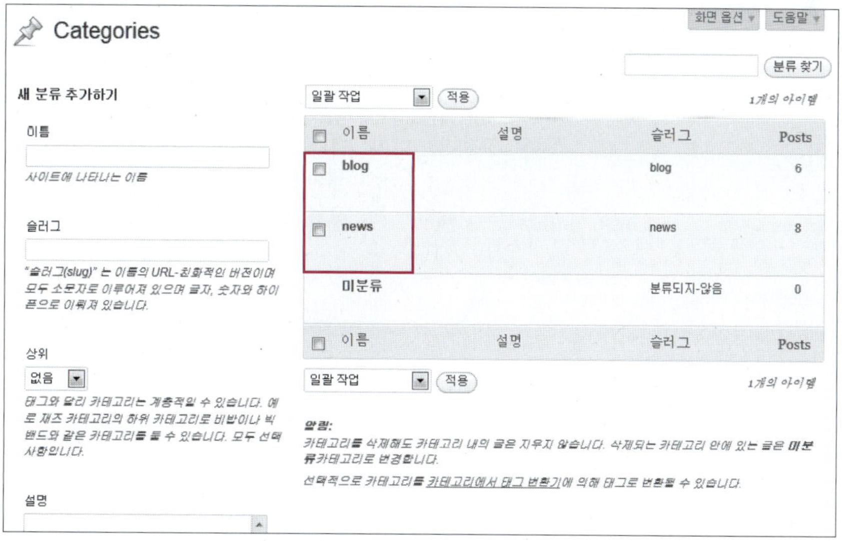

[그림 5.6-2] 2개의 카테고리를 추가한 상태

5.6 뉴스 페이지 개발 357

포스트 글은 카테고리를 이용하여 글을 분류할 수 있습니다. [그림 5.6-2]에서 보면 미분류라고 되어 있는데, 카테고리를 지정해 주지 않을 경우 모든 글은 미분류로 들어갑니다.

또한 미분류는 삭제할 수는 없지만, 이름을 변경할 순 있습니다. 따라서, 여러분이 기본적으로 많이 사용하는 카테고리를, 미분류의 이름을 변경하여 사용해도 무방합니다.

필자의 경우 먼저 만들어 놓은 blog란 카테고리는 삭제하고 미분류를 blog라고 이름을 변경하였습니다. [그림 5.6-3]을 참조하세요. 미분류는 삭제는 안 되고 이름만 변경 가능합니다.

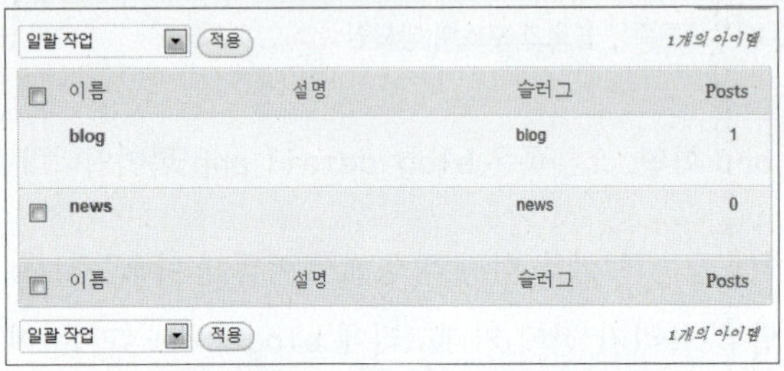

[그림 5.6-3] 만들어 놓은 blog는 삭제하고 미분류를 blog로 이름 변경

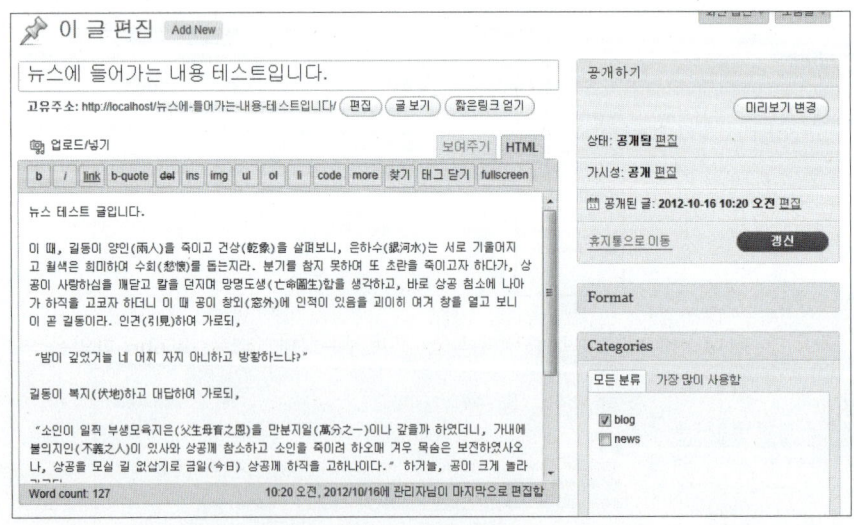

[그림 5.6-4] 테스트를 위해서 글(post) 페이지에서 글을 입력

[그림 5.6-4]를 보면 화면 오른쪽에 페이지와는 달리 템플릿이 없고 Categories만 보이는 것을 알 수 있고, blog(미분류)가 기본 카테고리이기 때문에 blog에 체크되어 있는 것을 알 수 있습니다. 이제 "글 보기" 버튼을 눌러 어떤 페이지가 나오는지 확인해 보겠습니다.

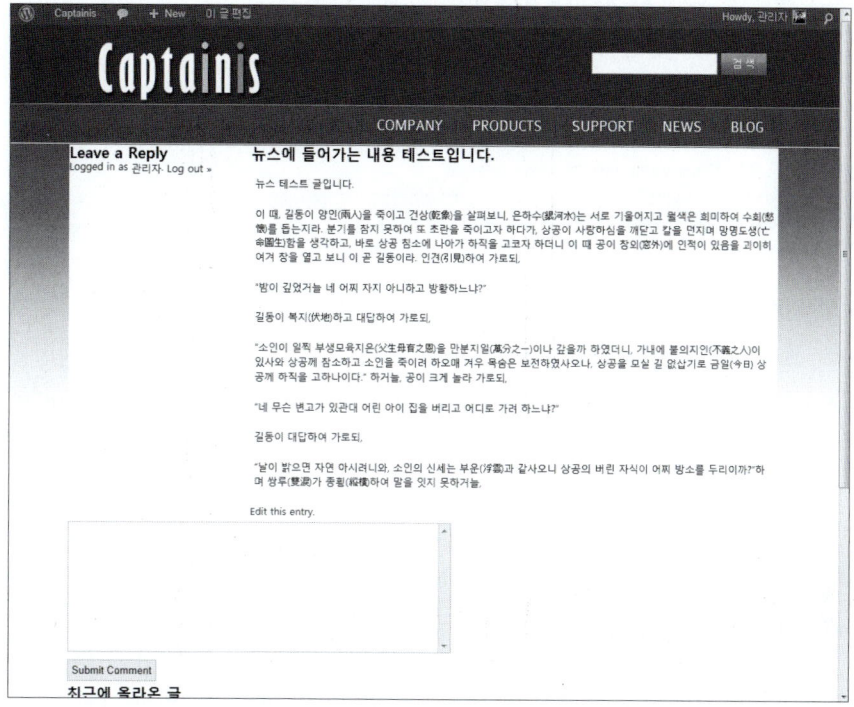

[그림 5.6-5] 포스트에 글을 입력한 후 결과 화면

[그림 5.6-5]에서는 헤더와 푸터 부분을 제외한 나머지 부분은 HTML5Reset에서 기본적으로 제공하는 single.php를 이용해서 화면을 보여주는 것입니다.

실제 이 글이 single.php에서 작동하는지 확인해 보겠습니다. single.php 파일을 열고 코드 아무 곳에서 다음과 같은 코드를 입력해 보세요.

```
<h1>여기는 single.php에서 보여지는 화면입니다.</h1>
```

5.6 뉴스 페이지 개발

위의 코드 결과가 나타나면 single.php에서 해당 포스트가 보여지는 것이며, 위의 코드가 보이지 않는다면, 포스트 글이 single.php 파일을 사용하지 않는 것입니다. [그림 5.6-6]을 보면 해당 코드가 보이는 것을 확인할 수 있습니다.

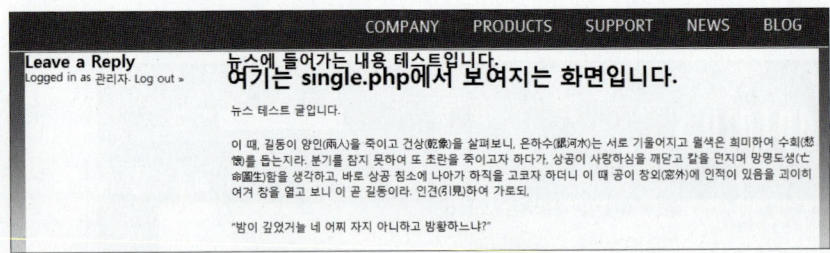

[그림 5.6-6] single.php 파일에 임의의 HTML 입력 후 화면 모습

[그림 5.6-6]과 같이 뉴스 및 블로그는 single.php 파일을 기반으로 디자인 작업을 해야 합니다. 그렇다면 single.php 파일은 하나의 파일인데, 어떻게 서로 다른 디자인을 적용할 수 있을까요? 간단합니다. single.php 파일 내부에 if 조건문을 넣어주면 됩니다.

먼저 single.php 파일의 복사본 두 개를 만듭니다. 하나는 single-news.php 파일로, 다른 하나는 single-blog.php 파일로 이름을 변경합니다. 그리고 single.php 파일을 변경하도록 하겠습니다.

single.php 파일 내부에 있는 모든 내용은 삭제하고 다음의 코드를 입력합니다.

[코드 5.6-1] single.php 파일 내부 코드 변경

```
<?php
    $post = $wp_query->post; if ( in_category('1') )
    { include(TEMPLATEPATH . '/single-blog.php'); }
    elseif ( in_category('5') ) { include(TEMPLATEPATH . '/single-news.php'); }
?>
```

[코드 5.6-1]의 내용은 다음과 같습니다. "만약 category가 1인 경우 single-blog. php를 이용하여 포스트 글을 보여 주고 category가 5인 경우 single-news.php를 이용해서 포스트 글을 보여 줘라."

그렇다면 여기서 category 1과 category 5란 숫자는 어디서 나오는 것일까요? 5.5절에서 각 포스트 글에는 고유의 아이디 값이 붙는다는 것을 학습했습니다. 마찬가지로 각 카테고리 또한 고유의 아이디 값을 가지게 되는데, 아이디 값을 확인하는 방법은 해당 카테고리를 클릭한 후 분류 편집으로 들어가서 웹 브라우저의 URL 부분을 보면 됩니다.

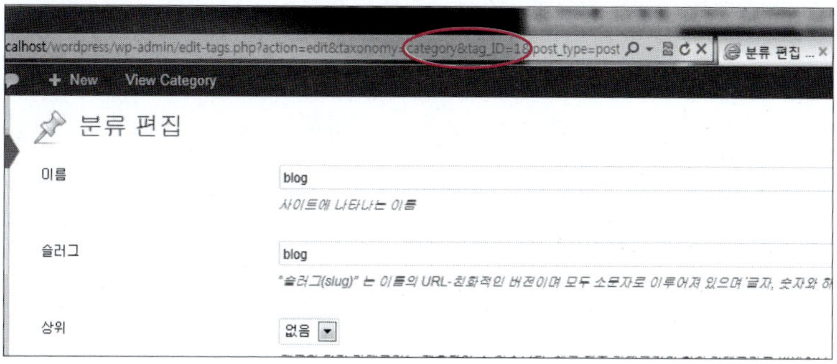

[그림 5.6-7] 카테고리 고유의 아이디가 보임

[그림 5.6-7]에서 확인한 것처럼 blog는 카테고리 번호가 1이 되는 것이고, news는 카테고리 번호가 5가 되는 것입니다.

[코드 5.6-1]에서처럼 single.php 파일을 수정하였다면, 이제 single-news.php 파일을 수정하겠습니다.

[코드 5.6-2] single-news.php 파일 수정

```php
<?php get_header(); ?>
    <?php if (have_posts()) : while (have_posts()) : the_post(); ?>
    <h1 id="news_head">news</h1>
        <article <?php post_class() ?> id="post-<?php the_ID(); ?>">
            <h1 class="entry-title"><?php the_title(); ?></h1>
            <?php include (TEMPLATEPATH . /inc/meta.php' ); ?>
                <div class="entry-content">
```

5.6 뉴스 페이지 개발 **361**

```
                <?php the_content(); ?>
                <?php wp_link_pages(array('before' => 'Pages: ', 'next_or_number' => 'number')); ?>
                    <?php the_tags( 'Tags: ', ', ', ''); ?>
                    <?php include (TEMPLATEPATH . '/_/inc/meta.php' ); ?>
            </div>
            <?php edit_post_link('Edit this entry','','.'); ?>
        </article>
    <?php comments_template(); ?>
    <?php endwhile; endif; ?>
<?php get_sidebar(news); ?>
<?php get_footer(); ?>
```

[코드 5.6-2]를 보면 single-news.php 파일은 원본 single.php를 기반으로 작성되었습니다. 디자인 레아아웃을 위해 몇 개의 코드를 추가했고, meta 정보가 들어있는 meta.php의 위치를 옮겼으며, 뉴스에는 comment가 필요없기 때문에 comments_template()은 삭제하였습니다. 현재 sidebar-news.php 파일은 없는 상태입니다.

[그림 5.6-8]을 보면 현재 sidebar-news.php 파일은 없는 상태이기 때문에 기본 sidebar.php 파일이 대신하고 있고 디자인은 거의 완벽합니다. 단 메타 정보가 있는 부분이 너무 많은 내용을 보여 주고 있습니다. 따라서 먼저 메타 정보를 수정하도록 하겠습니다. 메타 정보는 inc 폴더에 meta.php 파일이 담당합니다. 먼저 meta.php 파일을 하나 복사한 후 meta-news.php 파일이라고 이름을 변경합니다. 3장에서 만든 news_detail.php에서는 메타 정보가 들어가는 부분은 [코드 5.6-3]과 같은 형식을 사용하였습니다. 따라서 [코드 5.6-3]을 기반으로 meta-news.php 파일을 수정하도록 하겠습니다.

[코드 5.6-3] news_detail.php 내부에 있는 메타 정보 항목

```
<div class="meta">
        <span class="dfcolor">작성일:</span>   2012/9/27
        <span class="dfcolor">작성자 :</span>  관리자
</div>
```

[코드 5.6-4] news_detail.php에 있는 메타 정보 기반으로 meta-news.php 파일 수정

```
<footer class="meta">
<div class="meta">
    <i>Posted on:</i>
    <span class="dfcolor">작성일:</span><time datetime="<?php echo date(DATE_W3C); ?>" pubdate class="updated"><?php the_time('F jS, Y') ?></time>
    <span class="byline author vcard">
        <i>by</i> <span class="fn">
<span class="dfcolor">작성자 :</span> <?php the_author() ?></span>
    </span>
    <?php comments_popup_link('No Comments', '1 Comment', '% Comments', 'comments-link', ''); ?>
</footer>
</div>
```

그리고 single-news.php 파일 내부에 있는 제목 부분 또한 news_detail.php를 바탕으로 수정하겠습니다.

```
<h1 class="entry-title"><?php the_title(); ?></h1>
<h2 class="n_title"><?php the_title(); ?></h2>
```

[그림 5.6-8]에 있는 메타 정보와 [그림 5.6-9]에 있는 메타 정보를 보면 거의 3장에서 작업했던 상태로 나타나고 있습니다. [그림 5.6-9]에서는 날짜 표시가 "10월 16th, 2012"와 같이 엉뚱하게 표시가 되어 있는데, 이것은 영미권에서 사용하는 날짜 방식을 한글로 변환해서 나타나는 현상입니다.

이 부분은 meta-news.php 파일 내부에 있는 〈?php the_time('F jS, Y') ?〉가 담당합니다. 따라서 이 부분을 〈?php the_time('Y/m/d') ?〉로 변경해 주면 됩니다. Y는 대문자 m과 d는 소문자입니다.

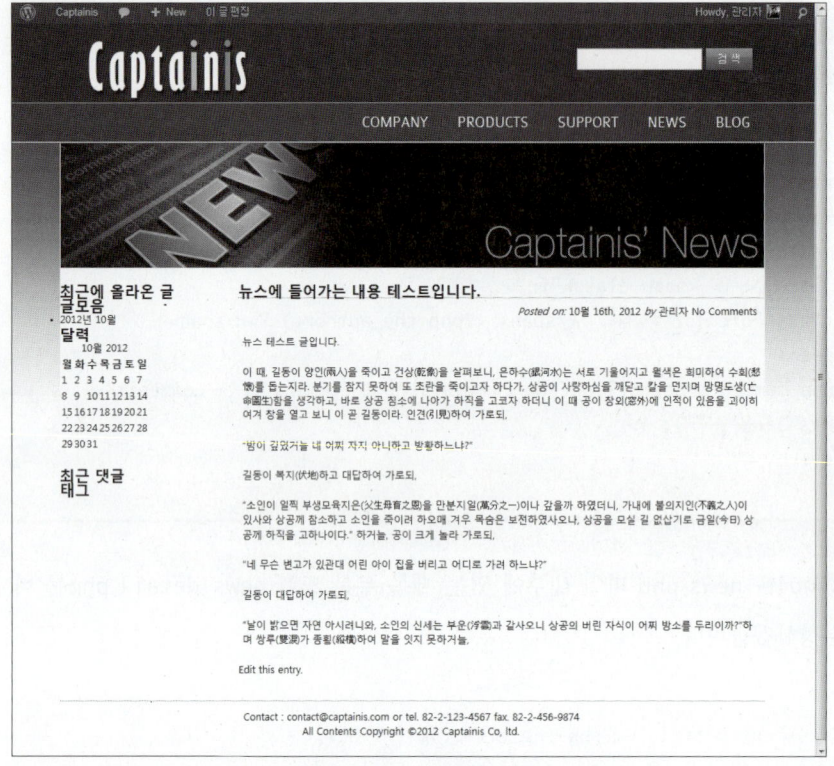

[그림 5.6-8] single-news.php에 의한 뉴스 포스트 모습

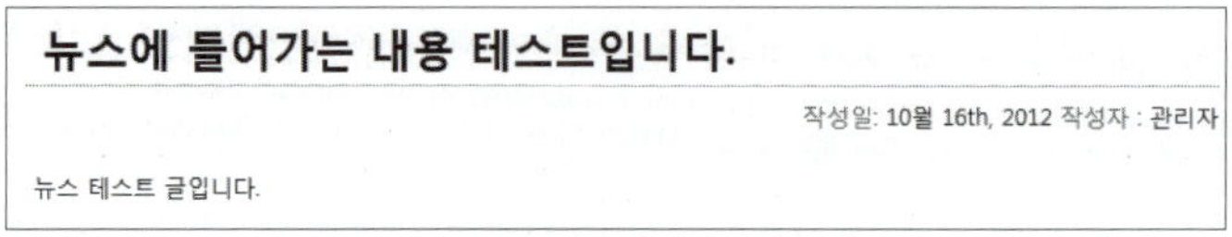

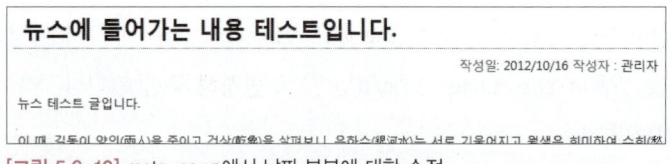

[그림 5.6-9] meta-news.php 수정 후 메타 정보 나오는 곳 변경

[그림 5.6-10] meta-news에서 날짜 부분에 대한 수정

sidebar-news.php 파일을 만드는 과정은 회사소개 페이지와 제품소개 페이지를 만들 때와 비슷한 방식으로 만들기 때문에 생략하도록 하겠습니다.

[그림 5.6-11]을 보면 sidebar-news.php까지 완성된 뉴스 상세 페이지를 볼 수 있습니다. 뉴스 상세 페이지는 완성되었고 이제 뉴스 리스트 페이지를 제작해 보도록 하겠습니다.

[그림 5.6-11] 완성된 뉴스 내용 페이지

뉴스 리스트 페이지는 또 하나의 템플릿을 이용해서 처리해야 합니다. 먼저 뉴스 리스트 페이지 작업 전에 뉴스와 관련되 포스트 글 6개를 임시로 작성해서 만들어 놓겠습니다.

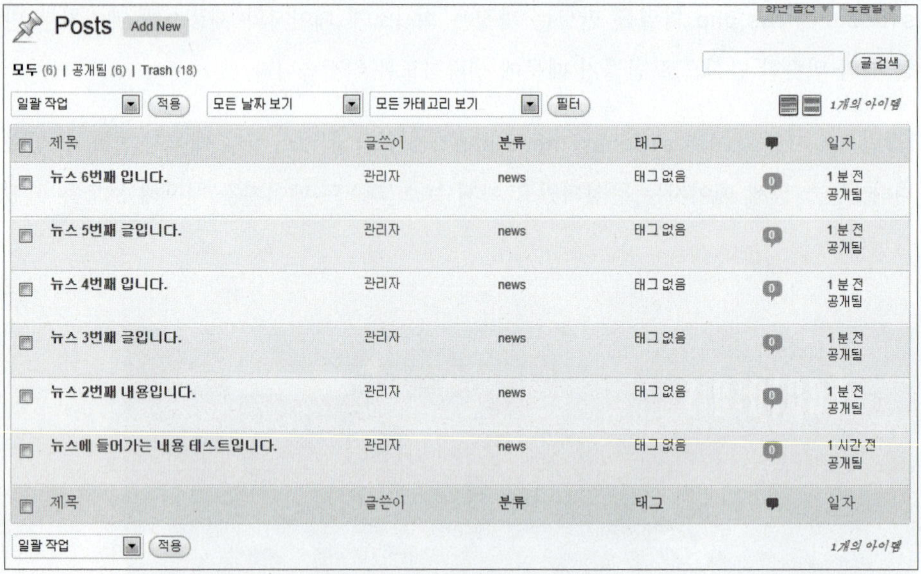

[그림 5.6-12] 미리 뉴스 카테고리로 6개의 포스트를 작성함

이제 newslist-template.php라는 파일을 하나 만들겠습니다.

뉴스 리스트 파일인 newslist-template.php 또한 3장에서 작업한 news.php를 기반으로 작업하는 것이 가장 좋습니다. newslist-template.php 내부에 news.php의 코드를 전부 넣고 상단에 템플릿 페이지라는 표시를 하겠습니다.

[코드 5.6-5] news.php 기반으로 newslist-templates.php 파일 제작 과정

```
<?php /* Template Name: 뉴스 리스트 페이지 */ ?>
<?php include 'header.php'; ?>
<?php get_header(); ?>
  <h1 id="news_head">news</h1>
    <article>
      <h2>News</h2> ——❶
        <ul id="news_content">
          <li>
            <h3 class="news_title"><a href="news_detail.php">뉴스의 제목이 들어갑니다.</a></h3> ——❷
            <div class="meta_news">2012/9/27</div> ——❸
              <div class="clear"></div>
```

```
            <p> 이때, ... 가로되,</p> ————❹
          </li>
      </ul>
         </article>
<?php get_sidebar(news); ?>
<?php get_footer(); ?>
<?php include 'sidebar-news.php'; ?>
<?php include 'footer.php'; ?>
```

[코드 5.6-5]에서 별색 부분 중 템플릿 이름을 지정한 부분을 제외한 나머지는 일반적인 php 코드 방식을 제거하고 워드프레스에서 해당 파일을 불러 오는 방식으로 변경하였습니다.

여기서 볼드 부분이 뉴스 상세 페이지에서 해당 내용을 불러오는 곳입니다. 각 항목별로 살펴보겠습니다.

❶번은 제목입니다. 워드프레스에서 제목은 아래 코드를 사용합니다.

```
<?php the_title(); ?>
```

❷번은 제목과 더불어 제목 링크가 걸리는데 여기서 제목은 해당 포스트의 제목을 말합니다. 링크와 더불어 제목은 the_permalink와 the_title을 이용해서 처리합니다.

```
<a href="<?php the_permalink() ?>"><?php the_title(); ?></a>
```

❸번 항목은 메타 정보가 들어가는 곳입니다. [코드 5.6-4]에서 만든 meta-news.php 파일을 불러 옵니다.

```
<?php include (TEMPLATEPATH . '/inc/meta-news.php' ); ?>
```

❹번 항목은 요약글입니다. 요약글은 <?php the_excerpt(); ?>를 사용합니다.

이제 마지막으로 루프문을 적용하여 해당 내용을 가져올 수 있게 처리하면 됩니다.

루프문의 기본은 if (have_posts()) : while (have_posts()) : the_post(); 입니다. 그리고 5.5절에서 페이지 처리하는 방법을 배웠습니다. 뉴스를 가져오는 루프문은 5.5절에서처럼 query_posts를 사용하는데, 이번에는 array를 사용하지 않고 query_posts 내부에 직접 적용하도록 하겠습니다.

[코드 5.6-6] newslist-templates.php 파일 완성

```php
<?php
    $paged = (get_query_var('paged')) ? get_query_var('paged') : 1; // 페이지 처리
    $posts = query_posts("cat=5&posts_per_page=5&paged=$paged");
// cat=5는 카테고리 5번의 내용을 가져와라
// posts_per_page=5는 한 페이지에 보여주는 포스트의 수
// paged=$paged는 페이지 처리
    if (have_posts()) : while (have_posts()) : the_post(); // 루프문 시작
?>
```
// query_posts의 내부에서 명령을 처리할 때는 &으로 묶어줍니다.
// 마지막으로 endwhile 처리와 wp_pagenavi를 추가하여 마무리 합니다.

```php
<?php /* Template Name: 뉴스 리스트 페이지 */ ?>

<?php get_header(); ?>
    <h1 id="news_head">news</h1>
     <article>
      <h2><?php the_title(); ?></h2>
        <ul id="news_content">
        <?php
            $paged = (get_query_var('paged')) ? get_query_var('paged') : 1;
            $posts = query_posts("cat=5&posts_per_page=5&paged=$paged");
            if (have_posts()) : while (have_posts()) : the_post();
        ?>
        <li>
            <h3 class="news_title">
            <a href="<?php the_permalink() ?>"><?php the_title(); ?></a>
            </h3>
            <?php include (TEMPLATEPATH . '/inc/meta-news.php' ); ?>
            <div class="clear"></div>
            <?php the_excerpt(); ?>
        </li>
```

```
            <?php endwhile; endif;?>
        </ul>
        <?php wp_pagenavi(); ?>
        <?php wp_reset_query(); ?>
    </article>
<?php get_sidebar(news); ?>
<?php get_footer(); ?>
```

이렇게 완성된 템플릿 파일을 wp-admin 페이지로 들어가서, 최신뉴스 페이지를 클릭한 후 템플릿에서 "뉴스 리스트 페이지"를 선택하고 "갱신" 버튼을 반드시 눌러 줍니다.

[그림 5.6-13] 완성된 뉴스 리스트 페이지

[그림 5.6-13]에서 완성된 뉴스 리스트 페이지를 볼 수 있는데, 여기서 여러분이 약간만 응용하면 테이블을 이용하여 인터넷에서 흔하게 보는 테이블을 이용한 게시물도 만들 수 있습니다.

테이블을 이용한 리스트 페이지는 여러분이 직접 한번 만들어 보시기 바랍니다.

Q&A에 어떻게 만들죠?라는 질문을 올리셔도 저는 답변을 드리지 않겠습니다. 여러분이 스스로 한번 만들어 보고 방법을 찾는 것이 학습에 엄청난 도움이 되실 겁니다. 사실 테이블을 이용한 리스트 페이지 만드는 것은 HTML 코드만 수정하는 것이기 때문에 어렵지 않습니다.

> **여기서 잠깐**
>
> the_excerpt()는 기본이 55글자만 보여 준다고 하는데, 이 부분에 대한 길이 조절은 할 수 없을까요? 기본적으로 the_excerpt()는 55자만 보여주기 때문에 the_excerpt()의 길이를 조절하기 위해서는 방법이 필요합니다. 기본적으로 테마에 포함되지 않는 추가 기능인 경우 functions.php 파일에 해당 기능을 추가합니다. 마찬가지로 the_excerpt()의 길이를 조절하는 기능 또한 functions.php 파일 내부에 추가하겠습니다.
>
> [코드 5.6-7] the_excerpt의 길이를 조정하는 기능 추가 코드
>
> ```
> // excerpt를 서로 다른 길이로 조정할 때
>   function my_excerpt($excerpt_length = 55, $id = false, $echo = true) {
>         $text = '';
>         if($id) {
>                 $the_post = & get_post( $my_id = $id );
>                 $text = ($the_post->post_excerpt) ? $the_post->post_excerpt : $the_post->post_content;
>     } else {
>       global $post;
>       $text = ($post->post_excerpt) ? $post->post_excerpt : get_the_content('');
>     }
>         $text = strip_shortcodes( $text );
>         $text = apply_filters('the_content', $text);
>         $text = str_replace(']]>', ']]&gt;', $text);
> ```

```
        $text = strip_tags($text);

        $excerpt_more = ' ' . '...';
        $words = preg_split("/[\n\r\t ]+/", $text, $excerpt_length + 1,
PREG_SPLIT_NO_EMPTY);
        if ( count($words) > $excerpt_length ) {
            array_pop($words);
            $text = implode(' ', $words);
            $text = $text . $excerpt_more;
        } else {
            $text = implode(' ', $words);
        }
    if($echo)
  echo apply_filters('the_content', $text);
  else
  return $text;
}
function get_my_excerpt($excerpt_length = 55, $id = false, $echo = false) {
return my_excerpt($excerpt_length, $id, $echo);
}
```

[코드 5.6-7]에 대한 상세한 기능은 PHP 코드로 작성되어 있기 때문에 여기선 자세히 설명하지 않겠습니다. 또한 여기 있는 내용을 직접 입력하지 마시고, 소스 파일로 제공되는 functions.php 파일 내부에 있는 코드를 사용하는 것이 안전합니다.

[코드 5.6-7]에서 function my_excerpt로 지정하였기 때문에 newslist-templates.php에서도 the_excerpt()를 my_excerpt()로 변경하고 () 내부에 텍스트 숫자를 입력하면 됩니다.

newslist-templates.php에 있는 <?php the_excerpt(); ?>를 <?php my_excerpt(45); ?> 이렇게 변경하고 결과를 보겠습니다.

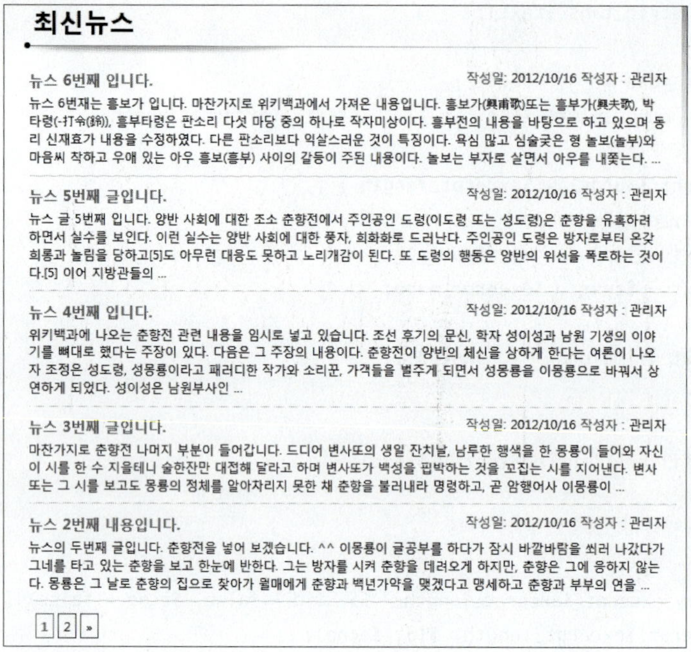

[그림 5.6-14] the_excerpt를 my_excerpt로 적용한 후 뉴스 리스트 페이지

[그림 5.6-13]과 [그림 5.6-14]를 비교해 보면 확실한 차이를 느낄 수 있습니다.

5.6절에서는 뉴스 페이지 제작에 대해서 알아봤습니다. 뉴스 페이지는 다른 페이지와는 다르게 포스트를 이용하여 상세 내용을 표시하였고, 리스트 페이지는 페이지 기능을 이용해서 제작하였습니다. 블로그 페이지 제작도 뉴스 페이지의 제작 방식과는 매우 유사하지만, 블로그에는 댓글과 기타 사이드바 부분이 일반적인 블로그 형식으로 제작됩니다. 따라서 그에 따른 기능을 추가하는 방법에 대해서 학습하도록 하겠습니다.

5.7 블로그 페이지 제작

블로그 페이지 제작에 앞서 항상 먼저 해야하는 작업은 3장에서 만들어진 기본 레이아웃을 참조로 디자인 작업을 하는 것입니다. 5.6절에서 뉴스 페이지 작업을 마쳤는데, 블로그 페이지 또한 뉴스 페이지와 기능상의 차이점은 별로 없습니다. 단지 블로그용으로 특화된 몇가지 기능이 추가된다는 것이 뉴스 페이지와의 차이점입니다.

블로그 내용 페이지에 대한 레이아웃 작업은 single-blog.php 파일을 통해 작업이 이루어집니다. 혹시 모르시는 분은 [코드 5.6-1]을 참조하세요. 5.6장에서 single.php 파일 내부 코드를 변경하기 전에 이미 파일 두개를 복사해서 하나는 single-news.php, 또 하나는 single-blog.php 파일로 이름을 변경해 두었습니다. single-blog.php 파일 작업에 들어가기 전에 먼저 블로그용으로 글을 하나 작성하도록 하겠습니다. 현재 single-blog.php 파일 작업에 들어가지 않은 상태이기 때문에, 결과는 5.6절에 있는 [그림 5.6-5]와 같을 것입니다.

이제 single-blog.php 파일을 수정하도록 하겠습니다. 기본 레이아웃은 3장에서 만든 blog_detail.php 파일을 참조합니다.

[코드 5.7-1] single-blog.php 파일 내부 코드

```php
<?php get_header(); ?>
    <h1 id="blog_head">blog</h1>
    <?php if (have_posts()) : while (have_posts()) : the_post(); ?>
      <article <?php post_class() ?> id="post-<?php the_ID(); ?>">
        <h2 class="n_title"><?php the_title(); ?></h2>
        <?php include (TEMPLATEPATH . '/inc/meta.php' ); ?>
        <div class="entry-content">
        <?php the_content(); ?>
        <?php wp_link_pages(array('before' => 'Pages: ', 'next_or_number' => 'number')); ?>
        <?php the_tags( 'Tags: ', ', ', ''); ?>
        </div>

        <?php edit_post_link('Edit this entry','','.'); ?>
        <?php comments_template(); ?>
    <?php endwhile; endif; ?>
    </article>
<?php get_sidebar(); ?>
<?php get_footer(); ?>
```

[코드 5.7-1]을 보면 single-news.php 파일과 거의 유사합니다. 다만 메타 정보가 들어가는 부분과 댓글이 달리는 부분 그리고 사이드 바 부분이 다릅니다. 특히 사이드 바는 HTML5 Reset의 기본 사이드 바를 사용하는 것을 알 수 있습니다.

현재 상태에서 결과를 한번 확인해 보겠습니다. [그림 5.7-1]을 보면 single-blog.php 파일만 수정한 상태를 볼 수 있습니다. 3장에서 작업한 blog_detail.php와 비교해 보면 많은 부분이 수정되어야 합니다.

우선 사이드 바가 원래 의도한 바와 많은 차이가 있으며, 메타 정보가 들어가 있는 부분도 영문이 섞여있고 날짜 형식도 영문 스타일(5.6절 수정 방법 참조)입니다. 그리고 댓글이 들어가는 부분도 영문으로 처리되어 있습니다. 현재 사이트가 영문 사이트면 나름 괜찮은 디자인을 보여 주지만 한글 사이트이기 때문에 모든 부분에 대해서 한글로 변환해야 하겠습니다.

먼저 inc 폴더에 있는 meta.php 파일을 편집기에서 열어 보겠습니다. 5.6절에서 meta.php 파일을 meta-news.php 파일로 따로 저장하면서 필요한 부분만 편집하였습니다. 마찬가지 방법으로 meta.php 파일을 수정해야하는데, 블로그 페이지에서는 뉴스 페이지와는 달리 작성자, 작성일, 댓글 수가 표시되어야 합니다. 따라서 meta.php 파일을 뉴스페이지에서 작업한 방식과 유사하게 작업을 하도록 하겠습니다.

[코드 5.7-2] meta.php 파일 수정

```
<div class="meta">
<footer class="meta">
    <i>Posted on:</i> <time datetime="<?php echo date(DATE_W3C); ?>" pubdate class="updated"><?php the_time('F jS, Y') ?></time>
    <span class="dfcolor">작성일:</span> <time datetime="<?php echo date(DATE_W3C); ?>" pubdate class="updated"><?php the_time('Y/m/d') ?></time>
    <span class="byline author vcard">
        <i>by</i> <span class="fn"><?php the_author() ?></span>
    </span>
    <span class="dfcolor">작성자 :</span> <?php the_author() ?>
    <?php comments_popup_link('No Comments', '1 Comment', '% Comments', 'comments-link', ''); ?>
    <?php comments_popup_link('댓글 없음', '1개의 댓글', '%의 댓글', '댓글 링크', ''); ?>
</footer>
</div>
```

[코드 5.7-2]를 통해서 수정된 메타 정보는 [그림 5.7-2]를 보면 수정 전, 후 이떻게 변환되었는지 알 수 있습니다.

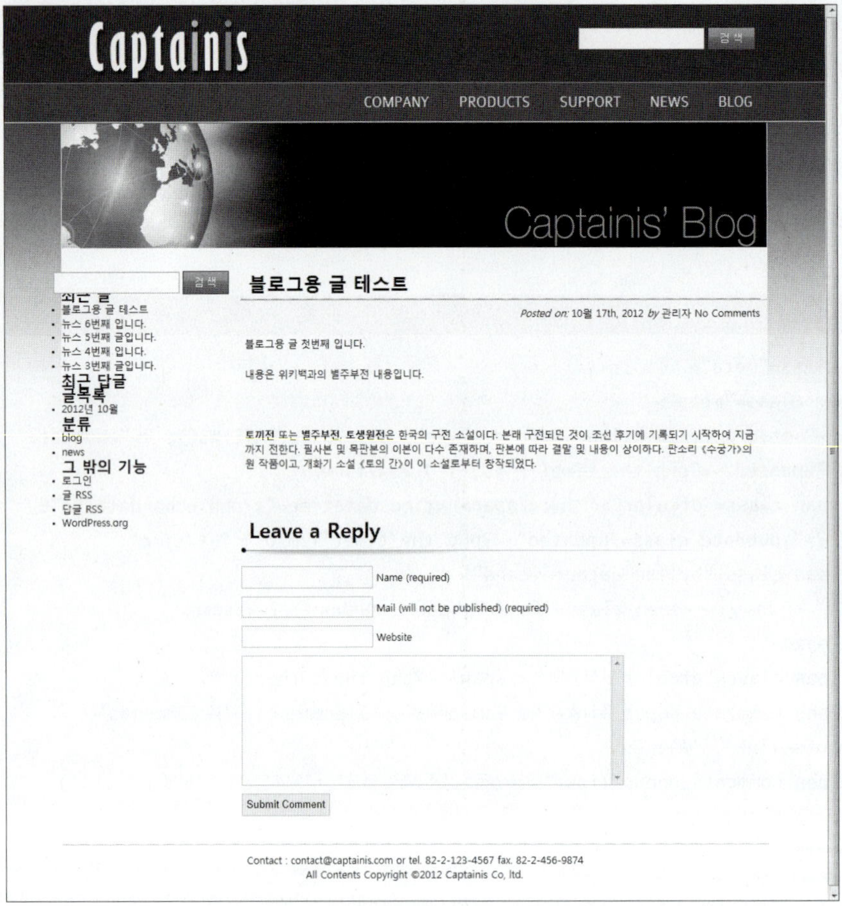

[그림 5.7-1] single-blog.php 부분만 수정한 상태

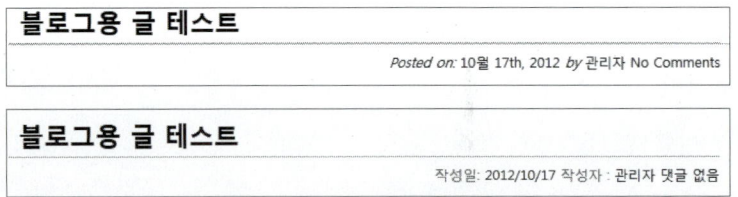

[그림 5.7-2] meta.php 수정 전(상단 이미지) 후(하단 이미지) 비교

이제 HTML5 Reset에서 기본으로 제공하는 `sidebar.php` 파일을 살펴보고 간단하게 3장에서 제작한 `sidebar.php` 파일에서 `<div id="sidebar">` 부분을 `<aside id="blog">`로 변경하겠습니다.

[코드 5.7-3] sidebar.php 코드 일부 수정

```
<div id="sidebar">
<aside id="blog">
    <?php if (function_exists('dynamic_sidebar') && dynamic_sidebar('Sidebar Widgets')) : else : ?>
        <!-- All this stuff in here only shows up if you DON'T have any widgets active in this zone -->
        <?php get_search_form(); ?>
        <?php wp_list_pages('title_li=<h2>Pages</h2>' ); ?>
        <h2>Archives</h2>
        <ul>
            <?php wp_get_archives('type=monthly'); ?>
        </ul>
        … 중간 생략…
    <?php endif; ?>
</div>
</aside>
```

[코드 5.7-3]에도 루프문이 존재하는데, 푸프문이 의미하는 바는 "만약 다이나믹 사이드 바를 이용할 경우 사이드 바 위젯을 사용하고, 아닐 경우 루프문 내부에 있는 코드를 사용한다."라는 의미입니다. 여기서 말하는 다이나믹 사이드 바는 `wp-admin` 페이지에서 "외모 〉 위젯"에서 관리하는 사이드 바를 말합니다.

[그림 5.7-3]의 화면 오른쪽에 있는 `Sidebar Widet`은 마우스의 드래그 앤 드롭으로 조절할 수 있으며, 현재 보이는 `Sidebar Widget`은 기본 설정입니다. 특정 플러그 인이 설치되었거나 설치되지 않은 경우 화면과 다르게 보일 수 있습니다.

[그림 5.7-3]에는 몇가지 `Custom`이라는 위젯이 있는데, 이 부분은 필자가 몇가지 플러그 인을 설치하였기 때문에 나타나는 것입니다. 여기서 주의할 점은 워드프레스 초기 설치시에는 `Custom` 으로 시작하는 위젯은 보이지 않습니다.

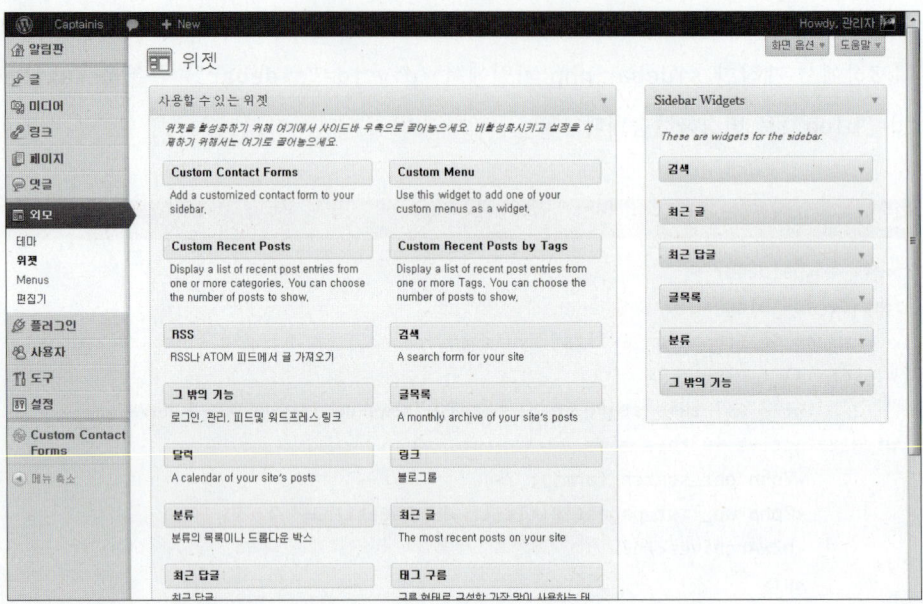

[그림 5.7-3] wp-admin에서 다이나믹 사이드 바를 관리하는 위젯 페이지

사이드 바 위젯에서 "검색"은 사이트의 헤더에 있기 때문에 제거하고, 간단하게 "최근 글, 달력, 글 목록 그리고 최근 답글"만 남기도록 하겠습니다. 결과 화면은 [그림 5.7-4]에서 확인할 수 있습니다.

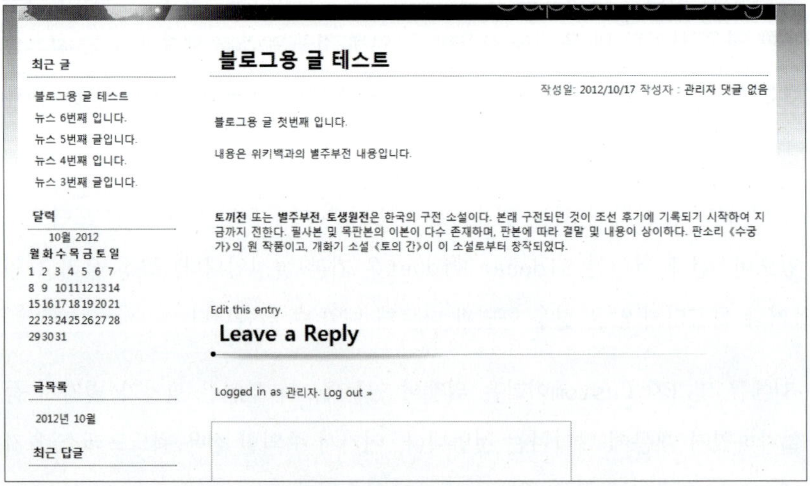

[그림 5.7-4] sidebar.php 코드 일부 수정 후 위젯을 통한 순서 및 항목 선정

달력에 대한 스타일은 워드프레스 테마 파일에서 Twenty Eleven에 있는 달력 스타일을 그대로 복사해서 style.css 파일에 넣어 보겠습니다. 가끔 이렇게 스타일 코드를 가져 오는 것도 필요합니다. 직접 만들 수도 있지만, 쉽게 갈 수 있는 것은 쉽게 가는 것이 편리합니다.

themes/twentyten 폴더에 있는 style.css 파일을 편집기에서 열어서 보면 #wp-calendar라고 되어 있는 부분이 있는데, 거기부터 #wp-calendar a까지 스타일 속성을 복사한 후 theme/captainis 폴더에 있는 style.css 파일에 넣어 줍니다(필자는 calendar 디자인은 twentyeleven보다 twentyten에 있는 스타일이 보기 좋습니다. 해당 스타일을 못 찾을 경우 captainis에 있는 style.css에 /* 달력 부분 */을 복사하셔도 됩니다).

가지고 온 스타일 또한 여러분께서 임의로 수정할 수도 있습니다. [그림 5.7-4]에서 보시면 "최근 글" 부분이 블로그만 있는 것이 아니라 뉴스에 있는 내용까지 포함되어 있습니다. 이 부분은 블로그 글만 보여져야 합니다. 이 부분을 블로그 글만 보여지게 하려면 2가지 방법이 있습니다. 하나는 직접 워드프레스의 루프문을 적용하는 방법과 플러그인을 사용하는 방법이 있습니다. 아무래도 초보자인 경우 루프문을 적용하는 것보다 플러그 인을 사용하는 것이 편리하겠죠?

다른 방법 특히 여기서는 "Custom Recent Posts"라는 플러그 인을 사용하게 되면 특정 카테고리 항목만 나타나게 할 수 있습니다. 플러그 인 설치 방법은 이전 장에서 알려 드렸기 때문에 넘어가고 반드시 플러그 인 페이지에서 활성화를 적용해 줘야 작동된다는 것만 아시면 됩니다.

[그림 5.7-5] Custom Recent Posts를 이용하여 블로그 카테고리 글만 보여줌

[그림 5.7-5]와 같이 "최근 글" 항목은 제거하고 그 자리에 "Custom Recent Posts"를 넣은 후 제목에는 "최근 글"을 입력하고 보여줄 글의 수와 해당 카테고리를 선택한 후 저장하기 버튼을 누르면 됩니다. [그림 5.7-6]을 보면 [그림 5.7-4]와는 달리 블로그 글만 보여지는 것을 알 수 있습니다. 이제 블로그의 리스트를 보여 주는 페이지를 만들어야 합니다.

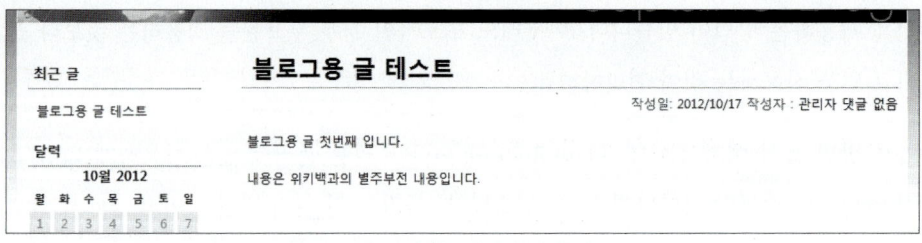

[그림 5.7-6] Custom Recent Posts를 이용하여 최근 글 목록만 보여줌

블로그 리스트 페이지를 구성하는 내부 워드프레스 코드는 뉴스 리스트 페이지를 만드는 것과 아주 유사합니다. 먼저 `newslist-templates.php` 파일을 복사한 후 이름을 `bloglsit-templates.php`로 변경합니다. 그리고 3장에서 먼저 개발한 `blog.php` 파일을 기반으로 `bloglsit-templates.php`를 변경해 줍니다.

[코드 5.7-4] bloglsit-templates.php 내부 코드 수정

```php
<?php /* Template Name: 블로그 리스트 페이지 */ ?>

<?php get_header(); ?>
    <h1 id="blog_head">news</h1>
    <article>
    <h2><?php the_title(); ?></h2>
        <?php
        $paged = (get_query_var('paged')) ? get_query_var('paged') : 1;
        $posts = query_posts("cat=1&posts_per_page=5&paged=$paged");
        if (have_posts()) : while (have_posts()) : the_post();
        ?>
            <h3 class="blogtitle">
            <a href="<?php the_permalink() ?>"><?php the_title(); ?></a>
            </h3>
            <?php include (TEMPLATEPATH . '/inc/meta.php' ); ?>
            <div class="bloglist">
                <?php my_excerpt(55); ?>
            </div>
        <?php endwhile; endif;?>
        <?php wp_pagenavi(); ?>
        <?php wp_reset_query(); ?>
    </article>
<?php get_sidebar(); ?>
<?php get_footer(); ?>
```

[코드 5.7-4]에서 별색 부분이 newslist-templates.php와 다른 부분입니다. 그렇게 큰 차이는 없습니다. cat=1 부분이 블로그 카테고리를 나타낸다는 것과 나머지 HTML 코드는 blog.php의 코드들입니다.

이렇게 만들어진 템플릿 페이지를 미리 만들어진 블로그 페이지에 적용합니다. 메인 메뉴에서 BLOG를 클릭하면 [그림 5.7-7]과 같은 화면이 나타납니다.

이제 뉴스에서와 마찬가지로 블로그에 5개의 글을 더 추가하여, 페이징 처리가 잘 되는지, 그리고 사이드 바에 있는 최근 글 부분에 해당 글들이 제대로 표시되는지 확인해 보겠습니다.

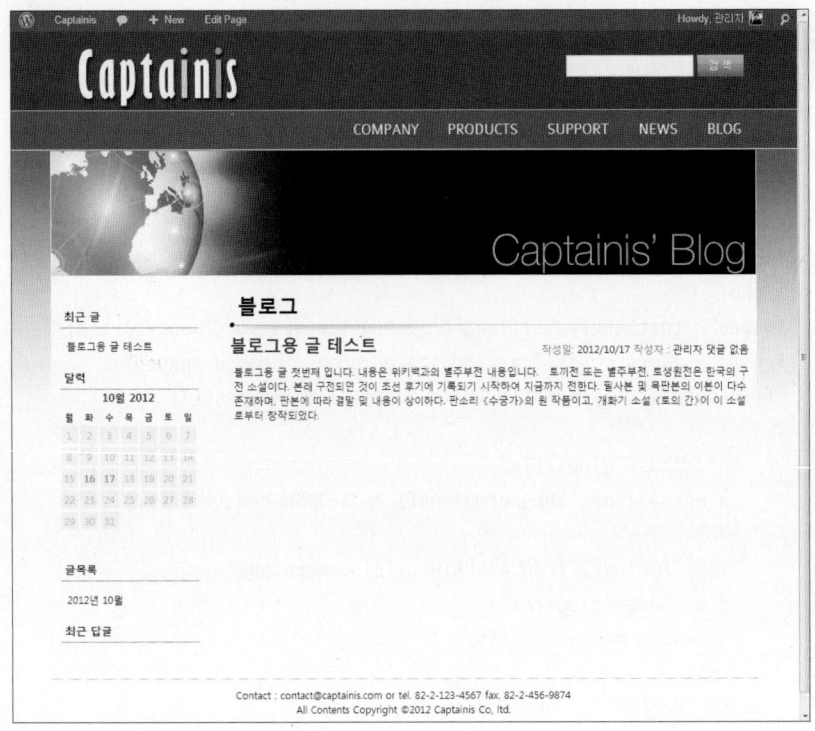

[그림 5.7-7] 완성된 블로그 리스트 페이지

관리자로 로그인된 상태에서 포스트 또는 페이지를 새로 만들 때는 `wp-admin`에 들어가는 것보다 페이지의 상단에 나타나는 "어드민 바"를 이용해서 새로 만들려는 페이지로 바로 접근하는 것이 가장 편리합니다(그림 5.7-8 참조).

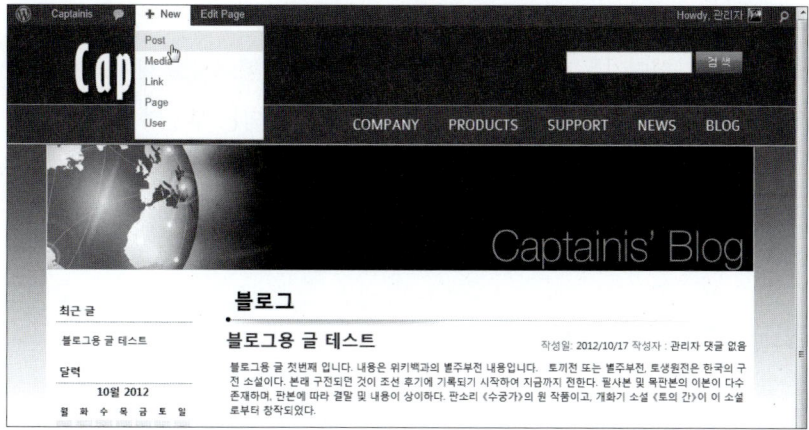

[그림 5.7-8] 어드민 바를 통해 포스트 새로 만들기 바로가기

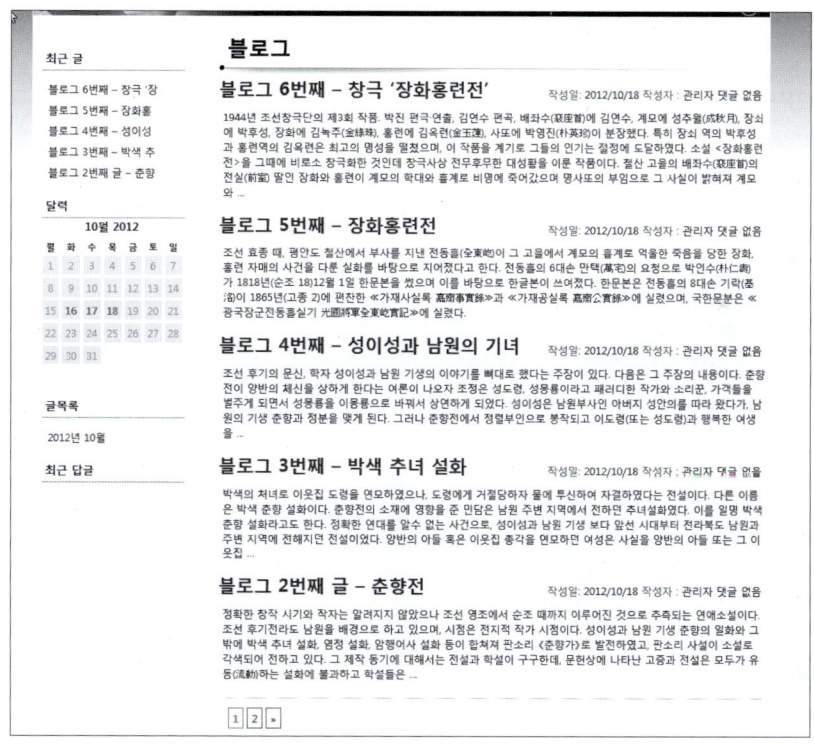

[그림 5.7-9] 5개의 글을 추가한 후 페이징 처리와 최근 글 목록이 제대로 표시됨

[그림 5.7-9]를 보면 블로그에 6개의 글이 있을 경우 페이징 처리가 되는 것을 알 수 있습니다. 블로그 리스트 페이지는 여기서 마치고, 블로그 상세 페이지로 다시 넘어가겠습니다. 블로그 상세 페이지는 하단 부분에 댓글comment이 추가되는 부분과 댓글을 추가했을 때 보이는 댓글 리스트 부분이 있습니다. 임시로 제가 댓글을 하나 추가해 보겠습니다. [그림 5.7-9]를 보면 One Response와 Leave a Reply 부분이 보입니다.

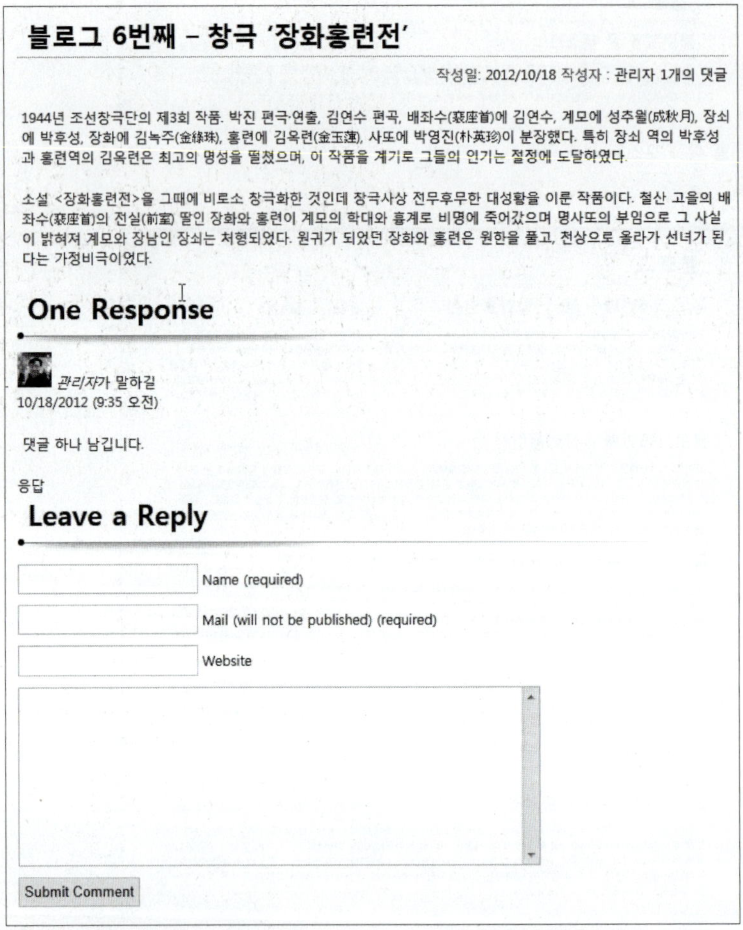

[그림 5.7-9] 블로그 댓글 남기는 부분

One Response 부분과 Leave a Reply 부분에 대한 수정 작업을 하도록 하겠습니다. 해당 내용은 테마 폴더에 있는 comments.php 파일이 관여하는 부분입니다.

따라서 comments.php 파일을 편집기에서 열어 영어로 된 부분을 한글로 변환하고 h2 속성을 h3 속성으로 변환하겠습니다.

먼저 댓글을 표시하는 부분에 대해서 h2를 h3로 , 영문을 한글로 변환합니다.

```
<h2 id="comments"><?php comments_number('No Responses', 'One Response', '% Responses' );?></h2>
<h3 id="comments"><?php comments_number('댓글 없음', '1개의 댓글', '%개의 댓글' );?></h3>
```

그리고 댓글을 입력하는 폼 또한 다음과 같이 수정합니다.

```
<h2><?php comment_form_title( 'Leave a Reply', 'Leave a Reply to %s' ); ?></h2>
<h3><?php comment_form_title('댓글 남기기', '%s 에게 댓글 남기기'); ?></h3>
```

나머지 form 내부에 3장에서 만든 blog_detail.php을 참조하여, placeholder와 버튼에 대한 클래스 속성자를 추가합니다.

[그림 5.7-10]을 보면 댓글 입력 폼은 어느 정도 완성되어 있습니다. 현재 IE에서는 placeholder가 작동하지 않아 input 내부에 있는 placeholder가 보이지 않는데, 구글 크롬이나 파이어폭스에서는 제대로 나타납니다. IE에서 나타나지 않는 부분은 나중에 jQuery를 이용해서 일괄 처리하겠습니다.

placeholder가 뭐죠?

placeholder는 HTML5에서 새롭게 추가된 태그 중 하나입니다.

placeholder는 form에서 input type="text"와 textarea에 어떤 내용이 들어 갈 것인지 보여주는 역할을 합니다. 예를 들어 보통 입력 양식은 아래와 같이 만들게 됩니다.

제목: ▭

하지만 placeholder 태그를 사용하면 다음과 같이 입력 양식을 만들 수 있습니다.

▭ 제목

여기서 제목 부분에 미리 "여기는 제목이 들어가는 곳이다."라고 지정해 주면 "제목:"이라는 부분이 필요없게 되는 것이며, HTML 코드가 더 간단해지는 장점이 있습니다.

이제 댓글이 들어가는 리스트 부분의 레이아웃 디자인을 하겠습니다.

가장 간단한 방법은 사이트 제작 전에 HTML5 Reset에 있던 기본 `style.css`에 있던 스타일시트를 복사해 오는 방법이 있습니다. 현재 HTML5 Reset에 있던 `style.css`는 `style.css.back`이라는 파일로 이름을 변경했는데, 그 파일을 편집기에서 연 후, `ol.commentlist {list-style: none;}`부터 시작해서 `ol.commentlist li.thread-odd {}`까지 복사하고 현재 `style.css` 파일에 붙혀 넣습니다.

그리고 `h3#comments` 부분은 `#respond h3`와 그룹 선택자로 묶습니다.

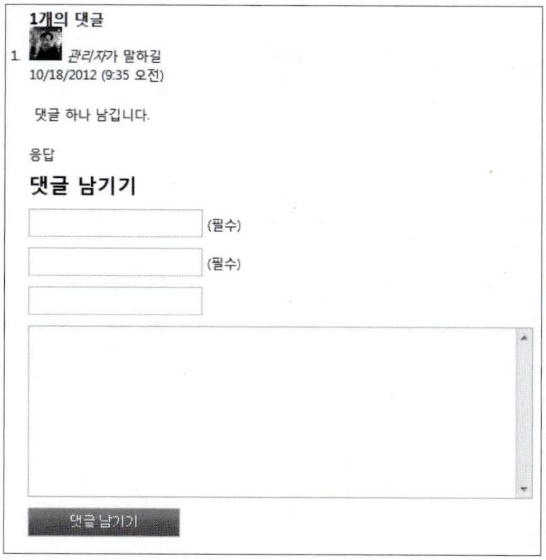

[그림 5.7-10] 댓글 부분 한글 처리. form 양식에 placeholder는 IE에서는 현재 작동하지 않음

[그림 5.7-11]을 보면 댓글에 대한 스타일이 적용된 모습을 볼 수 있습니다. 원본 style.css 파일을 보면 선택자가 정의되어 있는데, 속성이 없는 부분이 많이 있을 것입니다. 따라서 여러분의 필요에 의해서 선택자에 대한 속성을 조절할 수 있습니다. 이 부분에 대한 속성을 지정하는 방법은 여러분이 직접하시면서 조절하시기 바랍니다.

[그림 5.7-12]를 보면 필자가 해당 스타일 속성을 약간 수정하여, 디자인을 변경하였습니다. 따라서 원본 style.css.back에 있는 선택자의 속성과 수정된 style.css의 선택자 속성을 비교해 보면 이해가 빠를 겁니다.

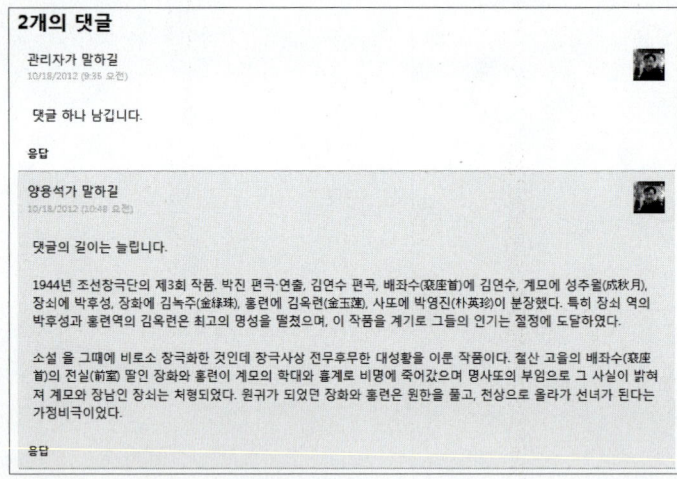

[그림 5.7-11] 댓글에 대한 스타일 적용

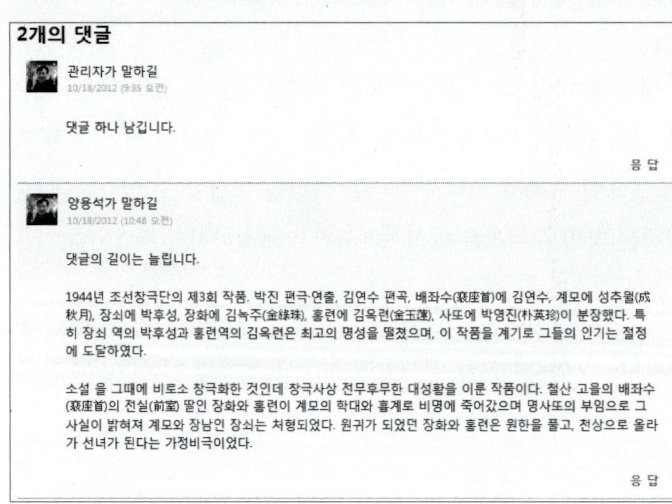

[그림 5.7-12] 기본 스타일 수정 후 모습

 여기서 잠깐

[그림 5.7-11]과 [그림 5.7-12]을 보면 댓글에 필자의 아바타가 보입니다. 이것은 이메일과 연동하여 아바타를 등록해 주면 워드프레스로 만든 사이트에 본인의 이메일을 입력할 경우 자동적으로 보여주게 하는 시스템입니다.

이 아바타는 http://en.gravatar.com/에서 회원가입 후 사용자의 사진 또는 아바타을 등록하면 워드프레스 또는 gravatar 시스템을 사용하는 모든 웹사이트에서 댓글을 남길시 gravatar에 등록된 아바타 이미지를 보여주게 됩니다. gravatar에 입력되지 않는 메일 주소를 사용할 경우 워드프레스는 기본으로 설정한 대체 아바타를 보여주게 됩니다.

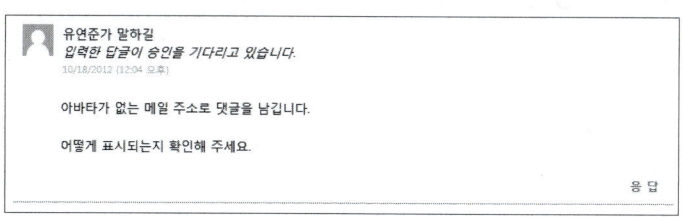

[그림 5.7-13] gravatar에 등록되지 않는 메일 주소를 사용할 경우 표시되는 아바타 모습

워드프레스 어드민 페이지에서 "설정 > 토론 페이지"에 가보면 하단에 "아바타"란 부분이 있습니다. 여기서 아바타가 없는 사용자의 경우 대체적으로 사용할 수 있는 아바타를 설정해 줄 수 있습니다. 또한 아바타 설정에서 아바타 표시 및 최대 등급을 이용하여 표시 방법을 설정해 줄 수 있습니다.

[그림 5.7-14] 기본 아바타 설정

따라서 이번 기회에 여러분들도 http://en.gravatar.com/에 회원 가입을 한 후 자신만의 아바타를 만들어 보는 것은 어떨런지요?

또한 기본적인 아바타 사이즈도 조절이 가능합니다. comments.php 내부에 있는 〈?php wp_list_comments(); ?〉를 다음과 같이 변경합니다.

〈?php wp_list_comments(array('avatar_size' => 55)); ?〉 여기서 숫자는 아바타 크기입니다.

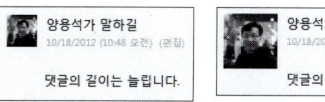 

[그림 5.7-15] 아바타 크기 조절 전(왼쪽), 조절 후 (오른쪽) 모습 비교

[그림 5.7-9]를 보면 다이나믹 사이드 바에 있는 최근 글 리스트가 보이는데, 사실 이 부분은 제목 전부가 나오게 됩니다. 그렇기 때문에 현재 블로그 디자인에서는 [그림 5.7-16]처럼 보이게 됩니다. 블로그 제목 전부가 나오는 것도 나쁘진 않지만, 너무 많은 공간을 차지해 버리고, 제목 전부를 보여줄 필요는 없습니다.

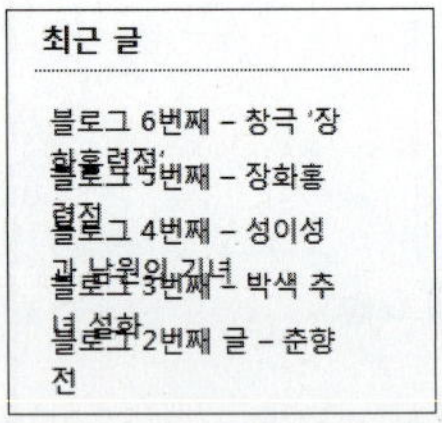

[그림 5.7-16] 블로그 제목 전부가 나타나게 됨

이 경우 다이나믹 사이드 바에 보여지는 제목의 일부는 잘라내야 하는데, 보통 `functions.php` 파일 내부에 특정 코드를 넣어서 제목을 짧게 해주는 방법이 사용됩니다. 하지만 여기서는 그 방법을 사용하진 않겠습니다(`functions.php`를 사용하는 방법은 프론트 페이지를 만들 때 사용합니다). 단지 CSS의 속성을 사용해도 동일한 효과를 낼 수 있습니다.

`style.css` 파일 내부에 있는 `aside#blog li`의 속성에서 `width:150px; overflow:hidden; height:17px;` 속성을 적용해 주면 간단하게 제목이 잘리는 동일한 효과를 볼 수 있습니다.

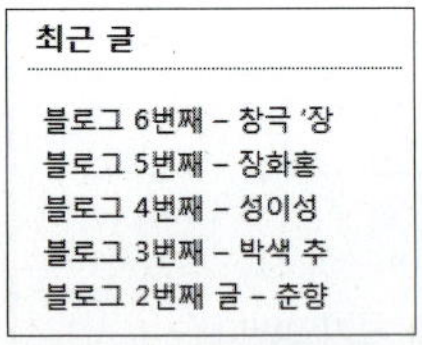

[그림 5.7-17] CSS 속성 overflow:hidden을 이용하여 제목 잘라내기

블로그 및 뉴스에 사용되는 포스트에는 글자만 들어가는 것이 아니라 이미지 또한 포함됩니다. 워드프레스의 포스트에 이미지를 첨부하는 것은 어렵지 않습니다.

블로그 6번째 글에 이미지를 하나 추가해 보겠습니다.

[그림 5.7-18]과 같이 워드프레스에 내장되어 있는 업로드/넣기를 이용하여 이미지를 추가하였습니다. 아주 간단하게 이미지를 삽입할 수 있습니다.

전체 크기가 700×466이 되어 콘텐츠보다 좀 더 큰 이미지로 삽입되기 때문에, 포스트를 업데이트 하기 전에 이미지를 선택하고, 이미지 편집 아이콘을 눌러 이미지 크기를 적절하게 조절하면 됩니다.

[그림 5.7-18] 이미지 편집 아이콘

[그림 5.7-19]부터 [그림 5.7-21]은 아주 기본적인 사항입니다. 이미지를 추가하는 것은 별로 어렵지 않습니다. 하지만 여기서 말하고자 하는 것은 이미지를 추가하는 게 목적이 아니고 블로그 리스트 페이지에 해당 이미지 썸네일을 보이게 하는 것이 목적입니다.

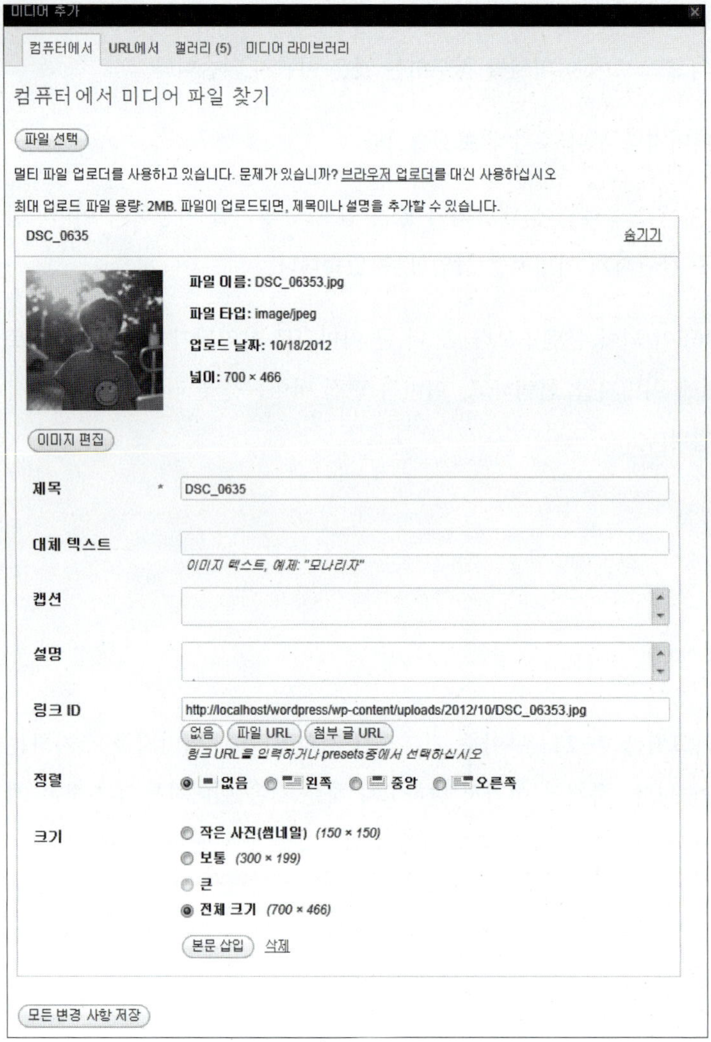

[그림 5.7-19] 업로드/넣기를 이용하여 이미지 추가하기

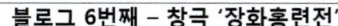

[그림 5.7-20] 이미지 편집 아이콘을 클릭한 후 이미지의 크기를 줄일 수 있음

[그림 5.7-21] 본문에 이미지가 추가된 상태

먼저 functions.php 파일 내부에 다음의 코드를 삽입합니다.

```
// 포스트 썸네일 작동
add_theme_support('post-thumbnails');
if ( function_exists('add_theme_support') ) {add_theme_support('post-thumbnails');}
```

그리고 저장한 후 새로운 포스트 작성 또는 포스트 편집 페이지에 보면 "특성 이미지"란 것이 보이실 겁니다(그림 5.7-22 참조).

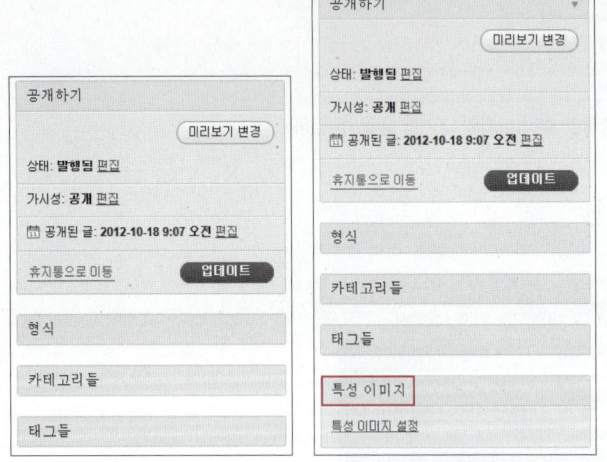

[그림 5.7-22] functions.php 파일에 // 포스트 썸네일 작동 코드 삽입 전 (좌) 후 (우)

여기서 "특성 이미지 설정" 링크를 클릭하면 [그림 5.7-19]와 동일한 윈도우가 나타나는데, [그림 5.7-23]을 보면 [그림 5.7-19]와는 달리 "특성 이미지로 사용"이라는 링크가 나타나는 것을 알 수 있습니다. 이 링크를 클릭하면 완료 메시지와 함께 사라집니다. 그리고 모든 변경 사항을 저장한 후 다시 어드민 페이지로 가보면 [그림 5.7-24]와 같이 특성 이미지에 이미지가 들어가 있는 것을 확인할 수 있습니다.

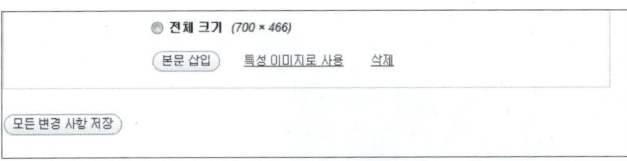

[그림 5.7-23] 특성 이미지로 사용 링크가 추가되어 있음

[그림 5.7-24] 특성 이미지가 추가됨

해당 특성 이미지를 블로그 리스트에 표현해 주기 위해서는 다음의 코드를 `bloglist-templates.php`에 삽입해야 합니다.

[코드 5.7-5] bloglist-templates.php에 the_post_thumbnail(); 추가

```
... 상단 생략 ....
<div class="bloglist">
  <?php the_post_thumbnail(); ?>
  <?php my_excerpt(55); ?>
</div>
... 하단 생략 ....
```

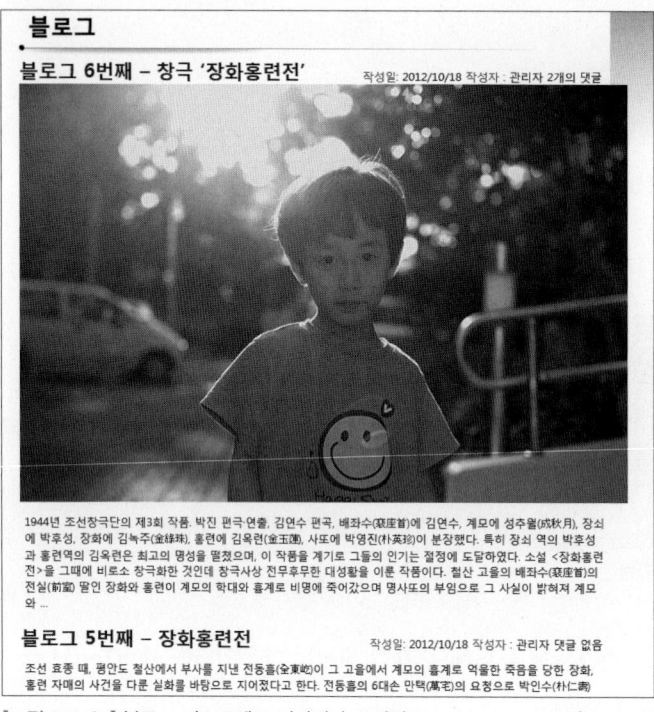

[그림 5.7-25] 블로그 리스트에도 이미지가 표시됨

[그림 5.7-25]를 보면 단순히 the_post_thumbnail();만 추가한 경우 전체 이미지가 표시되기 때문에 조금은 당황할 수 있습니다. 하지만 the_post_thumbnail()에도 적용 가능한 옵션이 있습니다. 자세한 내용은 아래 URL을 참고하세요.

```
http://codex.wordpress.org/Function_Reference/the_post_thumbnail
```

<?php the_post_thumbnail(); ?>을 다음과 같이 변경합니다.

```
<?php the_post_thumbnail(array(120,120), array('class' => 'alignleft')); ?>
```

그리고 style.css 파일 내부에 .alignleft { float:left; margin:0 10px 0 0 ; } 라고 선택자와 속성을 적용해 줍니다. 여기서 "array(120,120)는 썸네일의 크기를, 'class' => 'alignleft'는 alignleft라는 선택자를 적용한다."라는 의미입니다. [그림 5.7-26]을 보면 썸네일 이미지가 블로그 리스트 페이지에서도 보여지게 됩니다.

[그림 5.7-26] 썸네일이 추가된 블로그 리스트 페이지

여기까지 블로그 페이지 제작 방법에 대해서 알아봤습니다. 블로그 페이지는 다른 페이지와는 달리 댓글 입력 폼이 있다는 것과 다이나믹 사이드 바를 이용해서 사이드 바 메뉴를 사용자가 편리하게 조정할 수 있다는 것이 차이점입니다.

5.7절만 제대로 학습하게 되면, 워드프레스를 이용한 블로그 사이트를 만들 수 있습니다. 따라서 5.7절은 반드시 이해가 될 때까지 반복 학습을 하시기 바랍니다.

5.8절은 프론트 페이지 즉 home.php 파일을 완성하도록 하겠습니다.

5.8 프론트 페이지 제작

5.3절에서 home.php 파일은 기본적인 골격인 `<?php get_header(); ?>`와 `<?php get_footer(); ?>`로만 구성하고 작업을 일시 중지했습니다. 왜냐하면 home.php에서는 뉴스와 블로그의 내용 일부를 가져 오는 부분이 있었기 때문입니다. 5.6장과 5.7장에서 뉴스와 블로그 내용을 어느 정도 입력을 해둔 상태이기 때문에, 본격적으로 home.php 파일 작업을 하도록 하겠습니다.

다시 한번 말씀드리지만, 모든 작업은 3장에서 만들어진 파일을 토대로 제작됩니다. 따라서 home.php 파일은 3장에서 제작된 index.php 파일을 기반으로 제작됩니다.

먼저 index.php 파일을 열어 `<?php include "header.php"; ?>`와 `<?php include "footer.php"; ?>` 사이에 있는 코드를 복사해서 home.php 파일에 붙혀 넣습니다. 결과는 [그림 5.8-1]와 같습니다.

[그림 5.8-1] index.php에 있는 코드를 가져온 직후 http://localhost/의 모습

[그림 5.8-1]의 상태는 jQuery 및 해당 CSS 속성이 전혀 적용되지 않았으며, 최신 뉴스 및 최신 블로그 포스트 글 또한 가져오지 않은 상태입니다.

따라서 먼저 jQuery를 적용해 보겠습니다.

워드프레스에 jQuery를 적용하는 방법은 서버에서 직접 경로를 설정하는 방법과 구글 API에서 호출하는 방법이 있습니다. 여기서는 구글 API 서버에 있는 jQuery를 호출하는 방법을 사용하도록 하겠습니다.

먼저 themes 디렉토리에 있는 functions.php 파일을 열면 [코드 5.8-1]에서와 같은 코드가 보입니다.

여기서 취소선 부분을 http://를 포함한 최신의 jQuery로 지정해 줍니다.

[코드 5.8-1] functions.php 내부에서 jQuery 호출 코드

```
// Load jQuery
    if ( !function_exists(core_mods) ) {
        function core_mods() {
            if ( !is_admin() ) {
                wp_deregister_script('jquery');
                wp_register_script('jquery', ("//ajax.googleapis.com/ajax/libs/jquery/1.6.2/jquery.min.js http://ajax.googleapis.com/ajax/libs/jquery/1.8.2/jquery.min.js"), false);
                wp_enqueue_script('jquery');
            }
        }
        core_mods();
    }
```

[코드 5.8-1]에서와 같이 코드를 활성화 해주면 사이트에서 jQuery를 사용할 수 있게 됩니다. 이제 home.php 부분에 jQuery를 적용해줘야 합니다.

먼저 jquery.nivo.slider.js와 연관된 파일들을 captains에 있는 해당 폴더에 복사해 줍니다. themes라는 폴더와 css 폴더 및 js 폴더에 jquery.nivo.slider.js를 복사합니다.

이제 워드프레스 themes/captains 폴더 내부에 header.php 파일을 열고,

`<link rel="stylesheet" href="<?php bloginfo('stylesheet_url'); ?>">` 코드 다음에 다음과 같은 코드를 추가해 줍니다.

```
<?php if (is_home()) { ?>
    <link rel="stylesheet" href="<?php bloginfo('template_url'); ?>/css/nivo-slider.css">
    <link rel="stylesheet" href="<?php bloginfo('template_url'); ?>/themes/default/default.css">
<?php } ?>
```

이것이 의미하는 것은 home에만 해당 CSS 파일을 적용한다는 것입니다. 만약 company 부분에만 해당 CSS 코드를 적용하려면 다음과 같이 사용합니다.

```
<?php if (is_company()) { ?>
    해당 CSS 파일 경로
<?php } ?>
```

그리고 해당 CSS 파일을 모든 페이지에 적용하려면, `<?php if (is_home()) { ?>` `<?php } ?>`를 제거하면 사이트의 모든 페이지에 해당 CSS 속성이 적용됩니다.

이와 동일한 방법으로 jquery.nivo.slider.js 또한 적용합니다.

```
<?php if (is_home()) { ?>
    <script src="<?php bloginfo('template_directory'); ?>/js/jquery.nivo.slider.js"></script>
<?php } ?>
```

이제 마지막으로 해당 슬라이드가 동작하면 따로 스크립트를 적용해 주는데, 이 부분은 js 폴더에 있는 functions.js 내부에 해당 스크립트를 적용해 줍니다.

니보 슬라이더를 적용하는 스크립트를 functions.js 내부에 다음과 같이 추가합니다.

```
$(window).load(function() {
    $('#slider').nivoSlider({
        randomStart: true // Start on a random slide
    });
});
```

이 코드를 추가했지만 [그림 5.8-2]에서와 같이 니보 슬라이더가 작동하지 않습니다.

[그림 5.8-2] 니보 슬라이더가 작동하지 않음

이런 원인은 wordpress와 jQuery가 코드를 사용할 때 $ 기호를 함께 사용하기 때문에 충돌이 일어납니다. 따라서 jQuery에서 사용하는 $ 기호를 치환해주는 코드 한줄이 필요합니다.

window.$ = jQuery; 를 functions.js 맨 처음에 정의해 주면 모든 문제가 해결됩니다. 이것이 의미하는 것은 jQuery에서 사용하는 $ 기호를 jQuery라는 문자로 변환해 주는 기능을 합니다.

마찬가지로 3장에서 적용했던 placeholder 또한 적용해 보겠습니다.

먼저 js 폴더에 query.placeholder.js 파일을 복사합니다. 그리고 header.php 내부에 </head> 바로 윗 부분에 <script src="<?php bloginfo('template_directory'); ?>/js/jquery.placeholder.js"></script> 를 적용해 줍니다. placeholder는 모든 페이지에 적용되기 때문에 if 문을 사용하지 않습니다.

그리고 functions.js 파일 내부에 다음의 코드를 적용해 줍니다.

```
$('input[placeholder], textarea[placeholder]').placeholder();
```

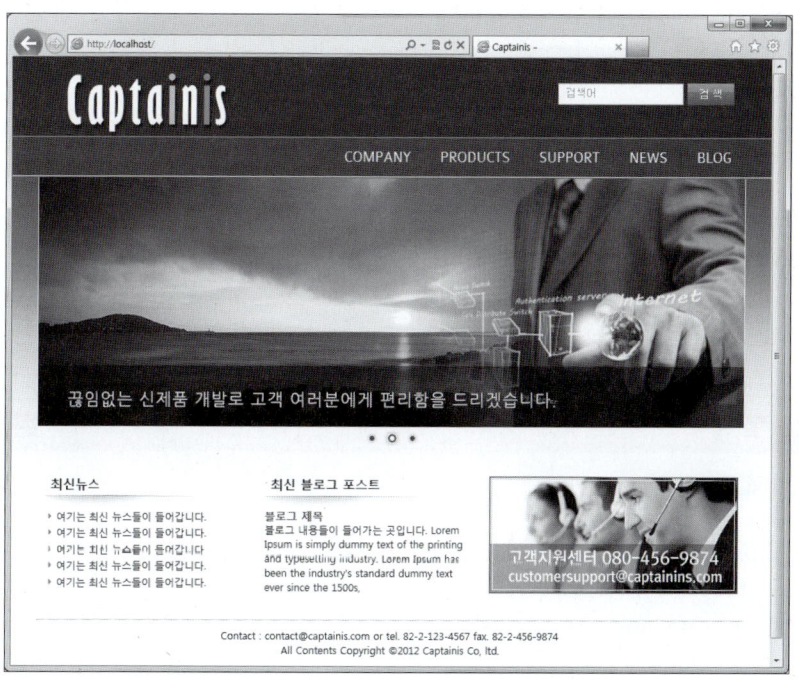

[그림 5.8-3] Nivo 슬라이더와 placeholder 스크립트 적용 후 프론트 페이지 모습

이제 프론트 페이지의 마지막 작업으로 최신뉴스 항목과 가장 최신의 블로그 포스트를 불러오는 작업을 하도록 하겠습니다.

5.6절과 5.7절을 제대로 학습하셨다면, 이미 여러분은 해당 뉴스 및 블로그를 가지고 오는 방법을 알고 있을 겁니다. 간단한 루프문을 통해서 말이죠.

뉴스 부분에 대한 루프문은 다음과 같습니다.

[코드 5.8-2] 뉴스 부분를 불러 오는 루프문

```
<div id="news">
    <h2>최신뉴스   </h2>
        <ul>
        <?php query_posts('cat=5&posts_per_page=5'); if (have_posts()) : while (have_posts()) : the_post(); ?>
        <li>
        <a href="<?php the_permalink() ?>" <?php the_title_attribute(); ?>"><?php the_title (''); ?></a>
        </li>
        <?php  endwhile; endif; wp_reset_query(); ?>
        </ul>
</div>
```

[코드 5.8-2]를 보면 뉴스 리스트 페이지에서 거의 동일한 방식으로 뉴스를 불러왔습니다. 다만 여기서는 the_excerpt()가 있고 없고의 차이입니다.

이제 블로그에 대한 루프문을 보겠습니다.

[코드 5.8-3] 블로그를 불러 오는 루프문

```
<div id="blog_post">
        <h2>최신 블로그 포스트   </h2>
        <?php query_posts('cat=1&posts_per_page=1'); if (have_posts()) :while (have_posts()) :the_post(); ?>
        <h3><a href="<?php the_permalink() ?>"><?php the_title(); ?></a></h3>
            <?php the_post_thumbnail(array(60,60), array('class' => 'alignleft2')); ?>
            <a href="<?php the_permalink() ?>"><?php my_excerpt(8); ?></a>
        <?php  endwhile; endif; wp_reset_query(); ?>
    </div>
```

[코드 5.8-3] 또한 블로그 리스트 페이지에서 사용한 것과 거의 유사한 코드를 사용하고 있습니다. 차이가 있다면 the_post_thumbnail 부분에서 이미지 크기와 클래스 명을 다르게 처리한 것 그리고 my_excertp 크기를 줄였다는 것입니다.

이렇게 두 개의 루프문을 하나의 페이지에서 각각 불러 올 수도 있습니다. 결과는 [그림 5.8-4]와 같습니다.

[그림 5.8-4] 완성된 프론트 페이지

여기서 최신 뉴스의 제목이 아주 긴 경우엔 어떻게 될까요? 한 번 살펴 보겠습니다. 뉴스 제목 길이를 조금 길게 만들어 보겠습니다(그림 5.8-5 참조).

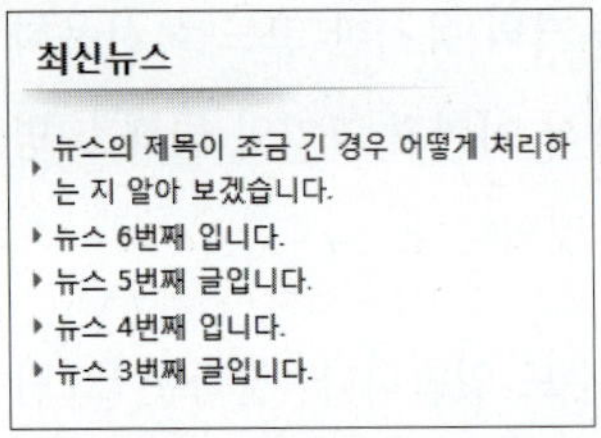

[그림 5.8-5] 뉴스 제목이 긴 경우, 제목 전체가 보임

[그림 5.8-5]를 보면 조금은 디자인이 이상하게 보입니다. 5.7절에서처럼 이 부분도 **overflow:hidden**으로 처리해도 뭐 큰 문제는 없습니다만, 여기서는 다른 방법을 사용하도록 하겠습니다. 강제적으로 제목의 길이를 조절하는 것인데, 먼저 워드프레스에서 특수한 기능을 담당하는 코드들을 functions.php에 삽입하고 페이지에서 해당 코드를 호출합니다.

먼저 functions.php 파일을 편집기에서 열고 다음의 코드를 삽입합니다.

[코드 5.8-4] UTF-8 한글 타이틀의 길이를 조절하는 함수

```
//function to call and print shortened post title
function the_title_shorten($len,$rep='...') {
        $title = the_title('','',false);
        $shortened_title = strcut_utf8($title, $len, $rep);
        print $shortened_title;
}

// UTF-8인 경우 문자열 자르기
function strcut_utf8($str, $len, $checkmb=false, $tail=' ...') {
    /**
      * UTF-8 Format
      * 0xxxxxxx = ASCII, 110xxxxx 10xxxxxx or 1110xxxx 10xxxxxx 10xxxxxx
      * latin, greek, cyrillic, coptic, armenian, hebrew, arab characters
consist of 2bytes
      * BMP(Basic Mulitilingual Plane) including Hangul, Japanese consist of
3bytes
      **/
      preg_match_all('/[\xE0-\xFF][\x80-\xFF]{2}|./', $str, $match); // target
for BMP
```

```
    $m = $match[0];
    $slen = strlen($str); // length of source string
    $tlen = strlen($tail); // length of tail string
    $mlen = count($m); // length of matched characters

    if ($slen <= $len) return $str;
    if (!$checkmb && $mlen <= $len) return $str;

    $ret = array();
    $count = 0;
    for ($i=0; $i < $len; $i++) {
        $count += ($checkmb && strlen($m[$i]) > 1)?2:1;
        if ($count + $tlen > $len) break;
        $ret[] = $m[$i];
    }

    return join('', $ret).$tail;
}
```

[코드 5.8-4]는 타이틀의 길이를 조절하는 함수인데, 여기 있는 코드를 하나씩 입력하는 것보다는 제공되는 소스코드를 Copy & Paste 하는 것이 가장 안전합니다.

그리고 해당 페이지에 있는 the_title()을 the_title_shorten(37)과 같이 변경합니다. 숫자 37은 여러분이 알아서 글자 길이에 맞게 조절하면 됩니다.

functions.php에 타이틀의 길이를 줄여주는 코드를 삽입하고 the_title_shorten(37)의 경우 뉴스 리스트에 적용한 후 어떻게 변화가 되었는지 확인해 보겠습니다.

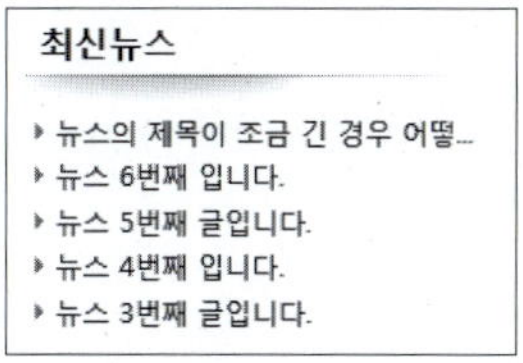

[그림 5.8-6] 뉴스 타이틀이 길이를 조절할 수 있음

codex.wordpress.org에 있는 소스 중에는 이 코드보다 간단하게 타이틀의 제목을 짧게 만들어 주는 방법들이 있습니다.

가장 대표적으로 functions.php에 아무런 코드도 삽입하지 않고 다음의 코드만 해당 타이틀이 있는 부분에 넣어줘도 40자 이상 넘어가는 타이틀에 대해서 40자만 보여주고 그 40자 이상은 "..."을 보여 주는 코드가 있습니다.

[코드 5.8-5] 간단하게 타이틀의 길이를 조절해 주는 if 문

```
<?php if (strlen($post->post_title) > 40) {
    echo substr(the_title($before = '', $after = '', FALSE), 0, 40) . '...';
} else {
    the_title();
} ?>
```

하지만 [코드 5.8-5]의 경우 영문에서는 전혀 문제가 없지만, 한글과 같은 unicode를 사용하는 언어는 40자에서 잘릴 경우 글자 자체가 잘려 버려 이상한 문자가 나타나게 됩니다.

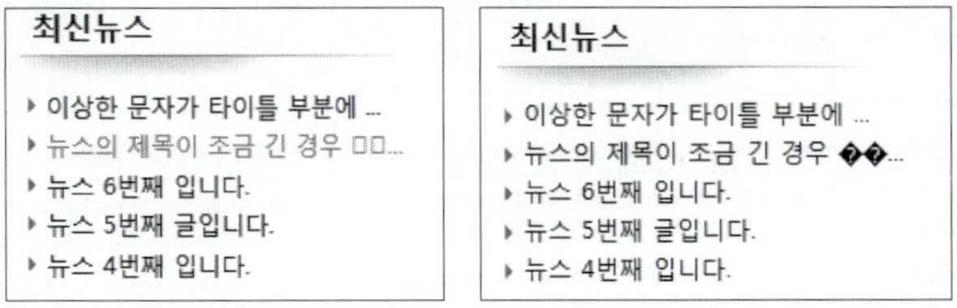

(왼쪽은 IE9에서 보이는 화면, 오른쪽은 구글크롬에서 보이는 화면)
[그림 5.8-7] [코드 5.8-5]만 적용할 경우 한글의 경우 잘리는 글자가 있음

한글 웹사이트는 [코드 5.8-5]를 적용하게 되면 [그림 5.8-7]의 오른쪽과 같이 한글이 잘려 이상하게 보일 수 있기 때문에, 영문의 경우 [코드 5.8-7]을 사용하고, 한글 및 일본어와 같은 경우 [코드 5.8-4]를 적용해줘야 합니다

마지막으로 현재 home.php의 경우 두 개의 루프문을 적용하였습니다. 이렇게 처리하는 것도 괜찮습니다. 아무런 문제가 없습니다. 하지만 루프문을 적용하는 또 하나의 방법

을 알려드리겠습니다. 현재와 같이 하나의 페이지에서 두개의 루프문이 작동할 경우 if 문을 배제하고 while 문만 사용해서 많은 루프문을 처리할 수 있습니다.

WP_Query를 사용하면 다중 루프문을 처리할 수 있습니다. [코드 5.8-6]과 같이 말이죠(http://digwp.com/2011/05/loops/ 참조).

[코드 5.8-6] 하나의 페이지에서 다중 루프문 처리

```php
<?php // Loop 1
$first_query = new WP_Query('cat=-1'); // exclude category
while($first_query->have_posts()) : $first_query->the_post();
...
endwhile;
wp_reset_postdata();

// Loop 2
$second_query = new WP_Query('cat=-2'); // exclude category
while($second_query->have_posts()) : $second_query->the_post();
...
endwhile;
wp_reset_postdata();

// Loop 3
$third_query = new WP_Query('cat=-3'); // exclude category
while($third_query->have_posts()) : $third_query->the_post();
...
endwhile;
wp_reset_postdata();
?>
```

[코드 5.8-6]과 동일한 방식으로 home.php를 처리하겠습니다(코드 5.8-7 참조).

[코드 5.8-7] home.php를 다중 루프문을 사용하여 처리

```
…. 상단 생략….
<div id="news">
<h2>최신뉴스  </h2>
    <ul>
```

```php
<?php
    $first_query = new WP_Query('cat=5&posts_per_page=5');
    while($first_query->have_posts()) : $first_query->the_post();
?>
    <li>
        ... 중간 생략...
    </li>
    <?php  endwhile; wp_reset_query(); ?>
    </ul>
</div>
<div id="blog_post">
    <h2>최신 블로그 포스트 </h2>
    <?php
        $second_query = new WP_Query('cat=1&posts_per_page=1');
        while($second_query->have_posts()) : $second_query->the_post();
    ?>
    <h3><a href="<?php the_permalink() ?>"><?php the_title(); ?></a></h3>
    ... 중간 생략...
    <?php  endwhile;  wp_reset_query(); ?>
</div>
... 하단 생략...
```

[코드 5.8-7]을 보면 [코드 5.8-2], [코드 5.8-3]과는 다르게 if (have_posts()) 부분이 없이 while 문만을 이용해서 처리하는 것을 알 수 있습니다.

여기까지 home.php에 대한 설명을 마치도록 하겠습니다. 워드프레스 기반 웹사이트가 아니라도, 보통 home.php와 같은 프론트 페이지 디자인은 가장 먼저 만들지만, HTML 코딩으로 완성할 때는 가장 마지막에 작업하게 됩니다. 그 이유는 다양한 콘텐츠들이 프론트 페이지에 나열되고, 서로 연관이 되는 항목이 많기 때문입니다.

하지만, 기본적으로 서브페이지를 완성한 후 프론트 페이지를 만들면 상대적으로 가장 최단 시간에 만들 수 있습니다. 왜냐하면 서로 연관된 코드로 연결만 하면 되기 때문입니다.

이제 프론트 페이지 작업도 마쳤고, 5.9절에서는 archive.php와 search.php 등 남아 있는 페이지에 대해서 정리해 보도록 하겠습니다.

5.9 기타 페이지 작업하기

5.9절에서는 [표 5.1-1]에 정리된 몇 개의 페이지에 대해 정리하도록 하겠습니다.

가장 먼저 404.php는 url을 잘못 입력할 경우 나타나는 페이지입니다. 다음이나 네이버 같은 사이트에서 URL을 잘못 입력하면 [그림 5.9-1]과 같은 화면이 나오게 됩니다.

[그림 5.9-1] 잘못된 URL 입력시 보여주는 화면

워드프레스에 있는 404.php 파일이 하는 역할이 바로 이 역할입니다.

지금 만들어진 워드프레스 사이트에서 localhost(또는 도메인명)/sdf라고 이상한 URL을 입력하면 다음 [그림 5.9-2]와 같은 화면을 보여줍니다.

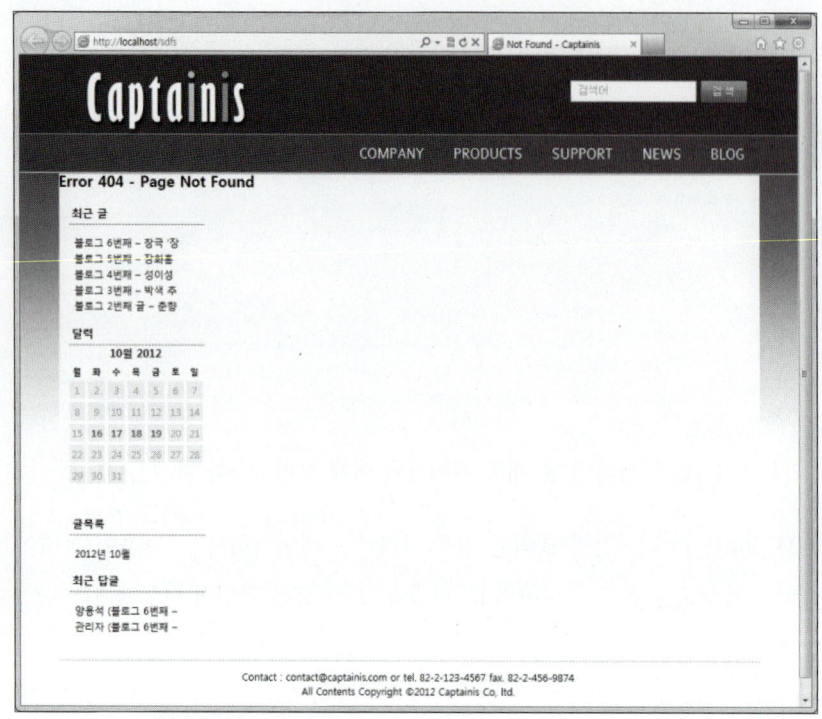

[그림 5.9-2] 아무런 조치를 하지 않은 404.php 파일 모습

기본적인 테마 파일을 그대로 보여주는 것입니다. 404.php에서 sidebar.php는 필요 없겠죠?

그리고 다음과 비슷한 문구를 넣고 스타일을 적용한 후 결과 화면 [그림 5.9-3]을 참고하고, 상세 코드는 스타일(style.css)과 404.php 파일 참조하면 됩니다.

[그림 5.9-3] 404.php 수정 후 모습

이제 archive.php 파일에 대해서 알아보겠습니다. archive 파일은 글 모음 파일로 월, 카테고리, 태그 등 여러 가지 조건에 따른 글 목록이 나타나게 됩니다.

[그림 5.9-4]를 보면 블로그 페이지의 사이드 바에 있는 글 목록 2012년 10월을 눌렀을 때 나타나는 화면입니다. 10월에 작성한 모든 포스트들이 표시됩니다.

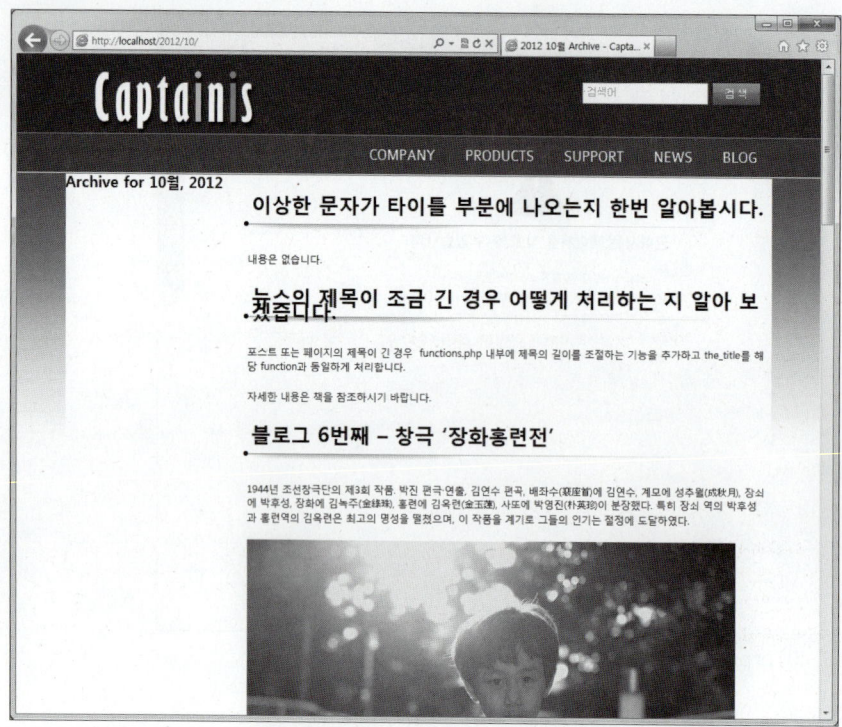

[그림 5.9-4] archive.php에 의한 글목록 클릭 결과 화면

archive.php의 코드를 수정하여 블로그에 있는 내용만 나오도록 처리하겠습니다. 블로그에 있는 내용만 보이게 처리하는 것이기 때문에, bloglist-templates.php 내부 코드와 조금 유사한 점도 있습니다만 코드를 보면 루프문에서 기존 루프문과 조건이 조금 다른 점을 발견할 수 있습니다.

[코드 5.9-1] archive.php 파일 수정 후 코드 모습

(수정 전 파일은 HTML5 Reset 폴더에 있는 archive.php 참조)

```php
<?php get_header(); ?>
  <h1 id="blog_head">news</h1>
    <article <?php post_class() ?>>
      <?php if (have_posts()) : ?>
      <?php $post = $posts[0]; // Hack. Set $post so that the_date() works. ?>
      <?php /* If this is a category archive */ if (is_category()) { ?>
        <h2>Archive for the &#8216;<?php single_cat_title(); ?>&#8217;
```

```
        Category</h2>
			<?php /* If this is a tag archive */ } elseif( is_tag() ) { ?>
			<h2>Posts Tagged &#8216;<?php single_tag_title(); ?>&#8217;</h2>
			<?php /* If this is a daily archive */ } elseif (is_day()) { ?>
			<h2><?php the_time('F jS, Y'); ?> 글 모음 </h2>
			<?php /* If this is a monthly archive */ } elseif (is_month()) { ?>
			<h2> <?php the_time(' Y, F'); ?> 글 모음</h2>
			<?php /* If this is a yearly archive */ } elseif (is_year()) { ?>
			<h2 class="pagetitle">Archive for <?php the_time('Y'); ?></h2>
			<?php /* If this is an author archive */ } elseif (is_author()) { ?>
			<h2 class="pagetitle">작성자 글모음 </h2>
			<?php /* If this is a paged archive */ } elseif (isset($_GET['paged'])
&& !empty($_GET['paged'])) { ?>
			<h2 class="pagetitle">블로그 글모음</h2>
			<?php } ?>
<?php
  $paged = (get_query_var('paged')) ? get_query_var('paged') : 1;
  $posts = query_posts("cat=-5&posts_per_page=5&paged=$paged");
  while (have_posts()) : the_post(); ?>
		<h3 class="blogtitle">
		  <a href="<?php the_permalink() ?>"><?php the_title(); ?></a>
		</h3>
			<?php include (TEMPLATEPATH . '/inc/meta.php' ); ?>
			<div class="bloglist">
			  <?php the_post_thumbnail(array(120,120), array('class' =>
'alignleft')); ?>
				<a href="<?php the_permalink() ?>"><?php my_excerpt(55); ?> </a>
			</div>
			<?php  endwhile;  endif;?>
			<?php wp_pagenavi(); ?>
				<?php wp_reset_query(); ?>
		</article>
	<?php get_sidebar(); ?>
<?php get_footer(); ?>
```

[코드 5.9-1]의 경우 블로그에 있는 글 모음만 보여 주는 것을 목표로 했기 때문에 블로그의 레이아웃 디자인과 코드를 차용했습니다. [코드 5.9-1]에 있는 볼드 부분은 글 모음의 조건에 따라 제목이 다르기 때문에 제목을 조건에 맞게 처리해 주는 코드이며, 여

기서 query_posts("cat=-5…라는 조건이 보이는데 -5가 의미하는 것은 포스트 아이디 5번 즉 뉴스 포스트는 제외한다, 라는 의미입니다. 이 조건이 없을 경우 archive 에는 모든 포스트 글이 표시되게 됩니다.

[그림 5.9-5]에서 상 하 이미지를 비교해 보면 상단 이미지는 cat=-5를 제거한 상태이고 하단 이미지는 cat=-5를 포함했을 경우의 결과 화면입니다.

[그림 5.9-5] archive에서 모든 포스트가 보임(상단 이미지), 뉴스 포스트는 제거 (하단 이미지)

HTML5 Reset 테마에 들어 있는 page.php 파일은 아무런 템플릿이 적용되지 않는 상태입니다. 즉 템플릿이 적용되지 않은 페이지의 경우 page.php 파일을 호출하게 되는데, 현재 support 페이지의 경우 아무런 템플릿이 적용되지 않았기 때문에 [그림 5.9-6]과 같은 화면이 나오게 되는 것이며, 이것은 지극히 정상적인 상태입니다. 따라서 이 부분도 여러분이 필요한 경우 지금까지 작업한 것과 동일한 방식으로 템플릿을 만들어서 적용해 보기 바랍니다. 책에서는 의도적으로 page.php 파일은 수정하지 않겠습니다.

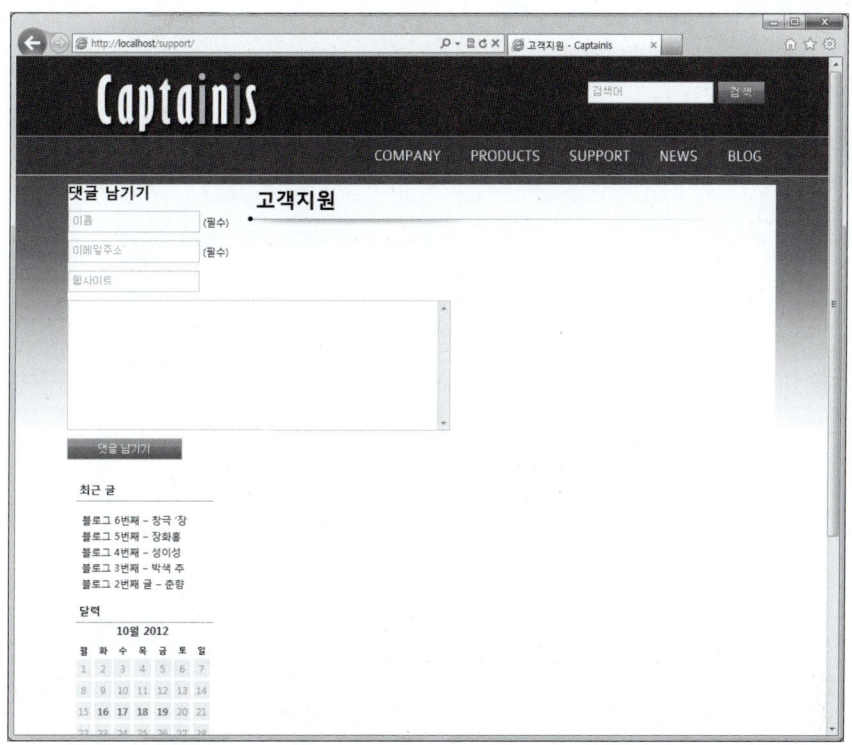

[그림 5.9-6] page.php 파일에 의한 support 화면

기타 페이지의 마지막으로 검색 화면에 대해서 살펴보겠습니다.

워드프레스 자체 검색 기능은 사실 성능이 별로 좋지 않습니다. 조건 검색을 할 수 없으며, 해당 검색 단어가 들어가 있는 포스트 또는 페이지의 리스트를 뿌려 주는 역할만 합니다. 또한 워드프레스가 영미권 국가에서 주로 개발되다보니, 한글 처리 부분이 미약한 것이 사실입니다. 따라서 워드프레스에 기본적으로 탑재된 검색보단 플러그 인 등을 이용하여, 검색 기능을 확장하는 편이 어떻게 보면 더 편리할 수도 있습니다.

하지만 여기서는 기본 검색 기능을 이용하여, 검색 결과를 표시하는 것까지만 처리하겠습니다.

[그림 5.9-7]을 보면 HTML5 Reset에 있는 기본 search.php를 이용하여 검색 결과를 표시한 화면입니다.

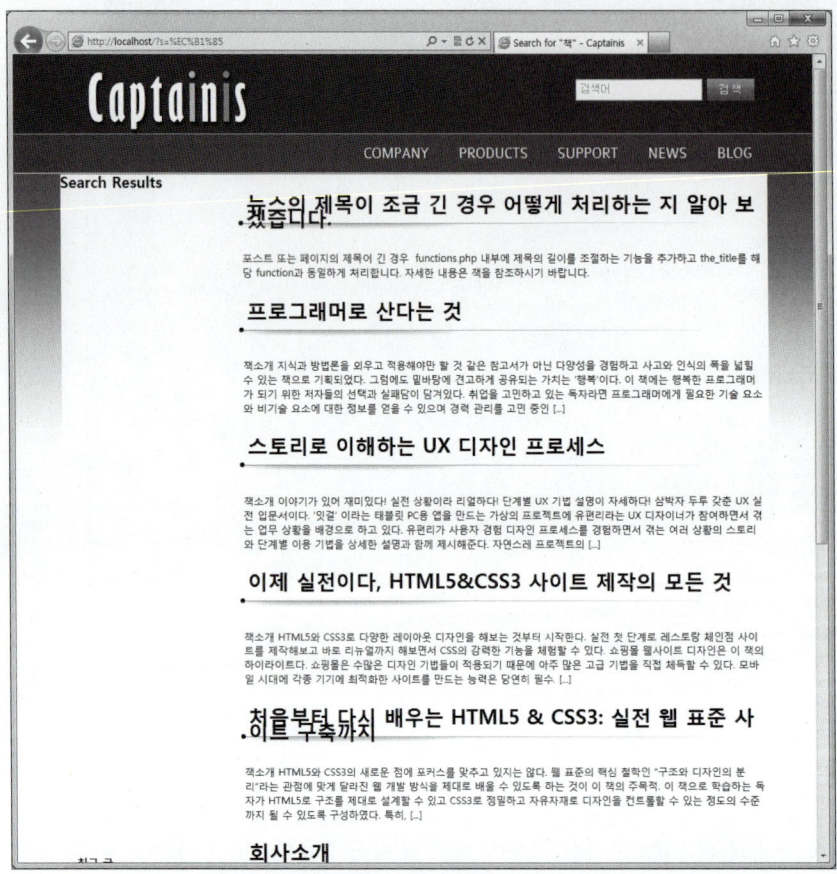

[그림 5.9-7] HTML5 Reset에 있는 search.php 결과 화면

이 부분에 대해서 간단하게 소스를 수정하여(자세한 설명은 생략합니다) 결과 화면을 확인해 보겠습니다.

[코드 5.9-2] 수정 후 search.php 파일 구조

```php
<?php get_header(); ?>
    <article class="src_rslt" <?php post_class() ?> id="post-<?php the_ID(); ?>" >
        <h2>검색 결과</h2>
        <?php if (have_posts()) : while (have_posts()) : the_post(); ?>
        <h3><a href="<?php the_permalink() ?>"><?php the_title(); ?></a></h3>
        <?php my_excerpt(25); ?>
        <?php endwhile; else : ?>
            <h3>페이지를 찾을 수 없습니다.</h3>
        <?php endif; ?>
    </article>
<?php get_footer(); ?>
```

[코드 5.9-2]를 보면 간단한 루프문을 사용했으며, article에 새로운 스타일 속성을 적용하였습니다. 그리고 my_excerpt(25); 를 사용하여 본문 내용을 일부 보이게 설정하였습니다.

또한 사이드 바는 제거하였습니다. 하지만 경우에 따라 사이드 바에 검색어 순위 라든지, 태그 클라우 같은 내용이 필요할 경우, 해당 사이드 바를 새롭게 만들어서 추가하면 되겠지요.

> **여기서 잠깐**
>
> 태그 클라우드란? 블로그를 한번이라도 방문해 보신 분 들은 블로그 사이드 바에 다음 그림과 같은 태그들이 모여 있는 것을 보셨을 겁니다. 이런 그림을 태그 클라우드라고 하는데, 블로그에 글을 쓸 때, 항상 태그를 추가해 주면, 블로그에 어떤 태그들이 많이 사용되는지 시각적으로 니다내 주고 또한 해당 태그를 클릭하면, 관련 글을 볼 수 있게 하는 것을 태그 클라우드라고 합니다.
>
>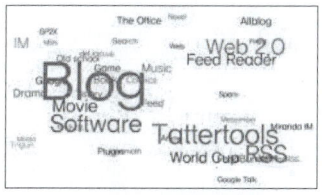
>
> [그림 5.9-8] 일반적인 태그 클라우드의 모습

그리고 style.css 파일에 검색 화면과 연동된 스타일 속성을 부여합니다.

[코드 5.9-3] style.css 파일에 해당 속성 적용

```
/* 검색 결과 스타일 */
article.src_rslt {background-color:#FFF;width:870px;padding:5px 10px;}
article.src_rslt h3 {font-size:14px;color:#333; padding:10px 0 2px 0;
margin:0 ;border-top:1px solid #CCC;}
article.src_rslt h3 a { text-decoration:underline; color:#F60}
article.src_rslt p { margin:5px ; padding:0}
```

[그림 5.9-9]를 보면 수정한 search.php 파일에 의한 검색 결과를 볼 수 있습니다. 여기서 필자는 검색 결과의 개수를 조절하여, 페이징 처리를 하려고 노력했는데, 영문 검색어에 대해서는 페이징 처리가 되었지만 한글 검색어는 페이징 처리 시 첫 번째 페이지는 제대로 보이는데, 다음 페이지를 누르면, 파일을 찾을 수 없다는 404.php 파일을 호출하는 에러를 겪고 있어, 이 부분에 대한 해결책이 나오면, 따로 게시판 또는 기타 방법으로 해결 방법을 알려드리도록 하겠습니다.

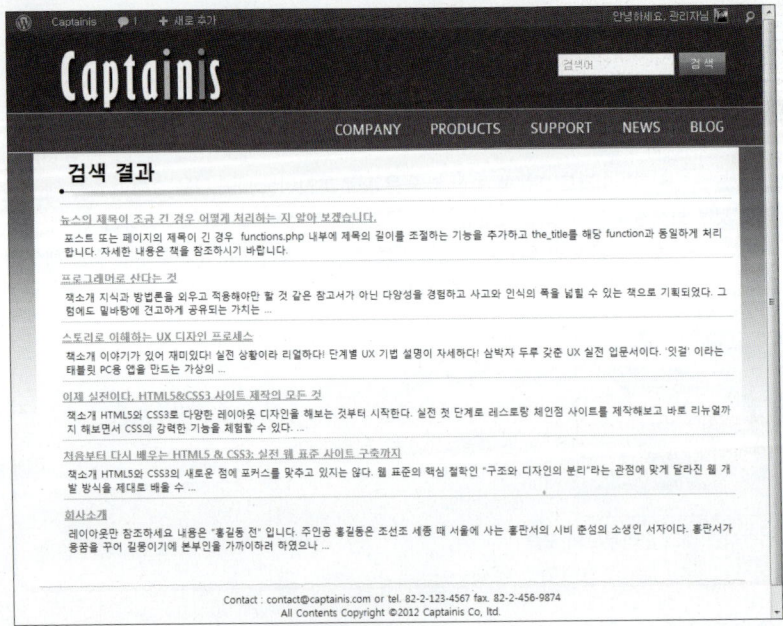

[그림 5.9-9] 수정 후 search.php에 의한 검색 결과

마지막으로 간단하게 2장에서 배웠던 CSS를 이용한 메뉴 애니메이션을 메인 메뉴 부분에 적용해 보도록 하겠습니다. 해당 효과는 IE6~IE9의 브라우저에서는 작동하지 않지만, IE10에서는 작동합니다.

효과를 적용하기 위해선 CSS 파일만 수정하면 됩니다. 워드프레스에서는 `style.css` 파일을 말하는 것이죠.

먼저 메인 메뉴의 텍스트가 있는 부분 `header nav li`에 `text-indent:-9999px`를 적용해 줍니다. 이렇게 처리하면, 메인 메뉴의 텍스트로 구성된 글자들이 보이지 않게 됩니다. 그리고 해당하는 각 메뉴의 선택자에 배경 이미지를 적용해 주면 됩니다.

하지만 현재 메인 메뉴 부분에는 `ul`과 `li` 태그를 이용해서 메뉴를 만든 것이 아니라 다음과 같이 워드프레스의 함수를 적용한 상태입니다.

```
<?php wp_nav_menu(array('menu' => 'Main Nav Menu'));?>
```

그렇다면 이 부분에는 어떻게 선택자를 적용해 줄 수 있을까요? 해답은 간단합니다. 워드프레스가 자체적으로 생성하는 코드를 기반으로 CSS 스타일을 적용하는 것입니다.

워드프레스는 자체적으로 생성되는 코드가 생각보다 상당히 많습니다.

지금까지 작업한 내용은 간단하지만, 브라우저의 소스 보기를 이용해서, 해당 페이지의 소스를 보면 정말 복잡한 많은 코드가 자동으로 추가되어 있는 것을 알 수 있습니다.

마찬가지로, 메인 메뉴 부분에도 자동으로 생성한 선택자 및 기타 코드들이 많은데, 메인 메뉴 부분에 생성된 소스코드를 한번 살펴보면 다음과 같습니다.

[코드 5.9-4] 메인 메뉴 부분에 적용된 스타일 확인

```html
<nav>
<div class="menu-main-nav-menu-container"><ul id="menu-main-nav-menu" class="menu"><li id="menu-item-305" class="menu-item menu-item-type-post_type menu-item-object-page menu-item-305"><a href="http://localhost/company">Company</a></li>
```

```
... 중략 ...
</ul></div>
</nav>
```

위의 소스코드에서 별색 부분이 워드프레스에서 자동으로 생성한 클래스 선택자인데, id="menu-item-305" 부분과 클래스 선택자 menu-item-305 부분이 메뉴별로 각기 다른 번호를 가지고 있습니다. 따라서 여기서는 아이디 선택자를 이용하여 다음과 같이 배경을 지정합니다.

※ 절대 주의

선택자 menu-item-305 뒷 번호는 사용자 환경에 따라 변하게됩니다.

만약 로컬에서 menu-item-305란 숫자가 나오더라도, 이 숫자는 고정된 것이 아니고, 페이지 순서 또는 메뉴 생성 순서에 의해서 자동으로 부여되는 숫자입니다. 따라서 해당 값을 적용할 경우에는 현재 만들어진 웹사이트의 소스 보기를 확인하여 숫자 값을 반드시 확인해야 합니다.

필자는 로컬에서는 Company 부분의 아이디 값이 menu-item-305지만 현재 테스트 중인 css3.zerois.net/wordpress/에서는 menu-item-298입니다. 따라서 여러분들도 해당 값을 적용해 줄 때는 반드시 해당 숫자를 확인해야 효과가 제대로 구현됩니다.

[코드 5.9-5] style.css 각 메뉴 별로 배경 이미지 적용

```
header nav ul li#menu-item-305 a{background-image:url(images/m1.png);
width:83px;}
... 중략 ...
header nav ul li#menu-item-301 a{background-image:url(images/m5.png);
width:42px; }
```

그리고 그룹 선택자를 이용하여 CSS 애니메이션 효과를 적용합니다.

[코드 5.9-6] style.css에 그룹 선택자를 이용하여 애니메이션 효과 및 배경 이미지 위치 설정

```
header nav ul li#menu-item-305 a, header nav ul li#menu-item-304 a,… 중략…
header nav ul li#menu-item-301 a {
    background-repeat:no-repeat; background-position:left top ;
    -webkit-transition: all 0.2s ease-in-out;
    -moz-transition: all 0.2s ease-in-out;
    transition: all 0.2s ease-in-out;
}
```

그리고 마지막으로 또 한 번 그룹선택자를 이용하여 hover시 배경 이미지의 위치를 변경해 줍니다.

[코드 5.9-7] 마우스 오버시 배경 이미지 위치 이동

```
header nav ul li#menu-item-305 a:hover, header nav ul li#menu-item-304
a:hover, header nav ul li#menu-item-303 a:hover, header nav ul li#menu-
item-302 a:hover, header nav ul li#menu-item-301 a:hover {
    background-repeat:no-repeat; background-position:left -23px
}
```

이렇게 처리하면 CSS를 이용한 애니메이션이 제대로 작동하게 되며, IE 계열에서도 애니메이션은 작동하진 않지만, 마우스 오버시 색상이 변하는 효과는 얻을 수 있게 됩니다.

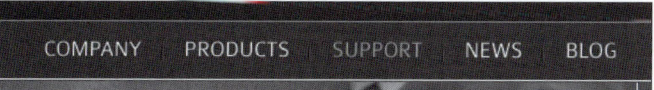

[그림 5.9-10] 수정된 메인 메뉴. CSS를 이용한 애니메이션이 적용됨.

5.9절에서는 404.php 파일과 archive.php 그리고 search.php 파일에 대해 알아보고, 수정했습니다.

워드프레스라는 CMS 도구는 사용하면 사용할수록 상당히 매력이 있으며, 사용법이 그렇게 어렵지 않습니다. 워드프레스를 잘 다루는 것은 워드프레스 자체 내장 함수 및 코드도 중요하겠지만, 웹 페이지의 가장 기본이 되는 CSS가 제일 중요하다는 것을 알 수 있을 겁니다. 왜냐하면, CSS를 통해 웹사이트의 레이아웃이 완성되기 때문입니다.

워드프레스야말로 웹 표준을 위해 탄생한 CMS가 아닐까, 하는 생각이 들 정도로 모듈화가 잘 되어 있고 배우기 쉽습니다. 또한 많은 해결책을 인터넷에서 찾을 수 있기 때문에 초보자 분들도 처음엔 어렵겠지만, 원리를 파악하면 정말 쉽고, 매력적인 개발 환경이 아닐까 생각합니다.

이 책의 거의 모든 내용은 codex.wordpress.org 또는 워드프레스 개발 커뮤니티에서 많은 정보를 취합하고 정리하였습니다. 따라서 이 책의 내용보다 더 뛰어난 코드가 있을 수도 있지만, 이 책은 워드프레스를 처음 접하는 독자에게 가장 배우기 쉬운 교재가 되지 않을까 조심스럽게 예상해 봅니다.

5장을 학습하시면서 이해가 안 된다면, 3번 정도 탐독을 해 보시고 그때도 이해가 안 되면 게시판을 통해서 질문해 주시면 이 책 내용 범위에 한해 답변해 드리겠습니다. 감사합니다.

부록

부록 A
워드프레스 설정이 잘못된 경우 해결책

워드프레스의 가장 위급 상황이 언제인 줄 아시나요?

워드프레스의 주소와 사이트 주소가 다른 경우, 실수로 워드프레스 주소와 사이트 주소를 같게 만든 후 변경사항을 저장해 버리면 엄청나게 끔직한 상황이 발생해 버립니다.

[그림 A-1] 워드프레스 주소와 사이트 주소가 다르게 설정된 경우

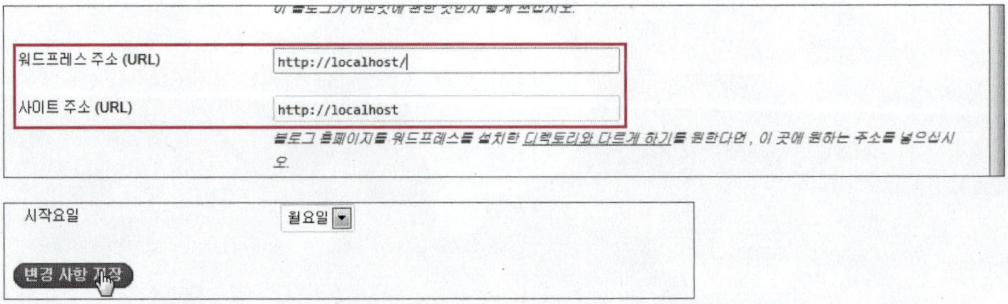

[그림 A-2] 실수로 워드프레스 주소와 사이트 주소를 동일하게 설정한 후 변경사항 저장

[그림 A-1]이 원래 설정 사항이고, [그림 A-2]는 실수로 워드프레스 주소와 사이트 주소를 동일하게 설정한 후 변경사항을 저장하게 되면 [그림 A-3]과 같이 워드프레스 사이트 자체 레이아웃이 망가져 버립니다. 즉 스타일 시트를 불러 올 수 없는 상태가 됩니다.

이 경우에 더욱 황당한 것은 어드민 페이지로 접근조차 할 수 없는 상태가 되어 버리는 것입니다. 따라서 [그림 A-2]의 실수를 만회할 수 있는 길이 막혀 버리는 것입니다.

이 경우 당황하지 마시고, 다음의 지시를 따라 주시면 복구가 가능합니다.

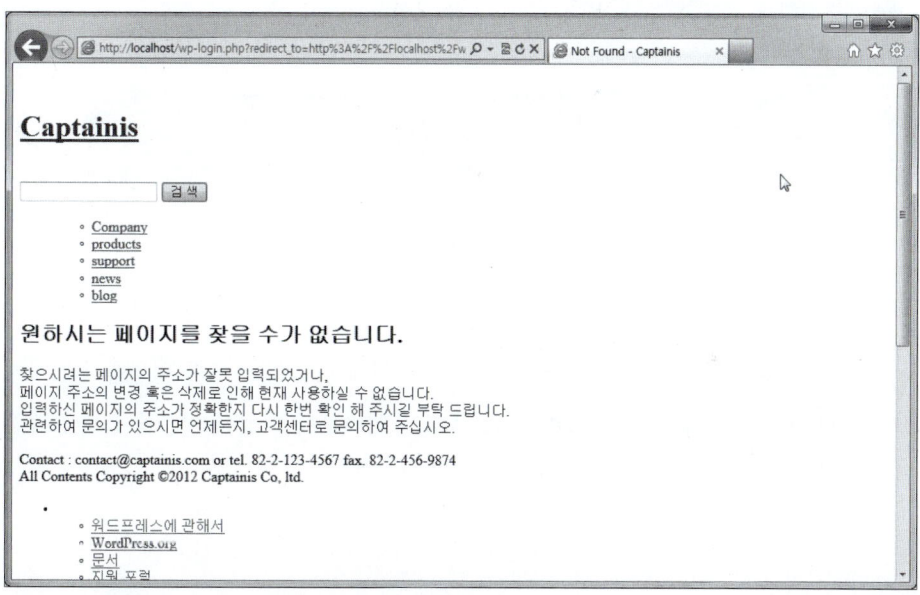

[그림 A-3] 워드프레스 사이트 자체가 제대로 작동하지 않음

[그림 A-4] 프론트 페이지를 비롯한 모든 페이지의 디자인(CSS)이 적용되지 않음

먼저 wordpress가 설치된 폴더를 보면 wp-config.php 파일이 보일 겁니다.

이 파일을 편집기 등을 이용해서 열고, 마지막 라인에 다음의 코드를 입력합니다(여기서 localhost는 도메인 명, wordpress 폴더는 여러분이 지정한 이름을 입력). 파일을 수정한 후 반드시 저장하고, 서버에 파일을 올립니다.

```
define('WP_HOME', 'http://localhost/');
define('WP_SITEURL', 'http://localhost/wordpress/');
```

wp-config.php 파일을 수정하여 서버에 수정된 파일을 올린 후 http://localhost/wordpress/p-admin을 URL에 입력하면 [그림 A-5]와 같이 어드민 화면이 보입니다. 하지만 여기서 사용자 명과 암호를 입력하더라도 로그인이 되지 않습니다.

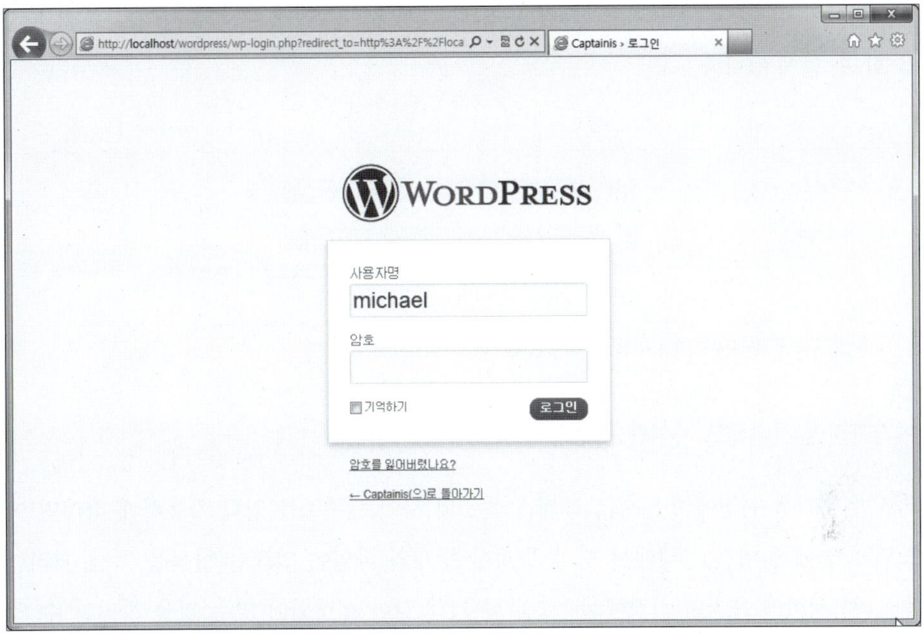

[그림 A-5] wp-admin 화면이 보임

이제 현재 사용하고 있는 테마 파일 폴더에 들어가서(이 책에서는 captains 폴더) functions.php 파일을 다운 받은 후, 편집기로 파일을 열고, functions.php 파일 맨 상단 부에 다음의 코드를 입력합니다.

```php
<?php
    update_option('siteurl','http://localhost/wordpress');
    update_option('home','http://localhost/wordpress');
?>
```

반드시 동일한 폴더를 지정해 주셔야 합니다. 그리고 wordpress 다음에 /는 없습니다.

저장 후 서버에 파일을 올리고, 어드민 화면에서 아이디와 패스워드를 입력하면, 드디어 어드민 화면에 접근할 수 있습니다.

어드민에서 설정으로 들어가면 [그림 A-6]과 같이 워드프레스 주소와 사이트 주소 설정을 할 수 없게 됩니다.

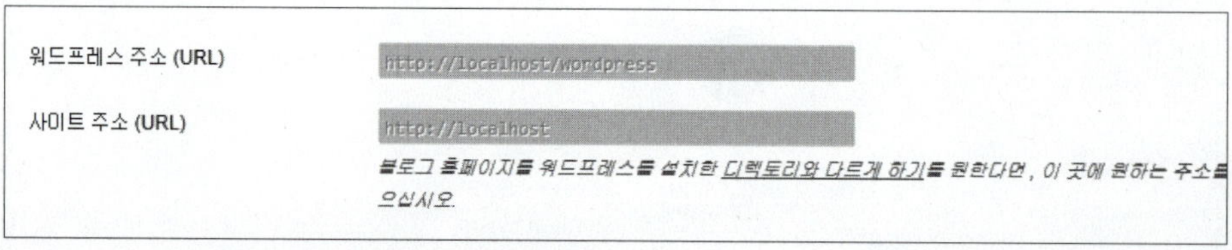

[그림 A-6] 워드프레스 주소와 사이트 주소 설정 불가

여기까지만 처리해도 사이트는 정상적으로 동작합니다.

하지만 여기서 설정에 있는 워드프레스 주소와 사이트 주소를 입력 가능하게 하려면 어드민 화면에 들어간 상태에서 방금 수정한 두개의 파일에 입력한 항목을 주석 처리한 후 다시 서버에 올리면 설정에서 [그림 A-7]과 같이 세팅되어 있는 것을 확인할 수 있습니다.

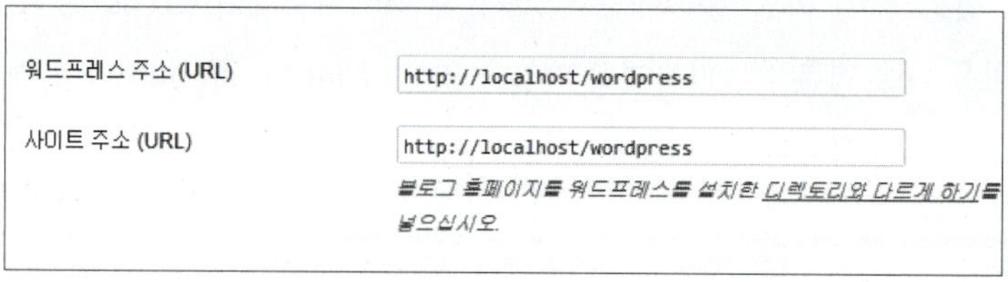

[그림 A-7] wp-config.php 파일과 functions.php 파일 추가 항목 삭제 또는 주석 처리 후 설정 화면 모습

이제 다시 사이트 주소를 원래대로 복구한 후 변경사항을 저장해 주면, 원래 상태로 복귀됩니다.

워드프레스 설정은 어떻게 보면 아주 위험한 것일 수도 있습니다. 따라서 설정 항목 중 워드프레스 주소와 사이트 주소는 가능한 초기 설정 값을 건들지 마시기 바랍니다.

부록 B
로컬에서 작업한 사이트를 서버로 이전하기

워드프레스 사이트를 개발할 때 서버에서 바로 작업하면서 사이트를 제작하는 방법도 있지만, 필자처럼 로컬상에서 모든 작업을 마치고 서버로 이전하는 분들도 많이 있습니다.

부록 B에서는 로컬에서 작업한 워드프레스를 서버로 이전하는 방법에 대해서 알아보겠습니다. 로컬에서 작업한 워드프레스 테마 파일을 원격 서버에 옮기는 작업은 어렵지 않습니다. 다만, 로컬에서 작업한 템플릿 및 몇 가지 설정이 원격 서버와는 차이점이 있을 수 있는데, 그 부분만 명심하면 그렇게 어려운 작업은 아닙니다.

먼저 로컬에서 작업한 워드프레스 테마를 원격 서버에 옮기기 전에 원격 서버에 워드프레스가 설치되어야 하겠지요? 이게 가장 중요합니다. 원격 서버의 워드프레스 설정은 로컬에서의 설정과 다르지 않습니다만, 웹 호스팅을 사용한다면, 웹 호스팅 서비스를 신청할 때 부여 받은 DB 명과 DB 사용자 명 그리고 암호는 로컬과 다를 것입니다. 하지만 DB 명과 사용자 명 그리고 암호와는 별 상관은 없습니다.

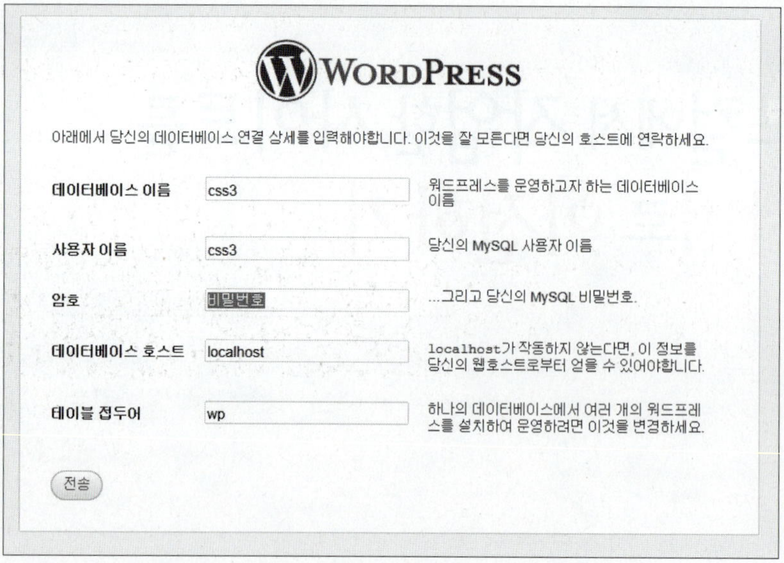

[그림 B-1] 웹 호스팅 서비스에서 부여 받은 DB 이름, 사용자 이름, 암호를 입력함

[그림 B-1]을 보면 원격 서버에서 데이터베이스 이름과 사용자 이름, 암호를 웹 호스팅 업체에서 지정해 준 값으로 입력하는 것을 볼 수 있습니다.

나머지 설정은 WAMP(MAMP)에서 설정한 값과 동일하게 설정해 주면 됩니다.

설정이 끝나면, 로컬에서 작업했던 테마 폴더 전체를 FTP 클라이언트를 이용하여 themes 폴더에 업로드 해 줍니다(필자가 애용하는 FTP 클라이언트는 Filezilla입니다. Filezilla는 무료 FTP 클라이언트이지만 윈도우와 맥킨토시용으로 존재하며, 성능이 상용에 비해 결코 떨어지지 않은 우수한 FTP 클라이언트입니다).

Captainis 폴더 전체를 themes 폴더로 업로드하고 해당 테마를 활성화 해주면, [그림 B-2]와 같은 화면이 나타납니다.

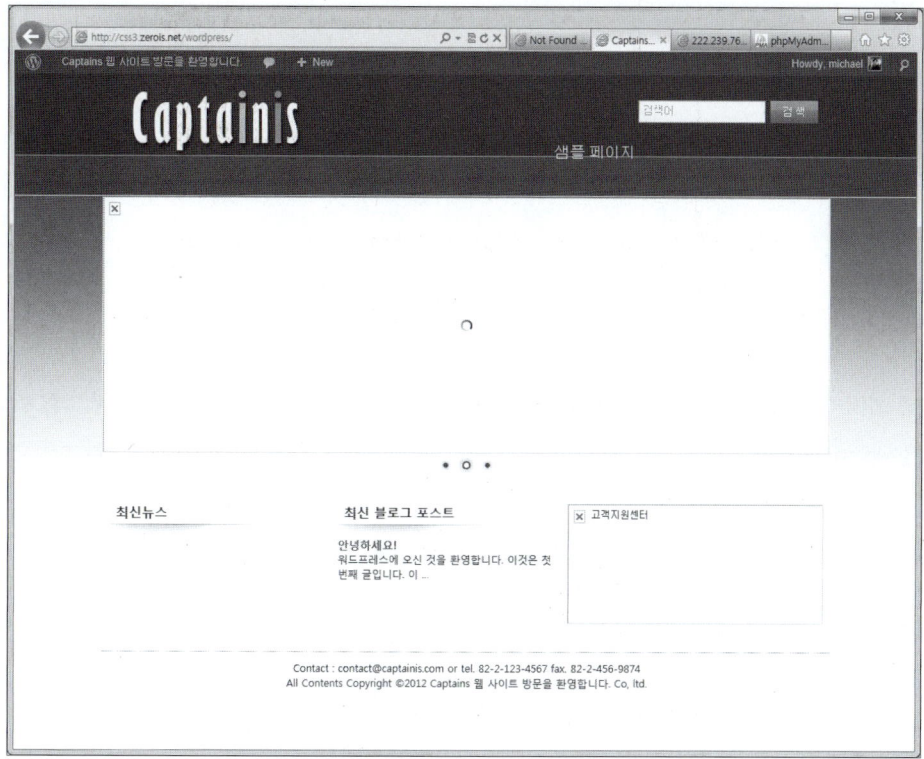

[그림 B-2] captainis 테마를 활성화한 후 웹사이트 모습

아무런 데이터가 없습니다. 이게 정상입니다.

주의

여기서 워드프레스가 설치되면 자동으로 1개의 포스트와 1개의 페이지가 생성되어 있는데, 이 포스트와 페이지는 반드시 제거해 주시기 바랍니다.

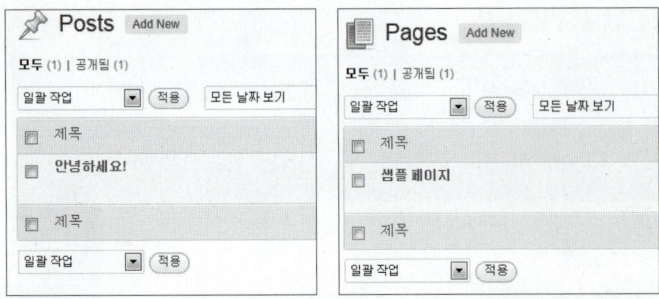

[그림 B-3] 워드프레스를 처음 설치하면 나타나는 1개의 포스트와 1개의 페이지

웹 서버 상에서 작업을 더 진행하기 전에, 먼저 로컬에서 작업했던 페이지 및 포스트 글을 wp-admin에서 내보내기를 통해 XML 파일로 변환된 파일을 PC에 저장합니다.

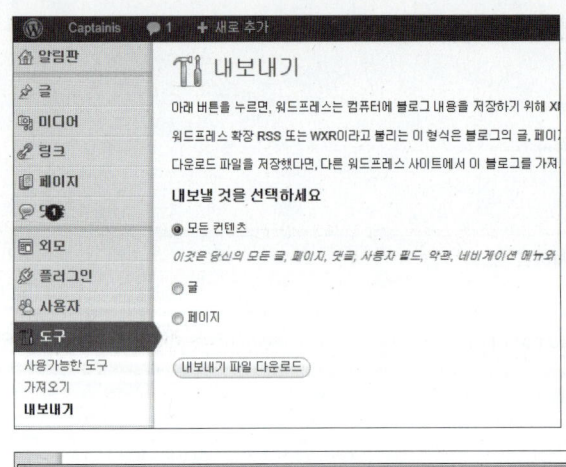

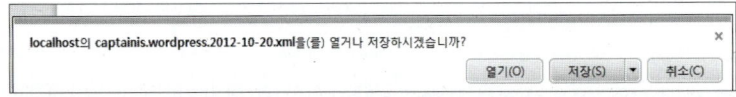

[그림 B-4] XML 파일을 내보내기 한 후 파일을 저장함

이제 [그림 B-5]와 같이 원격 서버에서 wp-admin에 들어간 후 "도구 > 가져오기"를 누른 후 wordpress를 선택하여 가져오기를 하는데, 플러그 인을 설치해야 가져올 수 있습니다. 해당 플러그 인은 자동으로 설치되며, 바로 활성화를 시켜서 데이터를 가지고 옵니다.

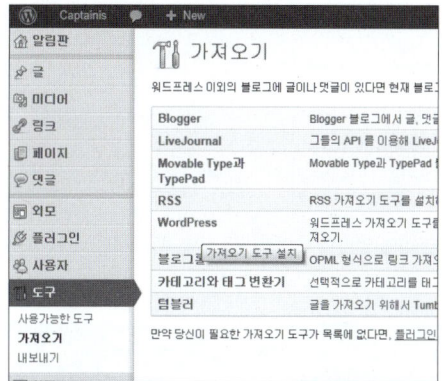

[그림 B-5] 원격 서버에서 도구 가져오기를 통해 해당 파일을 가져옴

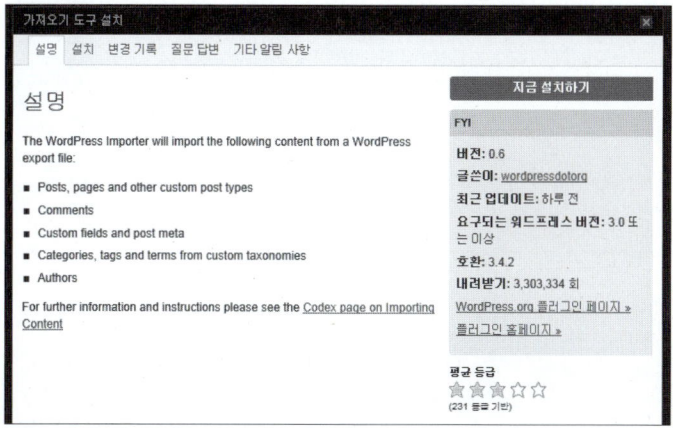

[그림 B-6] 가져오기 도구 설치

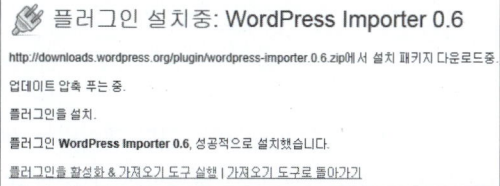

[그림 B-7] 가져오기 플러그인 설치 후 플러그인 활성화 및 가져오기 도구 실행

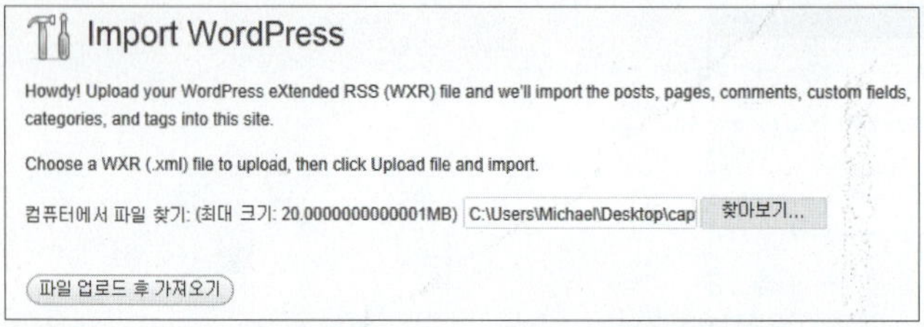

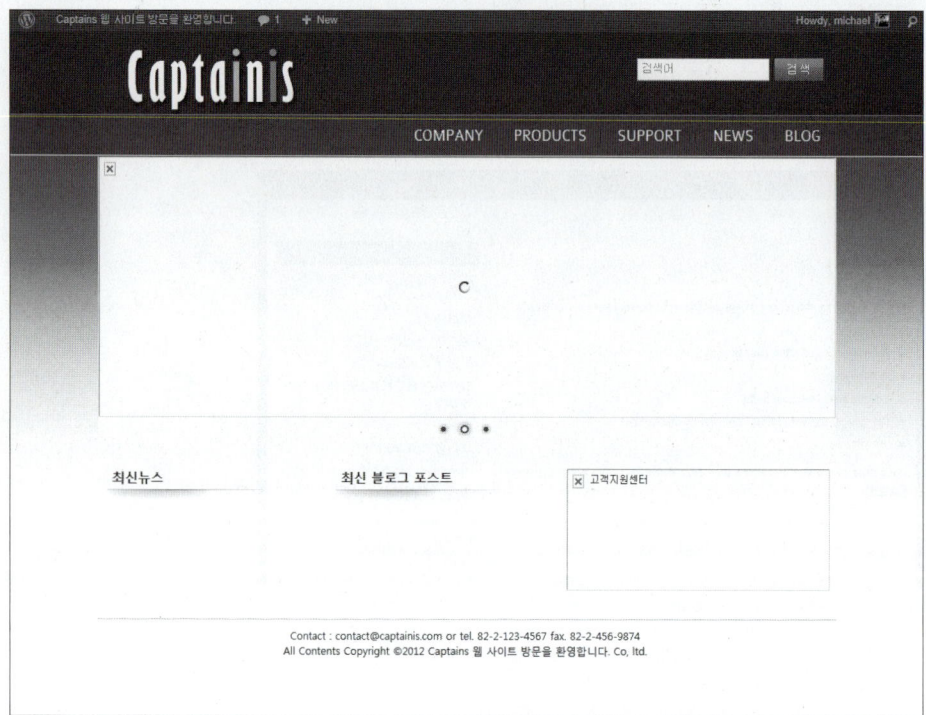

[그림 B-8] 플러그 인 활성화 후 해당 XML 파일을 찾아보기로 파일 업로드

[그림 B-9] 데이터를 불러 온 후 사이트의 모습

[그림 B-9]를 보면 메인 메뉴가 생성되어 있는 것을 알 수 있습니다. 일단 데이터는 제대로 불러온 상태이지만, 해당 이미지 파일은 현재 업로드가 되어 있지 않아 보이지 않는 것일 뿐입니다. 따라서 이전 로컬에서 www/images에 있는 파일을 원격 서버에 FTP를 이용하여 업로드 해 줍니다. 만약 원격 서버에 있는 사이트 주소가 "http:///www.도메인명"이면 원격 서버의 루트 디렉토리에 해당 폴더를 올려주고, "http:///www.도

메인명/워드프레스설치폴더명"일 경우 "워드프레스설치폴더명"에 images란 폴더를 업로드 해주어야 합니다.

[그림 B-10]을 보면 이미지들은 제대로 보이지만, 최신 뉴스와 최신 블로그 포스트는 아무런 내용이 없습니다. 예상대로라면, 모든 데이터가 제대로 보여야 하는데 말이죠. 하지만 이것은 지극히 정상적인 상태입니다. 또한 [그림 B-11]에서는 Fatal error 메시지가 뜨고, 사이드 바는 보이지 않습니다. 이유는 간단합니다. 해당 페이지는 wp_pagenavi라는 플러그 인을 사용하고 있는데, 해당 플러그 인이 설치되지 않았기 때문입니다. 따라서 로컬에서 작업했던 플러그 인들까지 원격 서버의 플러그 인 폴더에 업로드 합니다. [그림 B-12]를 보면 플러그 인을 업로드 한 후 정상적으로 페이지가 보이는 것을 알 수 있습니다.

[그림 B-10] images 폴더를 원격 서버의 해당 디렉터리에 업로드한 후 결과 화면

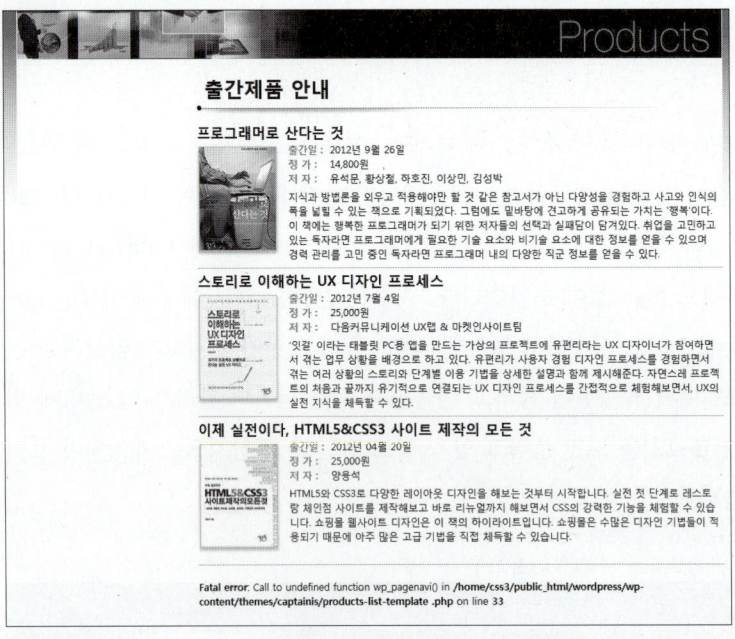

[그림 B-11] 출간제품 안내는 에러 메시지와 사이드 바가 보이지 않음

[그림 B-12] 플러그 인을 업로드한 후 출간제품 안내 페이지 화면

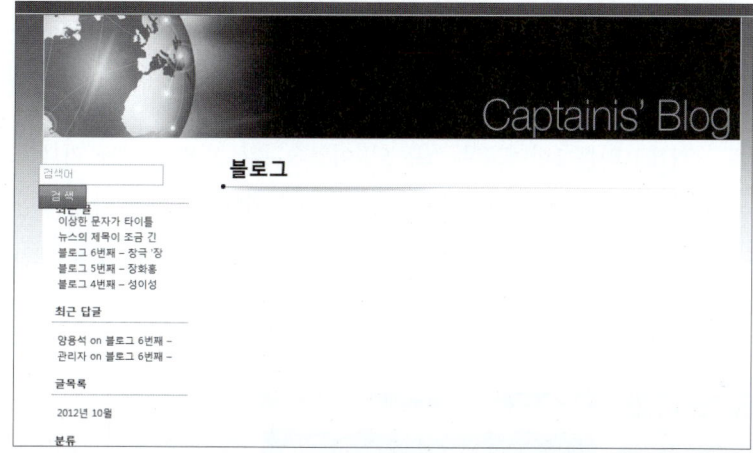

[그림 B-13] 뉴스(상단 이미지)와 블로그(하단이미지)에 아무런 글이 없음

[그림 B-12]와 [그림 B-13]을 비교해 보면 [그림 B-12]에는 페이지의 리스트가 보이는 데 비해서, [그림 B-13]에서는 리스트 자체가 보이질 않습니다. 그렇다고, 해당 페이지가 없는 것도 아닙니다. [그림 B-14]에서와 같이 어드민 페이지에서는 해당 글들이 있는 것을 확인할 수 있습니다. 하지만, 여기에 있는 글 또한 글 보기를 누르면 글을 볼 순 없습니다. 왜 이런 현상이 일어날까요?

부록 **439**

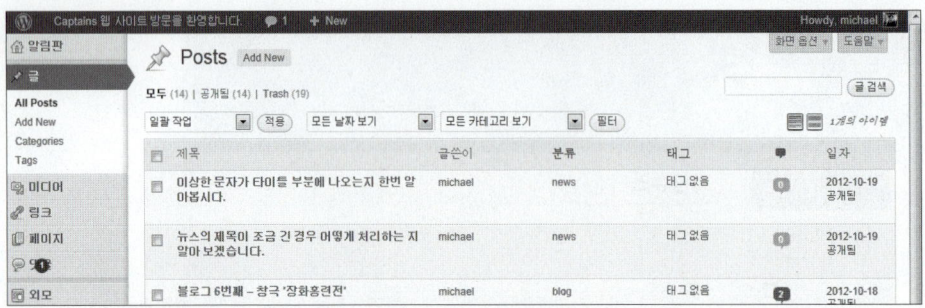

[그림 B-14] 어드민 페이지에서는 뉴스와 블로그 리스트 글들이 있음

눈치가 빠르신 분 또는 워드프레스를 어느 정도 이해하시는 분은 왜 이런 현상이 일어나는지 알 수 있을 겁니다. 이유는 로컬상에서 만든 카테고리와 원격 서버에서 만든 카테고리의 아이디 숫자가 다르기 때문입니다.

로컬 상에서는 블로그 카테고리는 1번이고 뉴스는 5번이었습니다. 따라서 해당 카테고리를 불러 올 때 query_posts("cat=1과 같은 방식으로 해당 카테고리를 불러 왔지만 원격 서버에 있는 카테고리 숫자를 확인해 보면 블로그는 3번, 뉴스는 4번인 것을 확인할 수 있습니다.

[그림 B-15] 원격 서버에서 생성된 카테고리 숫자가 다름

따라서 `archive.php`, `home.php`, `single.php`, `bloglist-templates.php`, `newslist-templates.php`에 있는 카테고리의 번호를 전부 변경해 주면 이 문제는 해결됩니다.

블로그 페이지인 경우에도 다이나믹 사이드 바를 사용할 경우 기본값이 설정되기 때문에 이 부분 또한 어드민 페이지에서 해당 메뉴를 설정해 주면 됩니다.

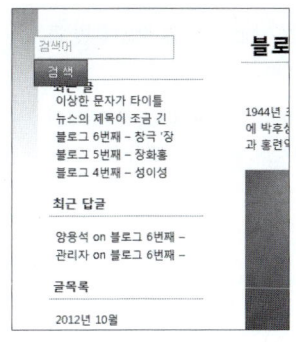 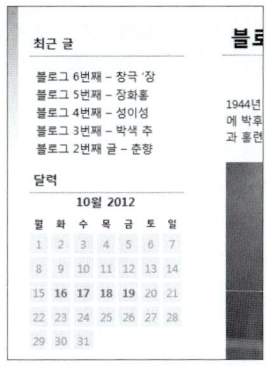

[그림 B-16] 원격 서버에서 기본값(좌)을 어드민에서 설정을 변경한 후(우)

이렇게 원격 서버에 대한 값을 전부 세팅해 주게 되면, 로컬상에서 동작하던 워드프레스를 웹 서버에서도 동일하게 동작하게 할 수 있습니다.

로컬에서 먼저 사이트를 개발하게 되면, 개발이 완료되기까지 웹사이트에 대한 보안이 유지될 수 있으며, 원격 서버로 파일을 하나씩 이동하면서 테스트 하는 수고를 덜 수 있습니다. 따라서 워드프레스 기반의 웹사이트를 만들 때는 로컬에서 먼저 모든 작업을 완료하고, 웹 서버로 이동하는 것이 어떻게 보면 더 안전한 개발 방법이라고 할 수 있습니다.

 여기서 잠깐

Cannot modify header 에러 메시지

워드프레스를 이용해서 작업을 하다 보면 조금은 당황스러운 에러 메시지를 보게 될 경우가 있습니다. 가장 흔한 메시지 중 하나가 다음의 Cannot modify header information~~이라는 에러 메시지인데요.

> Warning: Cannot modify header information - headers already sent by (output started at /home/css3/public_html/wordpress/wp-content/themes/captainis/functions.php:2) in /home/css3/public_html/wordpress/wp-includes/pluggable.php on line 881

[그림 B-17] 워드프레스에서 발생하는 Cannot modify header 에러 메시지

이 메시지가 의미하는 것은 "현재 functions.php 파일 자체에 문제가 있어, header 정보를 수정할 수 없다"는 것입니다. functions.php 파일이 로컬에서는 전혀 문제가 없다가 이런 문제가 나타나는 이유를 몰라 당황하는 경우가 있습니다.

이 경우 해결 방법은 functions.php 내부에 PHP 코드의 시작을 알리는 〈?php 코드 앞 부분에 빈 공간이 있거나, php 끝 부분에 있는 ?〉 뒤에 빈 공간이 있을 경우 생기는 에러입니다.

다음의 [그림 B-18]을 보면 〈?php 시작 코드 앞 부분에 1번째 라인이 비어 있는데, 이런 경우 [그림 B-17]과 같은 에러가 발생합니다. 따라서 시작 코드와 끝 코드에 빈 여백을 완벽하게 제거해 주시면 이런 에러를 없앨 수 있습니다.

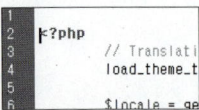

[그림 B-18] functions.php 파일 앞 부분에 빈 공백이 있음

워드프레스 사용자를 위한 유용한 플러그 인 모음

일반 플러그 인

워드프레스를 이용해서 사이트를 개발하다 보면, 여러 상황을 맞이할 수 있습니다. 특히 고객의 요구 또는 디자이너나 기획자, 개발자들이 이런 기능이 반드시 필요할 경우가 있습니다. 그럴 때 직접 개발하는 방법과 또는 워드프레스용으로 공개된 플러그 인을 설치해서 문제를 해결하는 방법이 있습니다.

워드프레스 용으로 개발된 플러그 인은 현재 2012년 10월 29일 기준으로 22,006 개가 있으며, 364,624,011의 다운로드가 기록되어 있습니다. 그만큼 많은 수의 플러그 인이 있으며, 많은 사용자들이 다운 받아서 사용하고 있다는 증거입니다.

워드프레스 플러그 인을 사용하게 되면, 아주 적은 시간에 많은 기능을 추가해 줄 수 있습니다. 이 책에 소개된 막강한 jQuery 슬라이더인 nivo Slider는 상용 플러그 인으로 등록되어 있습니다. 플러그 인을 구매하게 되면, 이 책의 예제처럼 복잡한 과정 없이 플러그 인 설치로 모든 기능을 사용할 수 있습니다. 하지만 워드프레스용 플러그 인은 거의 모두가 무료로 제공되며, 간혹 유료가 있지만, 그 경우에도 기부 받는 donation ware로 사용자가 맘에 들면 돈을 지불하는 방식입니다.

이제 여러분들이 알아두면 편리하고 유용한 플러그 인을 소개하겠습니다.

1. W3 Total Cache 강력 추천!

W3 Total Cache는 워드프레스 기반 웹사이트의 속도를 최대 10배나 빠르게 해 주는 플러그 인입니다. 원리는 웹 페이지의 캐시를 정리해 줌으로써 웹 페이지의 로딩 속도를 높여 주는 역할을 합니다. 사용법도 비교적 간단하고 실제로 웹사이트의 속도 증가를 느낄 수 있기 때문에 필수 플러그인 중 하나입니다.

2. Google XML Sitemaps

Google XML Sitemaps는 XML 기반으로 웹사이트의 사이트 맵을 만들어 주며, 검색 엔진이 해당 웹사이트(블로그)를 인덱싱하는 데 좀 더 편리하게 만들어 주는 역할을 합니다.

아래는 해당 플러그 인에 대한 영문 설명과 예제 사이트의 XML 사이트 맵 이미지입니다.

"This is a XML Sitemap which is supposed to be processed by search engines like Google, MSN Search and YAHOO.
It was generated using the Blogging-Software WordPress and the Google Sitemap Generator Plugin by Arne Brachhold.
You can find more information about XML sitemaps on sitemaps.org and Google's list of sitemap programs."

XML Sitemap

This is a XML Sitemap which is supposed to be processed by search engines like Google, MSN Search and YAHOO.
It was generated using the Blogging-Software WordPress and the Google Sitemap Generator Plugin by Arne Brachhold.
You can find more information about XML sitemaps on sitemaps.org and Google's list of sitemap programs.

URL	Priority	Change Frequency	LastChange (GMT)
http://localhost/	100%	Daily	2012-10-29 06:37
http://localhost/products/hw-part	60%	Weekly	2012-10-29 06:37
http://localhost/archives/460	100%	Monthly	2012-10-21 04:49
http://localhost/archives/498	20%	Monthly	2012-10-18 23:58
http://localhost/archives/495	20%	Monthly	2012-10-18 23:41
http://localhost/blog	60%	Weekly	2012-10-18 03:56
http://localhost/archives/458	20%	Monthly	2012-10-18 00:06

[그림 C-1] Google XML Sitemaps

3. Contact Form 7 　강력 추천!

Contact Form 7은 프로그래머의 도움을 전혀 받지 않고 고객의 의견을 받는 폼을 만들어 줍니다.

사용법도 비교적 간단하고, 다양한 양식을 쉽게 추가할 수 있습니다. 입력 받은 폼은 웹사이트(블로그) 관리자 메일 또는 지정한 메일 주소로 폼 양식의 내용이 전송됩니다.

아래의 이미지는 Contact Form 7을 이용해서 만든 예제 이미지를 캡처한 것입니다.

[그림 C-2] Contact Form 7을 이용해서 만든 예제 이미지

4. Akismet 　강력 추천!

블로그를 운영하다 보면 댓글이 상당히 중요한 커뮤니케이션 역할을 하는데, 때론 댓글에 스팸성 문구들이 입력되는 경우가 많습니다. Akismet은 이런 스팸성 댓글을 막아주는 역할을 합니다. Akismet은 사용자가 등록해야만 작동을 하는데, API 키를 요구합니다. 하지만 개인 사용자인 경우 기본 무료부터 사용이 가능하기 때문에, 워드프레스를 이용하여 블로그 또는 웹사이트를 운영할 경우 Akismet은 필수 플러그인 중 하나입니다.

다음은 Akismet 설치 후 상단에 나타나는 문구입니다.

"많은 사람들에게 Akismet은 사이트에 들어오는 댓글과 트랙백 스팸을 획기적으로 줄여주거나 심지어 완벽하게 제거할 것입니다. 제거되지 않은 스팸은 관리 화면에서 단순히 "스팸"으로 표시를 하면 Akismet은 실수를 배울 것입니다. 아직 WordPress.com 계정이 없으시면 Akismet.com에서 얻을 수 있습니다."

5. All in One SEO Pack

SEO는 Search Engine Optimizer의 준말로 검색 엔진에 최적화 한다는 의미입니다. 이 플러그 인은 검색 엔진이 해당 웹사이트(블로그)를 검색할 경우, 좀더 검색 엔진에 최적화된 페이지로 만들어 주는 역할을 합니다. 이 플러그 인을 사용하게 되면, 블로그 내용과 별도로 제목과 본문 등 검색 엔진에 최적화할 수 있게 페이지를 구성할 수 있습니다. 아래 그림을 참고하세요.

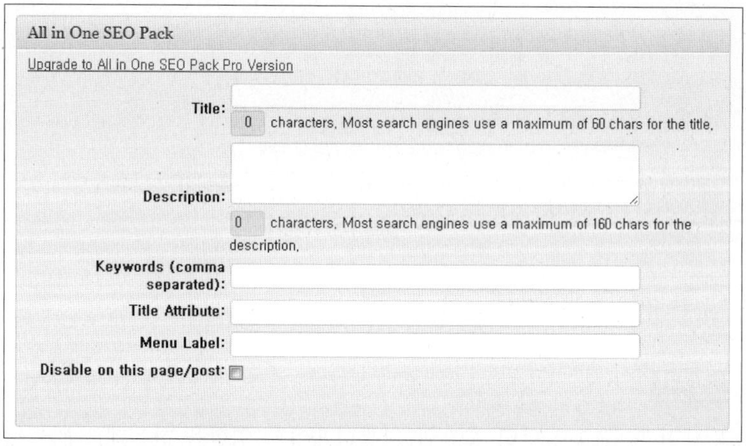

[그림 C-3] All in One SEO Pack 설치 후 포스트 또는 페이지의 하단에 All in One SEO Pack이 생성됨

6. Social Media Widget

Social Media Widget은 워드프레스에 SNS 아이콘을 넣어주는 역할을 합니다. 현재 예제에서는 페이스 북과 트위터 그리고 이메일 아이콘만 배치되어 있는데, 현재 유명한 SNS는 거의 모든 아이콘이 존재합니다. 또한 테마 파일이 있어, 원하는 아이콘으로 변

경할 수도 있고 개인화를 통해 아이콘을 추가할 수도 있습니다. 단지 아이콘만 있는 것이 아니라, 현재 사용하고 있는 SNS로 바로 연결해 주는 기능도 있습니다. 설치된 플러그 인은 위젯을 통해서 작동시킬 수 있습니다.

[그림 C-4] Social Media Widget

7. WPtouch
워드프레스 사이트를 스마트 폰 또는 터치 패널을 사용하는 휴대용 기기에서 손쉽게 사용할 수 있게 변환해 주는 플러그 인입니다.

8. Ultimate TinyMCE
워드프레스에 기본적으로 내장되어 있는 에디터를 엄청나게 확장해 주는 플러그 인입니다.

아래의 그림을 보면 첫 번째 그림은 Ultimate TinyMCE가 설치되지 않은 기본 비주얼 에디터입니다만, 하단의 그림을 보면 Ultimate TinyMCE를 설치하고 활성화한 후 설정을 통해 많은 기능을 추가한 후 기본 에디터의 모습입니다. 이모티콘, 유튜브 동영상 넣기 등 여러 확장 기능이 엄청 많습니다.

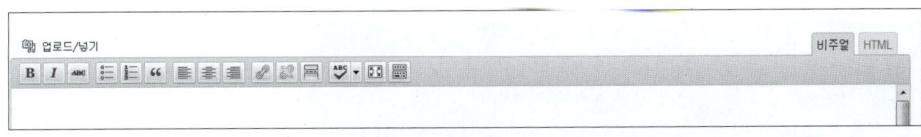

[그림 C-5] Ultimate TinyMCE가 설치되지 않은 기본 비주얼 에디터의 모습

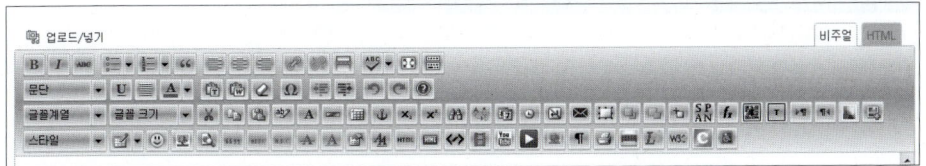

[그림 C-6] Ultimate TinyMCE 설치 후 세팅을 통해 많은 기능이 추가된 비주얼 에디터의 모습

9. WordPress Post Tabs

탭 메뉴를 만들어 주는 플러그 인입니다.

해당 플러그 인을 설치한 후 포스트 또는 페이지에 간단한 태그만 입력하면 아래의 그림과 같이 탭 메뉴가 생성됩니다. 3가지 기본 스타일을 제공하며, 사용자가 스타일을 따로 만들어 적용해 줄 수도 있습니다. 특히 이 플러그 인은 페이지를 만들 때 상당히 유용한 플러그인 중 하나입니다.

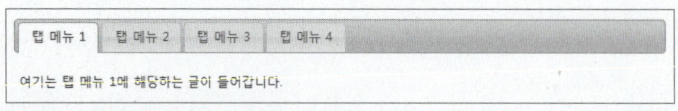

[그림 C-7] WordPress Post Tabs

10. Dropdown Menu Widget

드롭다운 메뉴를 만들어 주는 플러그 인입니다.

해당 플러그 인을 사용하게 되면, 메인 페이지 또는 서브 페이지의 메뉴를 다음의 그림과 같이 서브 메뉴로 만들어 드립니다. 하지만 이것은 단순히 플러그 인만 설치한다고 해서 이렇게 작동하는 것은 아닙니다. 기본적으로 제공되는 테마도 있으며, Custom CSS를 사용하여 사용자가 원하는 모습의 드롭다운 메뉴로 디자인할 수 있습니다. 드롭다운 방식의 웹사이트를 제작할 경우 강력 추천하는 플러그 인입니다.

[그림 C-8] Dropdown Menu Widget

11. PS Disable Auto Formatting

워드프레스에 기본적으로 내장되어 있는 내장 에디터인 경우 HTML 입력 상태에서도 자동으로 br 또는 p 태그가 붙게 되는데, 자동으로 붙는 태그를 비활성화 해주는 플러그 인입니다.

특히 페이지 또는 포스트에서 `table` 태그를 입력하는 경우 쓸데 없이 br과 p 태가 붙어서 엄청 짜증나는 경우가 생기는데, 이런 불편함을 제거해 주는 플러그 인입니다.

사진 및 이미지를 보다 멋있게 보여주는 플러그 인

1. NextGEN Gallery 강력 추천!

이미지 갤러리를 만드는 용도로는 최고의 플러그 인입니다. 사용법도 간단하고, 한번에 여러 장의 사진을 업로드 할 수 있으며, 사진을 앨범 별로 정리할 수 있고 썸네일 이미지의 크기도 조절 가능합니다. 만들어진 썸네일 이미지 또한 수정이 가능하기 때문에, 한번에 올린 사진 중 맘에 드는 부분만 선택하여 썸네일을 만들어 주기도 합니다. 또한 여러 플러그 인과 결합하여 사용 가능합니다. 이미지 갤러리를 만들 때 정말 최고의 플러그 인 중 하나입니다.

아래의 그림과 같이 썸네일을 이용해서 리스트 페이지로 만들 수도 있으며, 슬라이드 형식으로 이미지를 보여줄 수 도 있습니다.

[그림 C-9] 썸네일을 이용한 리스트 페이지

2. wp-jquery-lightbox

jQuery를 사용하면서 가장 많이 사용하는 효과 중 하나가 "라이트박스" 효과입니다. 이미지를 클릭하면, 클릭된 이미지가 커지면서, 나머지 부분은 반투명 검정색으로 변하는 효과인데, 요즘 이런 효과를 사용하는 사이트들이 많습니다. 특히 이 효과는 사진 갤러리에서 많이 사용되는데, 앞서 말한 NextGEN Gallery에서도 옵션으로 "라이트박스"를 선택할 수 있는데, NextGEN Gallery에서 "라이트박스"를 효과로 설정하더라도, "라이트박스" 플러그 인이 없으면 해당 효과를 볼 수 없습니다. 따라서 wp-jquery-lightbox 플러그 인은 NextGEN Gallery와 완벽한 궁합을 보이는 플러그 인이라고 할 수 있으며, NextGEN Gallery를 사용하지 않더라도, 포스트 글에 썸네일로 이미지를 추가한 경우에도 "라이트박스" 효과를 줄 수 있습니다.

[그림 C-10] 라이트박스 플러그 인을 적용할 경우 썸네일 이미지를 클릭하면, 그림과 같은 효과를 줄 수 있음.

3. Yet Another Photoblog

Yet Another Photoblog(YAPB) 플러그 인은 워드프레스를 이용하여 포토 블로그를 제작할 경우 매우 유용한 플러그 인입니다. YAPB를 설치하면, 사진과 관련된 여러 기능이 자동으로 설치되기 때문에 편리하게 블로그를 관리할 수 있습니다.

자세한 내용은 http://wordpress.org/extend/plugins/yet-another-photoblog/를 참고하시기 바랍니다.

4. SEO Friendly Images

SEO라는 말이 많이 나옵니다. 웹사이트에서 이미지를 사용할 경우 alt 태그와 title 태그의 내용을 반드시 채우는 것이 좋습니다. 왜냐하면, 해당 이미지가 서버 또는 브라우저의 문제로 인하여 로딩이 되지 않을 때, 해당 이미지가 어떤 이미지인지 알려주는 역할을 하기 때문입니다. 또한 SEO 즉 검색 엔진들도 이미지는 해석하지 못하지만, alt 태그와 title 태그로 해당 이미지가 무슨 이미지인지 알 수 있으니까요. 하지만 이미지를 사이트에 업로드 하다 보면, alt 태그와 title 태그를 입력하지 못하는 경우, SEO Friendly Images는 따로 alt와 title 태그를 별도로 추가해 주는 기능을 합니다.

자세한 내용은 http://wordpress.org/extend/plugins/seo-image/에서 확인해 주세요.

5. Page Flip Image Gallery

Page Flip Image Gallery는 이미지를 마치 책장을 넘기면서 보는 효과를 줄 수 있는 대단히 인상적인 플러그 인입니다. 백문불여일견이라고 다음 그림을 보면 딱 감이 오실 겁니다.

[그림 C-11] 책장을 넘기면서 볼 수 있게 해주는 플러그 인

http://pageflipgallery.com/demo/에서 데모를 확인할 수 있으며, 해당 플러그 인은 http://wordpress.org/extend/plugins/page-flip-image-gallery/에서 확인 가능합니다.

워드프레스의 플러그 인은 엄청나게 많은 수가 있습니다.

여기서는 여러분에게 유용한 몇 가지만 소개해 드린 것이고, 필자도 현재 모든 플러그 인을 사용해 보진 못해서, 여기에 소개한 플러그 인보다 더 기능이 나은 플러그 인도 있을 수 있습니다.

그런 플러그 인을 찾고, 워드프레스에 적용하는 것은 여러분들의 몫입니다.

여러분들께서 워드프레스를 사용할 때, 어떤 특별한 기능이 웹사이트(블로그)에 필요하게 되면, 먼저 codex.wordpress.org에서 검색을 통해 유사한 질문 내용이 있는지, 그리고 그에 따른 답변이 있는지 찾아보고, 그 다음에 해당 플러그 인을 찾아보면, 웬만한 문제는 해결할 수 있습니다.

아무쪼록 여기서 소개한 플러그 인들이 여러분이 만드는 사이트에 유용하게 사용되었으면 합니다.

개인 웹 서버 설치하기

부록 D

4장에서 워드프레스 설치를 하기 위해서는 윈도우에서는 WAMP 서버를, 맥에서는 MAMP 서버를 설치해야 한다고 했습니다. 해당 서버는 개인 PC를 서버로 만들어 주는 기능을 하는데, WAMP는 Windows + Apache + MySQL + PHP의 준말이고, MAMP는 Macintosh + Apache + MySQL + PHP의 준말입니다.

Windows와 Macintosh는 아시다시피 개인용 PC 시장을 양분하는 가장 유명한 OS들입니다. 여기에 Apache(웹 서버)와 MySQL(데이터베이스) 그리고 PHP(웹 프로그래밍 언어)가 합쳐진 솔루션입니다. 이 모든 것은 무료로 제공됩니다(단 MAMP인 경우 Basic 버전은 무료, Pro 버전은 유료).

설치 방법도 간단하기 때문에 많은 사용자들이 즐겨 사용하는 솔루션입니다. WAMP와 MAMP 이외에도 개인용 웹 서버를 만들어 주는 솔루션으로는 XAMPP와 DesktopServer라는 솔루션이 있습니다. XAMPP와 DesktopServer는 둘 다 윈도우용과 맥용으로 제공됩니다.

특히 DesktopServer에는 워드프레스가 내장되어 있어, DesktopServer 설치만으로 워드프레스까지 설치되는 편리함이 있습니다. DesktopServer도 유료와 무료 두 가지 버전이 있습니다. 하지만 여기서는 여러분들이 워드프레스 설치 방법 또한 알아두는 것이 좋기 때문에 WAMP 및 MAMP 설치 방법에 대해서만 간단하게 알려드리겠습니다.

WAMP는 http://www.wampserver.com/en/에서 소프트웨어를 다운 받을 수 있습니다.

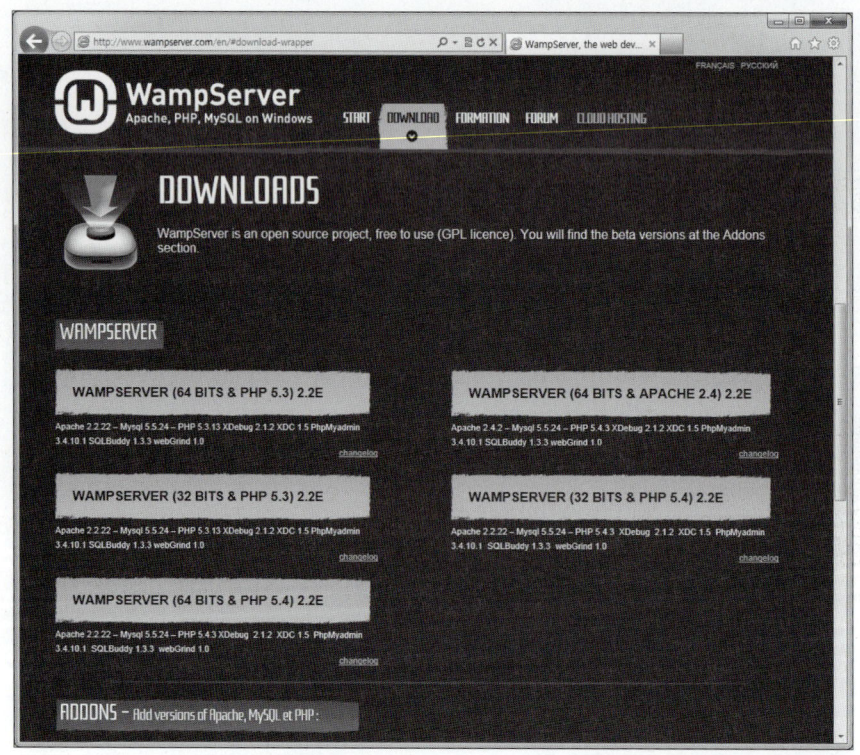

[그림 D-1] WAMP 서버 다운로드 웹사이트

WAMP 서버는 64비트 버전과 32비트 버전이 있습니다. 현재 사용하고 있는 윈도우가 64비트이면 64비트 또는 32비트 버전을 설치하고, 윈도우가 32비트 버전이면 32비트를 설치하기 바랍니다. 32비트와 64비트의 차이는 PC에 설치된 메모리를 4G 이상 사용할 것인지 차이입니다. 설치 방법은 매우 간단하기 때문에 설명은 따로 하지 않겠습니다.

설치가 끝나면, 윈도우 시작 버튼을 누른 후 Start WampServer를 실행합니다.

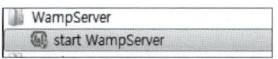

[그림 D-2] 시작 프로그램에 있는 WampServer 폴더 및 Start WampServer 아이콘

WAMP 서버를 실행하면 윈도우 작업 줄에 WAMP 서버 관리 아이콘이 나타나며, 이 아이콘의 색상이 초록색일 경우 정상적으로 작동하는 것입니다.

[그림 D-3] 윈도우 작업 줄에 표시된 WAMP 서버 관리 아이콘

WAMP 서버를 설치하게 되면 기본적인 WAMP 서버의 기본 디렉토리는 c:\wamp\www가 됩니다. 따라서 워드프레스 패키지 또한 해당 디렉토리에 넣고 압축을 해제하고 워드프레스 설치를 진행하면 됩니다. 워드프레스만 설치할 경우 WAMP 서버에서 특별히 세팅할 요소는 거의 없습니다.

맥킨토시 사용자는 WAMP의 완벽한 대용인 MAMP를 설치하면 됩니다.

MAMP는 http://www.mamp.info/en/index.html에서 다운 받을 수 있으며, [그림 D-4]에서 보이는 화면 왼쪽에 있는 "Download now"를 눌러 다운 받으신 후 압축을 풀고 설치를 진행하면 됩니다.

MAMP를 설치하면 [그림 D-5]와 같이 응용프로그램 폴더 내에 MAMP와 MAMP PRO 폴더가 생기는데, MAMP PRO는 사용하지 않아도 됩니다. 그리고 MAMP 폴더를 열어보면 내부에 htdocs라는 폴더가 있는데, 이 폴더가 WAMP 서버의 www 폴더와 동일한 폴더입니다. 따라서 워드프레스 패키지도 htdocs 폴더에 넣은 후 세팅을 진행합니다. MAMP의 실행은 MAMP 폴더 내부에 있는 MAMP 아이콘을 클릭하면 실행됩니다.

[그림 D-7]에서와 같이 Apache Server와 MySQL Server에 초록색 불이 들어오면 정상적으로 동작하고 있는 상태입니다.

맥에서는 MAMP 서버가 동작하는 상태에서 워드프레스를 설치하면 됩니다.

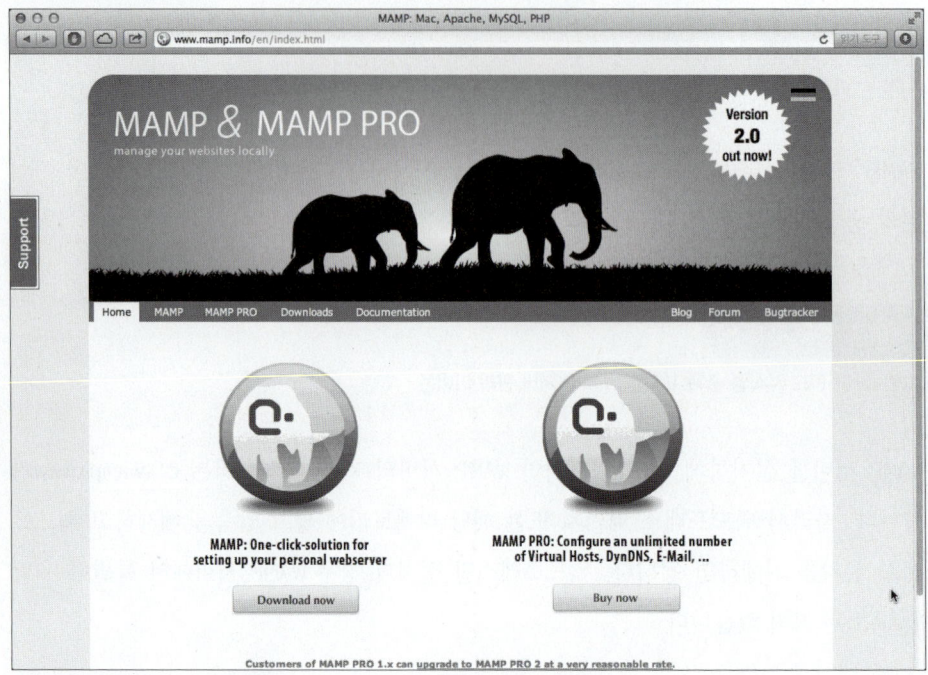

[그림 D-4] MAMP 다운로드 페이지

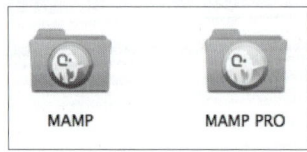

[그림 D-5] MAMP 설치 후 응용프로그램 폴더 내부에 설치된 MAMP와 MAMP PRO 폴더

[그림 D-6] MAMP 폴더 내부에 있는 htdocs 폴더

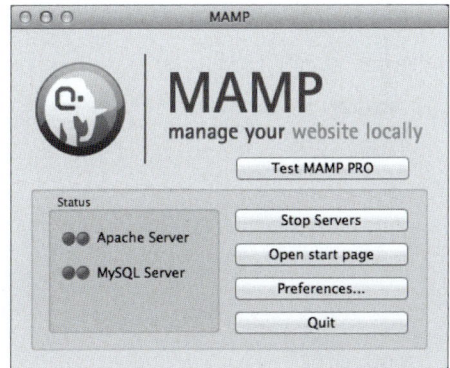

[그림 D-7] MAMP 서버가 정상적으로 동작할 때의 모습

찾아보기

기호, 숫자

% 49
:active 22
:after 22
[attribute^='value'] 31
[attribute='value'] 31
:before 22
:checked 37
:disabled 37
:empty 37
:enabled 37
:first-letter 22
:first-of-type 36
:focus 22
@font-face 86
:hover 22
:lang 22
:last-child 37
:last-of-type 36
:link 22
#main-content 160
:not(selector) 37
:nth-child(n) 36
:nth-last-child(n) 36
:nth-last-of-type(n) 37
:nth-of-type(n) 37
:only-child 36
:only-of-type 36
:root 37
::selection 37
:target 37
:visite 22
404.php 259

A~B

absolute 62
Adjacent Selector 25
alpha 값 70
alt 태그 130
archive.php 259
Attribute Selector 30
auto 97
background 66
background-attachment 67
background-clip 67
background-color 66

background-image 67
background-image로 133
background-origin 67
background-position 66
background-repeat 67
background-size 66
banner 152
blank theme 파일 263
block 102
border 45, 53
border-bottom 53
border-collapse 53
border-color 53
border-image 53
border-left 53
border-radius 53
border-right 53
border-spacin 53
border-style 53
border-top 53
border-width 53
Box Model 44
break-word 99

C~D

Child Selector 24
clear:both 60
clear의 속성 59
cm 49
Colaborate 171
comments.php 259

CSS Reset 111, 164
CSS 코드 압축 207
display 102
display:inline 115
div 13

E~F

em 49
eot 파일 87
ex 49
Family Tree 24
fixed 62
float 58
float:left 115
float:right; 114
font-family 76
font-size 76
font-style 76
font-variant 77
font-weight 76
footer.php 259
functions.php 259

G~I

get_header() 339
header 160
header.php 259
height 45
hidden 96

hover 효과 133
HSL 색상 71
HTML5 Reset 263
index.php 162, 259
inherit 62, 97
inline 102
inline-block 102

J~L

jQuery 213
jQuery 효과 136
languages 폴 244
letter-spacing 77
line-height 77, 92
list-item 102
loop문 273

M~N

Main Nav Menu 307
MAMP 225
margin 45
mega-footer 179
mm 49
nav 109
Newer Entries 349
none 102
normal 99
notepad++ 287

O~P

Older Entries 349
outline 45
overflow 96
padding 45
padding 값에 따른 width와 height의 상관 관계 52
page 249
page.php 259
page-wrap 160
pc 49
permalink 250
phpMyAdmin 232
placeholder 210, 386
plugins 폴더 244
position 속성 62
post 249
pt 49
px 49

R~S

relative 62
RGB 색상 값 71
saturation 71
Scalable Vector Graphic 123
scroll 96
searchform.php 259
search.php 259
serif 계열 78
Sibling Selector 28

sidebar 152
sidebar.php 259
single.php 259
span 13
static 62
style.css 259
SVG 123

T~U

tex-indent 77
text-align 77
text-decoration 77
text-indent 133
Textmate 285
text-transform 77
textwrangler 285
the_excerpt(344
the_excerpt() 370
themes 폴더 244
the_post() 339
the_title() 407
transition 139
ttf 파일 90
twentyeleven 테마 245
twentyten 테마 245
Ultimate CSS Gradient Generator 73
Universal Selector 27
uploads 폴 244

V~Z

vertical-align 77
View Page 버튼 319
visible 96
WAMP 225
width 45
woff 파일 87
word-spacing 77
word-wrap 99
wp-pagenavi() 353
z-index 65

ㄱ~ㄴ

가계도 24
고유 주소 250
그라데이션 70
그라데이션 효과 122
그룹 선택자 21
글 249
기본적인 사이트의 구조 146
뉴스 페이지 204, 356
니보 슬라이더 218

ㄷ~ㄹ

댓글 384
데이터베이스 설정 230
로고 이미지 167

ㅁ~ㅂ

메가-푸터 179
메뉴의 네이게이션 라벨 310
모더나이즈 281
밀리미터 49
박스 모델 44
배경 이미지 133
브라우저 별 prefix 73
블로그 페이지 204, 373
블록(Block) 태그 14

ㅅ~ㅇ

사이드 바 149
색상(color table) 71
서브 페이지 183
세미콜론(;) 12
센티미터 49
속성 선택자 30
수도 선택자 36
수도 선택자(가상 선택자) 22
아바타 설 389
아이디 선택자 16
애니메이션 적용 방법 140
워드프레스의 계층적 구조 258
워드프레스의 폴더 구조 243
워드프레스 테마 파일 259
이엑스(엑스) 49
이엠(엠) 49
인라인(Inline) 태그 14
인접 선택자 25
인치 49

ㅈ~ㅋ

자식 선택자 24
전체 선택자 24, 27
종속 선택자 18
주석 12
클래스 선택자 13
클래스 선택자와 아이디 선택자의 차이점 16

ㅌ~ㅎ

태그 선택자 11
텍스트 속성 76
퍼센트 49
페이지 249
포인트 49
폼 양식의 수직 정렬 176
프론트 페이지 160
피카 49
픽셀 49
핑백(pingback) 281
하위 선택자 19
형제자매 선택자 28